# 中国海疆史研究

吕一燃 主编

吕一燃 陈在正 刘蜀永 林金枝 张文绮 著

四川人民出版社

图书在版编目（CIP）数据

中国海疆史研究 / 吕一燃主编；吕一燃等著.
—成都：四川人民出版社，2016.9
ISBN 978-7-220-09913-7

Ⅰ.①中… Ⅱ.①吕… Ⅲ.①海疆—历史—研究—中国
Ⅳ.①K928.19

中国版本图书馆 CIP 数据核字（2016）第 215525 号

ZHONGGUO HAIJIANGSHI YANJIU
## 中 国 海 疆 史 研 究
吕一燃 主编

吕一燃　陈在正　刘蜀永　林金枝　张文绮 著

| | |
|---|---|
| 责任编辑 | 陈小梅　叶　驰 |
| 封面设计 | 袁　飞 |
| 版式设计 | 戴雨虹 |
| 责任校对 | 蓝　海 |
| 责任印制 | 王　俊 |
| 出版发行 | 四川人民出版社（成都槐树街2号） |
| 网　　址 | http://www.scpph.com |
| E-mail | scrmcbs@sina.com |
| 新浪微博 | @四川人民出版社 |
| 微信公众号 | 四川人民出版社 |
| 发行部业务电话 | （028）86259624　86259453 |
| 防盗版举报电话 | （028）86259624 |
| 照　　排 | 四川胜翔数码印务设计有限公司 |
| 印　　刷 | 成都东江印务有限公司 |
| 成品尺寸 | 170mm×235mm |
| 印　　张 | 27.5 |
| 字　　数 | 390千 |
| 版　　次 | 2016年9月第1版 |
| 印　　次 | 2016年9月第1次印刷 |
| 书　　号 | ISBN 978-7-220-09913-7 |
| 定　　价 | 98.00元 |

■版权所有·侵权必究

本书若出现印装质量问题，请与我社发行部联系调换
电话：（028）86259453

## 主编简介

吕一燃，男，1929年1月出生，汉族，福建省南安市人。1956年北京大学历史系毕业。中国社会科学院荣誉学部委员，研究员，曾任中国边疆史地研究中心主任、学术委员会主任，中国社会科学院历史学片高级技术职称评委会评委，《中国边疆史地研究》杂志社社长，《中国边疆史地研究报告》（季刊）主编。《中国边疆史地研究丛书》《中国边疆史地文库》《边疆史地丛书》等丛书主编。长期从事中国边疆史地研究，并致力于边疆学科的建设和推动全国边疆研究的发展。主要编著有（含合著）：《中国北部边疆史研究》《中国边疆史地考论》《马克思恩格斯论国家领土与边界》《中国近代边界史》（上、下卷）、《沙俄侵华史》（四卷五册）、《南海诸岛：地理·历史·主权》《中国海疆历史与现状研究》《北洋政府时期的蒙古地区历史资料》等书。《沙俄侵华史》获中国社会科学院1977—1991年优秀科研成果奖。《中国北部边疆史研究》获1992年黑龙江省优秀图书一等奖，2000年获第十二届中国图书奖。《中国近代边界史》2010年获第二届中国出版政府奖图书奖，2011年获第四届中国社会科学院离退休人员优秀科研成果一等奖等。

1992年获国务院颁发的对社会科学有突出贡献的特殊津贴证书。

# 目 录 CONTENTS
中国海疆史研究

前　言 ……………………………………………………………………… (001)

**第一章　中国的南海诸岛** ……………………………………………… (001)

　第一节　南海诸岛自古以来就是中国领土 …………………………… (001)

　　一、发现和命名 / 002

　　二、开发经营，实际占有 / 004

　　三、划入中国版图 / 009

　第二节　日商西泽吉次强占东沙岛与清政府维护领土主权的斗争 … (012)

　　一、广东省惠州所属的东沙群岛 / 012

　　二、日本商人西泽吉次武力强占东沙岛 / 017

　　三、中国官民反对日本商人强占东沙岛 / 021

　　四、中日交涉与日商撤离东沙岛 / 024

　第三节　清政府巩固东沙、西沙群岛的主权 ………………………… (030)

　　一、设立筹办西沙岛事务处，派遣官兵巡视西沙，重申主权 / 030

　　二、加强对东沙、西沙群岛的管理 / 035

　第四节　辛亥革命后至抗日战争前民国政府行使和维护南海诸岛

　　　　　主权的斗争 ……………………………………………………… (039)

　　一、中国政府行使南海诸岛主权的历史事实 / 040

　　二、中国政府维护南海诸岛主权的斗争 / 053

第五节　抗战胜利后民国政府行使和维护南海诸岛主权的斗争……(058)
　　一、中国政府行使南海诸岛主权　/058
　　二、中国政府维护南海诸岛领土主权的斗争　/068
　　三、南海诸岛主权属于中国,得到国际上的广泛承认　/072
附　录………………………………………………………………(075)
　　一、1935年水陆地图审查委员会公布我国南海诸岛
　　　　中英地名对照表　/075
　　二、1947年内政部公布南海诸岛新旧名称对照表　/080
　　三、中国地名委员会授权公布我国南海诸岛部分标准地名　/088
第一章参考书目　/099

## 第二章　中国东南海疆台湾及其附属岛屿钓鱼岛列岛 ……(101)

第一节　鸦片战争前的台湾 ………………………………(101)
　　一、中国东南海疆门户与早期对台湾的经营　/101
　　二、荷、西的殖民统治与郑成功收复台湾　/107
　　三、清政府统一台湾与清代前期台湾的开发　/118

第二节　列强觊觎台湾与台湾官民捍卫领土主权 ………(126)
　　一、英军进犯台湾与台湾军民抗击英军　/126
　　二、鸦片战争后英美等国对台湾的觊觎活动　/128

第三节　1874年日本出兵台湾与挑起台湾内山领土主权的争论 …(139)
　　一、1874年日本出兵侵犯台湾　/139
　　二、日本挑起台湾内山领土主权的争论　/142
　　三、中日签订《北京专条》及内容评析　/149
　　四、沈葆桢、丁日昌加强海防、维护台湾主权的措施　/153

第四节　法军侵略台湾与台湾建省 ………………………(160)
　　一、中法战争前台湾的海防　/160
　　二、抵抗法国侵占台湾的保卫战　/162

三、台湾建省　/165

第五节　中日甲午战后台湾沦为日本殖民地与台湾人民的反抗斗争
　　………………………………………………………………………(168)

　　一、割台与反割台斗争　/168

　　二、日本的殖民统治　/175

　　三、人民的武装反日斗争　/179

第六节　抗日战争与台湾光复 …………………………………(185)

　　一、台胞在大陆参加抗战复台活动　/185

　　二、岛内民众开展反战抗日斗争　/189

　　三、光复台湾的准备　/191

　　四、抗日战争胜利，台湾光复　/193

第七节　钓鱼岛等岛屿的历史和现状 …………………………(198)

　　一、地理概况和物产资源　/198

　　二、钓鱼列岛自古以来就是中国的领土　/204

　　三、日本觊觎和侵占钓鱼列岛的经过　/219

　　四、二次大战后日本企图再度侵占钓鱼列岛的阴谋活动　/226

　　五、海内外中国人民保卫钓鱼岛运动　/233

　　六、中国政府对解决钓鱼列岛主权争端的态度　/240

　　第二章参考书目　/242

# 第三章　中国与葡萄牙关于澳门地区领土主权的交涉 …………(248)

第一节　澳门的地理形势和名称 ………………………………(248)

第二节　葡萄牙人东来和租居澳门 ……………………………(254)

　　一、葡萄牙的向东扩张　/254

　　二、葡萄牙使臣初次来华与中葡屯门、西草湾之战　/256

　　三、葡萄牙商人在浙江、福建沿海的海盗式活动　/261

　　四、葡萄牙人租居澳门　/263

第三节　明、清政府对澳门的管辖 …………………………………（267）

一、设官管理，驻兵戍守 / 267

二、征收地租 / 272

三、征收关税 / 275

四、建立关闸 / 276

五、建立前山寨 / 277

六、颁布法规，行使司法权 / 278

七、打击和取缔侵犯中国领土主权的不法行为 / 282

第四节　葡萄牙强占澳门与清政府拒绝批准中葡《和好贸易条约》
　　　 …………………………………………………………………（286）

一、鸦片战争之后葡萄牙趁机强占澳门 / 286

二、中国人民反对葡萄牙侵占澳门的斗争和清朝官方的态度 / 298

三、葡萄牙政府的侵略政策和拒绝缴纳澳门地租 / 302

四、中葡立约谈判与清政府拒绝批准《和好贸易条约》 / 304

第五节　中葡《和好通商条约》的签订与澳门界址问题的谈判
　　　 …………………………………………………………………（310）

一、清政府收回澳门的初次尝试 / 310

二、中葡《和好通商条约》的签订与葡萄牙攫取澳门的管理权 / 313

三、葡萄牙加紧侵地活动 / 319

四、中葡关于澳门界址的谈判 / 322

五、路环岛惨案与中国人民要求收回澳门的呼声 / 329

第六节　民国时期中国人民收回澳门的斗争与中国政府的态度 …（332）

一、中国人民要求收回澳门与北洋政府态度的变化 / 332

二、1922年的收回澳门运动 / 335

三、1928年中国政府宣布废除中葡《和好通商条约》 / 340

四、抗日战争后的收回澳门运动和中国政府的设想 / 345

第三章参考书目 / 348

## 第四章　中国与英国关于香港问题的交涉 ……（351）

### 第一节　鸦片战争前的香港地区 ……（352）

一、香港地名的由来 / 352

二、从考古发掘看香港与祖国内地的紧密联系 / 357

三、古代香港的管理与开发 / 360

### 第二节　英国割占香港岛 ……（370）

一、英国谋占中国沿海岛屿 / 370

二、英国谋占香港岛 / 372

三、英国船只在香港海域 / 374

四、鸦片战争的序幕 / 375

五、义律与琦善的谈判 / 376

六、英军占领香港岛 / 378

七、《川鼻草约》并未签订 / 379

八、中英《南京条约》与正式割让香港岛 / 382

### 第三节　英国割占九龙 ……（385）

一、九龙司的设置与九龙城的修建 / 385

二、英国强租九龙半岛南部 / 388

三、英国割占九龙半岛南部 / 393

### 第四节　英国强租香港新界 ……（397）

一、展拓界址的舆论 / 397

二、《展拓香港界址专条》的订立 / 399

三、定界谈判与接管新界 / 401

四、九龙城问题 / 404

### 第五节　收回香港的历史回顾 ……（408）

第四章参考书目 / 416

# ▶ 前 言
## 中国海疆史研究

此书由中国的南海诸岛、中国东南海疆台湾及其附属岛屿钓鱼岛列岛、中国与葡萄牙关于澳门地区领土主权的交涉、中国与英国关于香港领土主权的交涉四个部分组成。因其内容全部属于海疆史的研究范畴，所以取名为《中国海疆史研究》。2007年四川人民出版社出版我主编的《中国近代边界史》，共120多万字，篇幅较大，涉及面较广。去年该社编辑建议将该书按其不同内容分成若干部分，进行修改补充，分别单独出版，以应读者的不同需求。这本《中国海疆史研究》，就是由该书的一部分修改补充而成的。修改补充的重点是南海诸岛和钓鱼岛这两部分。此外，还增加了若干有关的插图。

参加本书写作的是：中国社会科学院中国边疆史地研究中心吕一燃、中国社会科学院近代史研究所刘蜀永、厦门大学台湾研究院陈在正、厦门大学历史系张文绮、厦门大学南洋研究院林金枝。

具体分工如下：

吕一燃　第一章第一、二、三节；第三章。

林金枝　第一章第四、五节。

陈在正　第二章第一至六节。

张文绮　第二章第七节。

刘蜀永　第四章。

全书由吕一燃统稿修订。

四川人民出版社陈小梅编审为本书的出版做了大量的工作，付出辛勤的劳动，谨在此表示衷心的谢意。

吕一燃

2014 年 8 月 30 日于北京

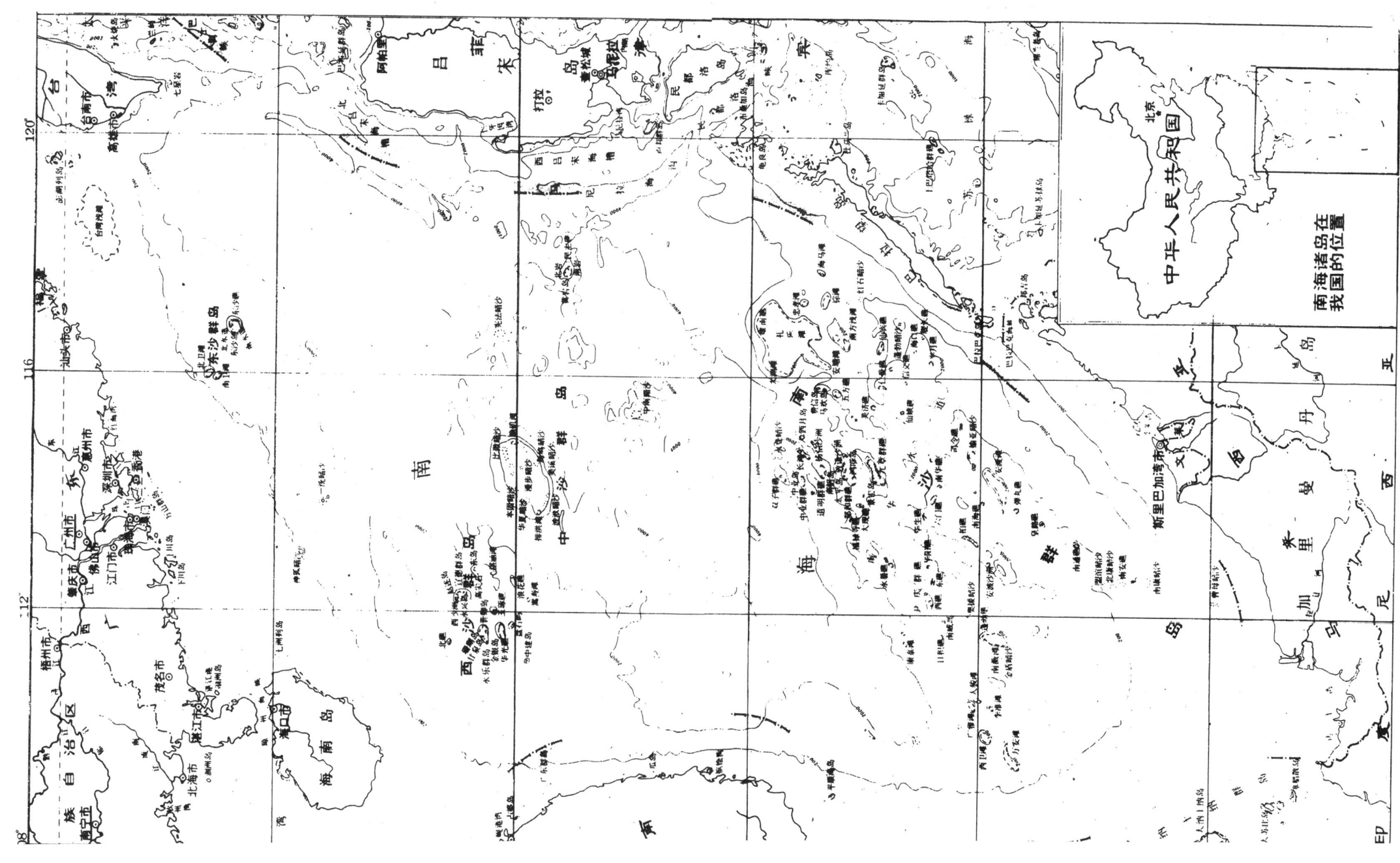

# 第一章
## 中国的南海诸岛

### 第一节 南海诸岛自古以来就是中国领土

在中国大陆南面，是浩瀚无际的海洋，这个海洋，人们称之为南海或南中国海。南海诸岛是分布在南海中数百个岛屿、礁、滩和暗沙的总称。南海诸岛位于中国大陆之南，东临菲律宾，西与越南接界，东南与文莱、马来西亚为邻，西南与印尼的纳土纳群岛隔海相望。南海诸岛按其自然分布，分为东沙群岛、西沙群岛、中沙群岛和南沙群岛四组群岛，大约从北纬21°向南延伸至北纬4°。东沙群岛是南海四组群岛中最靠近大陆的一组岛礁，距广东汕头约168海里。东沙群岛由东沙岛、东沙滩和北卫滩、南卫滩等组成。东沙面积约1.8平方公里，与西沙群岛中的永兴岛面积相仿，是南海诸岛中最大的岛屿之一。西沙群岛位于海南岛东南海域，由永乐群岛和宣德群岛等组成，其中包括金银岛、甘泉岛、晋卿岛、中建岛、永兴岛、东岛等。中沙群岛位于西沙群岛东面海域，由华夏暗沙、美溪暗沙等未露出水面的暗沙和黄岩岛等组成。南沙群岛是四组群岛中岛礁最多、分布海域最为辽阔的一组群岛，由双子群礁、中业岛、鸿庥岛、南威岛、西月岛、费信岛、马欢岛、太平岛、礼乐滩和曾母暗沙等组成，其中最大的是太平岛，东西长 1.36 公里，南北宽 0.35 公里，面积不到半平方公里。

南海诸岛是中国人民最早发现、最早命名、最早开发经营，并由中国政府最早实行有效管辖的中国领土。兹分述如下：

### 一、发现和命名

早在公元前 2 世纪，中国的船只就已经在南海中航行。随后，由于长期的航海实践，发现了南海诸岛。东汉时，杨孚在其《异物志》一书中记载："涨海崎头，水浅而多磁石。"① 三国东吴（222～280 年）万震《南州异物志》中记载："涨海崎头，水浅而多磁石，外徼人乘大船，皆以铁鍱鍱之。至此关，以磁石，不得过。"② 康泰《扶南传》也记载："涨海中，到珊瑚洲，洲底有盘石，珊瑚生其上也。"③ 涨海就是南海，这里所说的"涨海崎头"、"珊瑚洲"、"磁石"就是南海中的岛、礁和未露出水面的暗礁。南海的岛礁是由珊瑚礁组成的，所以称之为珊瑚洲。所谓"磁石"，也就是暗礁，船只航行遇到暗礁而搁浅，当时人们以为是船被磁石吸住，而不得过。

如果说中国在东汉、三国时期还只用涨海崎头、珊瑚洲来泛指南海诸岛，那么，到了宋代就已用更形象的"长沙"、"石塘"，"千里长沙"、"万里石塘"或"万里长沙"、"千里石塘"来称呼西沙群岛和南沙群岛了。宋朝人赵汝适 1225 年撰写的《诸蕃志》说"至吉阳，乃海之极，亡复陆涂，外有洲，曰：乌里；曰：苏吉浪。南对占城，西望真腊，东则千里长沙，万里石塘。渺茫无际，天水一色，舟舶来往，惟以指南针为则，昼夜守视

---

① 转引自《琼台志》，卷 9，土产下，上海古籍书店 1964 年影印本。
② 万震：《南州异物志》，见李昉《太平御览》，卷 988，药部，磁石。
③ 见《太平御览》，卷 69，地部 34，洲。

唯谨，毫厘之差，生死系焉"①。宋代《琼管志》也记载："吉阳地多高山……其外则乌里、苏密吉浪之洲，而与占城相对，西则真腊、交趾，东则千里长沙，万里石塘，上下渺茫，千里一色。"② 这里所说的"占城"即今越南中部，"真腊"即今柬埔寨，其东面海中的"千里长沙，万里石塘"，指的就是西沙群岛和南沙群岛。1043年，宋朝官员曾公亮奉仁宗皇帝之命主持编写的《武经总要》一书，则称西沙群岛为"九乳螺洲"。该书记载："从屯门山，用东风西南行，七日至九乳螺洲，又三日至［占］不劳山（环洲国界——原注）。"③ 屯门在香港九龙西南青山附近，占不劳山即今越南占婆岛，环洲国即占婆国，在今越南中部，从航程及位置断定，九乳螺洲就是现在的西沙群岛。其后中国元、明、清历代文献，如元代汪大渊的《岛夷志略》，明代的《郑和航海图》和《顺风相送》，清代的《广东通志》和陈伦炯的《海国闻见录》等等，也多以"千里长沙"、"万里石塘"、"万里石塘屿"、"石塘"来称呼南沙群岛和西沙群岛。清代中国海南岛渔民祖祖辈辈航行南沙群岛、西沙群岛从事生产活动使用的海路针经《更路簿》（"更"，为计算航行航程的单位，每"更"60里。"路"指航路，下同），更是详细地记载了这一海域的航线路程和岛屿名称，其中记载西沙群岛岛礁名称30多处，记载南沙群岛岛礁名称70多处。西沙群岛有银峙（今"银屿"）、猫注（今永兴岛）、猫兴（今东岛）、三峙（今南岛）、红草门（今红草门）、三脚峙（今广金岛）、三脚（今琛航岛）、干豆（今北礁）、尾峙（今金银岛）、老粗岛（今珊瑚岛）；南沙群岛有双峙（今双子群礁）、铁峙（今中业岛）、奈罗上峙（今北子岛）、黄山马（今太平岛）、称钩峙（今景宏岛）、南乙峙（今鸿庥岛）、第三峙（今南钥岛）、罗孔（今马欢岛）、乌仔峙（今南威岛）等④。1868年英国出版的《中国海指南》记载南

---

① 赵汝适：《诸蕃志》，卷下，志物，海南条。
② 王象之：《舆地纪胜》，卷127，广南西路，吉阳军，风俗形胜条。
③ 曾公亮：《武经总要》，前集，卷20，广南东路。
④ 韩振华主编：《我国南海诸岛史料汇编》，东方出版社1988年出版，第366～399页。

沙群岛中"渔民称为 Sin Cowe 的一个岛,大约位于 Namyit 南方 30 海里"①。Sin Cowe 和 Namyit 岛,就是海南渔民俗称的"秤钩"岛和"南乙"岛的译音。

中国人最早发现南海诸岛并给予命名,这是不可辩驳的历史事实,并为世界上尊重历史的人们所公认。日本《产经新闻》登载该报记者的文章说:"南沙和西沙群岛,从历史上的主张来看,中国要更早追溯到汉代以前。在 15 世纪时,中国旅行者就曾到过这些地方。"② 英国《泰晤士报》在题为《争夺斯普拉特利群岛》(按:"斯普拉特利群岛"即南沙群岛)的社论中也说:"无论如何,中国的这种主权要求在西方出现地图的大约一千年以前就提出来了。"③

### 二、开发经营,实际占有

在发现南海诸岛之后,随着航海技术的进步,中国渔民就在这一地区从事生产劳动,经营开发,成为这一地区的实际占有者。晋裴渊《广州记》记载:"珊瑚洲,在(东莞)县南五百里,昔有人在海中捕鱼,得珊瑚。"④ 这里说的广州东莞县南五百里的珊瑚洲,就是今东沙群岛。晋郭璞在《尔雅》注中也记载:"蠃之类多,《尔雅》云:蠃,小者蜬。郭云:螺大者如斗,出日南涨海中,可以为酒杯。"⑤ 韩振华先生对郭璞的这条记载做了考注:"日南是属于当时中国极南面的一个郡。郭璞所说的日南涨海,殆指自海南岛前往日南所要经过涨海——西沙群岛及其海面。今天,西沙群岛正亦盛产各种各样的蠃(螺)。"⑥ 可见早在距今一千多年前的晋代,中国人民已经在南海诸岛从事捕捞各类海产的活动了。

---

① 《中国海指南》(1868 年出版),《通往中国的主要路线》。
② (日本)《产经新闻》,1974 年 1 月 20 日。
③ (英国)《泰晤士报》,1976 年 6 月 16 日。
④ 《太平寰宇记》,卷 156,岭南道,广州,东莞县。
⑤ 见郑樵《通志》,卷 76,虫鱼类。
⑥ 《我国南海诸岛史料汇编》,第 27 页。

近现代的考古发现也证明，从很早的古代起，中国人民就在南海诸岛及其海域从事生产劳动，开发经营了。

1935年，中国海军部东沙群岛气象台台长方均在东沙群岛马蹄礁上发现了从汉代到清代的古钱，其中有汉代的五铢钱，唐代的开元通宝，宋代的皇宋通宝、元代的至正通宝，明代的洪武通宝、永乐通宝，以及清代的雍正通宝和乾隆通宝等①。

1920年，日本渔民在西沙群岛珊瑚礁下约五英尺深处发现了从汉代到明代永乐年间的中国古钱②。

1947年，广东省西南沙群岛志编纂委员会代表王光玮教授，也曾在西沙群岛石岛珊瑚石岩下拾得唐朝的开元通宝、明朝的洪武通宝和永乐通宝等古代钱币③。

1974年，广东省博物馆和海南行政区文化局的考古人员到西沙群岛进行文物调查，在永兴岛、北岛、金银岛、珊瑚岛、五岛等地挖掘到了一批宋朝和明朝的铜钱和明清及近代的瓷器。考古人员在甘泉岛上发现了唐宋时期的我国居民遗址，出土了一大批遗物，其中有107件唐代和宋代的青瓷陶器，居民吃剩的鲣鸟骨、各种螺蚌壳，以及燃煮食物的炭粒灰烬④。此外，1995年，考古学家王恒杰教授在西沙群岛北岛也发现了明清以来的一系列住居遗址。这些住居遗址的门大都向南开，皆为风雨棚结构⑤。

在南沙群岛，也出土许多古代文物。郑和群礁有秦汉时期的印纹陶片、明清时期的陶瓷残片和残碗，汉代的五铢钱，宋代的熙宁通宝，清代的嘉庆通宝、道光通宝、咸丰通宝等钱币。道明群礁出土汉代几何印纹陶片和明代青花瓷残片。永登暗沙出土唐代陶瓷残片。福禄寺礁出土宋代的

---

① 《我国南海诸岛史料汇编》，第100~101页。
② 同上书，第103~104页。
③ 广州《越华报》，1947年6月15日。
④ 《我国南海诸岛史料汇编》，第105~114页。
⑤ 《西沙群岛发现明清以来住居遗址》，载《人民日报》1995年3月28日第4版。

元祐通宝和元代的大德元宝钱币。大观礁出土宋代和明清时期的陶瓷残片。皇路礁出土宋代的熙宁重宝古钱和明清时期的青花瓷残碗。南薰礁出土唐代开元通宝、宋代白瓷残片，以及明清时期的青花瓷残片等①。1889年英国船游浪者号在南沙群岛安波沙洲还发现了中国渔民"陋屋之遗迹"。"屋为石子、珊瑚块、木版、竹头，以及旧船料所合成"②。在太平岛、西月岛、南威岛、南子礁、南钥岛等处，都有中国渔民使用的古井。太平岛是南沙群岛中最大的岛屿，水井也最多，共有11处。中国渔民在开发经营南沙群岛的过程中，有的还付出了自己的生命。西月岛就有三座中国渔民的坟墓，太平岛、北子岛也有清代中国渔民的坟墓。

中国渔民为祈求神保佑，在东沙群岛、西沙群岛和南沙群岛，都建立了许多供奉神明的小庙。其中有纪念在海上遇难者的孤魂庙，有供奉海神妈祖的天妃庙或娘娘庙，此外还有供奉土地神和大王神的土地庙和大王庙。东沙岛上的天妃庙兼祀大王神，是南海诸岛中规模最大的神庙。西沙群岛的北岛、南岛、赵述岛、和五岛、晋卿岛、琛航岛、广金岛、甘泉岛等处，都建有土地庙、孤魂庙或娘娘庙。南沙群岛的太平岛、西月岛、南威岛、南钥岛、鸿庥岛等处，也都建有土地庙、天妃庙和其他神庙③。

以上古遗迹、古文物证明了千百年来中国渔民开发经营南海诸岛的事实。

数百年来，南海诸岛一直是中国广东福建渔民的渔场。他们世世代代在这里居住、栖息和劳动生产，在一些岛上，种植椰树、香蕉、番薯、蔬菜，但最主要的是从事渔业生产。"粤闽渔民，每岁轮流前往，借作捕鱼根据地者有数百人。""琼崖渔民每年春季必有数十只捕鱼帆船，自琼崖出

---

① 王恒杰：《南沙群岛考古调查》，载《考古》1997年第9期。
② 英国海军测绘局编：《中国海指南》，1923年出版，第3卷。译文见1933年9月《外交评论》第2卷，第9期，第16~19页，徐公肃：《法国占领九小岛事件》。
③ 《我国南海诸岛史料汇编》，第114~122页。

发到岛捕鱼,及至残秋,乃满载而归"①。在渔获物中以鱼、龟、龟蛋、海参、马蹄螺为大宗。有些人长期在南沙群岛有淡水的岛上定居。"岛上居民,言语习惯,均与琼(海南岛)人无异"②。《广东琼东草塘港渔民申诉法占珊瑚九岛书》也说:"吾琼文昌县渔民因生活所迫,于清道光(1820~1850年)初年到其地从事渔业……嗣有各县多数渔民移居其地,建立房屋与'兄弟公庙'多所"③。明清时期以来,海南岛渔民在西沙群岛、南沙群岛等地生产、航行使用的《更路簿》,也就是他们在这一带海域航行的海道针经,其中记载了渔民从海南岛东部文昌县清澜港或从琼海县的潭门港起,航行至西沙群岛和南沙群岛各岛礁间的航海针位(方向)和里数。这些《更路簿》既是海南渔民在西沙群岛、南沙群岛航行生产劳动的经验总结,也是中国人民开发经营南海诸岛的历史见证。

海南岛渔民经营开发南海诸岛的事实,在英、法、日等国的记载中也有所反映。

1898~1904年法国出版的《新拉劳斯百科辞典》记载:"帕拉塞尔(即西沙群岛),中国海的礁岛群,在海南岛东南,中国渔民在该处寻找燕窝和龟壳。"④

英国海军部测绘局编的《南中国海指南》(1923年版)记载:"南沙群岛安波沙州(北纬7°51′,东经112°55′)……据1889年游浪者号(英国船名)之报告,岛上发现陋屋之遗迹……地萨岛(按:即今郑和群礁),海南渔民,以捕取海参、贝壳为活。各岛都有其足迹,亦有久居岩礁间者。海南每岁有小船驶往岛上,携米粮及其他必需品,与渔民交换参、贝。船于每年12月或1月离海南,至第一次西南风起时返。在益多阿白岛(按:

---

① 《中央重视法占九小岛案》,见《申报》1933年7月31日。
② 同上。
③ 《禹贡》第7卷第1、2、3期合刊,1933年4月第270页。
④ (法)保尔·奥吉主编:《插图本新拉劳斯百科辞典》第6卷第663页,巴黎拉劳斯书店1898-1904年版。转引自《我国南海诸岛史料汇编》,第561页。

即今太平岛）上之泉水，较他处为佳……北危岛（即今双子群礁）……常为海南渔民所栖止，捕取海参及贝壳等"①。

1918年，日本小仓卯之助等人乘"报国丸"号到南沙群岛"探险"，第一天就在双子岛上见到了三个中国渔民。他在《风暴之岛》中记载他用手势和笔谈向中国渔民询问南沙群岛的情况。中国渔民向他说明了南沙群岛各岛礁的名称、位置和航线路程，还用文字写道："黄山马峙牙子有多，红草峙生石不生土，乌子峙在西南，双峙上红草四里（按：'里'为'更'字之误。下同），红草上罗孔五里，双峙下铁峙二里，铁峙下第三峙二十二里，第三峙下黄山马二里，黄山马下南乙峙一里。"②

1933年日本人三好、松尾，在南沙北双子岛见到"从海南岛来的两个中国人"，在南二子岛也见到房子，"住有三个中国人"③。

日本《新南群岛沿革略记》（按：新南群岛即指我之南沙群岛）也承认，"此群岛不但属于中国领海，且在文献中早已有中国人居住之实证。在北子岛有两座坟，碑载同治十一年翁文芹、同治十三年吴××"④。同治是清帝国同治朝的年号，同治十一年即1872年；同治十三年即1874年。

20世纪30年代初，法国侵犯南沙群岛时，也见到"来自海南岛的中国人已定居在这些沙洲小岛上，以捕捉海龟、海蚝蝓等为生，同时也在一个小岛上种植椰子树、香蕉、番薯，依靠这些产品过活"。"帝都岛（即今中业岛）和双岛上居住着一些中国人，全是海南岛人。帆船每年运来食物，并运回海龟肉和海蚝蝓干。这些中国人对于生活在这个终年遭受季风

---

① 《南中国海指南》，1923年出版，第3卷，译文见1933年9月《外交评论》第2卷第9期，第16~19页。
② 小仓卯之助：《风暴之岛》，小仓中佐遗稿刊行会，昭和十五年出版。
③ 若林修史、平田末治：《新南群岛之今昔》，载《台湾时报》第2卷第3、4期，昭和十四年5月20日。
④ 原日本台湾总督府档案抄本。按：此篇根据台湾总督府内务局地理课主管池田德外五名之复命书翻译成中文。见《我国南海诸岛史料汇编》第570页。

吹打的小块领土上的命运，看来还是满意的"①。

上述一切说明，南海诸岛是中国人民世世代代开发经营居住和实际占有的中国领土。

### 三、划入中国版图

中国政府就是在中国人民发现、命名、经营、开发和实际占有的基础上，正式把南海诸岛划入中国版图的。在中国古代的一些图籍中，就曾记载着这一带海域的中外界限。宋代赵汝适《诸蕃志·序》记载："汝适被命来此（泉州），暇日阅《诸蕃图》，有所谓石床、长沙之险，交洋、竺屿之限。"交洋即交趾洋，竺屿亦称天竺屿，它的西岸之北部与南部，又称上、下竺，它的北岸的东部和西部又称东、西竺。竺屿或天竺屿，即今印尼加里曼丹大岛附近的纳土纳群岛。"石床、长沙之险"即今我国西沙群岛和南沙群岛内的危险地带。从宋代官方绘制的《诸蕃图》，可以了解到当时的中外界限，在交趾洋和竺屿。界限外的交洋与竺屿，是外国之境，界限内的"石床、长沙"，便是中国之境。周去非《岭外代答》卷三"航海外夷"条也记载："三佛齐（今印尼苏门答腊东南部）之来也，正北行舟，历上、下竺与交洋，乃至中国之境。"这就是说，上、下竺与交洋，都与中国交界，过了上、下竺，或过了交趾洋，便进入了中国境域。这与《诸蕃图》所载"交洋、竺屿之限"完全一致②。

根据11世纪宋代官方编纂的《武经总要》的记载，北宋王朝水师（海军）巡海已至西沙群岛一带：朝廷"命王师出戍，置巡海水师营垒"于广南（今广东），"治舠鱼入海战舰"，"从屯门山用东南风西南行，七日至九乳螺洲（即西沙群岛）"③。这说明，北宋王朝已把西沙群岛置于自己的管辖范围之内。

---

① 《法国新岛屿》，1933年8月28日《南华早报》。该文译自法国《图解》杂志。
② 参看韩振华著《南海诸岛史地研究》，社会科学文献出版社1996年出版，第83~85页。
③ 《武经总要》，前集，卷20，广南东路。

1279年，元朝皇帝忽必烈派主管天文历法的官员、天文学家郭守敬到南海测量。当时全国"测景之所，凡二十七点"。南海测点"南逾朱崖"，"测得南海北极出地一十五度"①。朱崖就是海南岛，"北极出地"，相当于今天的北纬，现在西沙群岛最南点是北纬15°47′，朱崖以南的这个天文点，就在今天的西沙群岛上，这说明西沙群岛在元代是在中国的疆域之内②。

明代《郑和航海图》（原名《自宝船厂开船从龙江关出水直抵外国诸蕃图》）也记载南海诸岛在中国疆域之内。该图在海南岛（琼州府）的东南，绘有石塘、万生石塘屿、石星石塘。向达认为"石塘"、"万生石塘屿"（万里石塘）即今西沙群岛，"石星石塘"即今东沙群岛③。韩振华认为"万生石塘屿"有记载为"万主石塘屿"的，"生"、"主"皆"州"字的侧转，所以"万生石塘屿"应为"万州石塘屿"，即今之西沙群岛。称"万州石塘屿"，说明其为万州所辖④。但大多数学者认为，"石塘"指西沙群岛，万生石塘屿（万里石塘屿）指南沙群岛，石星石塘指东沙、中沙群岛。从图上可以明确看出："石塘"与"万生石塘屿"是两组群岛。位于西边的"石塘"是西沙群岛，这是没有异议的。万生石塘屿位于"石塘"（西沙群岛）的东南，而且比"石塘"大，这与南沙群岛在西沙群岛东南，其分布范围比西沙群岛广大，正相符合。《郑和航海图》是带有示意图性质的地图，其所绘上述的几个石塘，如果用现代的眼光看，方位是不够准确的。关于这一点，研究南海古地图的专家吴凤斌指出："郑和航海图是以航海针道为重点，一字形展开式绘制，由于图册版图限制，把不同方位

---

① 《元史》，卷48，天文志一。
② 由于当时的科学技术条件所限，27个测点所测"北极出地"数值大都和现在纬度相差一度左右。南海这个测点"北极出地一十五度"，再加上一度左右的误差，其位置正好在今西沙群岛。参看《我国南海诸岛史料汇编》，第46～47页。
③ 向达：《郑和航海图》地名索引，石塘、石星石塘、万生石塘屿条。
④ 韩振华：《南海诸岛史地研究》，第43～44页。

的岛屿压在同一水平线上，是可以理解的。"①

我们认为吴凤斌教授的研究结论是正确的。古代的地图，限于当时的科学技术水平，所绘方位、距离往往不够准确，这是屡见不鲜的。这些石塘，图中绘在"交趾界"、"交趾洋"东南广东海面上，可见它们是在中国广东的境内。（明）王佐《琼台外纪》记载："（万）州东长沙、石塘，环海之地，每遇铁飓挟潮，漫屋溽田。"这也清楚地说明，"长沙、石塘"（即南沙群岛和西沙群岛）是万州环海之地，是万州的一部分②。清代《琼州府志》也记载："古志云：万州有千里长沙、万里石塘。"③ 这里所说的"古志"应是明代或明代以前的地方志书。

清代大量官方文献也载明南海诸岛是中国领土。例如1731年刊刻的《广东通志》就明确记载："万州三曲水环泮宫，六连山障，州治千里长沙、万里石塘，烟波隐见。"④"万州……州治千里长沙、万里石塘"，就是说千里长沙、万里石塘属万州管辖。这里的"千里长沙、万里石塘"，就是今天的南沙群岛和西沙群岛。1697年刻本《广东通志》、1828年《万州志》、1841年刻本《琼州府志》等，也都在万州"疆域""山川"条目中，明确记载"长沙海"和"石塘海"为万州所属的海域。在清代官方的地图中，也明确地把千里长沙、万里石塘列入清帝国版图之内。这类地图有1755年以前的《皇清各直省分图》、1767年的《大清万年一统天下全图》、1810年的《大清万年一统地理全图》、1817年的《大清一统天下全图》等等。

清乾隆年间刻印的《泉州府志》记载，1710～1712年任广东水师副将的吴升，率水师"自琼崖，历铜鼓，经七洲洋（西沙群岛海域），四更沙，

---

① 吕一燃主编：《南海诸岛：地理·历史·主权》，黑龙江教育出版社1992年出版，第62页。
② 《我国南海诸岛史料汇编》，第50页。
③ 明谊：《琼州府志》，卷4上，舆地山川，万州。
④ 郝玉麟等：《广东通志》，卷4，琼州府，形势。

周遭三千里，躬自巡视，地方安谧"①。这说明，西沙群岛一带海域，当时由广东水师负责巡逻。1876 年，清朝驻英公使郭嵩焘在《使西纪程》中记载：光绪二年十月二十四日（1876 年 12 月 9 日），"午正行八百三十一里，在赤道北十七度三十分，计当在琼南二三百里，船人名之曰齐纳细（China sea），犹言中国海也……左近柏拉苏岛（Paracel Islands，即西沙群岛），出海参，亦产珊瑚而不甚佳，中国属岛也"②。同年张德彝《随使日记》也记载："巴拉赛"（Paracel，即西沙群岛）小岛，中国属岛也。"③

综上所述，可以得出结论，南海诸岛是中国人民最早发现、最早命名、最早开发经营、最早管辖和最早划入中国版图的中国领土，这个历史事实，是无可争辩的。

## 第二节　日商西泽吉次强占东沙岛与清政府维护领土主权的斗争

### 一、广东省惠州所属的东沙群岛

东沙群岛，由东沙岛、东沙礁、北卫滩和南卫滩组成，分布于北纬 20°33′～21°58′，东经 115°54′～116°57′之间的海中，是南海四组群岛中最靠近大陆的一组岛礁。东沙岛面积约 1.8 平方公里，与西沙群岛中的永兴岛面积相仿，是南海诸岛中面积最大的两个岛屿之一。东沙群岛北距广东汕头约 168 海里，西北距香港约 169 海里，东北距台湾约 240 海里，东南距菲律宾马尼拉约 430 海里。

东沙岛古称"珊瑚洲"。晋朝裴渊的《广州记》记载说："珊瑚洲，在

---

① 黄任：《泉州府志》，卷 56，国朝武迹。
② 郭嵩焘：《使西纪程》，见《小方壶斋舆地丛钞》，第 11 帙，第 147 页。
③ 张德彝：《随使日记》，见《小方壶斋舆地丛钞》，第 11 帙，第 213 页。

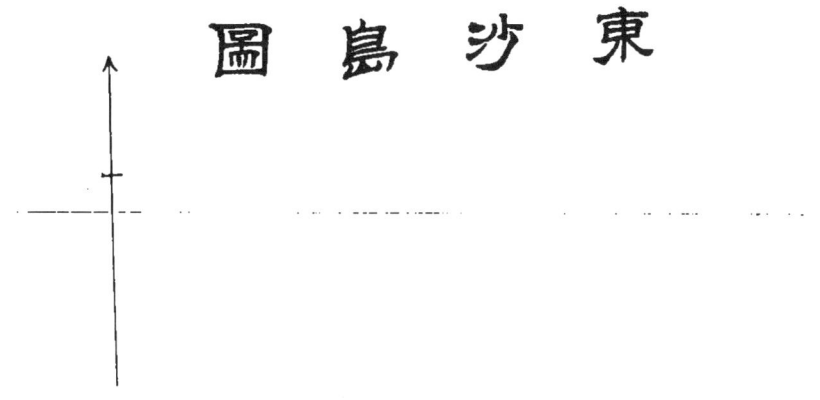

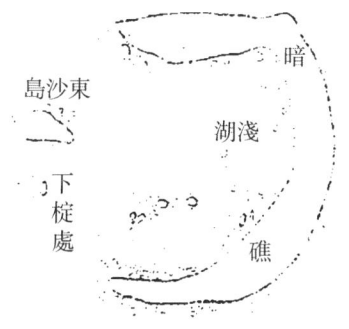

东沙岛图（采自1934年《广东全省地方志要》）

(东莞)县南五百里"①。元代《岛夷志略》把东沙与西沙、南沙通称之为"万里石塘"②。明宣德八年（1433年）以前问世的《郑和航海图》称东沙群岛为"万星石塘"③。清代康熙年间的《指南正法》、雍正年间的《海国闻见录》、乾隆年间的《大清万年一统天下全图》等则称之为"南澳气"④。闽粤渔民俗称之为"东沙"。现在我们能见到的最早称该群岛为"东沙"的记载，恐怕是谢清高（1765～1821年）口述，杨炳南（一说吴兰修）笔录的《海

---

① 《太平寰宇记》，卷156，岭南道—广州东莞县第12页引裴渊《广州记》。
② （元）汪大渊：《岛夷志略》，万里石塘条。
③ 向达校注：《郑和航海图》，第40～41页；《地名索引》，中华书局1961年出版，第150页。
④ 吴凤斌：《南海诸岛中几个地名考释》，见吕一燃编：《南海诸岛：地理·历史·主权》，第159～161页。

录》一书了。谢清高是航海家，1782 年时随外轮出洋航行，1795 年返回。《海录》一书即记其航行见闻。该书记载说："船由吕宋……若西北行五六日，经东沙，又日余，见担干山，又数十里入万山，到广州矣。东沙者，海中浮沙也，在万山东，故呼为东沙"①。关于"东沙"名称的由来，这里说是因为该岛屿在万山之东而得名。另一种说法是，"该岛向名东沙，与附近琼岛之西沙对举"而言②。这两种说法都说得通。1843 年《一斑录》卷 1《中国外夷总图》中就标有"东沙"、"西沙"和"石塘"。"东沙"指的就是东沙群岛，"西沙"指的就是西沙群岛，"石塘"指南沙群岛。这可能是我国最早用"东沙"标记东沙群岛的地图。1881 年 7 月王之春绘制的《沿海舆图》也标有"东沙"。因为东沙群岛"沙迹围抱，作半月形"，所以当地渔民也有称东沙岛为"月牙岛"或"月塘岛"的。1866 年，英国人蒲拉他士（Pratas）航行南中国海，遇风停泊于此，其后西方的图籍便称"东沙群岛"为 pratas Island③，对此我国有"蒲拉他士岛"、"蒲拉打士岛"、"蒲勒他士岛"、"布拉达士岛"或"布拉他斯岛"、"碧列他岛"等多种译法。

东沙群岛及其附近海域资源非常丰富，有鸟粪层、各种鱼类、胶菜、海人草、珊瑚、玳瑁、海螺等。早在晋代就有中国渔民在该岛捕鱼和捞取珊瑚的记载④。1935 年，中国民海军部东沙群岛气象台台长方均等人曾在这里发现凝结在珊瑚沙石块上的中国古钱，其中有汉代的五铢钱，唐代的"开元通宝"，宋代的"景祐元宝"、"皇宋通宝"、"圣宋元宝"、"大宋元宝"，元代的"至正通宝"，明代的"洪武通宝"、"永乐通宝"，清代的"雍正通宝"、"乾隆通宝"等⑤。1909 年，经营东沙岛一带渔业的商人梁应元也禀称："历来渔

---

① 谢清高：《海录》，卷中，"小吕宋"。
② 陈天锡：《西沙岛东沙岛成案汇编》之《东沙岛成案汇编》，广东实业厅 1928 年印，第 25 页。
③ 李长傅：《东沙岛和西沙群岛》，《地学杂志》，卷 13，8、9 期。
④ （晋）裴渊：《广州记》，见《太平寰宇记》，卷 156，岭南道一："珊瑚洲，在（东莞）县南五百里，昔人于海中捕鱼，得珊瑚。"
⑤ 《我国南海诸岛史料汇编》，第 100～101 页。

船，来往广东惠州属岛之东沙地方，捕鱼为业，已阅数百年。"① 这一切说明，中国人民从很早的古代起，世世代代都在这里从事各种生产活动。

到了清代，东沙群岛及其附近海域是中国南海渔业重要区域，"沿岸渔船及闽粤渔户到此捕鱼，每年匀计，不下数百艘"。此外尚有半捕鱼半捞海之小船，不计其数。每年获利，大船自数百金至数千金或数万金不等，"沿海著名富户，若陈德利、蔡有三、蔡桂生、冯东秀、赖奇头等，积资或数十万或数百万，皆自该岛起家者也"②。广东福建渔民为了祈求海上平安，在岛上建有海神庙。有的记载称该庙为天后庙或大王庙，天后指的是妈祖，大王指金龙大王之类，也就是说该庙内供奉妈祖和大王神。这大王庙建于何时，已无法考订，据英国出版的《印度指南》记载：1813年罗斯船长曾来到东沙岛，"登陆后，在岛的西部发现一个可供船只停泊的深海湾，那里是每年春季中国渔民到此捕鱼的庇护所，岛上建有一座中国庙，已破烂不堪"③。又据清末广东香山县人梁胜称："小的从前自同治八年（1869年）在同安祥大渔船雇工，前往东沙岛捕鱼为活……初到岛上，见树木林深，并由小的经手种有椰树三株。又见有大王庙一间，系旧的。小的于（光绪）二十二年（1896年）签银二千元左右修好"④。梁胜于1869年初次到东沙，见到该庙是旧的，罗斯于1813年见到该庙已"破烂不堪"，可见此庙已历有年所。该庙坐西北，向东南，"庙之旁，屯有粮草伙食等物，以备船只到此之所需"⑤。

中国渔民在开发经营东沙群岛的过程中，曾付出巨大的代价，有不少渔民死于岛上，并安葬于此。所以，在东沙岛有许多中国渔人的坟墓。仅同安祥和广安祥渔船渔民，"自同治十二年（1873年）起，至光绪三十

---

① 《张督致胡大臣函》，《东沙岛成案汇编》，第22页。
② 《地学杂志》，宣统二年第3号，《大东沙岛》。
③ （英）丁·霍尔斯贝格，《印度指南》，卷2，1855年第7版，第367~368页。转引自韩振华主编《我国南海诸岛史料汇编》，东方出版社，1988年版，第591~592页。
④ 《船主梁胜等供词》，《东沙岛成案汇编》，第65~66页。
⑤ 《渔商梁应元禀词》，《东沙岛成案汇编》，第16~17页。

重建的东沙岛大王庙（采自陈仲玉《东沙岛南沙太平岛考古学初步调查》）

年（1907年）七月止，共死各伴一百三十二人，均在岛上安葬，其死之姓名年月，用簿注明"①。为了祀奉死去的渔民，在东沙岛上还有中国渔民建立的"兄弟所"一间。"兄弟所"亦称"先友兄弟所"，也就是祠堂。

中国渔民每年往东沙群岛捕鱼三次，正月去，四月回，为第一次；五月至八月为第二次；九月至十二月为第三次。他们乘大渔船出海，到达东沙群岛后，"每日分伴开舢板在东沙岛洋面左右捕鱼，所取皆大鱼及师腌肉，装回船上腌咸"。在洋面上取得胶菜，则在东沙岛上木棚上晒干，捕得玳瑁，剥去鳞壳，也将肉在木棚上晒干。这是很早以来就有的传统方法。1899年广安祥渔船股东又在东沙岛上"重新建造晒胶菜木寮一间"。这木寮也称木厂或木棚，"由澳门成泰木厂承建，连工包料，共用去银四千多元"②。木寮长二十八丈，阔四丈八尺。广安祥渔船每次出海，"约取鱼七百零担，每担约值银七两之谱。胶菜七百担，每担约值银七两零之

---

① 《船主梁胜等供词》，《东沙岛成案汇编》，第66页。
② 《代表人周华社供》，《东沙岛成案汇编》，第67页。

谱。师腌肉二十担,每担约值银四十零两。玳瑁鳞三担,每担好花值银一千六百元,次些每担约值银千一二百元之谱。晒干玳瑁肉一担值银约四十两。每一次约四个月,得货银约二万元左右。俱驶回澳门发卖,或中途卖与小料船"①。由于东沙群岛海域水产丰富,到东沙捕鱼是有大利可图的营生,所以广东有谚语云:"要发财,趁东沙。"②

## 二、日本商人西泽吉次武力强占东沙岛

西泽吉次是一位富有冒险精神和殖民野心的日本商人,在台湾基隆及日本神户、长崎、东京都有他开设的商店,店名俱称"西泽商店"③。他本来并不知道有东沙岛的存在。他知道有这么一个海岛是出于一个偶然的机会。1901年,西泽在日本定造双桅帆船一艘,言明在台湾基隆交货,这年夏间,该船由日本起航,因船主不明风向,误驶至琉球岛之南鸭依鸭口岛。由该岛开行后,又遇飓风,漂至一个他们不知其名称的小岛,停泊两日,船主与水手登岸,取了岛沙回船。船抵基隆时,西泽见这岛沙不同于寻常,便将它拿去化验,结果证明该沙含有磷质。西泽对此大感兴趣,向船主询问该岛位于何处。因船上既无罗经,又无其他测量器具,所以船主未能指明该岛的位置和方向。由于他们不知道此岛的名称,所以称之为"无名岛"④。这是西泽初次听到有关东沙岛的情形。

如果说西泽知道有这么一个小岛是出于偶然,那么,他企图占有此岛则是与当时日本向外侵略扩张的历史背景相联系的。19世纪末20世纪初,日本为了扩张领土和开拓殖民地,曾发动两次战争,即1894年的中日战争和1904~1905年的日俄战争。通过这两次战争,它以胜利者的身份,夺取了中

---

① 《东沙岛成案汇编》,第65页。
② 《新宁杂志》,第5号(宣统元年二月二十五日版),第42页。
③ 调查委员林祥、吴敬荣:《委员报告》,《东沙岛成案汇编》,第14~15页。
④ 《日领致洋务处苏薛两委员函,附东沙岛经营情形》,见《东沙岛成案汇编》,第51~52页。

国的台湾，迫使俄国割让库页岛南部，并把朝鲜变为其殖民地。这样的历史背景，培育了西泽吉次向外扩张掠夺的野心。所以当他了解到该岛岛沙含有磷质后，便勾起了他的贪婪之心，妄想把它占为己有。1902年，他乘马都鸦双桅船往寻该岛，路经华苏、古都唷、巴泻、伯伦等岛，后抵一岛，据船上水手说，此岛就是前次所到之岛，岛沙即取自此岛。西泽便取了岛沙及海产等，到基隆投放市场。这是西泽第一次到达东沙岛和掠夺该岛资源的情形。

为进一步掠夺东沙群岛资源作准备，1903年，西泽派遣化学家再往该岛考察，但因遇到大雾和飓风，船受损伤，开往小吕宋修理，一无所得。

1904年到1906年，由于日俄战争的影响，日本市面冷淡异常，船价极昂，运费为前加倍，西泽不得不暂时停止其侵略东沙的行动，但他并没有放弃占有该岛和掠夺该岛资源的野心。

1907年，西泽作好了一切准备之后，便开始大规模地入侵东沙岛。关于此次入侵的情况，他在《东沙岛经营情形》的禀文中写道："1907年夏间，商购备建屋材料器具，以便运往该岛，于8月6号，携同工人一百二十名，及各种器具材料，乘西古苏轮船前往。11号行抵该岛。但近岸水浅，须用舢板小船及渔船，拨运材料，阅十四日始将各物搬至岸上……商即乘原轮回基隆，嘱令各工人暂立帐篷小屋居住。一面动工开路，平地建屋。九月中，商运粮食回岛，满以为屋宇建成，讵料工人一百二十名有七十人为毒虫咬伤，其余五十人须为调事，以致未能工作。商此次来岛，虽带有建屋材料，但以无人起卸，迫得折回基隆。""另雇福都轮船，往东京之南一百五十英里之喀治五岛招工，幸招得工人三百八十名……旋回基隆另购粮食，并聘医生、化学师，以及拨艇等物，于十二月中旬再抵东沙。"①

在这里，西泽既没有提到东沙岛一带的中国渔民，也没有提到中国渔民在东沙岛上的经营和设施，把这次强占东沙岛的行动，说得和和平平，有如进入无人之境。事实上，西泽强占东沙岛和一切殖民者一样，都凭借

---

① 《东沙岛成案汇编》，第52~53页。

火与剑，充满着暴力和残忍。

请看当时在东沙岛一带捕鱼的中国老渔民的诉说吧！

广安祥大渔船船主梁胜诉称："小的自同治八年（1869年）在同安祥大渔船雇工，前往东沙岛捕鱼为活，是年二十八岁。至光绪二十四年（1898年），旧东物故，由新东主李广星等八人，纠本买大渔船一只，改名广安祥，另置舢板四只，蒙东家开小的红股一份，充当船主之职，每年往东沙岛三次。船内伙伴四十余人……光绪三十三年八月二十日左右，有大兵轮一艘，载有日本人约二百余，俱西装服色，有无土人，难以分辨，车至（即开至之意）小的大渔船，走过船来，有携剑者，有携刀枪者，要赶小的等，不准在此岛左右捕鱼，即刻要小的开行。小的等不允，遂将舢板四只打烂，木料浮于海面。此三四日间，又见兵轮日人登岛，将大王庙、兄弟所尽行毁拆，用火焚化。又见岛上有坟冢百余座用铁器掘开，取出各骸骨，将胶菜木棚尽拆，又砍伐岛上树木堆起，将百多具尸骨，架着火棚，尽行烧化，推入水中。"①

当时与广安祥大渔船同在东沙岛捕鱼的还有新泗和大渔船，该船载重1500担，有船伙23人，"船主名梁带，渠在东沙近四十年，向在该处捕鱼"②。他控诉："我新泗和渔船，历年往来东沙，捕鱼为生……光绪三十三年，日本人到东沙，将大王庙一间拆了，并有许多伙食在内，此伙食，乃系饥寒所用。又拆了我新泗和鱼板六只，洋板二只。于宣统元年正月初十日，复往东沙，不料日本人二月十九到我大船，斥逐我船离岛。"③

再看渔商梁应元的禀词："禀为日人凌逼，骤失常业，恳恩切实设法，借资保护事。窃商……历年均有渔船来往广东惠州属岛之东沙地方，捕鱼为业，于光绪三十三年，忽有日人多数到岛，将大王庙一间拆毁……现在日人公然在此开挖一池，专养玳瑁。前时该庙之旁，屯有粮草伙食等物，

---

① 《船主梁胜等供词》，《东沙岛成案汇编》，第65~66页。
② 飞鹰号《船主报告》，《东沙岛成案汇编》，第18页。
③ 《委员报告》，《东沙岛成案汇编》，第16页。

以备船只到此之所需,今已荡然无存。又拆去本号新泗和带记渔船之附属渔板六只,计每只长二丈,阔三尺,值价银五十元;洋板二只,每只长一丈八尺,阔五尺,值银二百元"①。

日本人强占东沙岛之后,便在岛南建小码头一座,全用废木烂板架成。为了岛上运输方便,建设了一条小铁路,由北而南,直至码头。此外,还在岛上安设电话、吸水管,建立制淡水厂,挖池积蓄雨水,建筑日本式房屋和办公所,悬挂日本旗,准备把该岛据为己有。为此,他们除了毁灭岛上的中国庙宇、坟墓和其他一切建筑物外,还在岛上立一木牌,南面写"明治四十年八月",北面写"西泽岛"字样②。并把东沙礁改为"西泽礁"③。西泽把中国东沙岛改名为西泽岛,把东沙礁改为西泽礁,其目的是十分明显的,那就是要把中国人民千百年来开发经营的东沙群岛,说成是他西泽吉次首次发现和命名的,以便把它据为己有。当时中国官员已看出西泽的险恶用心,指出他"易东沙为西泽,以为影射也"④。

西泽对东沙群岛资源的掠夺,以采掘磷质为主,以采取海产为辅。此种磷质是由千百年来鸟粪和其他物质堆积而成,有的已成为鸟粪磷酸矿。此种鸟粪层,东沙岛到处皆是,厚约3尺至6尺不等,经过处理,可以作为肥料,质佳价昂,所以西泽在东沙岛着重开采该岛的磷质鸟粪。此外则掠夺东沙岛的海产资源大海龟、玳瑁、螺壳等。西泽供称,一日可得大龟50个,"龟肉可做药品,日本东北方甚为需用,于是在该岛制造,并请化学名师提取精汁"。"玳瑁原由南洋运往日本,制造纽扣,而大阪商人专购该岛玳瑁,而肉亦作食品"。对于东沙群岛一带所产的胶菜,西泽也雇人开采。他说:"该处青苔,可制成鱼胶,日本销场甚广"。这里所说的"青苔",指的是一种名叫麒麟菜或石花菜的海藻,此种海藻,含胶量高,所

---

① 《委员报告》,《东沙岛成案汇编》,第13页。
② 同上书,第13页。
③ (日)柴山武德著:《海南岛》,日本拓殖协会昭和十七年出版,第163页,东沙群岛。
④ 《委员报告》,《东沙岛成案汇编》,第13页。

以也称"胶菜",是提炼琼脂的好原料,在纺织、食品、医药等工业部门,有广泛的用途。此外,西泽还雇人采取螺壳、鸟毛等。为了把在东沙掠夺到的资源运回,西泽派遣福都号、大门第三号、大门第五号、马奴号等轮船,轮番前往东沙岛,每半月一次,往往满载而归①。

### 三、中国官民反对日本商人强占东沙岛

西泽驱逐中国渔船,强占东沙群岛,引起了中国人民的极大愤怒,全国报刊纷纷发表消息、文章和评论,谴责西泽侵犯中国领土主权和迫害中国渔民的行径。中国渔民也没有被西泽的残暴所吓倒。新泗和渔船仍然坚持到东沙岛捕鱼,虽然"日人复来干涉,斥逐该船离岛",但新泗和渔船从船主到渔民,都不为所动。正如船东渔商梁应元所说:"商因念此岛,向隶我国版图,渔民等均历代在此捕鱼为业,安常习故,数百余年。今日反客为主,商等骤失常业,血本无归,固难隐忍,而海权失落,国体攸关,以故未肯轻易离去。"②渔商和渔民们的爱国行动,得到了来这里调查日人侵占东沙岛情形的广东官员们的赞扬和支持。官员们给渔民一面旗帜,并嘱咐他们坚持在这里捕鱼,不要理睬日人的无理要求。渔民们深受鼓舞,立即将旗帜悬挂在船上,决心与入侵者斗争到底③。

在清政府的封疆大吏中,第一个起来反对日本侵占东沙群岛、捍卫国家领土主权的是两江总督端方,当他获悉日本商人西泽吉次侵占中国南方沿海岛屿的消息后,于光绪三十三年八月底便向清政府外务部报告说:访闻港澳附近,"有中国管辖之荒岛一区","近被台湾基隆日本商西泽吉次,纠合百二十人,于六月三十日午后,乘四国丸轮船驶向该岛,七月初三日登岸,建筑密舍,竖立七十尺长竿,高悬日旗,并竖十五尺响标,详记发现该岛的历史,名为西泽岛。暗礁,名为西泽礁。西泽遂据为己有。该岛

---

① 《东沙岛成案汇编》,第54~55页。
② 《渔商梁应元禀词》,《东沙岛成案汇编》,第16~17页。
③ 嘉尔生:《航主报告》,《东沙岛成案汇编》,第18页。

磷矿极多，树木亦复茂盛，有高四五十尺者。鳞介贝壳甚夥，网采颇易，温度与台湾相仿佛。西泽已采取水陆各种，装运至台。现在第二次运船将到，凡闽粤人之老于航海者及深明舆地学者，皆知该岛为我属地"①。希望外务部迅速查办此事。外务部立即致电两广总督张人骏，请他调查是否确有其事。由于端方报告中没有该岛的中国名称，所以张人骏派人遍查图籍毫无所得。就在这时，端方已查出该岛的英文名称和位置。他在光绪三十三年九月二十九日致两广总督张人骏的电文中说："现据驻宁日领谈及，（该岛）实在台湾之西南，香港之东南，距香港一百七十余英海里，并举其经纬度及英名名称。按其所言考之，即系前准贵省咨送广雅书局所印《新译中国江海险要图说》内之蒲拉他士岛，一名蒲勒他士岛，为广东杂澳第十三，在北纬二十度四十二分，东经百十六度四十三分，距香港一百七十英海里。长一英海里半，阔半英海里，高四十英尺，沙质无泥，其形似马蹄，靠西边，有一港口，约半海里深，上十年中国渔船在此港避风，确系广东所辖。上年两江派员所绘海图，亦有此岛。英海部所刻海图，亦有此岛"。"确是中国之地，不可置之不问"②。

　　清政府中另一位关心日人侵占东沙岛的封疆大吏是我们前面提到的两广总督张人骏。他从光绪三十三年（1907 年）起即与两江总督端方电报往来，探讨处理这一事件的办法。他和端方都认为，应先派遣军舰前往调查日人侵占的确实情形，然后再向日交涉。光绪三十四年九月，端方采纳张人骏的建议，致电海军水师提督萨镇冰，希望他从南洋舰队中，酌派一舰，"前往细查确勘"③。由于南洋舰队当时正在接待美舰，未能抽拨，直到宣统元年（1909 年）正月，才派飞鹰号兵舰前往调查。飞鹰舰于十一日晚由香港开行，十二日到达该岛，查明了"蒲拉他士岛，即土名之东沙，日人改名为西泽岛"。岛上日本男女原有 400 余人，现在仅有百余

---

① 《外部致张督电》，《东沙岛成案汇编》，第 2 页。
② 《端督致张督艳电》，《东沙岛成案汇编》，第 5～6 页。
③ 《东沙岛成案汇编》，第 8 页。

人，盖屋居住。并雇有小工50余名。"在此寻觅沙鱼、龟鱼，并礁上之雀粪，用作田料，质佳价昂，日人视为大宗权利。该处已设小铁路、德律风（即电话），并木码头、小火轮、小舢板等件，以便起运各物。中国渔民前建之天后庙，日人来时，已被毁去，以图灭迹。间有渔船到此，日均驱逐离岛"①。就在这时，张人骏也已查明潮州汕头口东南海面，相距约五百华里，有东沙一岛，向为闽粤各港渔船捕鱼聚集之处，并经渔户集资建立天后庙，随时寄顿公粿粮，为避风之用。此岛英国海军部海图名曰蒲拉他士岛，"在我国向名东沙，沿海渔民，皆能道之"②。张人骏还把搜集到的英国海军绘制的中国海总图、蒲拉他士岛专图暨《中国江海险要图志》，以及岛上日人布置各处的影片8页，呈送外务部。同时他还与端方联名致电外务部，说日人侵占的东沙岛，"确归粤辖，沿海居民，类能言之，且有图志可据，现经派舰实地查勘，该日商已在该岛修盖房屋，并已建设铁路、电话、码头等项，是其私占有据，若不设法争回，则各国必援均沾之例，争思攘占，所关非细，拟请钧部迅与日使交涉，饬将该国商民一律撤回，由我派员收管，另筹布置，以申主权"③。同时，为了更进一步弄清日人侵占东沙岛的情况，张人骏又派飞鹰号军舰和海关巡舰再次前往调查。这次调查比前次更加深入，并见到当时尚坚持在东沙捕鱼的中国渔船，听取了船上渔民对日本侵占东沙驱逐中国渔船、毁灭岛上中国一切设施和庙宇等暴行的控诉，同时还同西泽吉次在岛上之事务人浅沼彦之亟进行问答。浅沼彦之亟说他们是受西泽吉次之委任到此经商，西泽吉次在台湾、东京等地均有商店，此处是西泽商店的办事处，系个人生意，亦未知日本政府曾否与闻，惟去年夏间日本驻台湾总督府曾派官吏6名至此视察，亦不知此岛属于何国④。宣统元

---

① 飞鹰号《黄管带报单》，《东沙岛成案汇编》，第9页。
② 《张督致外部函》，《东沙岛成案汇编》，第10页。
③ 《端、张两督会致外部哿电》，《东沙岛成案汇编》，第11页。
④ 《委员报告》，《东沙岛成案汇编》，第15页。

年（1909年）二月十三日，张人骏致电外务部，说已查明"该岛日人，只系经商私往，日本政府或未闻知，其驱逐渔船，已据渔民具控有案"，"该日商西泽频年所为，殊属不合，自须商令撤回，应否由钩部与日使交涉，或先由粤向日领询问，俟复答后，再作计较"①。外务部复电主张先由两广总督与日本领事交涉②。于是向日本政府交涉从东沙岛撤回日人的任务，就落在张人骏的肩上了。

**四、中日交涉与日商撤离东沙岛**

中日关于西泽强占东沙群岛的交涉是从1909年春开始的。这年3月17日，张人骏就日人侵占东沙岛一事照会日本驻广州领事赖川浅之进。照会说："现查惠州海面，有东沙一岛，向为闽粤各港渔民前往捕鱼时聚泊所在，系属广东之地，近有贵国商人，在该处雇工采磷，擅自经营，系属不合，应请贵领事官谕令该商即行撤退，查明办理，以纫睦谊。"③ 3月18日，日本领事来两广总督衙署面称，他对于此事毫无所闻，已电日本外务省。3月21日，日本领事得到了日本政府的指示，再次来到两广总督衙署，"谓该岛原不属日，彼政府亦无占领之意。惟当认为无主荒岛，倘中国认该岛为辖境，须有地方志书及该岛应归何官何营管辖确据，以便将此证据电外交部办理"。同时还狡辩说："至西泽经营该岛，本系商人合理营业，已费甚巨，日政府亦曾预闻，应有保护之责"④。在这里，日本领事主要声明两点：其一，认为东沙岛为无主荒岛，其二，因为此岛为无主荒境，所以西泽在此经营是合理营业，日本政府负有保护之责。张人骏立即给以驳斥，他说："东沙系粤辖境，闽粤渔船前往捕鱼停泊历有年所，岛

---

① 《粤督张人骏致外部查明日商私据东沙岛请与日使交涉电》，《清宣统朝外交史料》，卷2，第6～7页。
② 《外部复张人骏东沙事请询日领俟其答复再办电》，《清宣统朝外交史料》，卷2，第7页。
③ 《张督照会日领文》，《东沙岛成案汇编》，第20页。
④ 宣统元年二月三十日《粤督张人骏致外部，日领谓东沙原不属日应否与日廷交涉候夺电》，《清宣统朝外交史料》，卷2，第39页。

内建有海神庙一座,为渔民屯粮聚集之处,西泽到后将庙拆毁,基石虽被挪移,而挪去石块及庙宇原地尚可指出,该岛属粤辖,此为最确证据,岂能谓为无主荒境"①。接着,日本领事照复两广总督张人骏称:"倘清国有该岛实属清国之确证,则日本政府必当承认其领土权"②。同时,日本外务大臣小村在中国驻日使馆晚餐时,也向中国驻日使臣胡惟德说:"现在中国如有确实凭证,自当认为中国领土。此岛日人,应由中国保护。倘无确证,足见此岛本无所属。"③张人骏对日本政府置千百年来中国渔民经营东沙群岛的事实于不顾十分气愤,他说:"夫日商西泽,不过以个人营业,其情只等于我粤渔民前往建庙屯粮之举。岂该岛先已发见于我华人者不足据,数百十年后一日本商人以无理侵夺,驱华民而据之,彼政府未前知,彼领事未前知,转可认为发现该岛之哥伦布,欲取我国归辖之境,列之无属荒区乎。"④

至于证明东沙岛为中国所属的图籍,这时张人骏已搜集到王之春的《国朝柔远记》、陈寿彭译的《中国江海险要图志》,以及中国和英国出版的一些地图。《国朝柔远记》载有1881年7月王之春绘制的《沿海舆图》,此图在广东潮州府惠来县之南海中,绘有"东沙"岛⑤。同上书,系译自英国海军部1894年出版的《中国海指南》(china sea Directory)。该书所录"皆系英国水师诸船,由1845年至1894年测量实在险要形势,又复采辑英水师各兵船及领事人员至于涉猎其滨海之商人游客记载口说,亦节以1894年为止"⑥。书中记载说:蒲拉他士岛(即东沙岛),其东北尽处在纬线赤道北二十度四十二分三秒,经线由英起算偏东一百十六度四十三分十

---

① 宣统元年二月三十日《粤督张人骏致外部,日领谓东沙原不属日应否与日廷交涉候夺电》,《清宣统朝外交史料》,卷2,第39页。
② 《日领照复张督文》,《东沙岛成案汇编》,第24页。
③ 《胡大臣致张督冬电》,《东沙岛成案汇编》,第24页。
④ 《张督致外部函》,《东沙岛成案汇编》,第27~28页。
⑤ 王之春:《国朝柔远记》,卷20,第22页,《沿海舆图》。
⑥ 陈寿彭译:《中国江海险要图志》,卷1,第5页,原卷首,原叙。

四秒。"岛内有浅滩及澳,透入其西向半迷当,足供中国渔人以避风,中国至此围渔,已有年所"①。并说1858年4月英国曾探测过该岛。书中第三图(广州一:广东省由琼州至南澳图),在汕头港口正南海中,绘有"蒲拉他士"。第四十一图是"蒲拉他士岛"专图,标题是《广东杂澳十三蒲拉他士岛》,图上并标有"华船泊处"②。其他中英地图也可与上述图籍相印证。由于张人骏已掌握这些证据,所以他致电外务部说:"海图及舆地各书,列有此岛,均指粤辖,证据已足。西泽擅自经营,毁庙驱船种种不合,实系日人侵夺。"③ 他请外务部电令驻日使臣胡惟德与日本外务省交涉,饬令西泽撤出东沙岛,并赔偿毁灭庙宇、驱逐中国渔船和私运磷质出境等所造成的各项损失④。清外务部采纳了张人骏的意见,电知胡惟德,请他与日本政府外务省交涉。

1909年3月29日,日本领事到两广总督衙门与张人骏晤谈东沙岛事。张人骏便将《中国江海险要图志》和《国朝柔远记》等记载东沙岛属于中国的图籍拿给日本领事阅读。在这些证据面前,日本领事透露了日本政府有意承认东沙群岛属于中国的消息,但有附加条件,他说:"以该岛属于中国的证据,虽未齐备,重以粤督之言,似亦未尝不可承认,惟须妥为保护,否则恐政府仍作无主之岛看待"⑤。张人骏询问他所说的"保护"是什么意思。日领说:"西泽经营,颇费工本,一旦撤退,必多损失,亦殊可悯……撤退后,其所营房屋机件铁路等物,必有相当之办法"⑥。张人骏诘以我国渔业,无端被逐,伤损甚巨,应作何办法? 对此,日本领事并无切实之回答。通过这次会晤,张人骏明白了日本政府的意图,觉得颇可就此

---

① 陈寿彭译:《中国江海险要图志》,卷10,第1~2页。
② 同上书,卷1。
③ 宣统元年二月三十日《粤督张人骏致外部,日人侵夺东沙证据已足,拟商令西泽赔偿损失电》,《清宣统朝外交史料》,卷2,第44页。
④ 同上。
⑤ 《张督致外部齐电》,《东沙岛成案汇编》,第28~29页。
⑥ 《张督致外部齐电》,《东沙岛成案汇编》,第28页。

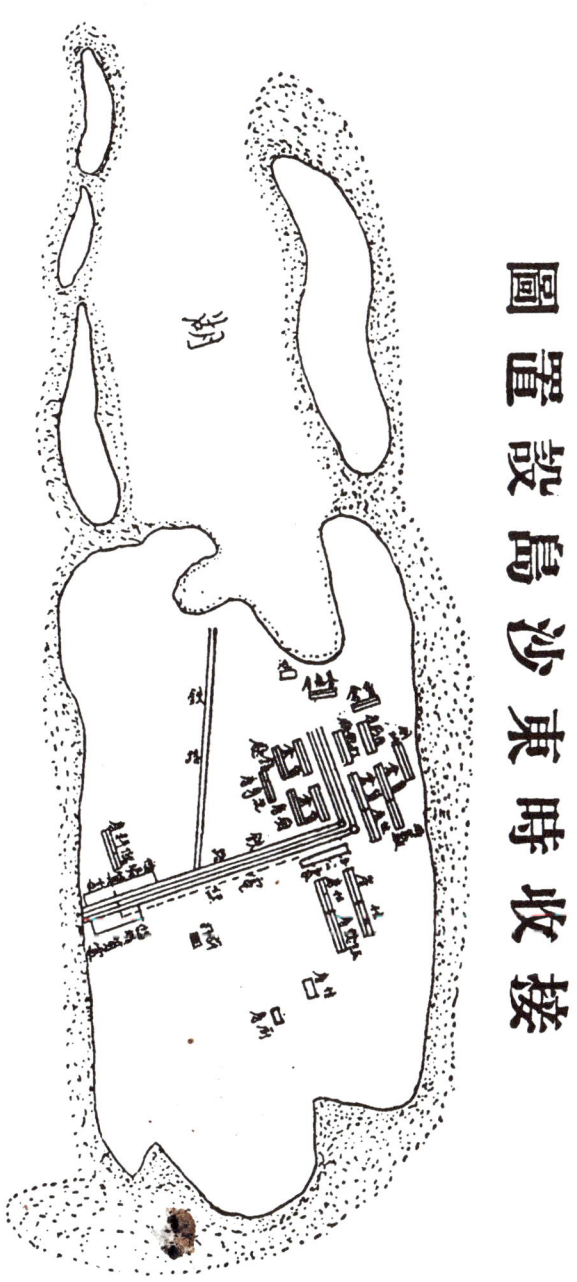

1909年清政府收回东沙岛时岛上的设置
（采自1928年陈天锡《西沙岛东沙岛成案汇编》）

转圜。所以他致电外务部,请示是否可以电知驻日使臣胡惟德,此案先由广东总督与日本领事磋商,暂缓向日本外务省商办。外务部同意了张人骏的意见。1909年4月7日,日使复照外务部称:日本政府已将解决东沙问题的办法通知了日本驻广州领事,但请清政府留意,"西泽到该岛创始营业,全系善意,此事结局,纵定为中国领地,而对该商平善事业,应加相当之保护"①。接着日本领事提出了解决条款,主要内容是:西泽经营东沙岛费资51万元,该岛归中国后,西泽可以停止采海产和开牧场的计划,但应让西泽继续留在岛上开采磷矿鸟粪,期限30年。很明显,日方的要求"意在久假不归",张人骏当然不能同意。他提出了四条解决办法:(一)先将东沙岛交还中国;(二)西泽在岛上的一切设备,由两国派员公平估值,由中国收买;(三)岛上庙宇被毁及沿海渔民被驱逐历年所造成的损失,亦由两国委员详细公平估值,由西泽赔偿;(四)西泽所采岛产、海产,应加一倍向中国补纳正半各税。1909年5月14日,日本领事面见广东洋务处道员魏瀚,提交一份草单,以交还该岛非中国收买西泽该岛物业之价额确定不能办理,同时矢口否认西泽曾驱逐中国渔民和毁灭中国庙宇,并认为西泽经营该岛,已费巨资,损失太大,实不能纳税。此后,经张人骏与之反复磋磨,日本政府自觉理亏,况且当时它的注意力集中在向中国东北扩张,不值得为西泽之事与中国多费口舌,所以基本上接受了张人骏提出的解决东沙岛问题的办法。6月11日,日本领事照会两广总督称:日本政府的意见是:两国派员到岛,第一对西泽在岛上的设施进行估价,第二调查庙宇存在之事,渔户被西泽驱逐之事,拟出西泽赔偿之额。第三出口税一事,由收买价额内,割一小额,以出口税名义支出②。清政府对日方提出的建议表示赞同,于是张人骏委派洋务处道员魏瀚为代表,日方派驻广州领事为代表,于7月17日一同前往东沙岛勘估。经过多次会

---

① 《外部致张人骏东沙岛事如商有了结办法希电复电》,《清宣统朝外交史料》,卷3,第4~5页。
② 《日领照会张督文》,《东沙岛成案汇编》,第34页。

谈，再三辩论，直至9月29日，双方才取得一致意见，拟定了条款，主要内容是：中国收买西泽在东沙岛上之物业定为广东毫银16万元；西泽交回渔船、庙宇、税项等款，定为广东毫银3万元。10月11日，两广总督袁树勋与日本驻广州领事濑川浅之进在条款上签字盖印。

11月19日，清方代表补用知府蔡康在东沙岛点收物产，举行接受典礼，由广海兵舰鸣炮21响，以申庆贺。日本政府派驻广州副领事掘义贵参加接收仪式。翌日，蔡康与日本副领事乘广海兵舰回广州，派官兵留岛驻守。中日关于西泽掠夺中国东沙群岛资源的交涉，至此结束。

中日关于西泽强占和掠夺东沙群岛及其海域资源的交涉，是衰弱的清国与强横的日本国之间的交涉。国力是外交的后盾，国力的差距决定了清政府在交涉中的不利地位。在这种形势下，清朝两江总督端方、两广总督张人骏以及其他官员，为捍卫国家领土主权和民族利益，不畏强暴，抓紧时机，搜集证据，竭尽心力，理直气壮地与日本政府进行了艰苦卓绝的斗争，终使日本政府不得不承认东沙群岛属于中国的事实，撤出侵占该岛的日人，赔偿中国渔民的损失和向清政府补纳税款。虽然清政府未能没收西泽在该岛的一切设备，而是向他支付收买设备的款项，这是不尽如人意的，但在当时敌强我弱的条件下，为了收复国土，清朝官员作出这样的妥协是比较现实的，是无可厚非的。如果没有他们坚持维护国家领土主权的斗争，东沙群岛恐怕早已沦为异域。他们在强敌面前表现出来的不屈不挠的斗争精神，是难能可贵的，是值得后人学习的，决不能因为他们是晚清时期的封疆大吏而加以抹杀。

西泽强占东沙岛事件虽然结束了，但其掠夺东沙岛鸟粪磷矿和海产资源的活动却产生了深远的影响。这主要表现在两方面：

东沙群岛的鸟粪磷矿，在西泽吉次之前，似乎还没有被人所重视，西泽开采以后，刺激了一些日本人的贪欲，他们继之而起，采用各种方式，继续掠夺东沙群岛的各种资源，并进一步把侵略的黑手伸向我国的西沙群岛和南沙群岛，掠夺这些岛屿的鸟粪矿藏和海产资源。这是一方面。另一方面是激发了中国人民和政府进一步开发南海诸岛资源的热情。他们吸取了东沙岛被日人强占、资源被掠夺的教训，认为这些天造地设屏以中国的丰富资源，如果自己不抓紧开采，必招来外人的掠夺。因此，沿海商人纷纷组织公司，在政府批准之后，从事南海诸岛磷质和水产资源的开发经营。中国政府也采取各种措施，制订各种开采计划，加强对南海诸岛的管理，以抵制外来的侵略。

## 第三节 清政府巩固东沙、西沙群岛的主权

清朝末年，清政府曾采取许多措施来巩固东沙、西沙群岛的主权，以杜外人的觊觎。其中最主要的是以下几个方面：

### 一、设立筹办西沙岛事务处，派遣官兵巡视西沙，重申主权

日人侵占东沙群岛事件，无疑给清政府官员敲了警钟，使他们认识到，如果再不重视海中属岛，就难保不启外人觊觎之心，东沙之事，可能重演。为此，1909年4月，两广总督张人骏在向日本交涉归还东沙岛的同时，便派遣副将吴敬荣等人前往西沙勘察。关于吴敬荣勘察西沙群岛的情形，在现存的历史档案中，已经找不到详细的记录。但从两广总督张人骏的奏折中，还可以看出这次勘察的结果及其所起的积极作用。张人骏写道："副将吴敬荣等，勘得该岛共有15处，内分西〔东〕七岛、东〔西〕八岛，其地居琼崖东南，适当欧洲来华之要冲，为南洋第一重门户，若任其荒而不治，非惟地利之弃，甚为可惜，亦非所以重领土而保海权也。"①就在这"重领土"、"保海权"的爱国思想指导下，张人骏下令设立了筹办西沙岛事务处，委派广东咨议局筹办处总办直隶热河道王秉恩、广东补用

---

① 陈天锡：《西沙岛东沙岛成案汇编》之《西沙岛成案汇编》，第22页。

道李哲浚，共同筹办西沙事宜。其后被委派同王、李共同办理西沙岛事务的还有广东布政使胡湘林、沈增植和盐运使丁乃扬。张人骏委派省里这些高官办理西沙事务，反映出他对西沙群岛的高度重视，和维护国家领土主权的决心。

筹办西沙岛事务处成立之后，即积极筹备西沙群岛应行办理的事宜，拟定了《复勘西沙岛入手办法大纲》，呈请两广总督张人骏裁夺。该大纲主要内容是：（一）测绘各岛。对西沙群岛各岛的经纬度、地势、广袤、面积、内外沙线、水泥深浅、明暗礁石、潮水涨落，以及四季风候、各岛出入所经航路、各岛之间距离，逐一详细履勘实测，并绘制地图。（二）勘定各岛，择其相宜，修造厂屋，并筑马路、安活铁轨，以资利运。（三）勘察磷质矿藏，采取各岛鸟粪矿沙，分别化验，以定优劣，为开采作准备。（四）勘察海底资源，采取海底珊瑚和各种海石。（五）勘察海产资源，采取玳瑁、龟、蚌及各种鱼类。六、察验土性，以备种植①。

张人骏采纳了筹办西沙岛事务处的建议，派水师提督李准、广东补用道李哲浚、署赤溪协副将吴敬荣等巡视西沙群岛，并对该群岛进行深入的考察。1909年5月19日，李准、李哲浚等率领官兵和测绘员、化验师、无线电工程师、军医、摄影人员、木工、泥水工等共170余人，分乘伏波、琛航、广金三艘兵舰，从广州出发，6月5日抵达西沙，在考察了罗拔岛（甘泉岛），大登岛（琛航岛）、地利岛（中建岛）等大小岛屿15处之后，于6月8日返回广州。

李准、李哲浚等巡视和考察西沙，主要做了以下几件事。（一）巡视各岛，对其地理形势、物产资源、有无泉水等逐一考察，并提出开发西沙群岛的建议。（二）在主岛上，举行隆重仪式，悬挂清国国旗，鸣炮21响，重申领土主权。（三）测绘委员和海军测绘学堂学生按照原定计划，绘制了西沙群岛总图和西沙各岛分图。

---

① 陈天锡：《西沙岛东沙岛成案汇编》之《西沙岛成案汇编》，第4~6页。

李准、李哲浚等除了完成上述各项任务外，还为西沙东七岛和西八岛重新命名。关于西沙群岛和南沙群岛各岛的名称，明、清以来海南岛渔民世代相传航行南中国海的《更路簿》已有详细的记载，但作为官方的正式命名，这还是第一次。这次命名的主要特点之一是去掉西方殖民者强加给西沙群岛一些岛屿的名称。例如我国渔民所称的猫兴岛（吧兴岛），西人把它叫做林康岛（Lincoln Island），因林康是西人姓名，所以这次把它改为"东岛"，以此岛在各岛之东也①。这次给各岛所取的新名，都

1909年视察西沙群岛的广东水师提督李准像（采自《广东水师国防要塞图说》）

有一定的含义，如珊瑚岛、金银岛，以其出产而名之；甘泉岛，以该岛有泉水；天文岛，以此次在西沙进行天文测量；琛航岛、广金岛、伏波岛，则取名于此次前往西沙之军舰琛航号、广金号、伏波号，是带有纪念意义的②。给西沙群岛各岛所取的这些名称，大多一直沿用至今，没有改变。

清政府派水师提督李准等官兵巡视西沙群岛，重申主权，在国际上产生了深远的影响。而其中最重要之点是国际上承认中国在西沙群岛的领土主权。"其后航海各书，称其地为中国领土"③。英国出版的《中国海指南》写道："西沙群岛有两个主要群岛（即宣德群岛和永乐群岛），还有一些小岛及暗礁，1909年中国政府将其列入版图，并经常有船前往巡视。"④ 日人高桥春吉等在《帕拉塞尔群岛磷矿调查报告》中说："帕拉塞尔群岛〔西

---

① 《西沙岛成案汇编》，第21页。
② 同上书，第21页。
③ 《行政院长谭延闿呈国民政府主席蒋文》（1930年7月10日），未刊原件，广州中山图书馆。
④ China sea pilot，1938 London，vol. 1. p.107，转引自李金明《中国南海疆域研究》，第13页。

沙群岛]是分散在海南岛南部中国海上的群岛。""1909年中国政府把该群岛归于中国所有"①。日本下中弥三郎编《大百科事典》也写道:"清末,为了防止这些岛屿被外国夺走,广东政府曾派员对该岛进行经营和调查。"② 日本东京出版的《南中国五省的现状》写道:"西沙群岛为海南岛东南之小群岛,称帕拉塞尔群岛。……古来为无人岛,中国航海者以它为方向标志,名七洲岛,称其近海为七洲洋。至清末,中国恐该岛为外国人占领,由广东政府派人调查。1909年置于海南岛崖县管辖。"③ 1921年,法国印度支那总督府政务和土著局的公函中也说:"1907年,日本人对东沙表示绝望之后,广东总督就对这个天国的沿海岛屿重申拥有权,其中包括帕拉塞尔群岛[西沙群岛]。1909年4月,中国派了官员到那里进行勘探,结果自吹发现了丰富的磷矿,并认为有开采的可能性。1909年6月,派第二批官方人员到岛上。他们在其中两个主岛上隆重地升起中国旗,并鸣炮21响。这样,他们就代表了自己的政府确立了对整个帕拉塞尔的占领。"④

法国人在这里用"占领"二字是极不确切的,因为西沙群岛本来就是中国的领土,李准等清朝官兵的巡视,不是"占领",而是重申固有的领土主权。

清政府派李准等官兵巡视西沙群岛、重申领土主权的另一个影响是:外国商人此后不能再无所顾忌地侵入这些岛屿及其海域掠夺海产资源及磷质矿沙。例如日本商人对西沙群岛丰富的磷质资源早已垂涎欲滴,但由于他们已明了西沙群岛是中国领土,所以他们除了偷采而外,只能采取与中国商人相勾结的办法,由中国商人出面向中国政府申请开采权,而后他们

---

① 《我国南海诸岛史料汇编》,第571页。
② 同上书,第572页。
③ 马坊鍬太郎、春上计二郎编:《南中国五省的现状》,东京三省堂出版,昭和14年,第467~468页。转引自《我国南海诸岛史料汇编》,第575页。
④ 《我国南海诸岛史料汇编》,第538页。

则暗中与中国商人缔结合作开采的契约。如日本平田末治等人的南兴公司与广东商人何瑞年等人的广东琼崖西沙群岛实业无限公司的关系就是这样。平田末治原先是请住在香港的广东香山县商人梁国之出面向广东省政府申请西沙群岛磷质矿和渔业的开采权。梁国之在向省政府申请时说自筹资本30万元，请政府发给开采怕卤斯里群岛磷矿和渔业的执照。省府有意批准梁国之的申请，嗣经查明，怕卤斯里群岛就是西沙群岛，已经由军政府内务部咨陈政务会议决议由香山县商人何瑞年前往查勘筹办，并已由广东省政府发了执照。所以，梁国之的申请没有成功。其后经过日本驻广东总领事的牵线，平田末治勾结上何瑞年，与何签订合作开采西沙群岛磷矿的合同。关于此事，日本小畑政一记载说："平田氏于大正十一年，曾由梁国之转向广东政府请求，想欲取得各该岛的采矿权，虽极努力，终于不成。嗣后有何瑞年氏与邦人涩谷刚氏意气投合，乃由广东总领事藤田荣助氏及何氏顾问杉山常高氏斡旋，使何氏与平田氏成立共同采矿契约。见证人为藤田总领事。由是经过二年间继续采掘，对于业务终遭失败，复以何氏不能照缴税款，（台湾总督府专卖局局长）池田氏又推荐枥木县议员齐藤四郎为继续者，至大正十三年三月平田氏引退，同时以齐藤氏代之，乃着手采矿。十四年五月何氏与齐藤氏之间成立采矿契约，见证人为广东总领事馆清水副领事……昭和三年一月，何瑞年氏对齐藤氏宣言，根据该契约第五条、第十条，所订约应予取消，并以电报及挂号函通知藤田氏，说明契约业已解除。"①

上述事例说明，李准巡视西沙群岛，重申领土主权，这对于世界各国更进一步明了该群岛之主权属于中国，是起了不可忽视的作用的。张人骏、李准等维护国家领土主权之功是永不可没的。

---

① （日）小畑政一：《西沙群岛之沿革》，《广东太平矿业会社员调查报告》，昭和三年，未刊译稿，广州中山图书馆。

## 二、加强对东沙、西沙群岛的管理

清朝末年，清政府为巩固东沙、西沙群岛主权，采取了许多措施，主要表现在以下几个方面：

（一）加强东沙、西沙群岛的政治军事管理

清政府收回东沙群岛后，如何加强对该群岛的管理？这是广东省官员早就考虑到的问题。在委派候补知府蔡康前往接收东沙群岛时，清政府广东当局就已经决定："派委营弁，酌带勇丁，随同蔡守前往东沙岛，以资驻守"①。蔡康接收东沙岛后，便遴派带往之司事2人，护勇4人驻守该岛。并向两广总督袁树勋上了一个经营东沙群岛的条陈，建议"每月派拨兵轮巡视一次，以备不虞"②。在其所拟的招商承办开采东沙岛资源的说帖中，更进一步提出："由粤派勇一旗，常驻该岛，并随时派拨兵轮前往巡视以示保护"③。1910年7月，清政府为了加强东沙岛的管理，在行政建制上设立了"管理东沙岛委员"，负责管理东沙岛事务，任命蔡康为委员，并刊发关防一颗，文曰："办理东沙岛委员之关防"。同时增加了驻守东沙岛的人员。蔡康去任后，洪念宗继任管理东沙岛委员之职。1911年洪念宗报告该岛的管理情况时写道："广东东沙岛原系为广东劝业衙门主司所管，向派委员一名，管理该岛事务。又管工一名，勇目一名，医生一名，护男十三名，看守东沙岛上物业。每月由该管理东沙岛委员禀知劝业道，行文知会水师军门李（广东水师提督李准），饬派广海兵船前往载运粮食赴岛，以应驻岛人员之需用。"④ 其实，由水师提督派军舰到东沙岛，除了运载粮食以应岛上人员之所需外，还有另一层重要用意，即"巡视东沙一带洋

---

① 《东沙岛成案汇编》，第70页。
② 同上书，第79页。
③ 同上书，第83页。
④ 同上书，第210页。

面，为保护领土起见"①。清政府采取以上措施，从而结束了以往东沙群岛没有官兵驻守的局面。

中华民国成立后，广东省政府依然重视东沙群岛的管理。1913年，广东实业司司长关景燊以东沙岛开办实业，要求警察厅派警察到岛，以资防卫。警察厅当即选派警长1名，警察10名，伙夫2名，进驻该岛，开创了我国警察驻守该岛的先河。当时这里卫生条件极差，生活环境恶劣，染病死亡之事常有发生，这些警察不畏艰险，坚守在祖国的海岛上，并且"异常称职"②，有的还献出了自己的生命。

至于西沙群岛，它原属海南岛万州（今万宁县）管辖，1909年，两广总督张人骏吸取日人入侵东沙群岛的教训，为维护国家领土主权，锐意经营西沙，设立了"筹办西沙岛事务处"，统理筹划经营西沙一切事务。该处考虑到："西沙各岛孤悬海外，既无淡水，又无粮食，轮船并无避风之所，必须择一妥近之地，借资接应"③。经过一番调查研究之后，广东官员选择了海南岛南端崖州所属榆林港和三亚港为经营西沙群岛的根据地。因为榆林港和三亚港距西沙较近，"相距仅150多海里，旦暮可达"，而且此二港"山水环抱，形势天然，地土亦颇饶沃，实擅琼崖之胜"。所以决定以此两港为经营西沙群岛的根据地④。此后，经营西沙群岛的重心便从万州转移到了崖州。1921年3月，以孙中山为首的中华民国军政府正式决定将西沙群岛划归广东省崖县（即崖州）管辖，并由内政部咨行广东省政府遵照执行⑤。3月30日，广东省政府以指令的形式，公布了这一决定。

（二）加强东沙、西沙群岛的经济开发

从古代很早时起，我国渔民就以自己的辛勤劳动开发了南海诸岛。他

---

① 《东沙岛成案汇编》，第146页。
② 同上书，第219~220页。
③ 《西沙岛成案汇编》，第17页。
④ 同上书，第17、23页。
⑤ 同上书，第66页。

们在这里建造房屋、庙宇，开凿水井，种植椰树和其他农作物，并以此为依托，进行广泛的渔业生产劳动，把南海诸岛建成为我国闽粤渔民的渔业生产基地。其筚路蓝缕之功是永垂青史的。到了20世纪初，中国人民对南海诸岛的开发进入了一个新的发展阶段。其特点是：在保留传统的民间渔业生产的基础上，由官方控制对其磷质矿和其他水产资源进行有计划的开发，这种开发不仅仅是为了经济目的，更重要的是为了防止外人觊觎和维护国家领土主权。关于这一点，1909年筹办西沙岛事务处官员在给两广总督张人骏的禀报中就已经说得很明白，他们说：西沙各岛，"居琼崖之东南，适当欧洲来华之要冲，为中国南洋第一重门户，如不及时经营，适足启外人觊觎之心，损失海权，酿成交涉，东沙之事，前车可鉴"①。因此必须及时开采西沙岛磷质矿沙，讲畜牧，兴树艺，"以为久远之谋"②，明确地把开发西沙群岛和维护国家领土主权紧密地联系起来。两广总督张人骏采纳了筹办处的建议，他在筹办东、西沙各岛事宜的奏折中也说："臣惟西[沙]岛之开办，既以杜外患而固吾圉，亦以裕国用而厚民生。今已一再勘明，自应及时区画。""俟东沙收回后，亦即一并筹办"③。不久，张人骏卸去两广总督之职，开发东沙、西沙群岛的计划，也就只能由他人去实现了。兹分述如次。

1. 加强东沙群岛的经济开发

1909年11月，清政府收回东沙群岛后，广东官员对开发东沙群岛资源表现出极大的积极性，候补知府蔡康在其接收东沙群岛的禀报中，就提出一个开发东沙群岛的计划，其中包括招工开采磷质矿，采取玳瑁、螺壳，以及招商承办渔业等。1910年7月，两广总督袁树勋任命蔡康为管理东沙岛委员。7月29日蔡康率领司事、总技司、工匠等共62人，乘广海号兵舰取道香港，于8月2日抵达东沙岛。蔡康"随偕技师遍阅岛中磷质，

---

① 《西沙岛成案汇编》，第16页。
② 同上书，第17页。
③ 同上书，第23页。

逐一化验，指定界址，督工采挖"①。并在香港康乐道设立"东沙岛磷质及土产销售处"，以为办理销售及转运之所。后因矿沙销售困难，只开采了3个月，就宣布停工。1911年3月和7月，经过日本驻广州总领事濑川浅之进的介绍，广东劝业道陈望曾和管理东沙岛委员洪念宗等同日本大泽商会总理森田金藏等先后签订了《代雇工采取东沙岛螺壳及承售办法合同》和《代售东沙岛水产物办法条款》，由大泽商会代雇琉球潜水员至东沙岛附近捞取螺壳和其他水产。每百斤螺壳，日本大泽商会付给中国官方10元港币，其他水产品出售，中方得售出金额之六成，日方得四成。到了同年8月，中日双方都觉得无利可图，自愿停办②。

中华民国成立后，广东军政府实业司为维护东沙岛主权，于1912年2月即发出通告，招商经营东沙渔业，兼任守岛之责，政府分文不取。香山县叶养珍、杨志业等立即响应，认为"保守海权政策，实无过于斯"。他们不仅要经营渔业，而且要"将该岛渔业、盐业、磷矿及岛中所有利权，一律承办"③。广东省实业司基本同意他们的申请，只因食盐乃国家专利商品，不准运出岛外销售，以此，叶养珍试办东沙岛渔业、盐业、磷质矿的计划未能成为事实。

1912年12月，南洋华侨商人陈武烈申请开采东沙岛磷质矿，拟集股300万元至500万元，创立有限公司，并愿每年向政府缴纳税款。实业司照准立案，广东都督胡汉民指令嘉勉。陈武烈经营东沙岛磷矿时，广东省政府警察厅曾派警察驻岛保卫④。

2. 加强西沙群岛的经济开发

加强西沙群岛开发，维护国家领土主权，这是清朝末年朝野有识之士的共同呼声。两广总督张人骏就是当时积极主张开发西沙群岛的关键人

---

① 《东沙岛成案汇编》，第115页。
② 《西沙岛成案汇编》，第156～168页。
③ 同上书，第212页。
④ 同上书，第219～220页。

物。1909年在他主持下，制订了开发西沙群岛磷质矿沙的计划。他在奏折中说：西沙群岛盛产磷质矿沙，可作肥料之用，"拟即在岛内设厂，先从采沙入手，派员驻于该处，经理其事，并聘西人之精于化学者，随时化验磷质等物"。并拟于当年8月，派员前往经理①。张人骏卸去两广总督之职后，其计划未能付诸实施，但其倡导开发西沙群岛以固主权的思想，却为后人所继承，这是他对祖国的一个重大贡献。

（三）筹建无线电台和灯塔

1868年6月22日，清政府总税务司择定中国沿海险要地方20处设立灯塔，逐年兴建，其中规定东沙岛灯塔应于1874年内建成②。这是中国政府拟在东沙岛建设灯塔的最早记录。1910年，清政府决定开发东沙、西沙群岛时，鉴于"各岛相离遥远，一切公牍风讯，非电不能速传"，拟在西沙岛、榆林港、东沙岛，以及航行东、西沙的广海兵舰上，各设无线电台③。并拟将省城无线电局所用仅达100海里的电机，改用能通500海里的电机，以利互通消息，呼应灵便。并由水师提督李准派人与礼和洋行和香港威林思积公司洽购电台机器事宜④。不久，清政府被推翻，建设灯塔和无线电台之事也就暂时被搁置下来。这个任务，后来由民国政府完成。

# 第四节　辛亥革命后至抗日战争前民国政府行使和维护南海诸岛主权的斗争

1911年辛亥革命以后，中国政府继续在政治、经济、军事和外交诸方面采取了种种行动和措施，行使对南海诸岛的主权，维护了南海诸岛领土的完整。

---

① 《西沙岛成案汇编》，第22～23页。
② 《清宣统朝外交史料》，卷4，第5～6页。
③ 《西沙岛成案汇编》，第17页。
④ 同上书，第267页。

## 一、中国政府行使南海诸岛主权的历史事实

（一）对东沙群岛主权的行使

（1）批准商人经营开发东沙岛

1909年中国政府从日本商人西泽手中收回了东沙岛，自此以后招商承办渔业。商人纷纷向当时的中国政府和广东省政府申请开发经营东沙群岛的磷质和海人草等。计有：

甲、1911年香山县民叶美珍呈广东实业部请办东沙岛渔业，实业部认为"所议章程，大致尚妥。惟只可先办渔业，将来如因腌鱼需盐，即可酌辟盐田"①。

乙、1911年南洋侨商陈武烈，向中国政府呈请采取东沙岛磷矿，集股数百万元，创立公司经营，以五十年为限，经由政府照准立案②。

丙、1918年刘兆铭呈请广东省政府集资开发东沙岛磷矿③。

丁、1926年福建闽南造林公司经理周骏烈，得广东省政府准许承办东沙岛海人草，期限十年，每年交纳特许费五百元④。

戊、1927年广东省实业厅特许商人陈荷朝承办东沙岛云母壳海产，并发给执照⑤。

己、1929年广东省政府批准广东省建设厅《修正东沙岛海产招商承办章程》，计十六条⑥。

庚、1936年广东省政府批准商人冯德安经营东沙岛海人草并发给执照，以三年为期⑦。

---

① 《东沙岛成案汇编》，第212～216页。
② 同上书，第219～222页。
③ 同上。
④ 同上书，第224～232页。
⑤ 同上书，第245～246页。
⑥ 见《五年来广东建设》，1930年，下卷，第25～29页。
⑦ 见《东沙岛日人盗采海产毁坏我国渔船案件处理经过的文书材料之四》，(广东省档案馆档案)。

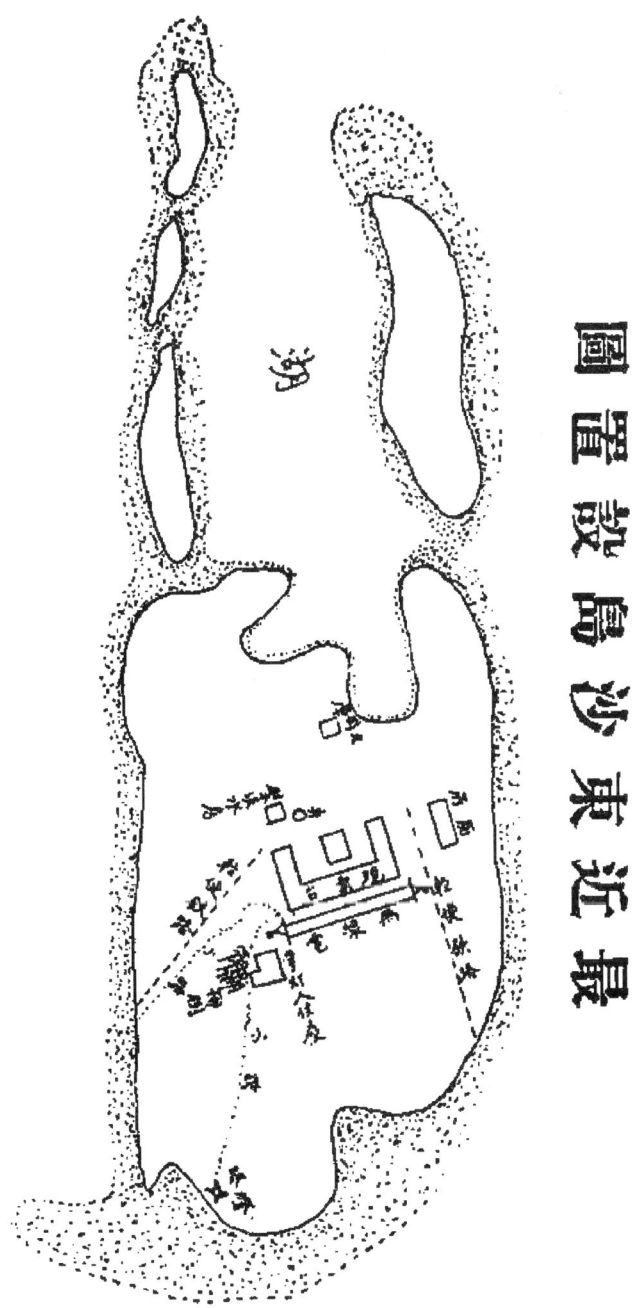

20世纪20年代开发东沙岛图（采自1928年陈天锡《西沙岛东沙岛成案汇编》）

抗战胜利后，广东渔民纷纷前往东沙岛进行捕鱼等活动。广州有南方、海丰等渔业公司，雇来渔民千人大兴土木开发东沙岛。仅南方渔业公司第一年就预计可获鲜鱼三万司担，海草六千司担，海参、鲍鱼一万司担。

(2) 建立气象台、无线电台及灯塔

1923年香港当局托英使征询我国海军部拟假该岛建筑观象台，海军部以主权所在拒其请求，乃于1925年拨款二十万元，在该岛建气象台，以观测天气并建无线电台，收发气象消息。气象台、无线电台建于岛中最高之实地，占地面积约一百平方尺。还有淡水池、弹药库、物料贮存库、轻便铁路等附属物，无线电杆铁质高二百二十英尺，电机有大小两部。大部电机之波长一千四百五十米，可与奉天、新加坡通电，小部电机波长六百米，可与经过该岛附近船舶及厦门、海防、小吕宋等处通电。观测天气采用英法最新气象仪器，报告天气时间每日下午一时及六时。台长为黄琇，台副张文煊，另有医官、无线电官、技术员、观测员四人及工人十五名。官长任期每半年轮换一次。气象台人员之粮食在换班时，由轮船运送。又海关在该岛设有灯塔一座，以警航行，塔离水面高八十二尺，灯光可照十二海里至十八海里之遥。测候通报，每日由无线电台发出两次。早报，于下午二时送出；晚报，于七时送出。台风报告，每日送出。若有紧急变象，香港天文台、小吕宋天文台、海防天文台每日汇报，交换两次。所有气象报告，皆先由小部电机发出两次，续由大部电机发送。海上航行，咸感利便①。

1935年5月6日中国政府据海军部呈请以国民政府指令第1157号任命方均等为海军东沙岛气象台台长等职。将方均叙为中校，黄琇、袁振岳叙为少校。

(3) 禁止日人在东沙群岛附近海域盗采海草和捕鱼

中国政府于清末收回东沙岛后，日本渔船也曾一度停止来东沙群岛海

---

① 见广东省民政厅编《广东全省地方纪要》(1934年出版) 第3册，第265~266页。

面从事捕捞活动。可是到了20世纪30年代初,日本渔船又来东沙群岛海域捕鱼、采海人草,受到当时中国政府的谴责和禁止。

例如,1930年4月,中国政府海军部接所属海防巡防处报告,发现日本渔船一艘在距东沙岛二海里许海面捕鱼,中国政府立即批转海军部和广东省政府饬属防止日本船进港捕捞[①]。

又如,1935年~1937年间,日本渔船在东沙岛海面盗采海人草,中国外交部曾于1937年5月向广东广西特派员发出指令,指示"该岛完全为我国领土,且经定为海军军事区域,日人所采之物,显属于陆地主权问题……要求严切制止,以重主权"[②]。

(4) 派人往东沙岛考察

1935年春,广东省建设厅农林局派出东沙岛海产管理处主任梁权等十人,乘福游舰往东沙岛考察,以制订开发东沙岛计划[③]。前往东沙岛调查的人回来后撰写了《奉派调查东沙岛报告书》一份,呈交当时政府,对东沙岛上的建设有比较详细的记述[④]。

1935年3月广东建设厅农林局呈报说,东沙岛有"海盗潜踪,亟应设置卫兵十名以资捍卫"。后来广东省政府训令有关部门"准予照拨"[⑤]。1935年4月,广东省政府根据广东省建设厅农林局的建议,同意设东沙岛管理处[⑥],以加强对东沙岛的管理。

抗日战争时期,东沙群岛和南海诸岛的其他岛屿被日本帝国主义侵占。抗战胜利后,东沙群岛和中沙、西沙、南沙群岛一样,由中国政府派

---

① 见《关于防止日本搜取东沙岛海产采取权》(1930年4月~1933年9月),中国第二历史档案馆藏。
② 《东沙岛日人盗采海草毁坏我国渔船案件处理经过文书材料之五》,广东省档案馆藏。
③ 《广东省政府拟开发东沙岛》,载《赞赏》1935年3月,第19卷,第3期,第470~471页。
④ 见胡应球《奉派调查东沙岛报告书》,载《桅灯》1935年5月15日,第34期,第23页。
⑤ 见《广东省建设厅农林局呈报关于派员管理东沙岛情况暨管理该岛意见书开发计划等》(1935年1月~1935年11月),广东省档案馆藏。
⑥ 同上。

人接收。1947年,广东省建设厅将东沙岛海产经营权交南方渔业公司,批准经营五年,利用东沙岛附近海域的海人草制造胃病特效药。

(二)对西沙群岛主权的行使

(1)施行管辖,派军政人员和科技人员调查视察

辛亥革命后,广东省政府宣布把西沙群岛划为海南岛管辖,1921年南方军政府又重申这一政令。

1921年以后,广东省府及有关部门经常派人到西沙群岛调查和视察岛务。如1922年2月,海南岛崖县县长派陈明华同商人前往西沙群岛,并测量十个岛屿。于同年3月返县,据称查访何瑞年公司为日股所组织。4月,崖县县长孙毓斌呈文报省署,谓何瑞年所办系日本股份,各群众团体通电抗议。

1928年5月,政治会议广州分会为"谋国权之巩固,与图地利及实业之发展",议决派舰前往西沙群岛,由广东民政厅、实业厅、建设厅,南区善后委员会公署、第八路军总指挥部、海军司令部、测量局、中山大学、两广地质调查所等单位派出军、政官员和科技专家等25人组成调查队,于当月22日乘海瑞军舰出发,作实地调查,历时16天。归省后各调查员均造具报告,编成详尽的《调查西沙群岛报告书》,内容包括西沙群岛的地理、历史、主权、海流、气候、物产和磷酸矿等方面。并由省政府制定出《招商承采西沙群岛鸟粪简章》[①],共十五条,摘要如下:

第一条:西沙群岛鸟粪,由政府核准批商承采,归主管机关办理之。

第二条:凡中华民国人民未受三等有期徒刑之处罚及反革命言论者,遵照本简章之规定,均有承办西沙群岛鸟粪之权。

第三条:承采范围以西沙群岛陆上鸟粪为限,不得擅自渔捞及采取其他海产等物。

第四条:承采期间定为五年,由发给之日起算。在期满以前如无违章

---

① 沈鹏飞编:《调查西沙群岛报告书》1928年印,第107~113页。

或欠饷情弊,政府不得任意撤销。至承采期满,另由政府自办或招商承办,如招商承办新旧两商出价相同时,旧商得有优先承办权。

第五条,承采权确定后,即由建设厅发给开采执照。自领到执照之日起十日内,在建设厅缴纳开办保证金二万元,并于两个月内缮具施工计划书、公司章程及股东名册,呈缴建设厅在案,并在广州市内觅取资本一万元以上之保店及附缴价值十万元以上之银行存票,呈厅核验。

第六条,自领到执照之日起,三个月内为筹办时期。逾期仍不能赴岛开采者,即将承案撤销,没收保证金,另行招商竞投。但遇有天灾地变或其他不可抗力事由时,得呈请政府展限……

第九条,承商所集资本均以华股为限,不得招收洋股,至矿场内一切职员及工人,均不得雇用外人,如在内地设厂提炼及制造肥料,有聘请洋技师之必要时,须先行呈准建设厅。

第十一条:承商为推销鸟粪起见,得在国内各地设置鸟粪贩卖局所……

第十三条:承商为保护矿场及船只来往起见,得设矿场警察。唯警察数额须呈由政府核定。

第十四条:建设厅为监督指导施工营业及配制起见,得派监察员一名,监督指导开采及运销事项……

第十六条:承商违反第九条之规定招收外人资本者,除撤销承办权外,并处以十万元之罚金。

《调查西沙群岛报告书》,是一部前所未有的最全面最详尽反映西沙群岛各方面情况的调查报告。它不仅为国内各方面所重视,而且也为国外学者所注目,例如日本有关西沙群岛的著述,就多次引用这个调查报告,并认为广东省政府不仅于1921年宣布西沙群岛属崖县管辖,而且于1928年派遣中山大学教授和建设厅技师等对该岛进行调查,报告书重申西沙群岛为中国领土,"故西沙群岛之领土权应属于中国,殆无疑义"①。

1928年6月,政治会议广州分会议决将西沙群岛磷矿拨为中山大学管理,并准其自行开采,制配肥料以供农村试验之用。该校即进行规划开采以资利用。唯因时局、经费等原因,故迟迟未往开采②。

1929年4月,中山大学函请广东省政府将西沙群岛批商承办③。

1933年4月,广东省建设厅工业试验所筹建西沙岛鸟粪肥料制造场,资金二万二千元④。

1933年6月,广东省三年施政计划说明书中,有"拟管理西沙岛计划书",决定设置应由第一集团军总司令部海军司令部办理,拟有计划书及预算,其计划大要如下:1.设短波无线电台、气象台各一座;2.设灯塔两座;3.建码头、淡水池各一座;4.建员工宿舍数座……此外,还计划聘用员工70多人,计有气象台、无线电台、灯塔等主任各1人,观测员、机械员、医生、护士、工匠、水手、杂工等,第一年经费预算为369400元⑤。

(2) 建设气象台、电台和灯塔

1925年中国政府在东沙岛建成气象台,报告气候,便利航行,中外人士咸称便利。同年夏间,海军部建议在西沙群岛也设置气象台。因财政困难,未能建设。1930年4月,在香港召开由中国、法国、菲律宾和香港当局代表参加的远东气象会议,并通过决议,要求中国政府在西沙群岛建立气象台以利国际船只航行。根据国际会议要求,1930年5月19日,广东省政府呈请国民政府速筹设置西沙群岛气象台及无线电台⑥。1930年7月12日国民政府曾以第1314号文指令批准海军部会同交通部所呈,决定在

---

① 《西沙群岛之政治和经济的重要性》,载日本《东亚》杂志第11卷第8期,昭和13年8月,引自《我国南海诸岛史料汇编》,第574页。
② 《调查西沙群岛报告书》,第87~89页。
③ 同上书,第92~94页。
④ 《新广东》,第4期,1933年4月。
⑤ 参阅《广东三年施政计划说明书》,第四编,《建设》,1933年6月。
⑥ 转引自《我国南海诸岛史料汇编》,第222页。

西沙群岛筹建无线电台和气象台各一座,并令财政部、广东省政府执行①。后因"财政竭蹶,无款可拨"②,只好搁置一边。直至1936年政府拨款20万元,在岛上设立观测台、无线电台、灯塔等,无线电台远及日本、新加坡、辽宁等地皆可通报,并经常与海防、吕宋、厦门等地电台相联络,经常指示海上航行船舶,灯塔立于东南最高岛上,灯光远及12海里至18海里,后因损坏失修射程减至六七海里③。

(3) 批准商人开发西沙群岛资源

1909年,两广总督张人骏派水师提督李准等人前往西沙群岛查勘,在岛上命名勒石。回广州后,李曾奏请开发西沙群岛八条,得到了清政府的批准。

1910年清政府决定"招徕"华商承办岛务,官为保护维持,"以保领土,而保利权"④,自此以后,中国商人向中国政府有关当局申请开采西沙群岛鸟粪者日益增多。

1916~1927年间,中国政府和广东地方政府曾多次批准或取消商人开发西沙群岛鸟粪和从事垦殖等活动。如:

1917年海利公司商人何承恩,向广东省署呈请办理西沙岛开采磷质及海产物,已有成议。因其时管理矿务之财政厅议复,视磷质为磷矿,饬令商人,应照采矿程序办理,以致未能成事⑤。

1919年商人邓士瀛向广东省署呈请承垦西沙群岛中之玲洲(按:系指东岛)一岛,以资种植。其时,因军政府对于琼崖森林、矿产及西沙岛各事宜,已派员筹办,未予照准⑥。

1921年以后,商人承办西沙群岛鸟粪,经内政部和广东省署批准的先

---

① 转引自《我国南海诸岛史料汇编》,第222页。
② 同上书,第227页。
③ 见1946年12月2日《新闻报》。
④ 李准编:《广东水师国防要塞图说》,1910年印本。
⑤ 《西沙岛成案汇编》,第24~26页。
⑥ 同上书,第26页。

后数次。第一次是 1921 年 12 月 6 日，第二次是 1923 年 4 月 7 日，均由内政部和广东省署批准香山县民何瑞年承办①。

中国政府和广东地方政府不但批准商人开发西沙群岛资源，并对商人征收赋税，发现商人违法，即取消其经营权。如 1921 年内政部批准商人何瑞年在西沙群岛采鸟粪，筹办渔业等实业。后发现何瑞年将经营权转让日本南光实业公司，中国政府即撤销其经营权。

其后，又有数名商人先后申请开采西沙。一是琼山县商人冯锦江呈请集资一百万元，二是番禺县商人谢秉岳呈请第一期十万元，三是临高县商人黄耀武，呈请筹足毫银八万元，四是琼东县商人李德光请办永兴岛、东岛二岛，但均未办成②。

1929 年 4 月，商人宋锡权集合资本 30 万元，组织协济公司向广东省建设厅呈请承办西沙群岛鸟粪磷矿，以试办五年为期，并在上海、广州两地设立分公司，获省政府批准。开办后仅经营一年，销出鸟粪一万吨③。

1931 年 4 月，商人严景枝组织西沙群岛鸟粪磷矿国产田料有限公司，向广东省政府呈请承办鸟粪实业，获批准。该公司前往开办，并在广州、香港、汕头、厦门设立批发处，推销肥料④。

1932 年 3 月，广东省建设厅将西沙群岛鸟粪再次招标。由商人苏子江组织之中华国产田料公司出价 212700 元投得，以 20 年为限。

（三）对南沙群岛主权的行使

（1）渔民在南沙群岛的捕捞活动以及对法国侵略者的反抗

民国以来，中国渔民开发经营南沙群岛的事迹，持续不断，中外史料，均有记载。

日本小仓卯之助在其《暴风之岛》一文记载，当他于 1918 年 12 月组

---

① 见陆东亚《西沙群岛应有的认识》，载《外交评论》1933 年 2 卷 10 期。
② 《西沙岛成案汇编》，第 62~63 页。
③ 广州《农声》138 期，1930 年 10 月载《建设厅调查西沙群岛经过》。
④ 见《航政特刊》1931 年 8 月 31 日。

织所谓探险队到达南沙群岛时，发现三位自称"文昌县海口人"的中国渔民住在北子岛上，有罗盘针，还有南沙群岛地图。该文还记载说，中国渔民经常组成300人左右的集体来这里捕鱼。

日本若林修史《新南群岛之今昔》一文中记载1933年8月三好和松尾乘第三爱媛丸到南沙群岛时，在北双子岛东面看到"从海南岛来的两个中国人"，在南二子岛南面也"住有三个中国人"。

日本《新南群岛概况》记载，中业岛有渔民"栽种之甘薯"，"昔时有中华民国渔民居住于此岛，由椰树林中之祠堂及掘井之遗迹看，则可推想当时或者在此举行祭祀"。文中所提渔民所种之"甘薯"就是文昌东效良田村王安庆等人所种。渔民王安庆曾在1928~1936年间住在中业岛上种椰子、木瓜、番薯和蔬菜等。

1933年法报载称："在安南与菲律宾群岛间，有一群珊瑚岛，浮沙暗滩，错杂其间，航行者视为畏途，不敢轻进，惟其处亦有草林丛生之地，琼崖之中国人有住于该群岛，以从事渔业者。"①

1933年8月香港《南华早报》以《法国新岛屿》为题转载了一位法国作家在《图解》上的一篇文章，该文提到南沙群岛时说："来自海南岛的中国人已定居在这些沙洲小岛上，以捕捉海龟、海参等为生，同时也在一个小岛上种植椰子树、香蕉和蕃薯，依靠这些产品过活。"该文在叙述1933年4月法占南沙九岛在各岛"竖碑"、"升旗"经过时说，在南威岛上"居住三个中国人"。在太平岛上"发现一间用树叶盖成的小屋，一块整齐的蕃薯地，一座小庙，里面有一只拜佛用的茶壶，装竹筷子的瓶子，还有中国渔民的家属神主。草屋里挂着一块木板，写着中国字。大意是：'余为船主德模（TiMung），于三月中旬带粮食来此，但不见一人，余现将米留下放在石下藏着，余今去矣。'""中业岛和双子岛上却居住着一些中国人，全都是海南人。"

---

① 张振国：《南沙行》，第89页。

根据调查资料得知：第一，当时在南威岛上居住的中国人就是文昌龙楼宝陵乡符宏辉和符宏光等人。1930年4月13日法舰马利休士号到南威岛利用中国人抗日情绪欺骗渔民说，你们要对抗日本渔船的骚扰，可升法国旗。还说有船来时，你们就升旗，船不来，不用升旗①。开始渔民不明其意，但当发现法国侵略者的不良意图后，渔民符宏光气愤地把法国旗子撕破，以示不干。此后，"杆上之旗，则已为岛上中国人更换自海南购来之一新旗"②。升上中国旗者，即为住岛的符宏辉、符宏光兄弟等人。

第二，当时太平岛上所书"船主德模"，即黄德模，文昌文教大船主黄学校的次子。黄学校在1930年时，已把船业交给长子黄德宗、干儿子黄世赐等人管理。据黄学校三子黄德平说，当时他家渔船正好在太平岛附近，看见法国人来升旗。该旗杆是杉木做的，他家渔船伙计们就趁天黑把法国旗拉下，砍倒旗杆，拉到船上做船桅用。

第三，当时在双子礁上居住的中国人，即琼海县潭门草塘港柯家裕。他说，当年法舰开到双子礁，登岸后把一面法国旗挂在北子岛的树上，另一面法国旗叫他们在节日时挂在南子岛的树杆上，法国人还把字条放在酒瓶里秘密藏起来，不让人知道。但当法国人走后，他们就扯下法国旗，并砍倒旗杆，把它拿来当床架用。

从上述材料来看，1933年法国侵占南沙群岛时，法国旗虽曾非法升上，却立即遭到生活在南沙各岛上的中国渔民的坚决反抗。

法国占领中国南沙九小岛前后，国内报刊曾相继报道了中国渔民在南沙群岛活动的情况。1933年7月13日国民通讯社巴黎电称，南沙群岛"向为中国渔民独自居住停留之所"③。7月14日国民通讯社马尼拉电称：

---

① 渔民蒙全洲的口述材料。
② 凌纯声：《法占南海诸岛之地理》，载《方志月刊》，卷7，第5期，1934年。
③ 徐公肃：《法国占领九小岛事件》，《外交评论》，卷2，第9期，1933年9月。

"岛中仅有少数渔民居住，海南渔舟常住其处。"① 7月31日《申报》载："闽粤渔民，每岁轮流前往，藉作捕鱼根据地者，有数万人。"括民在《南海九岛问题之中法日三角关系》一文中说："琼崖人有往其地居住，从事渔业者……每年每艘多可赚三万余元"②。凌纯声在《法占南海诸岛之地理》中记载，安波沙洲"到处有渔人在岛暂时住的痕迹"。南威岛"有四个中国人，在此掘有淡水井一，种植椰子、香蕉，主要职业则为捕捉海龟"；太平岛"居住之遗迹甚多，找到中国字碑……"；南钥岛"居住之遗迹犹新，在神龛前所插香之香棒尚存。在一大树之下，有茅屋一间，旁有一茶壶，一炉灶……"；中业岛"有中国之海南岛之渔夫五人在此居住。捕鱼而外，从事于椰子、香蕉、番瓜之种植，且采掘磷矿"；双子礁、北子岛"仅留茅屋数间"；南子岛"有中国人七人，其中有二小孩皆来自海南岛……并养有鸡数十只"；"其余各岛华人也时来时去"③。

（2）政府调查九小岛确为中国领土

1933年7月25日，法国政府公布占领南沙群岛九小岛并提出领土主权后，中国政府坚决拒绝，并饬令当时的参谋部、海军部以及广东省政府调查，证实这些群岛系属中国领土。且看当时的报道和档案材料。

①1933年饬令参谋、海军二部会商调查

外交界人士云，中央对法占九小岛案，除饬外部电驻法使馆调查真相外，并令饬参谋、海军两部，会商彻查办法。

据《申报》载："政府顷据广东电告，证明该九小岛，在琼崖之南，确属中国领海。粤闽渔民，每岁轮流前往，借作捕鱼根据地者，有数百人。唯因四面均属咸水，饮料缺乏，到此者均需携水而往，故不能久居，均属流动性质。参、海两部对九岛调查事，拟选派专员，并会同粤方熟悉该岛情形之专员，乘舰前往……岛上居民，言语习惯，均与琼人无异。该

---

① 徐公肃：《法国占领九小岛事件》，《外交评论》，卷2，第9期，1933年9月。
② 《外交月报》，1933年8月，卷2第3期，第70～72页。
③ 《方志月刊》，卷7，第5期，第1～4页，1934年4月。

岛渔利,琼崖渔民每年春季必有数十只捕鱼帆船,自琼崖出发到该岛捕鱼,及至残秋,乃满载而归"①。

②1933年8月广东派舰调查南沙群岛

据《申报》载:"粤军舰两艘奉陈济棠之命,不日将南下调查法国占据越南与菲律宾间之珊瑚岛事。"②

③广东省政府向渔户调查和采取的措施

1933年8月5日广东省政府委员会主席林云陔呈国民政府西南政务委员书:"据琼崖绥靖委员陈章甫电称:此事(编者按:指法人侵占中国南沙群岛事)经派科长王开政赴各港渔船调查,所得情况如次:(一)据清澜港盛兴帆船主黄学尸称:本年(1933年)废历二三月间,法安南总督七帮,率舰三艘,来北海黄山马岛(按:指太平岛)一带,给法国旗多面,与该岛渔船升悬,以抗日本渔船骚扰,并在黄山马岛上,竖法国旗。(二)铿岛位置,在琼崖之东南,由清澜港用己亥庚盘,顺风四天可到等语。查该岛系我国与南洋通航要冲,且属产鱼良区……令各县长布告,禁止本国渔船悬挂外国国旗。另发本国旗悬挂……"

(四)审定、公布南海诸岛岛屿名称和出版南海各岛屿详图

辛亥革命后至抗日战争前,中国政府行使南海诸岛主权的又一重大表现,是在20世纪30年代审定和公布南海诸岛部分岛礁名称和编印中国南海各岛屿图。

1933年6月中国政府设立由内政部、外交部、参谋本部、海军部、教育部及蒙藏委员会等官方机构派人组成的全国水陆地图审查委员会,负责审查全国各地出版的水陆地图。该委员会分别于1934年12月21日召开第25次会议和1935年3月22日召开第29次会议,专门审定中国南海各岛屿、沙洲、暗沙、暗礁及暗滩的名称(中英文对照)132个,分属东沙、

---

① 《中央重视法占九小岛案》,载《申报》1933年7月31日。
② 《陈济棠派舰调查珊瑚岛案》,载《申报》1933年8月2日。

西沙、中沙和南沙群岛。

1935年1月，《水陆地图审查委员会会刊》第一期公布中国南海各岛屿中英地名对照表[①]。

1935年4月，水陆地图审查委员会专门绘制《中国南海各岛屿图》并由《水陆地图审查委员会会刊》第二期发，这是民国以来中国政府第一份公开出版的地图，也是第一份比较详细地标绘南海诸岛各岛屿、沙洲、滩礁的地图名称和位置。此幅地图的出版发行，成为以后地图界出版的重要依据。如1939年出版，依据《水陆地图审查委员会会刊》第二期附图改制，由中华舆地学社印行的《中华民国南海各岛屿图》（单幅、色印），不但详细绘制南海诸岛132个岛礁、沙礁的具体名称、位置，还附有南海诸岛各岛屿中英文对照表。

## 二、中国政府维护南海诸岛主权的斗争

1917年，日商平田末治乘"南兴丸"窜到西沙群岛，对永兴岛等12个岛屿进行非法调查。两年后成立"南兴实业公司"，计划劫取西沙群岛鸟粪。1921年，该公司利用中国商人何瑞年向广东省政府骗取承办西沙群岛物产采办权，以"西沙群岛实业公司"名义，在该岛盗采鸟粪与海产。后经我琼崖人民反对，广东省有关当局遂于1922年注销其经营权。

1917年，日商平田末治在探测西沙群岛的同时，又窜到南沙群岛太平岛进行窥伺。1918年12月，日商拉萨磷矿公司派小仓卯之助到南沙群岛，进行所谓"探险"，却在岛上发现住有三个中国海南岛的渔民。1920年又组织第二次探险，以副岛村八为队长，对南沙各岛资源进行调查，并擅自改名为"新南群岛"。1921年，拉萨磷矿公司又组织200多人，开始在南沙群岛中太平岛和南子岛建码头，修小铁路、仓库、宿舍和办事处等，大肆开采鸟粪和海产。直至1929年，该公司因世界经济危机影响才停止

---

① 见《水陆地图审查委员会会刊》第1期，1935年1月。

经营。

法国对中国南海诸岛亦早怀有野心。法国侵略者于1858~1884年侵占越南并把它变为殖民地后，更把魔爪伸入中国南方粤、桂、滇各省，同时觊觎南海交通要冲的西沙群岛、南沙群岛。强调西沙群岛、南沙群岛对越南海疆"有极大的战略重要性"，说外国对这些岛屿的占领将对法国本身"造成极其严重的威胁"。为了"不让另一个强国在那里立足"，法国千方百计寻找侵占这些岛屿的借口，但是，找遍国内外许多档案和资料，找不到任何有力证据来证明这些岛屿属于当时的法属越南。尽管如此，法国政府还是采取行动进行侵占。

法国于1925年偷偷地到西沙群岛调查，1926年和1931年又派舰到西沙群岛窃取有关资料。1932年3月，法国公然派兵侵占西沙群岛，在永兴岛上建黄沙寺一间，安南墓一座，妄图作为占领证据。同年6月15日，法国殖民政府印度支那总督竟然发布命令，公然把中国西沙群岛划入安南承天省所属，法国殖民当局的侵略行径受到当时中国政府和人民的严厉谴责。法国占领西沙群岛不久即离去。

与此同时，法国还侵犯南沙群岛。

（一）中国政府维护西沙群岛主权的斗争

19世纪末法国在越南建立殖民主义统治之后的一段时间内，仍然承认中国对西沙群岛拥有主权。1921年8月22日，法国内阁总理兼外长白里安在西沙问题上承认："由于中国政府自1909年已确立自己的主权（按：指1909年李准巡视西沙群岛事），我们现在对这些岛屿提出要求是不可能的。"1929年法国驻印度支那署理总督也承认"根据多方报告，帕拉塞尔群岛（按：即西沙群岛），应认为属中国所有"[①]。

但是，那时觊觎中国领土的法国殖民者看到南海诸岛具有特别重要的战略地位，从殖民者的利益出发，便乘1931年日本发动侵略中国东北的

---

① 见《外交评论》1934年4月号，第77页。

"九一八事变"之机,企图侵占这些群岛。法国政府遂于1931年12月4日,以越南保护国名义突然向中国驻法公使馆发出照会,歪曲历史事实,声称对西沙群岛拥有所谓"先有权"。说越南1816年嘉隆皇帝"占有黄沙群岛"[①](按:妄指为西沙群岛)。公然对中国西沙群岛提出了领土要求。法国殖民当局的这种侵略行径,中国政府曾给予严正批驳,指出西沙群岛早已属中国管辖,并已得到了法国的承认,1930年4月远东气象会议在香港召开时,中国、菲律宾、香港代表和法属安南气象台台长布鲁逊参加这次会议,该会议通过决议,要求中国政府在西沙群岛建立气象台,可见法国承认西沙群岛是中国领土。

1932年7月27日,当时的中国政府外交部训令驻法使馆向法国外交部提出严重抗议,拒绝法国对西沙群岛的领土要求,同年9月29日中国又正式照会法国政府,表示中国广东省早已多次批准中国商人去西沙群岛开发资源,中国已经行使对该西沙群岛的主权。11月30日,中国政府外交部视察专员朱兆莘以第66号公函致法国驻广州领事时再次严正指出:"西沙群岛隶属中国版图,实无疑义。"

1934年3月20日,中国政府再次训令驻法公使馆照会法国政府,指出1816年所谓越南占领西沙群岛之事,中国政府提请法国政府注意,当时越南系属中国藩属。西沙群岛属中国所有,在中国历史上早有记载。而近年来中国则对这些群岛进行有效的管辖。法国政府自知理屈,未再提出要求,此事遂寝。

(二)中国政府和人民抗议法国侵占南沙九小岛的斗争

1932年,法国在对西沙群岛领土提出要求不久,又接踵侵占南沙群岛部分岛礁。

1933年4月6~12日,法国水上测量船阿斯特拉白号(Astrolabe)、海洋测量船拉内桑号(Lanessan)和炮舰阿勒特号(L. Alerte)侵占南沙

---

① 见法国外交部1931年12月4日致中国驻巴黎使团信件,抄件存广东省档案馆。

群岛七岛（当时称九岛，实七岛）。4月6日，侵占南威岛，当时岛上有海南渔民4人；7日，侵占安波沙洲，10日侵占太平岛，11日侵占南钥岛，16日侵占中业岛和双子群礁。他们发现各岛有中国人居住，计南子岛7人（其中小孩二人），中业岛五人，南威岛四人。南钥岛有中国人所留神座、茅屋和水井。太平岛上虽不见人，但在小屋内发现中国船主留下的粮食和字条。各岛上并无其他国家的人①。法国人在侵占上述各岛后，竟然宣布是占领一些无人之岛，这是不顾事实的捏造。

1933年7月25日，法国在一项政府公报里声称，法国已经占领南中国海的九个岛屿，并将其置于法国的主权管辖之下。

法国宣布占领南沙群岛的侵略行径，当即引起中国政府的强烈抗议和全国人民的一致反对。

法国侵占南沙群岛的行为，立即遭到生活在南沙群岛各岛上中国渔民的坚决反抗，法国三色旗连旗杆也一齐被砍掉，埋在地下的标记也被挖掉。

1933年7月26日，国民政府外交部专电向法国政府提出严重抗议。郑重指出，南沙群岛"仅有我渔人居留岛上，在国际间确认中国领土"②。1933年8月西南政治会议议决"将九岛在粤版图之位置形势及经纬度证据等，详电国府，请据理向法严重抗争，务保领土完整"③。8月，广东省政府"奉命向法当局提出抗议"④。

1933年8月4日，中国政府照会法国政府，提出在对事实进行充分调查以前，保留对法国所谓"占有"上述诸岛提出看法的权利。不久，中国政府又向法国政府提出正式抗议，谴责法国侵占南沙群岛的无理行为。

法国侵占南沙群岛的消息公布后，全国人民极为愤慨，各地工会、农

---

① 参阅《南海九岛问题之中法日三角关系》，载《外交月报》3卷3期，1933年8月23日。
② 见《法占粤海九小岛，外交部抗议》，载《申报》1933年7月27日。
③ 见《申报》1933年7月29日。
④ 见《申报》1933年8月2日。

会、船员、渔民及琼崖旅京同乡会等群众团体纷纷致电,请中国政府力争并抗议法国侵略行径。南京市工界抗日会8月2日开常委会,决议呈请市党部,转呈中央对法占据九岛事件严重抗议,并电全国,一致抗争①。

上海总工会致国民政府外交部电说:报载法政府于上月廿五日,公然占据我粤南九小岛,消息传来,同深愤慨。查该九小岛,业由粤省府查明,系在琼崖之南,确属我国领土,且位于菲岛及安南之间,水产丰富,夙为我民卜居之地,而于交通国防关系尤为重大。今法政府……希图染指……为此迫切电陈,复乞迅向法政府严重交涉,以杜觊觎,而保领土,无任盼切之至。

浙江省宁海县农会致国民政府电:法政府占据我九小岛,日本乘机声言其既得之权益,消息远递,不胜惊狂。该岛为我国领土,有闽粤同胞在此周围经营生产者数万千人可证……本会谨率全县廿万农民誓为后盾,敬祈从速力争,保持领土而固海防。

绍兴县商会致国民政府电:上月廿五日法政府正式宣布占据我国属地之九小岛。查我国南海领域,东起台湾海峡,东南界于菲律宾,西至麻刺甲半岛附近,和琼邑海南岛而南及于西沙群岛,无一不为我国版图,所有地理志上有显明之界线,讵容侵入。今法新占据之九小岛,既位于琼邑之南,菲律宾与安南之间,其为我国领土毫无疑义。且其地周围,水产甚形丰富,我国闽粤渔民栖集其地而营生者,岁达万数千人,事实更足以证明为我国领土。至以交通论,则为香港、南洋间航行之要冲。以国防论,又为往来欧亚两洲航机必经之道,有关军事商业拓殖诸要政至深且巨,乃法政府……突然占为己有,非特违反国际公法,而且破坏我国之完整。此例一开,国将不国,应请钧府严重交涉,誓必保此领土,以巩海疆……

此外,浙江鄞县民船船员工会、上海缫丝产业工会等团体,也纷纷致电,要求政府当机立断,不再犹疑,立即向法政府严重交涉,以保领土,

---

① 见《琼崖旅京同乡请愿抗争九岛》,载《申报》1933年8月3日和8月5日。

维护国权。

1937年"七七事变",抗日战争爆发,法国政府乘中国忙于抵抗日本侵华之机,又突然于1938年7月间派遣所谓"印度支那卫队"① 非法占领西沙群岛的珊瑚岛。针对法国的这一侵略行径,1938年7月中国驻法大使顾维钧奉命立即向法国外交部提出抗议,重申中国对西沙群岛的主权。对于法国侵占西沙一事,当时日本外务省发言人说,"我们正关注形势的发展",有一些日本公民是住在"我们承认是属于中国领土的西沙"②。几天后,日本外务省发言人又发表谈话,说:"1900年及1921年英法两国声明中,业经宣布西沙群岛系属海南岛行政区之一部,故目前安南或法国对西沙群岛之要求诚属不公。"③ 一再指出,西沙群岛是中国领土。

不久,日本占领了海南岛和南海诸岛。1939年,日本出兵把法国人赶走。同年3月30日,日本由驻台湾总督府在一份政府公报中公布,将南海诸岛划为日本帝国侵占的台湾高雄管辖。

## 第五节 抗战胜利后民国政府行使和维护南海诸岛主权的斗争

### 一、中国政府行使南海诸岛主权

抗战胜利后,民国政府对南海诸岛主权的行使,主要是在接收南海诸岛,维护领土完整,重新厘定南海诸岛名称,绘制南海诸岛地图,派人调查视察以及开发南海诸岛资源等方面做了许多工作。现分述如下。

---

① 见法国巴黎《时报》1938年7月5日,《关于黄沙(帕拉塞尔)群岛和长沙(斯普拉特利)群岛白皮书》(北京大学法律系译,外交部国际条法司印),第30页。
② 1938年7月4日路透社东京电。
③ 香港《南华早报》1938年7月7日。

(一) 接收南海诸岛，维护领土完整

1943年11月，中、美、英三国政府签署的《开罗宣言》，明确规定剥夺日本自1914年第一次世界大战以来所窃据的中国领土。1945年7月发表的《波茨坦公告》，重申"开罗宣言之条件必将实施"。第二次世界大战结束后，中国政府即根据《开罗宣言》和《波茨坦公告》的精神，准备接收南海诸岛，并于1946年9月2日向下属有关机构发出"节·京·陆字第10858号"关于接收南海诸岛的训令。同年9月13日，内政、外交、国防三部进行了会商，确定了有关措施，自1946年11月至1947年3月，便胜利地完成了接收南海诸岛的任务。派兵驻守，并行使和维护南海诸岛主权。

(1) 接收西沙群岛经过

抗战胜利后，根据《开罗宣言》和《波茨坦公告》，中国有权收复被日寇侵占的所有国土，包括散布在南中国海的岛屿和珊瑚礁。当时政府继收复台湾之后，立即组织以海军为主的力量，协助广东省政府，南下接管西沙群岛与南沙群岛。

海军进驻西沙群岛、南沙群岛的筹备工作，是由当时海军总司令部第二署海事处承办的，由上校科长姚汝钰主持，参谋程达龙、李秉成和张君然负责办理。几经研究，最后决定派遣舰队执行任务。

海军总部调护航驱逐舰"太平"号、驱潜舰"永兴"号、坦克登陆舰"中建"号和"中业"号等四舰组成进驻西沙群岛、南沙群岛舰队。派上校林遵为指挥官，姚汝钰为副指挥官，上尉林焕章和张君然为参谋。由林遵偕林焕章率"太平"、"中业"两舰进驻南沙群岛，姚汝钰和张君然率"永兴"，"中建"两舰进驻西沙群岛。

南沙群岛的进驻目标为其主岛太平岛，西沙群岛的进驻目标为其主岛永兴岛。在进驻的主岛上各设海军电台一座，派海军陆战队一个独立排驻守，每岛的在编人员为五十九名，都直属海军总司令部指挥。派电信上尉李必珍为西沙群岛电台台长，邓清海为南沙群岛电台台长，驻岛人员一律规定每年轮换一次,以后每半年补给一次。

当时,广东省政府派省府委员肖次尹为接收西沙群岛专员,又派顾问麦蕴瑜为接收南沙群岛专员。各接收工作组都有省各机关代表和民政厅、实业厅、中山大学等单位的专业考察人员、测量人员及各行业技工参加。并预制了收复各岛的标志和纪念碑。

一切准备工作完成后,舰队即于1946年11月6日从珠江口虎门起航。8日下午驶抵榆林港,在那里添置一批适应珊瑚礁航行的渔用木船,还雇用约四十名熟悉各岛情况的渔民组成运输民工队。11月正值南中国海东北季

1946年中国海军收复西沙群岛纪念碑(采自李金明《中国南海疆域研究》)

风强劲时期,"太平"、"中业"二舰曾两次出航,都受天气影响中途折返。23日,"永兴"、"中建"二舰趁风浪稍差的间隙先行出航,于24日凌晨抵西沙群岛主岛永兴岛(渔民称为猫注岛),组织人员登陆,抢运物资,搭建营房,构筑工事,修建炮位。29日上午舰队派出仪仗队随同中央各部会代表及广东省接收专员和驻岛人员,为收复西沙群岛纪念碑揭幕,并鸣炮升旗。纪念碑正面精刻"卫我南疆"四个大字,背面刻"海军收复西沙群岛纪念碑"及"中华民国三十五年十一月二十四日立"。

后来,海军西沙群岛管理处为了纪念1946年以来海军收复和经营西沙群岛的工作,曾刻制一座"海军收复西沙群岛纪念碑",碑正面刻"南海屏藩"四个大字,旁署"中华民国三十五年十一月二十四日张君然立"。此碑至今仍屹立在永兴岛上,成为我国神圣领土西沙群岛上一座历史文物。岛上其他各纪念碑刻则在1955年8月22日南越西贡军队一次入侵时

被毁①。

为了纪念这次参加接收的"永兴"号军舰,便将猫注岛更名为永兴岛。位于西沙群岛西南、渔民称作半路(或半路峙、螺岛)的一座沙洲,后来也改名为中建岛,以纪念这次参加接收的"中建"号军舰。

(2)接收南沙群岛的经过

日本投降后,中国政府于1946年冬派海军护送人员接收,并派海军陆战队一排,进驻岛上。广东省政府派麦蕴瑜为接收南沙群岛专员,会同中央政府人员,率领有关测量、农业、水产、气象及医疗人员,并带石匠六人,测工若干人及其他有关测量仪器、图表、水泥、钢筋、石碑等,负责接收南沙群岛。又以南沙群岛向隶崖县治下,亦电饬该县派员参加。崖县县政府派技士一名,随同出发。当时南京中央政府派指挥官林遵率领"太平"舰、"中业"舰赴南沙群岛。各舰抵榆林港基地,购买渔艇三艘及雇渔民四十余名后,遂于1946年12月9日12时出港,林指挥官乘坐"太平"舰率领在前,国民政府官员和本省各人民乘坐"中业"舰殿后。接收以南沙群岛的主岛为目标,诚以主岛接收,即等于整个群岛的接收。沿途风浪平静。12日早5时许,远望绿岛如线,驶至离岛约一公里处抛锚,因海岛为珊瑚礁,恐船锚滑走,故舰上发动机仍留一部照常开动,以备不测。先派兵登陆搜索,并无一人,遂于早8时先由进驻军及各接收人员乘驳艇登陆,幸天气晴和,风平浪静。但因潮汐海流关系,仍觉潮浪暗涌,远望岛缘周围之环礁,受潮浪之冲激,形成破浪堤,水花溅射,有如白带。抵达岛岸时,适遇退潮,为环礁所隔,须涉水通过珊瑚礁面约二百余米。沿途发现海参、海锦及各种鱼类和贝类,滞留于珊瑚礁的水涡深处,极尽奇观。登岛后衫裤尽湿,幸而天气温暖,有如夏季,稍事休息。即开始下列工作。

---

① 详见张君然《1946年中国海军进驻西南沙群岛记实》,载《南沙问题资料汇编》,1988年10月。

1946年中国政府官员和海军接收南沙群岛，竖碑重申主权。

①重立碑石，宣示主权

岛之西南方，在防浪堤之末端，即通入电台大路之旁，日人建有纪念碑一座，即日人航海图上也有注明，上绘日本国徽，其下列书大日本帝国五字。登陆后第一步工作，即将此帝国主义侵略遗迹毁灭，并在岛上用水泥混凝土重建我国主权碑两座。一座建立在岛之西南方岛边，碑长方扁形，高1.5米，宽0.9米，厚0.3米。碑座两层。碑正面碑文为"太平岛"，背面刻"中华民国三十五年十二月十二日重立"，碑左侧刻"太平舰到此"，右侧刻"中业舰到此"。接收人员就在碑侧举行接收仪式。另一座碑较小，建立在岛之东端沙滩稍上方处，为细长之方条形。其正面向东，碑文为"南沙群岛太平岛"，背面为"中华民国三十五年十二月十二日重立"，北侧为"太平舰到此"，南侧为"中业舰到此"①。

为纪念"太平号"军舰参加这次接收，故将原来渔民俗称的黄山马峙

---

① 郑资约：《南海诸岛地理略志》，商务印书馆1947年版，第82页。

改称太平岛。此外，位于太平岛北面的铁峙（渔民俗称）后也改名为中业岛，以纪念参加这次接收的"中业"号军舰。

②测量岛图

岛之中部椰子林、木瓜树、蕉树及其他矮树颇为稠密，所用仪器系平板仪，故测量时多用多角形导线法，环岛一周，比例尺为一万分之一，周围之环礁则用交合法，再用导线通过岛之中部，测量水井、防空洞和各建筑物的位置，所需工作时间约十小时，已把全图测完。

③踏勘岛上情形

太平岛的日本驻军，系于1945年8月27日，始知日本帝国主义作无条件投降，故悲观情绪和自杀的遗言，见于各建筑物的墙壁上。再查岛上之大路小路，均被藤类及花草所遮蔽，以此推测，则日人离岛时间与我国接收时间相距必在一年以上。太平岛石碑完竣后，即于碑旁举行接收和升旗典礼，并集中接收人员及进驻海军官兵数十人，举行拍照，于是此十余年飘零海外的小岛，再投于祖国怀抱之中，永远为祖国南疆海防的前哨①。

南沙群岛太平岛纪念碑正面

---

① 参见麦蕴瑜《南沙群岛是中国最南的领土》，载香港《大公报》，1957年5月25日。

（3）接收东沙群岛

中国政府在接收西沙群岛和南沙群岛之后，遂于1947年3月，复遣"太平"号军舰接收了东沙群岛。

至此，整个南海诸岛接收完毕，置于中国主权管辖之下。

(二) 重新拟定南海诸岛名称

接收南海诸岛后，发现有关的中外图籍中记述我国的南海诸岛，不少岛礁名称是外国人擅自命名的，有些是外国人根据我国海南渔民的命名而译成外文的，内政部方域司决定重新拟定南海诸岛名称，召开了讨论会，进行了审议。最后确定了南海诸岛的群体名称12个，个体名称160个，合共172个。比1933年中国水陆地图审查委员会公布的《中国南海各岛屿华英名对照表》

南沙群岛太平岛纪念碑背面

中所列的132个为多。1947年12月1日，由内政部通过中央社正式公布。此外，方域司还印了《内政部公布南海诸岛新旧名称对照表》。

这次重新拟定的南海诸岛名称，最大的不足处，就是没有采用我国渔民世代相传和实际应用的名称。此外，不少地名依然是译自外国人的命名。

(三) 绘制南海诸岛地图

中国海军接收南海诸岛的时候，内政部方域司及广东省测量局派赴南海诸岛的工作人员，实地测量了太平岛、永兴岛、石岛等主要岛礁，返航以后，由内政部方域司第三科根据实测草图并参考中、外有关图籍，绘成南海诸岛图 6 幅，这 6 幅图是：南海诸岛位置图（1∶4000000）、西沙群岛图（1∶350000）、中沙群岛图（1∶350000）、南沙群岛图（1∶2000000）、太平岛图、永兴岛图。由内政部方域司出版（内政部方域司制，国防部测量局代印）。

地图是国际上确认领土归属的一种证据，也是一个国家行使和维护领土主权的一种表现。因此，在这里有必要就民国时期中国政府或地图出版界专门绘制整个南海诸岛的有关地图作一简述。

1935 年 4 月中国《水陆地图审查委员会会刊》第二期附图《中国南海各岛屿图》，明确标绘南海诸岛各岛屿、沙洲、暗礁、暗滩的名称和位置。这是民国时期中国政府第一份公开出版的地图。自此以后至 1948 年止，每年都有国内出版的中国或世界政区地图或专业地图，不下六七种；这些地图，凡色印的，都用同一颜色表示归属或放大比例的附图形式画出，表明南海诸岛属于中国领土。

民国时期出版的地图中，还有一种标绘南海诸岛归属中国的范围线，并将位于北纬 4 度南沙群岛的曾母暗沙作为中国最南端范围线。完整标绘南海诸岛各岛在内归属中国范围线的，以 1936 年北平建设图书馆发行的、白眉初著的《中华建设新图》为最早。该书第二图《中国全图》中，在南海海域标绘有东沙群岛、西沙群岛、南沙群岛（即今中沙群岛）和团沙群岛（即今南沙群岛），在各群岛周围，还绘出范围线，以示这些岛屿归属中国。该图还注明"（民国）二十二年七月，法占南海九岛，继由海军部海道测量局实测南沙团沙两部群岛，概系我渔民生息之地，其主权当然归我"。自此以后，中国政府和地图出版界都沿用了这些画法，仅在民国时期属于这类画法的中国政区地图或专业地图就不下二十种。

南沙太平岛之南侧海岸

(四) 编写南海诸岛地志

参加接收南海诸岛的内政部方域司人员郑资约先生归来之后,将其见闻,并参考有关书刊,编写了一本《南海诸岛地理志略》(1947年11月由商务印书馆出版)。此书是当时官方主编的《内政部方域丛书》的一种,方域司司长傅角今为其作序,序中着重指出:"我国所属南海之东沙、西沙、中沙、南沙诸群岛,曾于二次世界大战中随广州、榆林之失陷而沦于敌手,民国三十四年(1945年)八月十日战事胜利结束之后,我政府于九月九日起开始授受日军投降,逐渐恢复故土,及至接收南海各岛之时,已届三十五年年底,是为我最后接收之一片故土。"该书叙述南海诸岛的地理、历史和接收经过,并附有内政部公布的《南海诸岛新旧名称对照表》和内政部方域司绘制的《南海诸岛位置略图》等宣示中国主权的官方文件。另一位参加接收南沙群岛的麦蕴瑜先生也将其所积累的有关资料,由卓振雄先生编写了《祖国的南疆——南沙群岛》一稿。

（五）派人调查视察南海诸岛

1947年4~5月，中国政府派舰调查视察西沙群岛。1947年4月14日，海军派"中兴"、"中业"二舰由广州出发，先驶往永兴岛，除进行半年一次补给外，还根据国际气象组织的建议，在岛上开展气象观测工作，建立航标灯塔，以及进行自然和资源调查，所以此行随舰队工作的人员，有中央研究院植物研究所、青岛海洋研究所、经济部地质调查所、资源委员会矿测处等单位的专家，以及中山大学地理系和生物系的师生。此外，海军司令部还派电工处长曹仲渊偕同印尼归侨周苗福，以及前湖南省主席吴奇伟一行，也随往西沙考察，准备为开发该群岛提出建议。进驻指挥部还请铁路部琼崖工程处处长吴廷玮派土建人员往永兴岛，帮助规划修建码头和栈桥。故此任务颇为繁重。由于准备充分，都一一顺利进行。

5月8日海军指挥部再派"永兴"、"中业"二舰离广州，驶往太平岛，进行补给供应和一系列考察工作，随行的有上海《大公报》驻广州记者黄克夫。此行因受天气影响直到6月3日才回抵广州。

1948年3月，中国政府又派"中海"号舰前往东沙群岛、西沙群岛、南沙群岛换防。当时各群岛由海军部管辖，分别设有管理处。当时随舰前往者，有新任西沙群岛管理处主任张君然少校，新任南沙群岛管理处主任彭运生少校，海军部法制委员潘子腾上校及士兵100余人[①]。按当时的核定编制，群岛管理处主任以下设办公室、气象组和电信组，各专业技术军官和士兵共128名。除驻守国土外，气象观测为中心任务。永兴岛气象台规定每两小时作地面观测和记录一次，按时播发，并电报海军总部。此外还定时抄收东京、上海、香港等气象台汇总的观测资料，并试作小区天气预报，公开广播。此项工作在国际航运气象方面曾起过一些好的作用[②]。

---

① 见《全民日报》1948年3月27日。
② 见张君然《1946年中国海军进驻西沙群岛记实》。

（六）举办西沙群岛、南沙群岛物产展览会

我接收南海诸岛后不久，为唤起国人对南海诸岛重要性之认识，广东省政府于1947年6月11~15日在广州文献馆举办一次具有学术性和国防性的西沙群岛、南沙群岛物产展览会，公开展出各种实物、标本、照片、图表以及历史文物等珍贵资料，曾引起各界人士的重视，参观者达三十余万人次。根据搜集和调查到的资料，结合各岛的实况，曾拟定一个海军管理和开发西沙群岛的意见书，其主要内容为：修建各岛的港湾码头，发展各岛海上交通，开发磷矿和水产资源，加强气象和航标工作等等。

抗战胜利后，中国政府对南海诸岛行使主权，还表现在：

1947年1月，中国政府国防部召集有关机关，开西沙群岛、南沙群岛建设会议，决定西沙群岛、南沙群岛之行政隶属问题"目前暂由海军管理，俟海南岛行政特别区奉准成立，即归该区管辖"[1]。

1947年4月，中国政府内政部、国防部、外交部、海军总司令部联席会议决定，南海诸岛领土范围最南仍应至曾母暗沙。指出"此项范围抗战前我国政府机关学校及书局出版物，均以此为准，并曾经内政部呈奉有案，仍照原案不变"[2]。

1947年10月，国民政府确定中国边界四至地点及其经纬度，最南边界定为北纬4度的南沙群岛曾母暗沙。

## 二、中国政府维护南海诸岛领土主权的斗争

（一）1947年抗议法国军队入侵我西沙群岛珊瑚岛

中国军队于1946年底接收西沙群岛、南沙群岛后，一直有军队驻守分属于这二个群岛最大的岛屿永兴岛和太平岛。1947年1月16日，法国飞机一架飞临永兴岛上空侦察。18日上午，法舰"东京人"号驶抵永兴岛，

---

[1]《民国政府给广东省政府电》（1947年4月17日），广东省政府档案。
[2]《内政部致广东省政府关于确定西、南沙群岛范围及主权公函》（1947年4月），广东省政府档案。

派官兵登陆，要求我驻守人员撤退。当时驻在岛上的李必珍台长当即严词拒绝，并斥令法军立即退走，全岛随即进入紧急备战状态。法军离岛后，法舰仍停泊在永兴岛海面，越二十四小时才撤离。

法军自永兴岛撤走后，随即驶往珊瑚岛。当时中国外交部和国防部曾分别向法国提出抗议和声明，谴责法军侵犯我领土珊瑚岛的行为。下附当时的文献报道材料。

①外交部长发表声明西沙群岛主权属于中国[①]

1947年1月21日，中国外交部长约见法国驻华公使梅理蔼，郑重声明西沙群岛主权属于中国，并质问法国海军的行动究竟属于何种意义。梅理蔼答复说："法国海军在西沙群岛之行动，并非出于法国政府之指使"。后来法国毫无理由地提出用国际仲裁的办法来解决"纠纷"。这被中国政府拒绝了。

②外交部抗议法军在珊瑚岛登陆给法国大使馆的函件

外交部兹向法国大使馆致意并申述关于法军舰欲行登陆西沙群岛事，外交部业经于本年（指1947年）1月28日，以欧字第一一二号及第一二二号两次略达大使馆，一再声明中国政府之立场各在案。

兹据驻法钱大使报告，法外交部亚洲司长通知，该法舰在西沙群岛之白托岛（按：指珊瑚岛）登陆，派兵并留驻。该司长谓，西沙群岛主权问题既未解决，自可各择岛屿驻军候商等语。查关于法舰企图在白托岛登陆一节，外交部日前已得情报，经于1月21日，由外交部欧洲司叶司长口头告知大使馆参事罗君，并声称，如果证实，则中国政府将提出严重抗议。现此项情报，既经法外交部予以证实，中国政府兹特向大使馆作严重之抗议，并请迅予转请法国政府，即饬登陆白托岛之法国军队速行撤退。否则其可能招致一切之后果，应由法国政府单独负其责任。外交部并郑重声明，在上述法国军队未撤退前，中国政府实难考虑法方所提有关西沙群岛

---

[①] 《中央日报》1947年1月22日。

之问题，相应略请查照办理。并迅予见复为荷①。

③中国驻法使馆发表关于西沙群岛主权属于我国的公告②

（中央社巴黎十九日专电）我驻法大使馆发表公告称：海南岛东南约二百海里处，中文名西沙群岛之一带岛屿，自古以来，即属我国主权所有，且向在广东省政权管辖之下，缘法国报纸新闻报道谓中国遣军占领该群岛，我方乃发表此一公告。我大使馆公告中称：

海南之中国渔户，每出发捕鱼，照例必至西沙群岛。中国海军，亦时临该岛，以保护中国领域。1909年中国海关，拟在其中一岛上建筑灯塔，以保障航运安全。1930年4月国际气象会议在香港开会，曾建议中国政府在其中一岛上设立气象台。公告中指出，在1932~1938年，中法两国外交部，曾为西沙群岛之地位交换无数照会，我政府在所有照会中，均坚持对上述群岛之绝对主权。中国政府在1938年中，从未承认法国以安南国君之名义，在该群岛造成之事实上占领③。

④外交部次长关于西沙群岛主权的声明

1947年1月29日，中国外交部次长刘谐在记者招待会上声称：唯本人拟借今日之机会，郑重否认法外交部之声明，谓中国于1938年同意法国占领西沙群岛，中国于彼时仅重申其一向立场，中国对这群岛之主权为无可争辩者④。

⑤国防部要求通知外交部抗议法舰企图在西沙群岛登陆的函件⑤

行政院院长宋钧鉴：选据海军总部周参谋长子巧子皓代电，转据西沙群岛电台台长李必珍报称："本（十七）日上午十一时，法舰F43号驶抵本岛抛锚，经职亲往查询来意，据该舰长称，奉命令前来登陆，并运送我

---

① 中国第二历史档案馆档案。
② 广州《越华日报》1947年1月21日。
③ 同上。
④ 1947年1月30日中央社讯。
⑤ 中国第二历史档案馆档案。

方人员离岛,当告以系我国领土,未奉命令不能擅离,如有纠纷可由外交途径进行。据云,西沙属法国领土,我国未经法方同意即行占领,似属未合。职告以须待职向上峰请示,该舰长仅允在该舰上发电以期迅速,并限期明(十八)晨十时答复,否则强行登陆。查该舰载有多数陆战队,至十八日拂晓,法舰发射信号炮弹多发,情势紧张,天明起锚驶去。至十二时返岛,派副长翻译前来邀职赴舰,职再劝阻。据云,限明(十九)日上午八时内考虑。职当答如必登陆我方抵抗,职已将所有密本及案卷除修密外均已焚毁。法舰旋于十九日上午五时四十分驶退并请鉴核"等情,除当经电令该台官兵法舰如强登陆应予抵抗并死守该岛,并分咨外交部向法方提出抗议外,乞鉴核等情,除饬海军总部转饬该岛官兵抵抗外,谨请转饬外交部向法方严重抗议为祷。

职白崇禧　国防部印　民国卅六年一月廿一日

⑥国防部对西沙群岛主权的声明谈话①

《大公报》南京(1947年)一月廿二日电:国防部长白崇禧廿一日谈称:"西沙群岛主权属于我国,不仅历史地理上有所根据,且教科书上亦早载明。去年敌人投降,退出该群岛后我政府即派兵收复。本月十六日有法侦察机一架飞至该岛侦察,十八日法海军复有军舰一艘行至该群岛中之最主要一岛。我守军当即表示守土有责,不许登陆,并令其撤走。至巴黎电传法海军已在群岛中之拔陶儿岛(按:即珊瑚岛)登陆,据余之记忆,此岛距国军主要驻防之岛约为五十海里"。

(二)1949年我驻菲公使关于南沙群岛太平岛主权的声明

1949年春,菲律宾政府奖励渔民向中国领土南沙群岛之太平岛移殖时,我驻菲公使陈质平曾于1949年4月13日致函菲律宾外交部,阐明太平岛主权系属中国领土。全文②如下:

---

① 《中国海军》(1947年3月1日出版),第1期,第11页。
② 中国第二历史档案馆档案。

执事先生：

一九四九年四月十二日巴基窝（Baguio）地方之报纸消息，云菲律宾内阁会议中，决议派遣海军副少将安纳达 Josev. Andrada 前往中国之太平岛（昔名埃土亚巴 ItuAba）视察，此项消息，余深愿提起阁下之严重注意。

马尼拉某晨报甚至载称："若干内阁阁员于获悉菲律宾渔民常自巴拿望前往埃土亚巴岛后提议奖励此项人民定居该地，以便必要时提出要求，使此一部分归并于菲律宾，作为一种以策安全的手段。"

基于上项报道，余诚应提请阁下确切表明该项报纸记载是否真实，关于此一点余仅借此机会反复声明太平岛为中华民国之领土。

中华民国公使　陈质平　民国三十八年四月十二日

综上所述，辛亥革命以后至新中国成立前的民国时期，中国政府在行使和维护南海诸岛主权上进行了大量工作，留下了许多值得肯定的政绩，同时也表明了中国拥有对南海诸岛主权的历史事实和法理根据是充分的、确凿的、无可争议的。

### 三、南海诸岛主权属于中国，得到国际上的广泛承认

第二次世界大战后，中国收回了被日本侵占的南海诸岛。南海诸岛主权属于中国，得到了国际上的广泛承认。例如：

1962年美国哥伦比亚大学出版的《哥伦比亚利平科特世界地名辞典》写道："帕拉塞尔群岛，即中国的西沙群岛，由南海范围很广的低矮的珊瑚岛群和岩礁组成，是广东省的一部分。……1939～1945年被日本占领，第二次世界大战后，交给中国人。""斯普拉特利岛，即中国的南威岛，中国在南海的属地，是广东省的一部分。"① 1955年美国出版的《韦氏地名词典》也写道："帕拉塞尔群岛，南中国海中的小礁群岛，在法属印度支那

---

① （美）塞尔兹主编：《哥伦比亚利平科特世界地名辞典》，美国哥伦比亚大学1962年版。

安南中部以东约250海里，北纬16度30分，法国和日本曾提出主权要求，1939年被日本占领，第二次世界大战后，归还中国。"① 1963年美国出版的《威尔德麦克各国百科全书》也说："中华人民共和国还包括一些岛屿，如伸展到北纬四度的南中国海的岛屿和暗礁，这些岛屿和暗礁，包括东沙、西沙、中沙和南沙群岛。"②

1952年由日本外务大臣冈崎胜南亲笔签字推荐的《标准世界地图集》第15图《东南亚图》，也把西沙群岛、南海群岛、东沙群岛和中沙群岛全部标绘属于中国。③ 1966年日本出版的《世界地名辞典》（日本东洋篇）写道："西沙群岛……第二次世界大战期间为日本占领，二次大战后归还中国。"④ 1966年日本出版的《世界年鉴》也写道："中国位于亚洲大陆的东部……除大陆的领土外，有海南岛、台湾、澎湖列岛及中国南海上的东沙、西沙、中沙、南沙各群岛等。"⑤

1951年，苏联外交部长葛罗米柯在旧金山对日和约会议上发言指出：西沙群岛和南沙群岛等岛屿是中国"不可分割的领土"⑥。1953年出版的《苏联大百科全书》在其所附的《中国地图》中标明："西沙群岛（中国）"、"南沙群岛（中国）"⑦。1954年苏联内政部出版的《世界地图集》的《亚洲图》和《中国图》也标明："东沙群岛（中国）""西沙群岛（中国）"、"南沙群岛（中国）"，表示这些群岛都是中国领土。⑧

1956年法国出版的《拉鲁斯世界政治与经济地图集》，在《东南亚》图中也清楚地标出："东沙岛（中国）"、"西沙群岛（中国）"、"南沙群岛

---

① 《韦氏地名词典》，美国麦利安公司，1955年版，第853页。
② 《威尔德麦克各国百科全书》（亚洲与澳洲），1963年版，第55页。
③ 日本《标准世界地图集》，（日本）全国教育图书株式会社，1952年版。
④ 日版监修大类伸、高桥纯一，责任编辑佐藤直助，《世界地名词典》（日本东洋篇），东京书店昭和41年（1966年）版，第311页。
⑤ 日本《世界年鉴》，日本共同通讯社1972年版，第193页。
⑥ 《人民日报》，1951年9月9日。
⑦ 《苏联大百科全书》，第二版，1953年版，第168—169幅《中国》。
⑧ 《苏联世界地图集》，苏联内务部1954年版，第141、142、143页。

(中国)",表示这些群岛都属于中国。①

1956年英国出版的《企鹅世界地图集》在《远东》图中,也标明东沙岛、西沙群岛和南沙群岛都属于中国②。1971年,英国驻新加坡高级专员也说:"斯普拉特利岛(南沙群岛)是中国的属地,为广东省的一部分,……在战后归还中国"③。

1955年10月,国际民航组织在菲律宾马尼拉召开会议,美国、英国、法国、日本、加拿大、澳大利亚、新西兰、泰国、菲律宾、南越和中国台湾当局派了代表出席。会议通过的第24号决议,要求中国台湾当局在南沙群岛加强气候监测,而会上没有任何一个代表对此提出异议或保留④。

1956年6月15日,越南民主共和国外交部副部长雍文谦接见中国驻越南大使馆临时代办李志民时郑重表示:"根据越南方面的材料,从历史上看,西沙群岛和南沙群岛应当属于中国领土。"当时在座的越南亚洲司代司长黎禄也指出:"从历史上看西沙群岛和南沙群岛早在宋朝时就已经属于中国了。"⑤ 1958年9月14日,越南政府总理范文同在给中国国务院总理周恩来的照会中也表明越南政府承认西沙群岛和南沙群岛是中国的领土。⑥

如此等等,不胜枚举。

南海诸岛主权属于中国,其所以得到世界上许多国家的政府、政府官员、权威地图、百科全书和国际会议的确认,这是因为无数确凿的历史事实证明,这些岛屿自古以来就是中国的领土。

---

① 法国《拉鲁斯世界政治与经济地图集》,拉鲁斯书店1956年巴黎版,第13B幅。
② (英)《企鹅世界地图集》,英国理查克莱有限公司1956年版,第40页。
③ 香港《远东经济评论》,1973年12月31日,第39页。
④ 1980年1月30日中国外交部文件《中国对西沙群岛和南沙群岛的主权无可争议》,载《人民日报》1980年1月31日第1版。
⑤⑥ 转引自1980年1月30日中国外交部文件《中国对西沙群岛和南沙群岛的主权无可争辩》,见《人民日报》1980年1月31日第1版。

# 附 录

## 一、1935 年水陆地图审查委员会公布我国南海诸岛中英地名对照表

编者按：本表载于水陆地图审查委员会 1935 年 1 月间编印的会刊第一期第 61~69 页中，表中南沙群岛即今中沙群岛，团沙群岛即今南沙群岛。

（一）东沙岛

东沙岛　　　　　　　　　　Pratas Island

（二）西沙群岛　　　　　　　Pracel Island and Reefs

1. 北礁　　　　　　　　　　North Reef
2. 核子牌滩　　　　　　　　Hotspur Shoal
3. 符勒多儿礁　　　　　　　Vuladore Reef
4. 觅出礁　　　　　　　　　Discovery Reef
5. 巴徐崎　　　　　　　　　Passa Keah
6. 带渡滩　　　　　　　　　Dido Bank
7. 林康岛　　　　　　　　　lincoln Island
8. 高尖石　　　　　　　　　Dyramid Rock
9. 则衡志儿滩　　　　　　　Jahangie Bank
10. 蒲利孟滩　　　　　　　 Breman Bank
11. 傍俾礁　　　　　　　　 Bombay Reef
12. 土莱塘岛　　　　　　　 Triton Island
13. 观察滩　　　　　　　　 Observation Bank
14. 逼陶尔岛　　　　　　　 Pattle Island
15. 罗伯特岛　　　　　　　 Robert Island
16. 钱财岛　　　　　　　　 Money Island

| | | |
|---|---|---|
| 17. | 羚羊礁 | Antelope Rcel |
| 18. | 都兰奔岛 | Drammond Island |
| 19. | 坛坚岛 | Duncan Island |
| 20. | 树岛 | Tree Islaod |
| 21. | 北岛 | North Island |
| 22. | 中岛 | Middle Island |
| 23. | 南岛 | South Island |
| 24. | 南滩 | South Sand |
| 25. | 西滩 | West Sand |
| 26. | 茂林岛 | Woody Island |
| 27. | 石岛 | Rocky Island |
| 28. | 伊尔迪斯滩 | Iltis Bank |

（三）南沙群岛　　　　　　Macclcsfield Bank

| | | |
|---|---|---|
| 1. | 伊机立亚滩 | Igefis Bank |
| 2. | 散步滩 | Walker shool |
| 3. | 利锚司滩 | Learmouth Shoal |
| 4. | 特鲁路滩 | Truro Shoal |
| 5. | 斯卡巴洛礁 | scarborough Reef |
| 6. | 南石 | South Rock |
| 7. | 管事滩 | Stowart Bank |

（四）团沙群岛（团沙群岛或名珊瑚群岛）

| | | |
|---|---|---|
| 1. | 北险礁 | North Danger Reef |
| | （双子岛） | Two Island |
| 2. | 独立登滩 | Trident Shoal |
| 3. | 来苏滩 | Lys Shoal |
| 4. | 帝都岛屿群礁 | Tritu Island and Reefs |
| 5. | 沙比礁 | Subi Reef |

| | | |
|---|---|---|
| 6. | 罗湾礁 | Loai-ta Bank and Reefs |
| 7. | 兰家暗礁 | Lun Kiam Cay |
| 8. | 罗湾岛 | Loai-ta Island |
| 9. | 铁沙礁 | Tizard Bank and Reefs |
| 10. | 伊都阿巴岛 | Itu Aba Island |
| 11. | 沙岛 | Sand Cay |
| 12. | 彼得来礁 | Petley Reef |
| 13. | 依鲁德礁 | Eload Reef |
| 14. | 南伊岛 | Nam Yit Island |
| 15. | 给予礁 | Gavan Reefs |
| 16. | 西石或女神庙石 | Western of Flora Temple Rock |
| 17. | 大觅出礁 | Discovery Great Reefs |
| 18. | 小觅出礁 | Discovery Small Reefs |
| 19. | 十字火礁或西北调查礁 | Riery Gross or E. W. Investigator |
| 20. | 中央礁 | Central Reef |
| 21. | 西零丁礁 | West London Reef |
| 22. | 东零丁礁 | East London Reef |
| 23. | 克德郎礁 | Cuarteron Reefs |
| 24. | 拉德礁 | Ladd Reef |
| 25. | 斯巴拉脱岛或暴风雨岛 | Spratly or Storm Island |
| 26. | 斯塔格司滩 | Stags Shoal |
| 27. | 比邻无畏滩 | Prince of Wales Bank |
| 28. | 埃勒生达滩 | Alexandra Bank |
| 29. | 湾滩 | Owen Shoal |
| 30. | 比邻康索滩 | Prince Consort Bank |

| | | |
|---|---|---|
| 31. | 格棱泽滩 | Gfainger Bank |
| 32. | 来福门滩 | Riflemen Bank |
| 33. | 傍俾炮台滩 | Bombay Castle |
| 34. | 庄臣怕余 | Johnson Patch |
| 35. | 阿利那滩 | Orlena Shoal |
| 36. | 顷土登滩 | Kingston Shoal |
| 37. | 安波那暗礁 | Amboyna Cay |
| 38. | 前卫滩 | Van Gurad Bank |
| 39. | 阿打西亚滩 | Ardasier Bank |
| 40. | 燕子礁 | Swallow Reel |
| 41. | 无劳柴乐礁 | Royal Charlotte Reef |
| 42. | 路易萨礁 | Louisa Reef |
| 43. | 北卢康尼亚滩 | North Luconia Shoals |
| 44. | 友谊滩 | Friendship Shoal |
| 45. | 破海马滩 | Sea-horse Breakers |
| 46. | 南卢康尼亚滩 | South Luconia Shoals |
| 47. | 曾母滩 | James Shoal |
| 48. | 报告滩 | Reported Reef |
| 49. | 芦滩 | Reed Bank |
| 50. | 西乐岛 | West York lsland |
| 51. | 汤姆斯第三滩 | 3rd Thomas Shoal |
| 52. | 庙滩 | Templer Bank |
| 53. | 沙滩 | Sandy Shoal |
| 54. | 哑谜笃古拉礁 | Amy Douglas |
| 55. | 扁岛 | Flat Ialand |
| 56. | 南山岛 | Nan Shan Island |
| 57. | 北拼素崩那礁 | Pennsylvanina N. Reef |

| | | |
|---|---|---|
| 58. | 棕色滩 | Brown Bank |
| 59. | 海马滩 | Sea Horse or Routh Bank |
| 60. | 非利拼滩 | Fairie Queen |
| 61. | 北干机斯滩 | Ganges N. Reef |
| 62. | 南干机斯滩 | Ganges S. Reef |
| 63. | 北恶礁 | N. Mischief |
| 64. | 勒奥古林滩 | Lord Auckland Shoal |
| 65. | 加那的滩 | Carnatic Shoal |
| 66. | 康华里礁 | Cornwallis Shoal |
| 67. | 南恶礁 | S. Mischief |
| 68. | 辛科威岛 | Sin Cowe lsland |
| 69. | 破扇滩 | Fancy Wreck Shoal |
| 70. | 汤姆斯第二滩 | 2nd Thomas Shoal |
| 71. | 西宾那滩 | Sabina Shoal |
| 72. | 干机斯滩 | Ganges Reef |
| 73. | 亚利斯亚安尼礁 | Alicia Annie Reef |
| 74. | 汤姆斯第一滩 | Ist Thomas Shoal |
| 75. | 东北调查礁 | Investigator N. E. Shoal |
| 76. | 傍俾滩 | Bombay Shoal |
| 77. | 南拼素崩那礁 | Pennsyvania S. Reef |
| 78. | 无劳加比丹礁 | Royal Captain Shoal |
| 79. | 半月滩 | Half Moon Shoal |
| 80. | 披尔逊滩 | Rearson Reef |
| 81. | 南康华里礁 | Cornwalli S. Reef |
| 82. | 马林诺暗礁 | Cay Marino |
| 83. | 东北社礁 | N. E. Cay |
| 84. | 格拉斯哥礁 | Glasgow |

| 85. | 方向礁 | Director |
| 86. | 司令礁 | Commodore Reef |
| 87. | 霸加那大礁 | Bargue Canada |
| 88. | 立沙礁 | Lizzie Webbe Reef |
| 89. | 马立夫礁 | Mariveles Reef |
| 90. | 调查礁 | Investigator Shoal |
| 91. | 安达息破礁 | Ardasier Breakers |
| 92. | 西南社礁 | S. W. Cay |
| 93. | 北毒蛇滩 | N. Viper Shoal |
| 94. | 格老色斯德破礁 | Gloucester Breakers |
| 95. | 破浪礁 | Breakers |
| 96. | 南毒蛇滩 | S. Viper Shoal |

## 二、1947年内政部公布南海诸岛新旧名称对照表

新订名称　　　　意　义　　　　　　中外旧名

（一）东沙群岛

东沙岛　　　　　　　　　　　　Pratas I. 蒲拉他士岛、月牙岛、月塘岛

北卫滩　　　　　　　　　　　　N. Verker Bank

南卫滩　　　　　　　　　　　　S. Verker Bank

（二）西沙群岛

永乐群岛　　　　明成祖年号　　　　Crescent Group

甘泉岛　　　　　　　　　　　　Robert I. 吕岛

珊瑚岛　　　　　　　　　　　　Pattle I. 笔岛、八道罗岛、拔陶儿岛

金银岛　　　　　　　　　　　　Money I. 钱岛

| | | |
|---|---|---|
| 道乾群岛 | 明神宗时，林道乾率水兵破西班牙海军于菲律宾岛附近海中 | Duncan Is. |
| 琛航岛 | 宣统元年，粤总督张人骏派伏波、琛航、广金三舰赴西沙群岛勘查 | Duncan I. 灯擎岛、大三脚岛、灯岛 |
| 广金岛 | | Palm I. 掌岛、小三脚岛 |
| 晋卿岛 | 明成祖时，施晋卿出使南洋一带，任拓殖宣抚之责 | Drummoud I. 杜林门岛、伏波岛、四江岛、都岛 |
| 森屏滩 | 明黄森藩使婆罗 | Observation Bank 测量滩、天文滩 |
| 羚羊礁 | | Antelope Reef |
| 宣德群岛 | 明宣宗时，经营南洋甚力 | Amphitrite Group |
| 西沙州 | | West Sand |
| 赵述岛 | 明太祖使赵述至南洋 | Tree I. 树岛 |
| 北岛 | | North I. |
| 中岛 | | Middle I. |
| 南岛 | | South I. |
| 北沙洲 | | North Sand |
| 中沙洲 | | Middle Sand |
| 南沙州 | | South Sand |
| 永兴岛 | 纪念胜利后，参加接收本群岛之永兴号军舰 | Woody I. 林岛、武德岛、多树岛、巴岛 |
| 石岛 | | Rocky I. 小林岛 |
| 银砾滩 | | Iltis Bank 亦尔剔斯滩 |
| 北礁 | | North Reef 北沙礁 |

| 华光礁 | | Discovery Reef 发现礁、觅出礁 |
|---|---|---|
| 玉琢礁 | | Vuladdore Reef 乌拉多礁 |
| 盘石屿 | | Pasu Keak 巴苏奇岛 |
| 中建岛 | 纪念胜利后接收本群岛之中建号军舰 | Triton I. 土来塘岛、特里屯岛、南极岛、螺岛 |
| 西渡滩 | | Dido Bank 台图滩 |
| 和五岛 | 纪念明末潘和五反抗西班牙人 | Lincoln I. 东岛、玲洲岛 |
| 高尖石 | | Pyramid Rocks |
| 蓬勃礁 | | Bombay Reef |
| 湛涵滩 | | Jehangire Bank 则冲志儿滩、怡亭芝滩 |
| 滨湄滩 | | Bremen Bank 勃利门滩、蒲利孟滩 |

（三）中沙群岛

| 西门暗沙 | Siamese Shoal |
|---|---|
| 本固暗沙 | Bankok Shoal |
| 美滨暗沙 | Magpie Shoal |
| 鲁班暗沙 | Carpenter Shoal |
| 立夫暗沙 | Oliver Shoal |
| 比微暗沙 | Pigmy Shoal |
| 隐矶滩 | Egeria Bank |
| 武勇暗沙 | Howard Shoal |
| 济猛暗沙 | Learmonth Shoal |
| 海鸠暗沙 | Plover Shoal |
| 安定连礁 | Addington Patch |

| | | |
|---|---|---|
| 美溪暗沙 | | Smith Shoal |
| 布德暗沙 | | Bassett Shoal |
| 波洑暗沙 | | Balfour Shoal |
| 排波暗沙 | | Parry Shoal |
| 果淀暗沙 | | Cawston Shoal |
| 排洪滩 | | Penguin Bank |
| 涛静暗沙 | | Tancred Shoal |
| 控湃暗沙 | | Combe Shoal |
| 华夏暗沙 | | Cathy Shoal |
| 石塘连礁 | | Hardy Patch |
| 指掌暗沙 | | Hand Shoal |
| 南扉暗沙 | | Margesson Shoal |
| 漫步暗沙 | | Wallker Shoal |
| 乐西暗沙 | | Phillip's Shoal |
| 屏南暗沙 | | Payne Shoal |
| 民主礁（黄岩岛） | | scarborough Reef |
| 宪法暗沙 | | Truro Shoal |
| 一统暗沙 | | Helen Shoal |

（四）南沙群岛

【危险地带以西各岛礁】

| | | |
|---|---|---|
| 双子礁 | | N. Danger 北危岛 |
| 北子礁 | | N. E. Cay |
| 南子礁 | | S. W. Cay |
| 永登暗沙 | | Trident Shoal |
| 乐斯暗沙 | | Lys Shoal |
| 中业群礁 | 纪念胜利后接收军舰中业号 | Thi-Tu Reefs 帝都群礁 |

| | | |
|---|---|---|
| 中业岛 | | ThiTuI. 帝都岛、三角岛 |
| 渚碧礁 | | Subi Reef 沙比礁 |
| 道明群礁 | 明杨道明拓殖三佛齐 | Loaita Bank and Reefs |
| 杨信沙洲 | 明杨信拓抚南洋 | Lankiam Cay |
| 南钥岛 | | Loaita or South I. of Horsbung |
| 郑和群礁 | 明成祖时郑和出使南洋 | Tizard Bank and Reefs 堤闸滩 |
| 太平岛 | 纪念胜利后接收军舰太平号 | Itu Aba I. 长岛、大岛 |
| 敦谦沙洲 | 纪念中业号舰长李敦谦 | Sandy Cay 北小岛 |
| 舶兰礁 | | Petley Reef |
| 安达礁 | | Eldad Reef |
| 鸿庥岛 | 纪念中业号副舰工扬鸿庥 | Namyit I. 南小岛、纳伊脱岛 |
| 南熏礁 | | Gaven Reef |
| 福禄寺礁 | | Western or Flora Temple Reef |
| 大现礁 | | Discovery Great Reef 大发现礁 |
| 小现礁 | | Discovery Small Reef 小发现礁 |
| 永暑礁 | | Fiery Cross or N. W. Investigator Reef |
| 逍遥暗沙 | | Dhaull Shoal |
| 尹庆群礁 | 尹庆与郑和同时出使南洋 | London Reefs 零丁礁 |
| 中礁 | | Central Reef |

| | | |
|---|---|---|
| 西礁 | | West Reef |
| 东礁 | | East Reef |
| 阳礁 | | Cuartcron Reef |
| 南威岛 | 纪念接收时广东省主席罗卓英 | Spratly or Storm I. 西鸟岛 |
| 日积礁 | | ladd Reef |
| 奥援暗沙 | | Owen Shoal |
| 南薇滩 | | Riflemen Bank |
| 蓬勃堡 | | Bombay Castle |
| 奥南暗沙 | | Orleana Shoal |
| 金盾暗沙 | | Kingston Shoal |
| 广雅滩 | | Prince of Wales Bank |
| 人骏滩 | | Alexandra Bank |
| 李准滩 | | Grainger Bank |
| 西卫滩 | | Prince Consort Bank |
| 万安滩 | | Vanguard Bank |
| 安波沙洲 | | Amboyna Cay 安波那岛 |
| 隐遁暗沙 | | Stay Shoal |

【危险地带以东各岛礁】

| | |
|---|---|
| 海马滩 | Seahorse or Routh Bank |
| 蓬勃暗沙 | Bombay Shoal |
| 舰长暗沙 | Royal Captain Shoal |
| 半月暗沙 | Half Moon Shoal |

【危险地带以南各岛礁】

| | |
|---|---|
| 保卫暗沙 | Viper Shoal |

| | |
|---|---|
| 安渡滩 | Ardasier Bank |
| 弹丸礁 | Swallow Reef |
| 皇路礁 | Royal Charlotte Reef |
| 南通礁 | Louisa Reef |
| 北康暗沙 | North luconia Shoals |
| 盟谊暗沙 | Friendship Shoal |
| 南安礁 | Sea-horse Breakers |
| 南屏礁 | Hayes Reef |
| 南康暗沙 | South Luconia Shoals |
| 海宁礁 | Herald Reef |
| 海安礁 | Stigant Reet |
| 澄平礁 | Sterra Blanca |
| 曾母暗沙 | james Shoal 詹姆沙 |
| 八仙暗沙 | Parsons Shoal |
| 立地暗沙 | Lydis Shoal |

【危险地带以内各岛礁】

| | |
|---|---|
| 礼乐滩 | Reed Bank |
| 忠孝滩 | Templier Bank |
| 神仙暗沙 | Sandy Shoal |
| 仙后滩 | Faifie Queen |
| 莪兰暗沙 | Lord Aukland Shoal |
| 红石暗沙 | Csrnatic Skoal |
| 棕滩 | Brown Bank |
| 阳明礁 | Pennsyvania N. Reef |
| 东坡礁 | Pennsyvania |
| 安塘岛 | Amy Douglas |
| 和平暗沙 | 3rd Thomas Shoal |

| | | |
|---|---|---|
| 费信岛 | 纪念明成祖时费信出使南洋 | Flat I. 平岛、扁岛 |
| 马欢岛 | 纪念明成祖时马欢出使南洋 | Nashan I. |
| 西月岛 | | West York I. 西约克岛 |
| 北恒礁 | | Ganges N. Reef |
| 恒礁 | | Ganges Reef |
| 景宏岛 | 纪念明成祖时王景宏出使南洋 | Sin Cowe I. 辛科威岛 |
| 伏波礁 | | Ganges Reef |
| 汛爱暗沙 | | Fancy Wreck Shoal |
| 孔明礁 | | Pennsylvania Reef |
| 仙娥礁 | | Alicia Annie Reef |
| 美济礁 | | Mischief Reef |
| 仙宾暗沙 | | Sabina Shoal |
| 信义暗沙 | | 1st Thomas Shoal |
| 仁爱暗沙 | | 2nd Thomas Shoal |
| 海口暗沙 | | Investigator N. E Shoal |
| 毕生岛 | | Pearson |
| 南华礁 | | Cornwallis South Reef |
| 立威岛 | | Lizzic Weber |
| 南海礁 | | Marivels Reef |
| 息波礁 | | Ardasier Breakers |
| 破浪礁 | | GlouceSter Breakers |
| 玉诺礁 | | Marino Cay |
| 榆亚暗沙 | | lnvestigator Shoal |

| | |
|---|---|
| 金吾暗沙 | S. W. Shoal |
| 校尉暗沙 | N. E. Shoal |
| 南乐暗沙 | Glasgow |
| 司令礁 | Commodorc Reef |
| 都护暗沙 | North Viper Shoal or Seahorse |
| 指向礁 | Director |

见内政部《方域丛书》，郑资约编著《南海诸岛地理志略》，1947年商务印书馆版，第83—94页。

### 三、中国地名委员会授权公布我国南海诸岛部分标准地名

为了实现全国地名标准化，适应我国社会主义现代化建设的需要和航海事业的发展，按照中国地名委员会对全国地名普查的统一要求，对我国南海诸岛的地名进行了普查，并遵照《国务院关于地名命名、更名的暂行规定》精神，进行了标准化的处理。中国地名委员会授权现将南海诸岛部分标准地名公布如下：

| 标准名称 | 汉语拼音 | 当地渔民习用名称 |
|---|---|---|
| 南海诸岛 | Nánhǎi Zhū dǎo | |
| 东沙群岛 | Dōngshā Qúndǎo | |
| 东沙礁 | Dōngshā Jiāo | |
| 东沙岛 | Dōngshā Dǎo | 月牙岛 |
| 北卫滩 | Běiwèi Tān | |
| 南卫滩 | Nánwèi Tān | |
| 北水道 | Běishuǐ Dào | |
| 南水道 | Nánshuǐ Dào | |
| 西沙群岛 | Xīshā Qúndǎo | |
| 永乐群岛 | Yǒnglè Qúndǎo | 西八岛　下八岛　下峙 |
| 北礁 | Běi Jiāo | 干豆 |

| 金 银 岛 | Jīnyín Dǎo | 尾峙　尾岛 |
| 羚 羊 礁 | Língyáng Jiāo | 筐仔　筐仔峙 |
| 筐仔沙洲 | Kuāngzǎi Shāzhōu | 筐仔屿 |
| 甘 泉 岛 | Gānquán Dǎo | 圆峙　圆岛 |
| 珊 瑚 岛 | Shānhú Dǎo | 老粗岛　老粗峙 |
| 全 富 岛 | Quánfù Dǎo | 全富峙　全富　曲手 |
| 鸭 公 岛 | Yāgōng Dǎo | 鸭公屿　鸭公岛 |
| 银 屿 | Yín Yǔ | 银峙 |
| 银 屿 仔 | Yínyǔ Zǎi | 银峙仔 |
| 咸 舍 屿 | Xiánshě Yǔ | 咸舍　咸且岛 |
| 石 屿 | Shí Yǔ | 石屿 |
| 晋 卿 岛 | Jìnqīng dǎo | 四江门　四江岛　世江峙 |
| 琛 航 岛 | Chēnháng Dǎo | 三脚　大三脚岛　三脚岛 |
| 广 金 岛 | Guǎngjīn Dǎo | 三脚屿　小三脚屿 |
| 玉 琢 礁 | Yùzhuó Jiāo | 二筐　二塘　二圈 |
| 华 光 礁 | Huáguāng Jiāo | 大筐　大塘　大圈 |
| 盘 石 屿 | Pánshí Yǔ | 白树仔　白峙仔　白礁 |
| 中 建 岛 | Zhōngjiàn Dǎo | 半路　半路峙　螺岛 |
| 宣 德 群 岛 | Xuāndé Qúndǎo | 上七岛　东七岛　上峙 |
| 永 兴 岛 | Yǒngxìng Dǎo | 猫注　吧注　猫岛 |
| 石 岛 | Shí Dǎo | 小巴岛 |
| 七 连 屿 | Qīlián Yǔ | |
| 东新沙洲 | Dōngxīn Shāzhōu | |
| 西新沙洲 | Xīxīn Shāzhōu | |
| 南 沙 洲 | Nánshā Zhōu | 红草一　红草岛 |
| 中 沙 洲 | Zhōng Shāzhōu | 红草二 |
| 北 沙 洲 | Běi Shāzhōu | 红草三 |
| 南 岛 | Nán Dǎo | 三峙　三岛中 |

| 中　　岛 | Zhōng Dǎo | 石峙　石岛 |
| 北　　岛 | Běi Dǎo | 长峙　长岛 |
| 赵　述　岛 | Zhào Shù Dǎo | 船暗岛　船晚岛 |
| 西　沙　洲 | Xī Shāzhōu | 船暗尾　船晚尾 |
| 银　砾　滩 | Yínlì Tān | |
| 东　　岛 | Dōng Dǎo | 猫兴岛　巴兴　吧兴岛 |
| 西　渡　滩 | Xīdù Tān | |
| 高　尖　石 | Gāojiān Shí | 尖石　双帆 |
| 北　边　廊 | Běibiān Láng | 北边廊　北边郎 |
| 滨　湄　滩 | Bīnméi Tān | 三筐大榔　三匡大郎 |
| 湛　涵　滩 | Zhànhán Tān | 仙桌　八辛郎 |
| 浪　花　礁 | Lànghuā Jiāo | 三匡　三筐 |
| 嵩　焘　滩 | Sōngtāo Tān | |
| 老　粗　门 | Lǎocū Guǎngmén | 老粗门 |
| 全　富　门 | Quánfù mén | |
| 银　屿　门 | Yínyǔ mén | |
| 石　屿　门 | Shíyǔ mén | |
| 晋　卿　门 | Jìnqīng mén | 四江门　四江水道 |
| 红　草　门 | Hóngcǎo mén | 红草门 |
| 赵　述　门 | Zhàoshù mén | |
| 甘　泉　门 | Gānquán mén | |
| 中沙群岛 | Zhōngshā Qúndǎo | |
| 西门暗沙 | Xīmén Ànshā | |
| 本固暗沙 | Běngù Ànshā | |
| 美滨暗沙 | Měibīn Ànshā | |
| 鲁班暗沙 | Lǔ Bān Ànshā | |
| 中北暗沙 | Zhōngběi Ànshā | |
| 比微暗沙 | Bǐwēi Àn shā | |

| | |
|---|---|
| 隐矶滩 | Yǐnjī Tān |
| 武勇暗沙 | Wǔyǒng Ànshā |
| 济猛暗沙 | Jǐměng Ànshā |
| 海鸠暗沙 | Hǎijiū Ànshā |
| 安定连礁 | Āndìng Liánjiāo |
| 美溪暗沙 | Měixī Ànshā |
| 布德暗沙 | Bùdé Ànshā |
| 波袱暗沙 | Bōfú Ànshā |
| 排波暗沙 | Páibō Ànshā |
| 果淀暗沙 | Guǒdiàn Ànshā |
| 排洪滩 | Páihóng Tān |
| 涛静暗沙 | Tāojìng Ànshā |
| 控湃暗沙 | Kòngpài Ànshā |
| 华夏暗沙 | Huáxià Ànshā |
| 石塘连礁 | Shítáng Liánjiāo |
| 指掌暗沙 | Zhǐzhǎng Ànshā |
| 南屝暗沙 | Nānfēi Ànshā |
| 漫步暗沙 | Mànbù Ànshā |
| 乐西暗沙 | Lèxī Ànshā |
| 屏南暗沙 | Píngnā Ànshā |
| 黄岩岛 | Huángyán Dǎo |
| （民主礁） | (Mínzhǔ Jiāo) |
| 南岩 | Nān Yán |
| 北岩 | Běi Yán |
| 宪法暗沙 | Xiànfǎ Ànshā |
| 一统暗沙 | Yītǒng Ànshā |
| 神狐暗沙 | Shénhú Ànshā |
| 中南暗沙 | Zhōngnān Ànshā |

| | | |
|---|---|---|
| 南沙群岛 | Nánshā Qúndǎo | |
| 双子群礁 | Shuāngzǐ Qúnjiāo | 双峙 |
| 贡士礁 | Gòngshì Jiāo | 贡士沙　贡士线 |
| 北于岛 | Běiyú Dǎo | 奈罗上峙　奈罗线仔 |
| 北外沙洲 | Běiwài Shāzhōu | |
| 南子岛 | Nāzǐ Dǎo | 奈罗下峙　奈罗峙仔 |
| 奈罗礁 | Nàiluó Jiāo | 奈罗线仔 |
| 东南暗沙 | Dōngnān Ànshā | |
| 东北暗沙 | Dōngběi Ànshā | |
| 北子暗沙 | Běizǐ Ànshā | |
| 永登暗沙 | Yǒngdēng Ànshā | 奈罗角　奈罗谷 |
| 乐斯暗沙 | Lèsī Ànshā | 红草线　南奈罗角 |
| 中业群礁 | Zhōngyè QúnJiāo | 铁峙群礁 |
| 铁峙礁 | Tiězhì Jiāo | 铁峙线排　铁峙铲排 |
| 梅九礁 | Méijiǔ Jiāo | 梅九 |
| 中业岛 | Zhōngyè Dǎo | 铁峙 |
| 铁线礁 | Tiěxiàn Jiāo | 铁线 |
| 渚碧礁 | Zhǔbì Jiāo | 丑未 |
| 道明群礁 | Dàomíng Qúnjiāo | |
| 双黄沙洲 | Shuānghuáng Shāzhōu | 双黄 |
| 南钥岛 | Nányào Dǎo | 第三峙 |
| 杨信沙洲 | Yángxìn Shāzhōu | 铜锅　铜金 |
| 库归礁 | Kùguī Jiāo | 裤归 |
| 长滩 | Cháng Tān | |
| 蒙自礁 | Méngzì Jiāo | |
| 郑和群礁 | ZhèngHé Qúnjiāo | |
| 太平岛 | Tàipíng Dǎo | 黄山马　黄山马峙 |
| 敦谦沙洲 | Dūnqiān Shāzhōu | 马东　黄山马东 |

| | | |
|---|---|---|
| 舶兰礁 | Bólán Jiāo | 高佛 |
| 安达礁 | Āndá Jiāo | 银饼　银锅 |
| 鸿庥岛 | Hóngxiū Dǎo | 南乙　南密 |
| 南薰礁 | Nánxūn Jiāo | 南乙峙仔　沙仔 |
| 小现礁 | Xiǎoxiàn Jiāo | 东南角 |
| 大现礁 | Dàxiàn Jiāo | 劳牛劳 |
| 福禄寺礁 | Fúlùsì Jiāo | 西北角 |
| 康乐礁 | Kānglè Jiāo | |
| 九章群礁 | Jiǔzhāng Qúnjiāo | 九章 |
| 景宏岛 | Jǐnghóng Dǎo | 秤钩 |
| 南门礁 | Nánmén Jiāo | 南门 |
| 西门礁 | Xīmén Jiāo | 西门 |
| 东门礁 | Dōngmén Jiāo | 东门 |
| 安乐礁 | Ānlè Jiāo | |
| 长线礁 | Chángxiàn Jiāo | 长线 |
| 主权礁 | Zhǔquán Jiāo | |
| 牛轭礁 | Niú è Jiāo | 牛轭 |
| 染青东礁 | Rǎnqīng Dōngjiāo | |
| 染青沙洲 | Rǎnqīng Shāzhōu | 染青峙 |
| 龙虾礁 | Lóngxiā Jiāo | |
| 扁参礁 | Biǎncān Jiāo | |
| 漳溪礁 | Zhāngxī Jiāo | |
| 屈原礁 | Qūyuán Jiāo | |
| 琼礁 | Qióng Jiāo | |
| 赤瓜礁 | Chìguā Jiāo | |
| 赤瓜线 | Chìguā Xiàn | |
| 鬼喊礁 | Guǐhǎn Jiāo | 鬼喊线 |
| 华礁 | Huá Jiāo | 秤钩线 |

| 吉 阳 礁 | Jíyáng Jiāo | |
| 泛爱暗沙 | Fànài Ànshā | |
| 伏 波 礁 | Fúbō Jiāo | |
| 永 暑 礁 | Yǒngshǔ Jiāo | 上城 |
| 逍遥暗沙 | Xiāoyáo Ànshā | |
| 火 艾 礁 | Huǒ'ài Jiāo | 火哀 |
| 西 月 岛 | Xīyuè Dǎo | 红草峙 |
| 马 欢 岛 | Mǎhuān Dǎo | 大罗孔　罗孔 |
| 费 信 岛 | Fèixìn Dǎo | 罗孔仔 |
| 和平暗沙 | Hépíng Ànshā | |
| 火 星 礁 | Huǒxīng Jiāo | |
| 大 渊 滩 | Dàyuān Tān | |
| 五 方 礁 | Wǔfāng Jiāo | 五孔　五风 |
| 五 方 尾 | Wǔfāng Wěi | |
| 五 方 南 | Wǔfāng Nán | |
| 五 方 西 | Wǔfāng Xī | |
| 五 方 北 | Wǔfāng Běi | |
| 五 方 头 | Wǔfāng Tóu | |
| 浔江暗沙 | Xúnjiāng Ànshā | |
| 半 路 礁 | Bànlù Jiāo | 半路　半路线 |
| 南方浅滩 | Nánfāng Qiǎntān | |
| 东 坡 礁 | Dōngpō Jiāo | |
| 棕　　滩 | Zōng Tān | |
| 宝　　滩 | Bǎo Tān | |
| 东 华 礁 | Dōnghuá Jiāo | |
| 彬　　礁 | Bīn Jiāo | |
| 安 塘 滩 | Āntáng Tān | |
| 安 塘 礁 | Āntáng Jiāo | |

| 鲎藤礁 | Hòuténg Jiāo | 鲎藤 | |
| 巩珍礁 | Gǒngzhēn Jiāo | | |
| 礼乐滩 | Lǐyuè Tān | | |
| 雄南滩 | Xióngnán Tān | | |
| 阳明礁 | Yángmíng Jiāo | | |
| 礼乐南礁 | Lǐyuè Nánjiāo | | |
| 紫滩 | Zǐ Tān | | |
| 莪兰暗沙 | Élán Ànshā | | |
| 红石暗沙 | Hóngshí Ànshā | | |
| 仙后滩 | Xiānhòu Tān | | |
| 忠孝滩 | Zhōngxiào Tān | | |
| 勇士滩 | Yǒngshì Tān | | |
| 神仙暗沙 | Shénxiān Ànshā | | |
| 海马滩 | Hǎimǎ Tān | | |
| 北恒礁 | Běihéng Jiāo | | |
| 恒礁 | Héng Jiāo | | |
| 孔明礁 | Kǒngmíng Jiāo | | |
| 三角礁 | Sānjiǎo Jiāo | 三角 | 三角礁 |
| 禄沙礁 | Lùshā Jiāo | 禄沙 | 一线 |
| 美济礁 | Měijǐ Jiāo | 双门 | 双沙 |
| 仙娥礁 | Xiāné Jiāo | | |
| 信义礁 | Xìnyì Jiāo | 双挑 | 双担 |
| 海口礁 | Hǎikǒu Jiāo | 脚跋 | |
| 半月礁 | Bànyuè Jiāo | 海公 | |
| 舰长礁 | Jiànzhǎng Jiāo | 石龙 | |
| 仁爱礁 | Rénài Jiāo | 断节 | |
| 仙宾礁 | Xiānbīn Jiāo | 鱼鳞 | |
| 钟山礁 | Zhōngshān Jiāo | | |

| 立 新 礁 | Lìxīn Jiāo | |
|---|---|---|
| 牛车轮礁 | Niúchēlún Jiāo | 牛车英 |
| 片 礁 | Piān Jiāo | |
| 蓬勃暗沙 | Péngbó Ànshā | 东头乙辛 |
| 指 向 礁 | Zhǐxiàng Jiāo | |
| 南乐暗沙 | Nánlè Ànshā | |
| 校尉暗沙 | Xiàowèi Ànshā | |
| 都护暗沙 | Dōuhù Ànshā | |
| 保卫暗沙 | Bǎowèi Ànshā | |
| 司 令 礁 | Sīlìng Jiāo | 眼镜 |
| 双 礁 | Shuāng Jiāo | |
| 石 龙 岩 | Shílóng Yán | |
| 乙 辛 石 | Yǐxīn Shí | |
| 无 乜 礁 | Wúniè Jiāo | 无乜线 |
| 玉 诺 礁 | Yùnuò Jiāo | |
| 南 华 礁 | Nánhuá Jiāo | 恶落门 |
| 六 门 礁 | Liùmén Jiāo | 六门 六门沙 |
| 石 盘 仔 | Shípán Zǎi | |
| 毕 生 礁 | Bìshēng Jiāo | 石盘 |
| 榆亚暗沙 | Yúyà Ànshā | 深匡 |
| 二 角 礁 | Èrjiǎo Jiāo | 二角 |
| 浪 口 礁 | Làngkǒu Jiāo | 浪口 |
| 线 头 礁 | Xiàntóu Jiāo | 线排头 |
| 金吾暗沙 | Jīnwú Ànshā | |
| 普宁暗沙 | Pǔníng Ànshā | |
| 簸 箕 礁 | Bǒjī Jiāo | |
| 安 渡 滩 | Àndù Tān | |
| 破 浪 礁 | Pòlàng Jiāo | |

| | | |
|---|---|---|
| 光 星 礁 | Guāngxīng Jiāo | 大光星 |
| 光星仔礁 | Guāngxīngzǎi Jiāo | 光星仔 |
| 息 波 礁 | Xībō Jiāo | |
| 南 海 礁 | Nánhǎi Jiāo | 铜钟 |
| 柏 礁 | Bǎi Jiāo | 海口线 |
| 单 柱 石 | Dānzhù Shí | 单柱 |
| 鸟鱼锭石 | Niǎoyúdìng Shí | 鸟鱼锭 |
| 安波沙洲 | Anbō Shāzhōu | 锅盖峙 |
| 隐遁暗沙 | Yǐndùn Ànshā | |
| 尹庆群礁 | Yǐnqìng Qúnjiāo | |
| 华 阳 礁 | Huáyáng Jiāo | 铜铳仔 |
| 东 礁 | Dōng Jiāo | 大铜铳 |
| 中 礁 | Zhōng Jiāo | 弄鼻仔 |
| 西 礁 | Xī Jiāo | 大弄鼻 |
| 南 威 岛 | Nánwēi Dǎo | 鸟仔峙 |
| 日 积 礁 | Rìjī Jiāo | 酉头乙辛 |
| 康 泰 滩 | Kāngtài Tān | |
| 朱 应 滩 | Zhūyīng Tān | |
| 奥援暗沙 | Àoyuán Ànshā | |
| 碎浪暗沙 | Suìlàng Ànshā | |
| 南 薇 滩 | Nánwēi Tān | |
| 蓬 勃 堡 | Péngbó Bǎo | |
| 常骏暗沙 | Chángjùn Ànshā | |
| 金盾暗沙 | Jīndùn Ànshā | |
| 奥南暗沙 | Aonán Ànshā | |
| 广 雅 滩 | Guǎngyǎ Tān | |
| 人 骏 滩 | Rénjùn Tān | |
| 李 准 滩 | Lǐzhǔn Tān | |

| 西卫滩 | Xīwèi Tān | |
| 万安滩 | Wànān Tān | |
| 弹丸礁 | Dànwán Jiāo | 石公厘 |
| 皇路礁 | Huánglù Jiāo | 五百二 |
| 南通礁 | Nántōng Jiāo | 丹积　丹节 |
| 北康暗沙 | Běikāng Ànshā | |
| 盟谊暗沙 | Méngyì Ànshā | |
| 义净礁 | Yìjìng Jiāo | |
| 海康暗沙 | Hǎikāng Ànshā | |
| 法显暗沙 | Fǎxiǎn Ànshā | |
| 康西暗沙 | Kāngxī Ànshā | |
| 北安礁 | Běi ān Jiāo | |
| 南安礁 | Nánān Jiāo | |
| 南屏礁 | Nánpíng Jiāo | 墨瓜线 |
| 南康暗沙 | Nánkāng Ànshā | |
| 隐波暗沙 | Yǐnbō Ànshā | |
| 海安礁 | Hǎiān Jiāo | |
| 琼台礁 | Qióngtái Jiāo | |
| 潭门礁 | Tánmén Jiāo | |
| 海宁礁 | Hǎiníng Jiāo | |
| 澄平礁 | Chéngpíng Jiāo | |
| 欢乐暗沙 | Huānlè Ànshā | |
| 曾母暗沙 | Zēngmǔ Ànshā | 沙排 |
| 中水道 | Zhōngshuǐ Dào | |
| 铁峙水道 | Tiězhì ShuǐDào | |
| 南华水道 | Nánhuá ShuǐDào | |

（新华社 1983 年 4 月 24 日讯，4 月 25 日《人民日报》）

**第一章参考书目**

杨孚：《异物志》

万震：《南州异物志》

乐史编：《太平寰宇记》

李昉：《太平御览》，中华书局1963年影印本。

王象之：《舆地纪胜》，1949年影印本。

赵汝适：《诸蕃志》《琼台志》，上海古籍书店1964年影印本。

曾公亮：《武经总要》，四部丛刊本。

周去非：《岭外代答》，丛书集成本。

郑樵：《通志》

宋濂等：《元史》

汪大渊：《岛夷志略》，光绪十八年刊本。

向达校注：《郑和航海图》

陈伦炯：《海国闻见录》，乾隆五十八年（1793年）刊本。

谢清高：《海录》

明谊：《琼州府志》，光绪十六年（1870年）出版。

郝玉麟等：《广东通志》，雍正九年（1731年）刊本。

黄任：《泉州府志》，1870年出版。

王之春：《国朝柔远记》，光绪十一年（1885年）刊本。

郭嵩焘：《使西纪程》，《小方壶斋舆地丛钞》本。

张德彝：《随使日记》，《小方壶斋舆地丛钞》本。

陈寿彭译：《中国江海险要图志》，广州广雅书局印行。

李准编：《广东水师国防要塞图说》，1910年印本。

王彦威辑：《清宣统朝外交史料》，故宫博物院1933年铅印本。

陈天锡：《西沙岛东沙岛成案汇编》，广东实业厅1928年出版。

沈鹏飞编：《调查西沙群岛报告书》，1929年印。

广东省民政厅编:《广东全省地方记要》,广东省民政厅1934年出版。

陈清晨:《海南岛与太平洋》,亚东图书馆1940年出版。

郑资约编著:《南海诸岛地理志略》,商务印书馆1947年出版。

韩振华主编:《我国南海诸岛史料汇编》,东方出版社1988年出版。

吕一燃主编:《南海诸岛:地理·历史·主权》,黑龙江教育出版社1992年出版。

小畑政一:《西沙群岛之沿革》,1928年(昭和三年)广州中山图书馆译稿。

小仓卯之助:《风暴之岛》,小仓中佐遗稿刊行会1940年(昭和十五年)东京刊印。

柴山武德:《海南岛》,日本拓殖协会昭和十七年出版。

  法国外交部1931年12月4日致中国驻巴黎使团信件,抄件存广东省档案馆。

《法占粤海九小岛,外交部抗议》,载《申报》1933年7月27日。

《中央重视法占九小岛案》,《申报》1933年7月31日。

《陈济棠派舰调查珊瑚岛案》,载《申报》1933年8月2日。

《琼崖旅京同乡请愿抗争九岛》,载《申报》1933年8月3日～8月5日。

《南海九岛问题之中法日三角关系》,载《外交月报》,1933年8月23日。

徐公肃:《法国占领九小岛事件》,载《外交评论》,第2卷9期,1933年9月。

《琼南九小岛问题》,《申报月刊》,第2卷9期,1933年9月15日。

王龙舆:《法占南海诸小岛事件》,《东方杂志》,第30卷21期,1933年11月1日。

胡焕庸:《法日觊觎之南海诸岛》,载《外交评论》,第3卷5期,1934年5月出版。

麦蕴瑜:《南沙群岛是中国最南的领土》,载香港《大公报》,1957年5月25日。

中国第二历史档案馆藏有关南海诸岛档案。

民国时期南海诸岛档案资料,广州市中山图书馆藏。

# 第二章
## 中国东南海疆台湾及其附属岛屿钓鱼岛列岛

### 第一节 鸦片战争前的台湾

一、中国东南海疆门户与早期对台湾的经营

（一）东南海疆门户

台湾地区由台湾本岛及兰屿（红头屿）、绿岛（火烧岛）、琉球屿、龟山屿、彭佳屿、钓鱼岛、黄尾屿等22个附属岛屿及澎湖群岛64个岛屿组成，总面积36006.2245平方公里，其中台湾本岛35789.3944平方公里，本岛之附属岛屿80.9659平方公里（包括钓鱼岛等8个岛屿6.1636平方公里）、澎湖群岛126.8643平方公里①。其四极位置：极东境宜兰县头城镇赤尾屿东端，东经124°34′09″，极西境澎湖县望安乡花屿西端，东经119°18′03″，极南境屏东县恒春镇七星岩南端，北纬21°45′25″，极北境宜兰县头城镇黄尾屿北端，北纬25°56′21″②。

---

① 台湾省文献委员会主编：《重修台湾省通志》，卷2，土地志，辖境篇，第2章，1989年5月，第19～20页。
② 同上书，第2章，第7页。

台湾地区四周环海，海岸线全长1600.5290公里，其中台湾本岛全长1139.2483公里，本岛之附属岛屿长134.5173公里（包括钓鱼列岛长34.19公里），澎湖群岛长326.7634公里[①]。台湾本岛西部是一片平坦的浅滩，东部则悬崖矗立，而北端基隆港与南部高雄港水深港阔，是天然的良港。台湾气温高，年均温度南部约24度，北部约22度，雨量充足，年平均雨量达6700毫米，土地肥沃，宜于农业、林业，海洋资源丰富，地下矿藏众多，主要矿产有煤、原油、天然气、石灰石和大理石[②]，是祖国的一个宝岛。

台湾屹立在中国东南海上，为亚洲东部岛弧之中坚，东临太平洋，北临东海，南隔巴士海峡与菲律宾相望，东北邻接琉球群岛，西隔台湾海峡与福建省毗连，可北连江、浙，南连粤、琼，首尾呼应，构成一座海上长城，为中国东南海防屏障。历来被认为"乃江浙闽粤四省之左护"，"东南数省之藩篱"[③]，"近则为江浙闽粤之保障，远则为燕齐辽海之应援，南北万里，资其扼要"[④]。到了19世纪40年代以后，列强纷纷自海上入侵，台湾在中国海防上之地位更日益重要，负有守土之责的清朝边疆官员已明确认识到，"台湾洋面居闽、粤、浙三界之中，为泰西兵船所必经之地，与日本、吕宋鼎足而立。彼族之所眈眈虎视者，亦以为据此要害，北可以扼津、沽之咽喉，南可以拊闽、粤之脊膂"，结论是"惟台湾有备，沿海可以无忧，台湾不安，则全局震动"[⑤]，对台湾"宜为中国第一门户"[⑥]达成共识。1885年10月清廷接受了"台湾为南洋门户，七省藩篱"的海防重

---

[①] 台湾省文献委员会主编：《重修台湾省通志》，卷2，土地志，疆境篇，第3章，第22~24页。

[②] 石再添主编：《台湾地理概论》，台北中华书局1987年12月初版，第5页。

[③] 施琅：《题为恭陈台湾弃留事本》，《靖海纪事》，福建人民出版社1983年出版，第120页，122页。

[④] 《吴金奏折》，乾隆二年四月十一日，《明清史料》戊编，第1本，第40页。

[⑤] 丁日昌：《请速筹台湾全局疏》，《台湾文献丛刊》，第288种，第80~82页。

[⑥] 《李宗羲奏折》，同治十三年十一月十二日，(同治朝)《筹办夷务始末》，卷100，第1~11页。

地的观点，批准单独建省。

长期以来，中国人民和历代政府为经营、开发台湾，为加强台湾海防，保卫领土主权进行了不懈的斗争。

（二）早期对台湾的经营

据地质学家研究，远溯1万年至160多万年前的第四纪，台湾本属大陆的一部分。遇冰期台湾即与大陆相连，成为台湾大陆期，间冰期台湾海峡又淹水，现出台湾海岛期①。台湾西南部大型哺乳类化石、距今2万~3万年左镇人头骨化石、距今5000~15000年长滨乡八仙洞3000多件旧石器及骨器等的发现，证明台湾古动物、古人类及先史文化是从华南经台湾海峡陆桥直接进入或传入的②。人类学家、考古学家从对台湾新石器时代文化层发现的石器、陶器、骨角器等的研究，认为台湾的先史文化十之八九属于中国大陆的系统，断定台湾先民多数来自中国大陆，也有部分后来从马来群岛辗转移入③。台湾的古人类多已灭绝，现存的台湾先住民，有已汉化的平埔族与泰雅、赛夏、布农、曹族、排湾、阿美、鲁凯、卑南、雅美等9族，其中住居北部、中部山地之泰雅、赛夏、布农等族属大陆文化系统，东部与平地各族属南岛文化系统，他们分别自大陆或马来群岛移入④。

根据文献记载，三国时称台湾为夷洲，230年春，孙权遣将军诸葛直率领甲士万人"浮海求夷洲……得夷洲数千人还"⑤。这是关于经营台湾的最早记载。时有丹阳太守沈莹著《临海水土志》，对台湾先民生产、生活

---

① 林朝：《台湾之第四纪》（下），《台湾文献专刊》，第14卷，第2期（1963年7月），第45页。
② 宋文薰：《由考古学看台湾》，《中国的台湾》，台北中央文化供应社1980年11月发行，第99~113页。
③ 凌纯声：《古代闽越人与台湾土著族》，《台湾文化论集》（一），台北中华文化出版事业委员会1954年10月再版，第1~3页。
④ 卫惠林：《台湾土著族的源流与分类》，《台湾文化论集》（一），第31~45页。
⑤ 《三国志》，卷47，孙权传，中华书局1973年出版。

及风俗等均有较具体的记载①。

隋代称台湾为流求，607年、608年炀帝命羽骑尉朱宽两次招谕台湾。610年又命武贲郎将陈稜、朝散大夫张镇州等率兵万余人经澎湖高华屿（今花屿）、鼊鼊屿（今奎壁屿）至台湾西部鹿港一带，"虏其男女数千人，载军实而还"。《隋书》东夷列传流求国条，对台湾先民的风土、习俗有更为具体的记载②。

唐至五代，古籍中罕见有关台湾的记载。至宋代，则明确记载澎湖隶中国版图，并戍兵防守。《攻媿集》记载1171年（宋乾道七年）平湖（澎湖）"忽为岛夷号毗舍耶者奄至，尽刈所种。初则每遇南风，遣戍为备，更迭劳扰"，郡守汪大猷"即其地造屋二百间，遣将分屯，军民以为便，不敢犯境"③。《诸蕃志》亦记载："泉有海岛曰彭湖，隶晋江县。"④明代《闽海赠言》亦记："吾泉彭湖之去郡城，从水道二日夜程……闻之彭湖在宋时，编户甚蕃。"⑤至于台湾本岛，宋时已有汉人入台或商或渔，清初笨港发现的宋钱可为佐证。

元代称台湾为琉求，1292年（至元二十九年）、1297年（成宗大德元年）元代曾两次派兵经略台湾。《元史》琉求传记："琉求在南海之东，漳、泉、兴、福四州界内。澎湖诸岛，与琉求相对。"⑥到至元末年已在澎湖设立巡检司，并征收盐课。元汪大渊《岛夷志略》澎湖条记载："岛分三十有六……泉人结茅为屋居之……煮海为盐，酿秫为酒，采鱼虾螺蛤以佐食……工商兴贩，以乐其利。地隶泉州晋江县，至元年间立巡检司，以

---

① 《太平御览》，卷781，叙东夷条引，见张崇根：《临海水土异物志辑校》，农业出版社1981年出版。
② 《隋书》，卷81，东夷列传，流求国条，中华书局1973年出版。
③ 楼钥：《攻媿集》，汪大猷行状，卷88。
④ 赵汝适：《诸蕃志》，上卷，毗舍耶条，《台湾文献丛刊》，第119种，第38页。
⑤ 《闽海赠言》，陈学伊谕西夷记，《台湾文献丛刊》，第56种，第34页。
⑥ 《元史》，卷210，琉求传。

周岁额办盐课中统钱钞一十锭二十五两,别无科差。"① 据考证,澎湖巡检司大约在1292~1294年(元世祖至元二十九年至三十一年)间设立②,当时已有居民200户近千人定居,半耕半渔,并有商贩往来,已置官设治,正式收入中国版图。汪大渊曾随海舶泛游数十国,并曾亲至台湾,当时台湾已成为往东洋线路的起点。《岛夷志略》对台湾居民、习俗、物产均有概括的记载。

明代称台湾为小琉球或东番,亦有以台湾北部鸡笼、中部北港、南部大员(台员、台湾)等地名泛指台湾全岛者。天启年间荷人据台后,以台湾名全岛者日多。1387年,为防倭防盗,"尽徙屿民,废巡检,而墟其地"③。之后,澎湖、台湾及闽粤洋面成为曾一本、林道乾、林凤等海上武装集团活动之区,成为穷民、流民逃亡之所。"后内地苦徭役,往往逃于其中,而同安、漳州之民为最多"④。加上倭寇屡次入侵,澎湖在海防上的地位日益重要。1563年,俞大猷追击林道乾至澎湖,道乾东遁台湾,大猷"留偏师驻澎岛,时哨鹿耳门外",道乾"从安平镇二鲲身,隙间遁去占城"⑤。是为明代官军台湾本岛剿寇之始。台湾府县志记载,道乾曾活动于今高雄、嘉义、台中大甲镇、宜兰苏澳镇沿海等地。1574年(万历二年),在福建总兵胡守仁的追剿下,林凤也从澎湖遁入台湾魍港(今嘉义市布袋镇虎尾寮),守仁"因招渔民刘以道,谕东番合剿,远遁"⑥,是为明代官军入台之第二役。

嘉靖末年,倭寇焚掠鸡笼等地,1592年日本丰臣秀吉犯朝鲜,且有侵扰鸡笼、淡水的风声,1593年日本果致书"高山国"劝降,从此,海上的倭祸,由单纯的倭寇益以日本官方之侵略,明廷又于澎湖设兵戍险。1597

---

① 汪大渊:《岛夷志略》,澎湖条,《台湾文献丛刊》,第119种,第75页。
② 陈孔立:《元置澎湖巡检司考》,《中华文史论丛》,1980年第2期。
③ 顾祖禹:《读史方舆纪要》,卷96。
④ 林谦光:《台湾纪略》,附澎湖。
⑤ 高拱乾:《台湾府志》,卷1,沿革。
⑥ 《明神宗万历实录》,卷26。

年正式设置游兵,隶福建南路参将澎湖游击,驻厦门以遥领之。翌年增为二游,兵力935名,春汛于清明前10日出,三个月收,冬汛霜降前10日出,二个月收。后更有长戍之令,兼增冲锋游兵。这是中国为了台湾问题所感受到日本的威胁,也是为了台湾问题所感到的中日间的最早危机。万历以来明廷已感到海禁反使倭寇、海寇坐大之非策,渐有开洋之议。1593年,闽抚上通海之疏报可后,福建移民大量迁入澎湖,至明末,澎湖人口达五六千人。时"濒海之民,以渔为业,其采捕于澎湖、北港之间者,岁无虑数十百艘"①。

1602年,又有倭寇以台湾为巢穴,出扰东南沿海,"夷及商、渔交病,浯屿沈将军往剿……倭破,收泊大员,夷目大弥勒辈率数十人叩谒,献鹿馈酒,喜为除害"②。沈有容入台剿倭,是明代官兵入台之第三役,明兵捣其巢,歼其众,大获全胜。随军入台的陈第写成《东番记》,是记载古代台湾民族、历史、社会的又一重要文献。

之后日人仍多次侵犯台湾,"闽中侦探之使,亦岁一再往"。1617年倭又侵犯台北沿海,游船追剿至竹堑(新竹县),乃明代官军至台之第四役。

1636年后,日人行锁国之令,台湾倭患始告绝迹,前后扰害台疆达200年。

万历年间在日本从事贸易活动的海上冒险家海澄人颜思齐、陈衷纪,晋江人杨天生,南安人郑芝龙等20多人结盟,于1621年以思齐为首谋在日起事,事泄,驾船遁逃台湾,"入北港,筑寨以居,镇抚土番,分汛所部耕猎……芝龙昆仲多入台,漳泉无业之民,亦先后至,凡三千余人"③。1625年思齐死后,众推芝龙为首,乃略创制度,制旗帜,明威仪,严赏罚,1626年分划诸军,立先锋、左军、右军、冲锋、后卫、游哨、监督、

---

① 黄承玄:《条议海防事宜疏》,《明经世文编选录》,第2册,《台湾文献丛刊》,第289种,第206页。
② 陈第:《东番记》,《台湾文献丛刊》,第56种,第27页。
③ 连横:《台湾通史》,下册,商务印书馆1983年出版,第508~509页。

参谋等名号官职,所向官军莫敌。时闽省饥馑,饥民多来相投,其势渐大,从事垦殖与海上剽掠。1628 年芝龙受明廷招抚后,与据台荷人订通商之约,兴贩东西洋,垄断海上贸易。"就抚后,海舶不得郑氏旗令不能往来,每船例入二千金,岁入千万计,以此富敌国……所部兵自给饷,不禀于官"①。但芝龙降明后,其余众留台者尚多,与荷人共居不悖。1630 年,"闽地大旱",芝龙经闽抚熊文灿允准,"招集流亡,倾家资,市耕牛、粟、麦分给之,载往台湾,令其垦辟荒土,而收其赋"②。这与过去私人移民活动不同,是中国政府第一次有计划地、大规模地向台湾移民。时荷人虽已入侵 6 年,但中国政府仍认定台湾是中国领土,所以才有此次移民之举。当时荷人人数有限,正需人力开发和扩大对华贸易,荷人两千居城中,汉人数万居城外,颇能相安,荷人所能控制的地区仅限于台南一隅,可见颜、郑开发台湾,其功不可没。

## 二、荷、西的殖民统治与郑成功收复台湾

(一)荷人二犯澎湖与荷、西入据台湾

继 16 世纪 50 年代葡萄牙人进入澳门、70 年代西班牙人据有马尼拉之后,16 世纪末荷兰人亦来到东方,1602 年荷兰联合东印度公司成立,授以设置军队,有宣战、媾和、订约及任命官吏、统治殖民地等特权,系垄断贸易、代表政府在东方推行侵略政策的商业殖民地机构。同年 6 月,公司派提督韦麻郎率领兵船出发,于 1603 年 4 月抵达万丹,分扰澳门及大泥(北大年),1604 年 8 月 7 日,韦麻郎率兵船二艘侵入澎湖,适值春汛已过,"汛兵已撤,如入无人之墟",便在岛上"伐木筑舍,为久居计"③。这是荷人初次以武力强占中国的领土澎湖。接着一面遣人向漳州当局要求通商,一面与沿海私商开展贸易。时闽抚徐学聚严禁通海,旋派总兵施德政

---

① 黄宗羲:《赐姓始末》。
② 吴伟业:《鹿樵纪闻》。
③ 《明史》,列传一〇一,和兰。

与浯屿把总沈有容屯兵金门料罗湾，重申海禁，断其接济，并由沈有容于11月18日抵澎湖与韦麻郎开展谈判，晓之以理，威之以兵，荷人终于12月15日退出，计澎湖总共被占据4个多月，至今马公镇犹遗存有"沈有容谕退红毛蕃韦麻郎碑"。

1604年荷人退出澎湖后并不死心，一直企图在闽粤沿海寻找一个据点开展对华贸易，同时与葡、西开展竞争。1607年又遣提督马提利夫率商船4艘至南澳求互市，被拒。1613年日本平户荷兰商馆建议攻取台湾作为中日贸易的中转站。1619年荷兰东印度公司设总督府于巴达维亚（印尼雅加达），作为东洋贸易及行政的中心。1620年公司董事会致函巴达维亚总督柯恩，必须占领一处对华贸易的据点。当闻悉西班牙驻菲律宾当局已于1621年作出派兵攻占台湾的决定后，1622年4月柯恩即向舰队司令雷约兹下达了抢先攻占澳门，如果失败则直接航向澎湖或台湾的指令。6月24日雷约兹率领的

郑成功

舰队进攻澳门惨败后，7月11日雷约兹率领部分舰队驶入澎湖妈宫港（今马公港），此时又值春汛已过，荷兰人又轻易地占领了澎湖。雷约兹对台湾、澎湖作了实地考察之后，并经8月1日评议会通过，决定在澎湖西南端之风柜尾建造城堡，认为该岛"不但为各岛中最便利，而且葡萄牙人或西班牙人倘欲占领此地时，我处近漳州，且面对福尔摩沙岛，并得以扼制

其最便利之港湾,又有通台窝湾(安平)航路之利益"①。于8月2日开始动工,年底基本完成。在筑城的同时,雷约兹又派人向福建当局要求互市,被拒绝后,决定采取武力迫使中国就范,先后派兵船犯六敖、中左,并攻掠鼓浪屿,遭到明军的"内外夹攻"而败逃。今厦门鸿山寺仍留有天启二年十月二十六日(1622年11月28日)都督徐一鸣等"到此攻剿红夷"的石刻。1623年2月11日雷约兹抵福州与闽抚商周祚谈判,关于谈判内容,荷方记载:福建最高官员"以余等来自远国,求与其国民贸易,故彼乐于准许余等在中国统治地域外另发见适当场所以前,暂留澎湖岛,又约定出借水路向导人二人。因言如发见适当场所时,当率船舶数艘,前往该地,而彼等之臣民如来余等地域贸易,当予许可"②。而闽抚奏折则称:"今计止遵旧例,给发前引原贩彼地旧商,仍留咬留巴(爪哇)市贩,不许在我内地另开互市之名,谕令速离澎湖,扬帆归国。如彼必以候信为辞,亦须退出海外别港以候。但不系我汛守之地,听其择便抛泊。"③ 12日闽抚即派千总陈士瑛、洋商黄合兴乘船前往巴达维亚与荷兰长官直接交涉。雷约兹亦于13日返澎湖,并先后派船到台湾试行贸易。10月派人在大员建造城墙,试图久占。

同年7、8月,新任闽抚南居益到任,雷约兹航抵厦门与闽抚再次谈判,南居益态度强硬,谕荷人必须从澎湖撤退。旋下令沿海戒严,禁止居民与荷人贸易。雷约兹再次派舰队到福建沿海游弋,又企图用武力强迫通商。10月28日弗朗斯率领的4船抵浯屿,南居益用计诱获弗朗斯,并火其舰,俘数十人,12月荷舰退回澎湖。1624年2、3月,明兵二次登陆澎湖,5月南居益复移檄副将俞咨皋等渡海,6月俞率兵抵澎湖,对荷人形成南北包围之势。8月初,接替雷约兹的宋克抵澎湖,向巴城总督报告:

---

① 郭辉译:《巴达维亚城日记》,第1册,序说,台湾省文献委员会1989年6月再版,第12~13页。
② 同上书,第14页。
③ 《明熹宗实录》,卷30,天启三年正月二十四日条。

"我们若不肯轻易离开,他们将决心诉诸武力,他们的士兵将推进到我澎湖城构筑堡寨,直到将我们从澎湖岛逐出中国境外为止。"8月15日宋克派人与俞咨皋谈判,俞答以"除奉命将我们逐出澎湖外,别无其他任务"。这时由于海商头目李旦来到澎湖从中斡旋,经过进一步商谈,俞允诺荷人所提退出澎湖后允许"在大员和巴达维亚开展贸易"的要求。荷人提出正式签约,俞认为荷人"得到了他永远承认在大员和巴达维亚自由贸易的信,应该感到满足"①。8月18日荷人评议会决定撤离澎湖,26日开始拆城,9月全部退往台湾。荷兰人第二次入侵澎湖结束了,而台湾却被他们占据。南居益奏报称:派兵进澎,"四面皆王师,樵汲俱绝,夷始惊怖,摇尾乞怜,搏颡归命,拆城遁徙"②。没有把与荷人谈判及允诺之事报告朝廷。因此甘为霖撰《荷兰人侵占下的台湾》认为"台湾土地……是属于中国皇帝,中国皇帝将土地赐予东印度公司,作为我们从澎湖撤退的条件"③的说法是没有根据的。而《巴城达维亚日记》1625年4月6日条则记:"中国人已获准前往台窝湾(安平)与我方贸易,但宫廷并未公开许可,而军门都督及大官则予以默认。"④所以"默认"荷人撤出澎湖后退往台湾进行贸易,是未经中国朝廷批准而系福建地方官的行为,应是无效的。

荷兰人入据大员后,对占据吕宋的西班牙人与中国航行贸易造成威胁,于是荷、西两国的斗争,从西欧、南洋蔓延到了台湾。为了摆脱困境,1626年5月,西班牙驻菲总督派遣瓦尔德斯率领规模达300名士兵的船队入据鸡笼港(今基隆),并在社寮岛建筑"圣救主"城,另在港后山上修建两座炮台,台湾北部遂被西班牙人强占,与占据大员的荷兰人形成南北对峙局面。

---

① 《巴达维亚城日志》,《郑成功收复台湾史料选编》(增订本),福建人民出版社1982年3月出版,第230~233页。
② 《澎湖信地仍归版图残件》,《明清史料》,戊编,第1本,第2页。
③ 《郑成功收复台湾史料选编》,第95页。
④ 郭辉译:《巴达维亚城日记》,第1册,第41~42页。

(二) 荷、西的殖民统治

1624年荷人入据大员（安平）后，在岛北高地重建城堡，取名奥伦治城（1627年改称热兰遮城，中国则称台湾城），后又经几次改建，形成内城与外城。1625年荷人用布匹向先住民换取大员岛对岸一片土地，建筑普罗文查市，后来于该地增建一座城堡，取名普罗文查城（赤嵌城）。荷人以热兰遮城为中心，建立其殖民统治。

荷兰东印度公司派驻台湾的最高长官称台湾行政长官，第一任长官为宋克，另设一评议会，为最高决策机构。台湾长官之下设有政务员、税务官、会计长、检察官等职，这些人都由公司驻台的商务员担任。荷人并在各个据点分驻军队，早期仅三四百人，17世纪40年代后增至六七百人，50年代增至近千人。同时还聘用一批神职人员到台传教，作为行政统治的补充。

荷人入据大员后，即以其地作为转口贸易的据点，收购中国大陆丝绸、瓷器等商品，运往巴达维亚和日本等地出售，再将巴达维亚和日本各地运来的胡椒、丁香、苏木等返销大陆或转运其他各地，如1640年从台湾输往日本、柬埔寨、印度、波斯等地的贸易货物达773万盾，通过辗转贸易，获取厚利。同时也进行海上抢劫活动，把劫来的货物作为公司商品出售。当时出产丝绸、瓷器的中国大陆，在转口贸易中占有重要地位，为此荷兰殖民者想方设法打通与大陆贸易的各种渠道，吸引、鼓励商人、渔民进行两岸贸易。在荷据时期，台湾与大陆间的两岸贸易额是相当大的，每年从大陆来台湾的商船、渔船最少也有七八十艘，最多达四五百艘。如1636年11月至1638年12月自大陆开往台湾的船舶最少有914艘（其中商船334艘，渔船580艘），由台湾回大陆船舶计672艘（其中商船229艘，渔船443艘）[①]。因此认为荷兰据台后"台湾几乎已成为和中国不同的另外一个经济圈"的看法，是完全没有根据的。

---

[①] 曹永和：《台湾早期历史研究》，台北联经出版事业公司1979年出版，第212～213页。

荷人为了加强其殖民掠夺，不断扩大其殖民统治范围。从1635年11月至1636年1月，先后征服麻豆、萧垅、大目降、目加溜湾等四社（今台南县麻豆镇、佳里镇、新化镇、安定乡），并围剿小琉球社（今屏东县琉球乡），杀300多人，俘700余人，其社遂灭。至1636年底荷人势力扩展到南部琅峤，被迫与荷人签约表示顺服的村社达50多个。从1641年11月至1642年2月，继征服猫儿干社（今云林县峉背乡）等台中西海岸南部5社，1642年又征服东部大巴六九、吕家等社（今台东县卑南乡），1642年8月攻占鸡笼，驱逐西班牙人势力。其统治范围，以台南安平为中心，南及琅峤，中部达云林、彰化的一些地方，北部达淡水、基隆及宜兰的一部分地方。至1650年，受控制的先住民达315村，15249户，68657人，约占先住民总数40%～50%，到1656年则降为162村，8294户，31200多人，约减少了一半①。

荷人对台湾施行的是最原始的殖民地政策，早期通过每个村选出的长老自行管理村务，1636年起定期召开由长老参加的地方会议，对先住民实行控制，1644年开始向先住民征收鹿皮或稻谷等贡物。对汉人亦利用在商业贸易及垦殖活动中有力人物充任长老进行统治，为了增加出口的农产品，鼓励汉人移民开垦。如1636年通过巴城华侨苏鸣岗从大陆有组织地招徕移民，同时分散、零星的移民也不断增加，厦门、安海是大陆移民的两个重要口岸。据荷方1638年记载，"在台湾的荷兰人支配地区内，约有一万至一万一千名的汉人，从事捕鹿、种植稻谷与糖蔗以及捕鱼等活动"②。1644年清兵入关后，大陆向台湾的移民出现了高潮，据台湾长官费尔堡估计，1652年在台的汉人约1.5万至2万人③，至1661年，在大员附近，由于"有很多中国人为战争所迫，从中国迁来，于是形成一个除妇孺外，拥

---

① 转引自杨彦杰《荷据时代台湾史》，第3章，江西人民出版社1992年出版，第86～87页。
② 《台湾早期历史研究》，第63页。
③ 转引自杨彦杰《荷据时代台湾史》，第5章，第163页。

有二万五千名壮丁的殖民区"①。从荷兰人征收的人头税计算，加上未纳税的人数估算，在台汉人实际人数达 35000 人②。当时荷人在台湾实行"王田"制，宣布土地为东印度公司所有，耕种"王田"，要缴纳税租。7 岁以上汉移民，要交纳人头税。此外还有村社贸易税、渔业税、狩猎税、宰猪税、衡量税、酿酒税、市场税、房屋税、航运税、薪炭税、家畜税及各种附加税，对汉移民实行敲骨吸髓的剥削。

西班牙人 1626 年占领鸡笼后，也向周围扩展势力，1628 年占领沪尾（今淡水），并筑圣多明哥城，1632 年一度进兵噶玛兰（今宜兰）。也对其窃据地方积极经营，传布宗教，设立学校，采贩硫黄、鹿皮，开通了鸡笼、沪尾间的陆路交通，并抚定沿路的番社。使鸡笼成了吕宋和中国大陆、日本互市的重要港口。1641 年荷兰决计驱逐西班牙人出鸡笼、沪尾，先致书劝降不成，军舰进攻亦遭失利。翌年荷兰乘菲律宾有事，鸡笼守兵减撤，二度进兵，经过 3 个月的攻守战，1642 年 9 月 4 日西班牙终于退出了台湾，结束了对台湾北部 16 年的殖民统治③。

荷兰人在台湾的殖民统治，一开始就遭到台湾汉人及先住民的不断反抗。1623 年荷人初至一鲲身伐竹筑寨之时，汉人曾策动 200 名先住民予以袭击。随着殖民压迫和剥削的加深，终于 1652 年爆发了郭怀一领导的有四五千群众参加的武装起义。起义原计划于中秋节发动，后因消息泄漏，提前于 9 月 7 日（阴历八月初五日）发动。关于起义爆发的原因，府志记载："红毛肆虐，居民不堪，汉人郭怀一率汉民反叛。"④ 荷人也承认"岛上中国居民认为受公司压迫过甚，渴望自由，他们受到国姓爷方面的鼓励，认为可以得到国姓爷的支援，于是举行了一次危险的暴动"⑤。这是一次反荷

---

① C. E. S：《被忽视的福摩萨》，《郑成功收复台湾史料选编》，第 122 页。
② 《荷据时代台湾史》，第 5 章，第 165 页。
③ 郭廷以：《台湾史事概说》，第 2 章，台北正中书局 1954 年出版，第 28~29 页。
④ 蒋毓英：《台湾府志》，卷 10，灾祥，附兵乱条。
⑤ 《被忽视的福摩萨》，《郑成功收复台湾史料选编》，第 124 页。

兰殖民统治的起义,起义群众攻击普罗文查城,烧毁公司房屋,荷人集中兵力实行镇压,并煽动一批先住民助战。历时半个月,起义终被镇压,郭怀一中箭牺牲,数千群众被杀。起义用血的事实唤醒人民,为郑成功收复台湾打下了基础。

(三)郑成功驱逐荷兰殖民者收复台湾

1644年,清兵入关,明统一政权宣告灭亡。明臣在南京另成立了南明政权,1645年金陵失守,隆武帝即位于福州,得到郑芝龙、郑成功的支持。1646年清兵入闽,芝龙降清,成功起兵抗清,以金、厦为基地,经略闽海,二次举兵北征。1659年围攻南京之役失败后,转向驱荷、复台的对外战争。1660年初,郑成功在厦门"议遣前提督黄廷、户官郑泰督率援剿前镇、仁武镇往平台湾,安顿将领官兵家眷"①。同年,荷人通事、汉人长老何廷斌逃回厦门,向郑成功密进地图,劝其攻取台湾,坚定了郑成功收复台湾的决心。1661年初,郑成功在厦门召开军事会议,他说:"前年何廷斌所进台湾地图,田园万顷,沃野千里,饷税数十万。造船制器,吾民麟集,所优为者。近为红夷占据,城中夷伙不上千人,攻之可唾手得者。我欲平克台湾,以为根本之地,安顿将领家眷,然后东征西讨,无内顾之忧,并可生聚教训也。"② 会后加紧筹备出征事宜,旋于4月21日率领25000名复台大军从金门料罗湾起航东征,22日抵澎湖,25日顶风出航,率军直指鹿耳门,30日黎明抵鹿耳门口外,避开荷人炮火控制的大港,乘大潮直至赤嵌楼西北的禾寮港登陆。至下午1时半,在当地数千居民的帮助下,完成了登陆任务,并立即对普罗文查城采取分隔包围之势。荷兰台湾长官揆一即派兵400名支援普罗文查城(赤嵌城),当晚守将描难实叮下令发炮攻击,翌日(5月1日),荷人从水陆两路对郑军发动反攻,均遭惨败。在海上,荷人最大的赫克托号战舰被击沉,并焚一舰;在陆路,上尉

---

① 杨英:《先王实录》(校注本),福建人民出版社1981年出版,第223页。
② 同上书,第244页。

贝德尔（拔鬼仔）率领的118名荷兰官兵被歼灭，郑军取得入台初战的重大胜利。当日郑成功致函揆一："澎湖岛离漳州诸岛不远，故为其所属，大员亦接近澎湖岛，故此地自应属中国之统治。吾父一官将此地借与荷兰人，吾今为改良此地而前来，汝等嗣后不得再领有吾地……否则汝等将悉予杀戮"①。5月2日，郑成功一面同意与荷人进行谈判，同时劝谕描难实叮交城投降，并切断水源，时赤嵌城孤城援绝，城中缺水缺粮，弹药有限，难于坚守。5月4日描难实叮献城投降，郑军占领了赤嵌地区（今台南市）。5月25日，郑成功调集军队对拒绝投降的热兰遮城发起猛攻，未克，乃改取长期围困，俟其自降。9月16日又击退从巴达维亚派来的由考乌率领的11艘船舰700多人的援军，毁其二舰，歼敌二三百人，迫使他们逃回爪哇。1662年1月，郑军对热兰遮城采取最后行动，用30门大炮一天之内向堡、城发射2500发炮弹，首先攻下城西南高地的乌特勒支碉堡，热兰遮城便直接暴露在郑军炮火之下，荷方要求停火谈判。郑成功遣通事李仲谕之曰："此地非尔所有，乃前太师练兵之所。今藩主前来，是复其故土……藩主动柔远之念，不忍加害，开尔一面，凡仓库不许擅用，其余尔得珍宝珠银私积，悉听载归"②。2月1日，荷方代表带着用荷文写成的18条媾和条约（由揆一等28人签名），郑方代表带着用汉文写成的16条缔和条约，来到大员市镇的税务所，各按本国的习俗举行誓约、签字、盖章的仪式，然后互换条约，完成换约媾和的手续。荷文条约第2条规定："热兰遮城及城外工事、大炮及其他武器、粮食、商品、货币及所有其他物品，凡属于公司的都要交给国姓爷"③。郑成功所交汉文条约第2条的内容是："按照所说的，该城堡所有的大炮、小炮、弹药、现款以及全部商

---

① 程大学译：《巴达维亚城日记》，第3册，第279页，台湾省文献委员会，1990年6月。
② 江日昇：《台湾外纪》，卷5，福建人民出版社1983年出版，第167页。
③ 江树生：《郑成功和荷兰人在台湾的最后一战及换文缔和》，《汉声》第45期，台北1992年出版，第73页。

品,都要毫无例外交给我"①。当时郑成功主要目的在收回这块土地及该土地上的城堡与城堡内的武器财物,其他均同意荷方所提条款。这是台湾历史上第一次按近代国际定约的正式手续签订的正式条约,过去认为郑成功接受荷兰人投降书而未签订正式条约是错误的。2月9日约2000名荷兰人分乘8艘荷兰船撤出城外,17日驶离大员沿海,热兰遮城堡上升起了中国军队的旗帜,结束了荷兰人长达38年的殖民统治。郑成功驱逐荷兰殖民者收复台湾的斗争,沉重打击了西方殖民者在亚洲的扩张势力,维护了国家的主权和领土的完整。"中国反侵略斗争和世界反殖民主义斗争在郑成功身上结合起来了,他不仅是中国的民族英雄,同时又是对世界反殖民主义斗争中作出贡献的杰出人物。"②

(四)郑氏时期对台湾的经营、开发

1661年6月围困热兰遮诚之时,郑成功即着手台湾的治理、经营,首先改赤嵌地方为东都明京,设承天府,派杨朝栋为府尹,以新港溪为界,南北分设天兴、万年二县,任庄文烈为天兴县事,祝敬知为万年县事,改热兰遮城为安平镇。这是台湾设置郡县的开始。1662年6月23日(康熙元年五月初八日)成功病殁,子郑经嗣位,1664年秋郑经自金厦败归后,改东都为东宁,升天兴、万年二县为州,又设南、北路及澎湖安抚司各一,以分理庶政,成一府、二州、三司之局。基层分坊、里、社,在当时汉人移民的中心场所设4坊(今台南市区)、24里(今台南县、市及高雄县部分地方),坊设签首,理民事,里设总理,理户籍之事。此外南至琅珨、北至鸡笼,多属先住民住居的"番社",间有汉民错居,尚无村、庄、堡、里之设。

郑军登陆后一个月,除以少数兵力担任围城外,即将各镇分派到汛地屯垦营盘田,至1661年6月14日正式宣谕:允许文武各官及总镇大小将

---

① 江树生:《郑成功和荷兰人在台湾的最后一战及换文缔和》,《汉声》第45期,第78页。
② 南木:《三百多年前的公案涣然冰释》,《读书》1993年第7期,第8页。

领家眷选择荒地开垦种植，起盖房屋，永为世业，以佃以渔及经商，但"不准混圈土民及百姓现耕田地"①。至荷人撤走后，即有计划地实施"寓兵于农"的政策，除留勇卫、侍卫二旅以守安平、承天二处，"其余诸镇按镇分地，按地开荒……农隙则训以武事；有警则荷戈以战；无警则负耒以耕"②。改变了荷治时的土地制度，除将王田改为官田及由郑军屯垦的营盘田外，文武官田和私垦田园都属于私人土地所有制，把大陆地主、佃户的生产关系移植到了台湾。

郑成功率军渡台后，清政府在沿海实行迁界、禁海政策，郑成功乃"驰令各处，收沿海之残民，移我东土，开辟草莱，相助耕种"③。招徕大批不愿内徙的沿海流民，来台开垦。郑经继位后，继续招募大陆流民，且迁徙一批罪犯及降郑官兵来台。如1675年先后迁泉州洪承畴、漳州黄芳度家族眷口于鸡笼、淡水④，1678年破海澄后，将副都统孟安等眷口及骑兵2000余人，"载过台湾，分配屯田"⑤。郑经继续实行"寓兵于农"的政策，并向南北扩大开垦范围。郑氏时期由军队及私人开垦的土地，南路至今高雄市全部、高雄县之中南部与屏东县部分地方，北路则包括今台南县全部、嘉义县大部及云林、南投、彰化、台中、新竹、桃园、台北的部分地方，留下参军庄、援剿中庄、林凤营庄、林圮埔等许多以郑军镇、营或将领为名的地名，有的还沿用到今天。

郑氏经营台湾22年，台湾汉人人口达10万~12万之间，其中郑氏时代新增加为5.6万~5.8万人。耕地面积达30054甲，比荷据时代增加17800甲，即扩大1.45倍。由于被冲毁或抛荒，到郑氏退走时，实际可耕

---

① 《先王实录》（校注本），第253~255页。
② 《台湾外纪》，卷5，第169页。
③ 同上书，卷5，第170页。
④ 同上书，卷8，第279页。
⑤ 同上书，卷7，第237页，第242页。

田园只有 18453 甲①。

郑成功入台后，十分注意对十多万先住民的招抚工作。1661 年登陆后，新化、善化、开化、感化等里，"土番头目俱来迎附"，郑成功"令厚宴，并赐正副土官袍帽靴带。由是南北路土社闻风归附者接踵而至，各照例宴赐之，土社悉平怀服"。成功又"亲临蚊港，相度地势，并观四社土民男妇壶浆，迎者塞道。藩慰劳之，赐之酒食，甚是喜慰"②。同时巡视台南各大社，且远至云林、彰化一带。1662 年初，乃以监纪洪初辟等 10 人分管社事，专司"番政"，为在台实行"理番"行政之始，时杨英乃上教土民务农之策，建议"于归顺各社，每社各发农□一名，铁犁、耙、锄一副，熟牛一头，使教□牛犁耙之法，播种五谷割获之方，聚教群习……用心抚绥，家喻户晓，恩威教导。垦多力耕者有赏，怠玩少作者有罚……度其力量授田，然后计亩征输焉"③。郑氏时期远近归顺者数十社，殆遍全岛。

### 三、清政府统一台湾与清代前期台湾的开发

（一）清政府统一台湾

康熙时代对退守台湾的郑氏，仍然采取"剿抚兼施"的传统政策。但随形势的变化，有时主要诉之于武力，有时则强调招抚。

康熙初年，对仍据守厦门、铜山等沿海岛屿的郑经，一度招抚失败后，主要采取武力平定的方针。1663 年秋，清军攻克金、厦，翌年进兵铜山，郑经退守台湾。1665 年曾令福建水师提督施琅统舟师出征澎湖，遇风而返。此后清廷遂决定撤兵，转主招抚。1667 年清政府第一次派总兵孔元章至台湾招抚，不果而归。1669 年康熙帝亲政后，主要解决三藩、河务、

---

① 陈孔立：《清代台湾移民社会研究》，厦门大学出版社 1990 年出版，第 2 篇，第 88～89 页。
② 《先王实录》（校注本），第 250～252 页。
③ 同上书，第 260 页。

漕运三大事，又派大臣明珠、蔡毓荣等至泉州，遴选兴化知府慕天颜加以卿衔，第二次渡台对郑经继续议抚，加以羁縻。郑经恃波涛之险，安于割据一隅，议终无成。但数年来，海上亦相安无事。1673年吴三桂发动"三藩"之变后，郑经于1674年春乘机西征，曾先后攻克漳、泉、惠、潮等七府之地，后耿精忠、尚之信先后降清，郑经成为东南地区清军的主攻对象。1677年郑经尽失七府之地，退遁金、厦，1680年清军攻克海坛，继克金、厦、铜山，郑经再次退守台湾。1681年3月17日郑经病故，由年方12岁的次子克塽继位，时文武解体，众皆离心，康熙遂于7月21日发布谕旨，命闽督姚启圣、闽抚吴兴祚等宜乘机规取澎湖、台湾。经姚启圣力保及李光地的最后推荐，9月康熙任命施琅以右提督充福建水师提督总兵官，加太子少保，克期统率舟师，进取台、澎。1682年11月又赋施琅专征之命。施琅于1683年7月8日率官兵2万余人、大小战船200余号，自铜山向澎湖进发。经过10日、11日两次激烈的澎湖海战，郑经部将刘国轩率领的澎湖水军2万多人、双帆船200多号，大部被歼灭。陆地守将杨瑞见水军已败，率官兵4800多名投降，刘国轩乃率残部从吼门遁归台湾。此役清方总兵朱天贵殉职，清兵死329名，伤1800余名，付出了很大的代价。

澎湖攻克后，施琅坚持出兵前提出的作战方案："我师暂屯澎湖，扼其吭，拊其背，逼近窠穴，使其不战自溃，内谋自应"①。乃多方善待投诚官兵，为其治病、疗伤后放归，告之曰："今纵汝归，复见父母妻子，宁不甚乐。朝廷至仁如天，不得已而用兵，降即赦之耳。汝今归，为我告台湾人速来降，尚可得不死，少缓，则为澎湖之续矣。"② 即采取兵临城下之势，争取和平统一台湾。由于施琅所统官兵"逼临门庭，安插投诚，抚绥地方，民人乐业，鸡犬不惊。台湾兵民闻风俱各解体"③，"争欲自拔来归，

---

① 施琅：《密陈专征疏》，《靖海纪事》，上卷，福建人民出版社1983年10月出版，第59页。
② 杜臻：《粤闽巡视纪略》，卷6。
③ 施琅：《赍书求抚疏》，《靖海纪事》，下卷，第97页。

禁之不能止"。而刘国轩自澎湖败还，"固已胆落，至是见人情大率已解散矣，始决计劝克塽归附"①。郑克塽等也泣相告曰："民心既散，谁与死守？浮海而逃，又无生路，计唯有求抚之着耳。"②遂于7月31日遣郑平英等赍书表，到澎湖施琅军前求抚。闽督姚启圣也于8月23日出《谕台湾官民》文告："尔等既真心向化，悉心输诚……官照原衔分别题授，酬以爵禄；兵丁入伍、归农，各听其便。如百姓原系内地人民流入台湾者，均听各归原籍；如系土著，生长彼地，听从仍居台湾。兵民安堵，秋毫无犯。"③具体阐述了招抚政策。康熙帝明知台湾可以"指日歼灭，立见廓清"④。但还是同意招抚方针，争取台湾和平归清。认为"若不许其投诚，则彼或窜处外国，又生事端，不若抚之为善"⑤。他对派往料理台湾兵饷的工部侍郎苏拜，郎中明格里、党爱等说："更念以兵力攻取台湾，则将士劳瘁，人民伤残，特下诏旨招降。倘其来归，即令登岸，善为安插，务俾得所"⑥。并于9月17日特颁敕诏招抚："尔等果能悔过投诚，倾心向化，率所属伪军民人等悉行登岸，将尔等从前抗违之罪尽行赦免，仍从优叙录，加恩安插，务令得所。煌煌谕旨，炳如日星，朕不食言。"⑦郑克塽旋于9月5日再遣冯锡珪、刘国昌等至施琅军前请缴册印投诚。施琅乃于10月3日抵台南鹿耳门，向郑克塽等宣读敕诏，郑克塽等"欢呼踊跃，望阙叩头谢恩"⑧，并悉于10月7日削发。"其各乡社百姓以及土番，壶浆迎师，接踵而至。"⑨施琅即广贴《谕台湾安民生》告示，劝谕台湾地方官员、百姓、土番人等知悉："各宜乐业，无事惊心。收成在迩，农务毋荒。

---

① 《粤闽巡视纪略》，卷6。
② 阮旻锡：《海上见闻录》（定本），卷2，福建人民出版社1982年出版，第78页。
③ 姚启圣：《忧畏轩文告》，康熙二十二年七月初二日。
④ 《清圣祖实录》，康熙二十二年七月十四日条。
⑤ 《康熙起居注》，第2册，中华书局1984年出版，第1034页。
⑥ 同上书，第2册，第1035页。
⑦ 《清圣祖实录》，康熙二十二年七月二十七日条。
⑧ 同上书，康熙二十二年八月二十九日条。
⑨ 《靖海纪事》，下卷，第110页。

贸易如常,垄登有禁。官兵违犯,法在必行。人心安生,事勿自缓。"① 康熙帝认为:"郑克塽盘踞海岛,历年已久,今我兵进攻,克取澎湖,窘迫之极,方缴伪册印来归。然能改心易虑,率伪官兵人民纳土投诚,亦属可嘉。"② 欢迎郑克塽等率台归清。台湾与大陆比较顺利地完成了统一。

1684年郑克塽、刘国轩、冯锡范等奉命晋京,清廷授郑克塽公衔,刘国轩、冯锡范伯衔,俱隶上三旗并令工部拨给房屋、土地。施琅特别保荐刘国轩"见机立主归命,遂使我师不用战攻,而得全国,其功亦不少"③,清政府乃特授"首先归命"的刘国轩为直隶天津总兵官,后来康熙亲自召见,并对他说:"尔刘国轩身为渠党,乃能仰识天时,劝令郑克塽纳土来归,朕心嘉悦,授尔总兵官之任",并特赐"第宅,俾有宁居,以示优眷"④。其他投诚官兵也都加以妥善安插,完全实现了赦诏中"仍从优叙录,加恩安插,务令得所"的诺言。

(二)清代前期台湾的开发

台湾归清后,首先面临的是弃留问题,需要康熙帝最后决策。当澎湖攻克后,施琅先后两次题请台湾"或去或留,臣不敢自专,合请皇上睿夺";或"敕户、兵二部,会同督抚主裁料理"⑤。当抵达台湾后,又一次题请:台湾"应去应留……仰冀迅赐睿夺,俾得钦遵奉行"⑥。而闽督姚启圣则早在1683年10月7日已明确表示反对弃置其地:"今幸克取台湾矣,若弃而不守,势必仍做贼巢……况台湾广大众民,户口十数万,岁出粮钱似乎足资一镇一县之用,亦不必多费国帑,此天之所以为皇上广舆图而大一统也,似未可轻言弃置也。"同时也指出,澎湖明季委游击带兵轮班防

---

① 《靖海纪事》,下卷,第114页。
② 《康熙起居注》,第2册,第1068页。
③ 《靖海纪事》,下卷,第110页。
④ 《清圣祖实录》,康熙二十四年二月二十八日条。
⑤ 《靖海纪事》,上卷,第90页,下卷,第102页。
⑥ 同上书,下卷,第111页。

守,"今亦应踵而行之,成唇齿辅车之势"①。1683年10月3日,施琅亲历台湾作了一番实地调查之后,于12月29日内渡福州参加特派大臣苏拜所召开的台湾善后会议,会中对台湾弃留意见不一,时启圣已病逝,施琅坚主应留,乃于1684年2月7日单衔上《恭陈台湾弃留疏》,反对弃置台湾。疏中明确指出:"部臣、抚臣未履其地,去留未敢遽决",而"臣奉旨征讨,亲历其地,备见野沃土膏,物产利溥……实肥饶之区,险阻之域……此诚天以未辟之方舆,资皇上东南之保障"。强调"台湾一地,虽属外岛,实关四省之要害。勿谓彼中耕种,尤能少资兵食,固当议留;即为不毛荒壤,必借内地挽运,亦断乎不可弃"②。经姚启圣、施琅前后上疏反对弃置台湾后,都察院左都御史赵士麟等也交章上言,俱以台湾不宜弃,后经议政王大臣等会议,都主张应设兵守之为宜,康熙也认为"台湾弃取所关甚大……若徙其人民,又恐失所,弃而不守,尤为不可"③。遂决定设官戍兵治理台湾。

1684年5月27日清政府下诏在台湾设一府三县,设巡道一员分辖,隶福建省。府曰台湾,附廓为台湾县,南路为凤山县,北路为诸罗县,澎湖则置巡检。县之下设坊、里、镇、社、庄。台湾县辖4坊15里,凤山县辖7里2庄12社1镇,诸罗县辖4里34社。台湾府归台厦兵备道分辖,兵备道分驻台湾、厦门两地,兼理提督学政及按察司的事务。武官方面,设台湾总兵官1员,水师副将1员,陆师参将2员,兵8000名;澎湖设水师副将1员,兵2000名。陆兵由福建协镇抽调,水师由福建海坛、金门、闽安三协镇及广东南澳镇抽调,三年瓜代,轮流戍台,谓之班兵。林爽文起义被平定后,戍兵增至13000多名,至道光初年,全台兵力增为16营,兵丁14600多名,战船90多只,分驻南北各地。清廷授蒋毓英为首任台湾知府,杨文魁为首任台湾总兵官。台湾自设治驻兵后,我国东南海疆得到

---

① 姚启圣:《忧畏轩奏疏》,卷5,康熙二十二年八月十七日。
② 《靖海纪事》,下卷,第120~124页。
③ 《康熙起居注》,第2册,第1127页。

进一步的巩固。

随着台湾的开发，清政府也不断加强对台湾的治理。康熙末年朱一贵起义被平定后，乃改分巡台厦兵备道为分巡台厦道，并增设巡台御史一职，赴台督察文武吏治。乾隆末年罢御史巡察之制，改命总督与巡抚、水师、陆路二提督每年轮值一人巡台。同时于1723年析诸罗半线以北为彰化县和淡水厅，1727年，又改分巡台厦道为分巡台湾道，并增设澎湖厅，成一府四县二厅之局。嘉庆年间噶玛兰迅速开发，移民激增，于1821年正式增设噶玛兰厅，成为一府四县三厅。

台湾归清后，清政府在台设置府县，派兵驻守，并谕旨展界、开放海禁，但又执行消极的治台政策。首先，限制人民渡台，规定渡台须经审验批准，严禁私渡，并禁携眷渡台。1732年曾准台湾居民搬眷过台，1740年又加废止，以后屡开屡禁，至于偷渡的禁令，直到道光年间仍一再重申。但实际的情况是"例禁虽严，而偷渡者接踵"。据1760年闽抚吴士功的报告，自乾隆二十三年十二月起至二十四年十月止，十数月间共盘获偷渡民人25案，老幼男妇999名。至未被查获者及行贿放过者，当十倍或数十倍于这个数目。换言之，只福建一省，偷渡者当以万计，广东尚不在内①。其次，严禁汉民越界入山开垦，自汉移民大量移垦后，旋引起与先住民的矛盾和冲突。1721年朱一贵事件后，地方官在逼近先住民处所，竖石为限，各设隘寮，派驻隘丁，严禁汉民私自越界开垦。1738年闽浙总督郝玉麟奏请查明番汉地界，划界立石。1752年、1755年、1815年又多次补立界石，厉禁汉民越垦。但这与偷渡禁令一样，有名无实。1722年蓝鼎元指出："今则群入深山，杂耕番地，虽杀不畏，甚至傀儡内山、台湾山后、哈仔难、崇爻、卑南觅等社，亦有汉人至其地与之贸易，生聚日繁，渐廓渐远，虽厉禁不能止也。"② 由于大量汉移民越界侵垦，引起1804年

---

① 《台湾史事概说》，第2章，第101、105页。
② 蓝鼎元：《平台纪略》，《台湾文献丛刊》，第14种，第30页。

潘贤文率西部彰化、台中、苗栗岸里、阿里史、东螺、大甲、吞霄等社先住民千余人越内山迁徙噶玛兰，1823年至1861年间台湾中部30多社先住民先后被迫迁入埔里。

康熙后期开垦流移之众，延袤二千余里，台湾的开发大有一日千里之势，及至乾隆年间，台湾西部、北部、南部之平原及山坡多被开发，迨乎嘉庆年间进入山地开发，道光以后渐及东部后山。由于大量闽粤移民入台，台湾的人口激增。至1763年达66万多人，1782年达91万多人，1811年达190万多人（以上数字均包括先住民在内）①。清代台湾移民大多数从事垦拓，由于台湾隐田现象严重，据大大缩小了的统计，1685年开垦田地达18454甲，1735年达50517甲，1755～1762年达61917甲，清末达361417甲②。在垦拓过程中，形成业户、佃户和现耕农及一田二主的大小租制度。主要农产品是大米、糖，后来增加茶、樟脑，分别输往大陆和日本等地市场，并由大陆输入棉布、绸缎、药材、五金、杂货、手工业品以及建筑材料，到乾隆年间出现了一批操纵贸易的郊商，如著名的北郊苏万利、南郊金永顺、糖郊李胜兴，另有泉郊、厦郊、鹿郊、港郊、药材郊、布郊等多种名目。据康熙末年修的《台湾县志》记载："来往商艘，岁殆以数千计。"③连横《台湾通史》也记载："乾隆间，贸易甚盛，出入之货，岁率数百万元，而三郊为之主……各拥巨资，以操胜算，南至南洋，北及天津、牛庄、烟台、上海，舳舻相望，络绎于途，皆以安平为往来之港。"④随着经济的发展，先后在台湾南部、中部、北部沿海港口，形成三个商业中心，所谓一府二鹿三艋舺。

清代前期，除先住民外，在台湾已形成与大陆共同性为主，但也有其特殊性的移民社会，即由闽粤移民组成的以地缘性为主的社会群体。在人

---

① 《清代台湾移民社会研究》，第1编，第8页。
② 同上书，第9页。
③ 陈文达：《台湾县志》，卷1，舆地志，海通。
④ 《台湾通史》，卷25，商务志，第443～444页。

口结构上，多数居民是从闽粤移来，人口增长较快，男子多于女子；在社会结构上，移民基本上按照不同祖籍进行组合，形成了地缘性的社会群体，一些豪强之士成为业主、富户，其他移民成为佃户、工匠，阶级结构和职业结构都比较简单；在经济结构上，由于处在开发阶段，自然经济基础薄弱，而商品经济则比较发达；在政权结构上，政府力量单薄，无力进行有效的统治，广大农村主要依靠地主豪强进行管理；在社会矛盾方面，官民矛盾和不同祖籍移民间的矛盾比较突出，在一定程度上掩盖了阶级矛盾，加上游民充斥，匪徒猖獗，动乱频繁，社会很不安宁①。反对官府的起义和不同类型的械斗事件经常发生，如1721年的朱一贵起义，1787～1788年的林爽文、庄大田起义，1832年的张丙起义，以及不同类型的械斗数十起，所谓"三年一小反，五年一大反"。这是清代前期台湾移民社会的特点。在与母体社会的关系上，"由于台湾居民多数来自闽粤二省，在语言、风俗、文化等方面和闽粤二省一脉相承，在生产方式、生活方式上也基本相同，所以在感情上、传统上和母体社会有着密切的关系。"② 这是清代前期台湾移民社会与大陆社会的共同性。但台湾移民社会还处在组合过程中，到了清代后期便向定居社会发展。

在中国历代政府及人民的长期经营和开发下，台湾人民包括先住民与大陆人民患难与共。自19世纪40年代以后，在外国资本主义列强的入侵及1895年后日本帝国主义占领的50年间，台湾人民进行了不屈不挠的反侵略、反殖民统治的斗争，为保卫祖国东南海疆、维护祖国领土主权作出了重大的贡献。

---

① 《清代台湾移民社会研究》，第1篇，第19～20页。
② 同上书，第49～50页。

## 第二节 列强觊觎台湾与台湾官民捍卫领土主权

### 一、英军进犯台湾与台湾军民抗击英军

英国政府为了保护可耻的鸦片贸易,攫取更多的侵略权利,于1840年2月任命乔治·懿律和查理·义律为正副全权代表,并任懿律为侵华英军总司令,率领战舰于6月抵达澳门,封锁广州海口,并北犯闽、浙沿海等省,鸦片战争正式爆发。1840年6月至1842年8月的战争期间,英军曾五次侵扰福建省台湾府沿海,先后被台湾军民击退。

战前,台湾是英国走私鸦片最猖獗的地区之一。当1839年中国开展严厉禁烟运动后,英国鸦片贩子再次叫嚣必须占领中国沿海的某些岛屿,如当时逃回伦敦的威廉·查甸提出,"我们必须着手占领三四个岛屿,譬如台湾、金门和厦门,或只占领后两处,而截断通台湾的贸易";詹姆斯·马地臣则"主张占领台湾";拉本德等向外交大臣巴麦尊建议:"要是认为台湾太大,兵力不够占领,则占领厦门和金门……从那儿可以截断台湾的贸易。"由于对台湾问题存在"意见分歧","有人主张占领,有人反对"[①],这种矛盾心态使战争多次波及台湾,但终未成为主要战场。

1840年7月初,英舰炮击厦门,继陷定海。7月13日有英船在澎湖外洋窥伺,旋被击遁。17日有英船一艘驶至台南鹿耳门处马鬃隙深水外洋游弋,护安平协副将江奕喜等督同各师船拦击,英船"放炮回拒",旋"向西南大洋而逃"[②]。

---

① 严中平译:《英国鸦片贩子策划鸦片战争的幕后活动》,《近代史资料》,1958年第4期,第34~52页。
② 姚莹等:《夷船初犯台洋击退状》,中国史学会主编:中国近代史资料丛刊《鸦片战争》,第4册,第484~485页。

1841年英国内阁改任璞鼎查为全权公使，增调援军扩大对华战争，8月攻陷厦门后，大举北犯，连陷定海、镇海、宁波三城。同时分遣三艘兵船侵犯台湾。9月27日有英兵船一艘纳尔不达号驶至鸡笼（基隆）洋面停泊，30日闯入口门，对二沙湾炮台连发两炮，打坏兵房一间。艋舺营参将邱镇功督率守将开炮还击，三沙湾炮墩亦放炮接应，立见英船"桅折索断，随即退出口外，海涌骤起，冲礁击碎"。据台湾镇道奏报，是役共斩敌32人，生擒133人，缴获大炮10门及火药、大小炮子一批，图册多件①。

同年10月19日，复有英三桅兵船一艘驶进鸡笼口外的万人堆洋面，"声言索还"英俘，该地居民不应，兵勇亦埋伏不动。27日，英船"突进口门，直扑二沙湾炮台，大炮齐发"，攻破炮台石壁，烧毁营房二座。守军"开炮回击"，击毙英兵2人，附近各堡壮勇亦赶到助战，翌日英船退出外洋北窜②。

1842年初，璞鼎查在浙江舟山得悉英船在鸡笼被击破，多人被俘，随命颠林等率兵船多艘往台"探听"，"相机行事"。3月11日英船抵达大安港，淡水、彰化厅县接镇道密札，"懔遵不与海上争锋之旨，惟宜以计诱其搁浅，设伏歼擒"。遂雇募渔船"诱从土地公港驶进，果为暗礁所搁"。守兵施放火炮，奋力攻击，埋伏兵勇齐起杀敌。是役击毙侵略军数十人，生擒颠林等49人③。缴获大炮13门，鸟枪28杆，短刀、腰刀54把，其中有浙江营镌号鸟枪8杆，腰刀27把④。

同年4至5月间，复有十数只英船在台湾沪尾（淡水）、中港、五汊（梧栖）港、番仔挖、树苓湖、大秀房洋面游弋，勾引沿海草鸟船数十只

---

① 达洪阿、姚莹等：《鸡笼破获夷舟折》，（道光朝）《筹办夷务始末》，第38卷，道光二十一年十月二十一日条，故宫博物院1929年抄本影印。
② 达洪阿、姚莹等：《夷船再犯鸡笼官兵击退折》，（道光朝）《筹办夷务始末》，第42卷，道光二十一年十二月二十九日条。
③ （道光朝）《筹办夷务始末》，第47卷，道光二十二年四月初五日条。
④ 姚莹：《东溟奏稿》，卷3，《台湾文献丛刊》，第49种，第94页，第104~106页。

为向导，侵扰台湾南北洋面，沿海军民积极防堵，水师船开炮轰击，击沉草乌船多只，英船"亦在洋开炮攻打"，后见"无隙可乘，潜引大帮遁去"①。

姚莹概括鸦片战争台湾战役是：英人"五犯台湾，不得一利。两击走，一潜遁，两破其舟，擒其众而斩之"②。"卒得保守岩疆，危而获安，未烦内地一兵一矢者，皆赖文武士民之力"③。

台湾抗英斗争，接连胜利，得到道光皇帝的多次嘉奖。土地公港之役捷报到京，谕内阁："达洪阿、姚莹以计诱令夷船浅搁，破舟折馘，大扬国威，实属智勇兼施，不负委任。"④ 但与英国签订近代史上第一个不平等条约——《南京条约》后，英国因向台湾索取战俘不成，声称台湾所杀战俘是"遭风难民"，要挟清政府将达洪阿等"去官正法"，否则"难保无致干戈复起"⑤。道光帝即下令将姚莹、达洪阿革职、逮问，史称"台湾之狱"。

### 二、鸦片战争后英美等国对台湾的觊觎活动

中英《南京条约》及以后陆续签订的中美《望厦条约》、中法《黄埔条约》等不平等条约，外国资本主义在中国攫取了五口通商、协议关税、领事裁判权、片面最惠国待遇等一系列侵略权益。战后日益增多的外国商船，多航经台湾海峡，进一步引起英美等国对台湾的觊觎活动，侵犯中国领土主权的事件接连发生。

（一）英国的台湾开港活动与借口樟脑事件占领安平

五口通商后，福州、厦门两口与台湾仅一水之隔，时有英船在淡水、

---

① 姚莹：《东溟奏稿》，卷3，《台湾文献丛刊》，第49种，第94页，第104~106页。
② 姚莹：《东溟文后集》，《鸦片战争》，第4册，第529、527页。
③ 同上。
④ （道光朝）《筹办夷务始末》，第47卷，第12~13页，道光二十二年四月初五日条。
⑤ 《鸦片战争》，第4册，第184~185页。

鸡笼洋面游弋，英国海军提督及厦门英领事馆人员均先后至台调查、勘视，企图把台湾作为其商业的一个供应站。据香港报载，英使兼香港总督文翰以福州港口"亏折甚多，思换台湾作为港口"。清廷闻报下谕："台湾为悬海要区……岂容洋人到彼，借贸易为窥伺？"着闽浙总督刘韵珂密谕台湾镇道"严密防备"①。1856年英国借口"亚罗号事件"向中国发动武装进攻，翌年法国亦借口传教士被杀与英国联盟出兵，英法联军侵华战争是第一次鸦片战争的继续。战后签订的中俄、中美、中英《天津条约》，均规定增开台湾为通商口岸，中法《天津条约》及以后与丹麦、荷兰签订的《天津条约》，更规定台湾、淡水为通商口岸。约中规定准许外人在通商口岸任便出入通市，外人意欲租地盖屋，设立栈房，建造庙堂、医院、坟茔，亦随其便。1861年台湾正式开港，1862～1864年淡水、台湾（安平）两口相继设关开市，并增加鸡笼、打狗（高雄）两个外口，实际扩大为四口。开埠后华洋商教冲突不断发生，樟脑事件即一突出事例。

樟脑为台湾特产之一，原为美商独占收购特权，开港后渐被英商怡和、邓特洋行所替代，樟脑成为外商争夺的目标。1863年台湾兵备道陈懋烈上任后，倡议实行樟脑官卖，由官办脑馆直接收购，转卖外商，禁民间私自输出。外国洋行联合反对，先通过英驻安平领事出面交涉，要求废止樟脑专卖制度，台湾兵备道吴大廷不许，英公使继向总理各国事务衙门交涉，亦无结果。但外商蔑视中国主权，竟违约潜入内山不通商口岸收购，私运出洋。如怡和洋行英商必麒麟于1866年擅至台中梧栖私开洋栈，收购樟脑，并与当地山胞签订"经过领事正式签字认可"的合同。当1868年6月私运樟脑出口时，被鹿港同知洪熙恬扣留，英署领事杰美逊乃出面交涉，要求放行。台湾道梁元桂驳以樟脑系属官营，不得私自购运。8月，必麒麟未经允准，又违约潜至梧栖，反诬台湾道"非法的压迫欧洲人，并且破坏条约"。他一手拿枪，一手拿一份中文本的《天津条约》，"作为和

---

① 《大清文宗显皇帝实录》（简称《文宗实录》），第14卷，道光三十年七月二十六日。

平的武器",寻衅滋事。梁元桂下令拘捕,必麒麟竟开枪拒捕,并潜逃至淡水①。鹿港同知查封其私设洋栈时,查获大炮两尊,解运府城。当时又发生华洋交殴以及数起教案,英署领事吉必勋"屡次请调兵船,要挟索赔"。先后有英船三艘开赴安平、打狗分泊。闽浙总督于10月底派兴泉永道曾宪德渡台处理,正在议结期间,吉必勋与武官茄当率军舰两艘到安平示威,张贴告示,声称"奉文管辖中国地方,肆行恫喝"②。11月23日,茄当警告中国兵船须于当天下午六时前退出安平港外,继又告协防安平副将江国珍限二十四小时内退出安平,并牵去澎湖领饷师船,掳去管驾孙广才及水兵二人,台湾镇总兵刘明灯调集水陆师准备应战,茄当闻讯又要求安平市内清兵于一小时内撤退,否则炮轰市街。25日下午三时,英舰在港开炮七次,深夜又率兵登岸,突入安平协署,杀死兵勇11人,伤13人,并焚毁军装局火药库,江国珍仓促应战,受伤后自杀殉职。茄当声称系"奉令打仗",以"开炮逼城"相威胁,索去赎银四万元。安平被英军占领后,曾宪德旋偕台湾府知府叶宗元邀集各洋官"按约逐层严诘",吉必勋"强词狡辩"。12月1日双方达成协议,英方允退还绅商所交质银四万元,并送还所劫掳师船和弁兵,以及所占协署房屋③。但茄当又坚执索取赔偿兵费一万元。中方答应废止樟脑官营,允外商自由收购,赔偿怡记商行樟脑损失6000元;撤换道台、鹿港同知、凤山知县等地方官员;承认传教士在台各地有传教、居住之权。继又订立外商在台采办樟脑具体条款,并由台湾道将"现议裁撤官厂,任听华洋商民自行买卖,免其禁止"事,出示晓谕脑户商民"一体遵守"④。在英方武力胁迫下,完全答应其种种无理要求,违约妄行,侵犯主权之案,却以屈辱迁就了结。12月2日英兵退出安

---

① 必麒麟:《老台湾》,吴明远译,第17章,《台湾研究丛刊》,第60种,台湾银行经济研究室编印,第104~106页。
② (同治朝)《筹办夷务始末》,第62卷,第29~34页,同治七年十二月二十八日条。
③ 同上。
④ 台湾省文献委员会编:《台湾省通志稿》,卷三,政事志,外事篇,1960年6月刊印,第129~130页。

平。事后经闽浙总督英桂等奏请，总理各国事务衙门出面交涉，英驻华公使阿礼国于1869年1月照复称，已将吉必勋解任，茄当所索兵费亦如数退还，但又把安平事件的发生，归咎地方官对英民"所受冤抑"，没有"早为伸理"所致①，以推卸责任。

（二）美国阴谋占领台湾与借口船难事件出兵琅峤

鸦片战争后五口通商，日益增多的外国商船在台湾海峡遭风触礁之事经常发生，仅1850年至1867年间，据统计外国船只遭难者达三十多起，其中英船最多，约占半数，德、美次之。1853年，美商基顿·赖伊因其兄妥姆斯·赖伊所乘船只于1848年在台湾近海失踪，请求美驻华代理公使巴驾代为搜索，并建议美国政府"占领台湾的这一部分土地并且保住它"，因台湾为"商业航路必经之地，是应该由美国来保护的"。他表示："对这地区的殖民地化工作，我很愿意负责，只要美国政府应允承认我和保护我"②。巴驾对该建议"深刻同感"，并报请本国政府，于是在1854年美国东方舰队司令贝理派"马其顿"及"沙布莱"号抵达鸡笼，调查失船事件及台湾煤炭矿藏。虽然调查结果，"岛之附近从未闻有美国人或轮船遭难情事，亦无遇难船员留于岛内"，但贝理回国后与巴驾一致竭力主张占领台湾，作为美国的居留地或殖民地，同时成为美国在东方的海军根据地。贝理说："这个富丽的岛屿，虽然名义上隶属中国版图，实际是独立的。"美国"只要付给普通的购买费，我们就可以在岛上获得土地及重要特权的让与，包括煤矿开采权利在内"。认为"不需要华盛顿政府的其他保护，只要驻泊在中国及日本海的美国舰队之一二船舰不时在岛上出现，一个兴旺的美国居留地就可以很快地建立起来"。同时又说，台湾在海军及陆战上的有利位置，是值得考虑的另外一点。"该岛直接地面对着中国的许多主要商业口岸，只要在该岛驻泊足够的海军，它不但可以控制这些口岸，

---

① （同治朝）《筹办夷务始末》，第63卷，第87~89页，同治七年十二月二十三日条。
② 卿汝辑：《甲午战争以前美国侵略台湾的资料辑要》，《近代史资料》，1954年第3期，第162页。

并且可以控制中国海面的东北入口"。他说,"一个商业国家需要殖民地,正如同它需要商船一样"①。但巴驾、贝理占领台湾的建议,因当时总统的改选,官员的更迭,特别是由于当时内部黑奴问题已渐行严重,无暇向外扩张领土,加上远东关系也日趋复杂,英、德等国亦在觊觎台湾,美国不能不慎重行事,才没有被采纳。

1856年亚罗号事件发生后,时任驻华公使的巴驾又提出由美、英、法"三国分割台湾、舟山及朝鲜的建议,把台湾的商业大门无限制地打开"。1857年3月他给国务院的秘密报告中说:"该岛不会很长远地留在中国统治下是可能的,如果该岛一旦与中国断绝政府关系……则美国显然应占有该岛,特别是从势力均衡的原则来看,应该如此"②。同时他给英驻华公使包令函称:"我有理由代表美国政府提出占领台湾的优先权利",第一,由于美国公民与台湾官吏"已经签订过合同"(指樟脑专利合同);第二,美国公民"已经在该岛开辟居留地,并且美国国旗在那里悬挂了一年以上"③。当时美国海盗式商人拉毕雷写信告诉巴驾:"准备立即进行在台建立永久居留地的计划"者,有赖伊兄弟公司、威廉士及安通公司,由于台湾淡水、鸡笼等地的城墙久已失修,大炮也失去效用,只要"有武装齐全的250人,就可以夺取和占领其地"④。他们建议"把台湾变为一个独立的殖民地,或至少在美国保护下的一个独立的和弱小的政府"⑤。由于美国总统不相信对华关系有采取战争这一最后手段,只同意增派海军,拒绝侵占台湾。

台湾开港后的1861年底,曾发生美国双桅帆船遇风在嘉义布袋嘴搁浅被劫掠事件,1862年又发生美国三桅帆船航经台湾海峡遇风漂至淡水西南

---

① 《近代史资料》,1954年第3期,第158~161页。
② 同上书,第173~174页。
③ 同上书,第178页。
④ 同上书,第163~166页。
⑤ 同上书,第174页。

搁浅被劫掠事件,都得到和平解决,没有酿成事端。直至"罗妹"号案件发生,被借口作为侵犯中国主权的重大争端。1867年3月,美国三桅帆船"罗妹"号自汕头开往牛庄,中途遇风漂至台湾南端七星岩触礁沉没,船长以下14人驾划逃生,在琅峤登陆后被龟仔角山民戕害13人,仅一华籍水手脱险后至打狗报告英领事,英署领事贾禄一面致函吴大廷,请饬地方官究办;同时派军舰前往出事地点调查。英军登陆后即遭山民阻击,该舰发炮轰击后即返航。吴大廷闻报便飞饬凤山县查办,同时函复英领事时推诿称:"生番不归地方官管辖,嗣后请饬外国商人,谨遵土牛之禁,不可擅入生番境界,以免滋事。"凤山知县吴本杰与贾领事晤商时亦告知,"该处山海险阻,不便进兵。意谓可以息事"①。4月1日,美国驻厦门领事李仙得(一译李琅礼)闻报,即赴福州向闽浙总督吴棠、闽抚李福泰提出交涉,要求严惩凶徒,督抚仅命通商局总办尹西铭等函请台湾府叶宗元查明,转报台湾道缉凶惩办,并力诫美领事切勿自行带兵查拿,恐防节外生枝。15日李仙得从福州乘美舰"亚士休洛"号前往台南出事地点,18日抵达台湾府后,即照会台湾镇总兵刘明灯、台湾道吴大廷,要求派兵会剿。镇道又推诿称:"台地生番,穴处獉居,不隶版图,为王化所不及,我国早有土牛之禁,士庶商民不准擅入……除再饬凤山营、县派拨兵役设法查办外,所有贵国兵船会办此案之处,请不必行。"②认为这样可使美方"知难而止"。但"亚士休洛"号21日仍开赴琅峤,企图与山民直接交涉,终以无人敢于上岸传递消息而作罢,旋返航厦门。

"罗妹"号失事消息4月6日香港报刊报道后,香港美领事阿伦立即据以报告国务院,并建议夺占台湾。所提理由为:1. 适应日益增长的商务利益需要,美在东方应有自己的商港或军港;2. 欧洲英、法等国在东方已领有基地多处,近英、俄且有攫取台湾岛的野心,美国不应让人占其先

---

① (同治朝)《筹办夷务始末》,第49卷,第42~46页,同治六年六月十七日条。
② 刘明灯等致李琅礼照会,转引自黄嘉谟:《美国与中国》,台北1979年出版,第6章,第204页。

着；3. 台湾适于作为美国控制中国与日本海的基地，并可成为欧美对华商务的安全孔道；4. 中国领有台湾领土不及一半，且有名无实，东部及南部地区仍为"生番"居地，维持独立；5. 美国有识之士曾极力主张购取台湾，建立美国居留地与港口，并愿意贡献所需要的借款①。

美国驻北京领事馆得到"罗妹"号失事报告后，于4月23日照会总理各国事务衙门，要求拿办杀人罪犯，并声明已通知美国舰队派兵船前赴台湾，商同地方官查办，并函报国务院。总署即飞咨闽省督抚饬台湾地方官"赶紧查办"，并告以"生番虽非法律能绳，其地究系中国地面，与该国领事等辩论，仍不可露出非中国版图之说，以致洋人生心"②。这是对台湾镇道推诿"生番"地区不隶版图之说的批评和纠正。6月，美国务院先后收到香港、厦门领事及北京公使报告后，即训令公使蒲安臣查明事件真相，表示美国"绝不希图占领台湾或其部分地方"。但美国亚细亚舰队司令柏尔认定台湾岛上隶属于中国的地方，仅限于西部海岸、琅峤以及东北部的苏澳等处，其余东部及东南部全为"生番"居地，该地并无政府，在未接到国务院命令前，即决定亲自率领舰队前往查办，于6月7日率领"哈德福"号及'怀俄明"号由上海起航，挑选登陆官兵181人，配备登陆作战的武器用品，到台后并邀英商必麒麟以通译官身份随往，13日从龟仔角登陆，"被生番诈诱上山，从后兜拿"，副舰长麦肯基"受伤毙命"，士兵"被伤者数人"，美军受挫后，于翌日回航上海，声言"回国添兵，秋冬之间再来剿办"③。美军败退后，旋有自称"罗妹"号舰长亨德夫人之亲戚名荷恩者，单身冒险深入龟仔角寻找亨德夫人的遗骸及遗物，经月余仍空手而回，乃求助于必麒麟，于8月3日从打狗出发，深入林暧山地，找到亨德夫人遗骸及一些遗物，用款赎回④。

---

① 转引自黄嘉谟《美国与中国》，第6章，第206~207页。
② （同治朝）《筹办夷务始末》，第50卷，同治六年八月初五日条。
③ （同治朝）《筹办夷务始末》，第49卷，第42~46页，同治六年六月十七日条。
④ 《老台湾》，第15章，第94~97页。

美军登陆受挫后，李仙得照复台湾镇道，责其答应"自行查办"，是"空说不办"。责其推诿凶徒"并非华民"，遇害地点"未收入版图"之谬误。认为两百多年来，中国人在台湾的活动地区由西岸以至东岸，"事实上从未承认生番领有其现住土地的主权"，"生番"地区的物产如樟脑等且成为官府的专卖品，故"所谓生番地区不属中国管辖的说法，实毫无依据"①。此时闽省督抚亦认识到此案"不容以推诿而生枝节"，决定派前任台湾镇总兵曾元福赴台协同办理。李仙得亦以为遇难船员收尸为名，赴台活动。刘明灯等于9月10日带兵500名南下，23日抵达琅峤，悬赏密拿，"只期拿获凶番数名，尽法惩治，即可以谢洋人"而结案。由于"该番负固不出"，才决定于10月12日进扎龟鼻山，准备"分路并击"②。附近闽粤庄民及平埔族深恐战事一旦发生，难免玉石俱焚，请求罢兵，和平解决。李仙得提出：归还"罗妹"号船内物件；归还荷恩所付亨德夫人遗骸赎款；嗣后遇风船只应尽力相救，被杀洋人一名要"生番"五人偿命；南端海湾设立炮台；琅峤设官、驻兵等八项要求③，并于10月10日率同必麒麟等前往火山地方，与十八社酋长卓杞笃晤面，直接进行谈判。李问：何以杀害美国人？卓答：很久以前龟仔角土民，曾被白人残杀殆尽，仅剩三人（一说二人），以致世世挟仇，心存复仇。此次又见白人复来，乃悉予杀害，以报宿仇。我等没有船可以追捕白人，这是最好的复仇方法，别无他意。李问：将来预备怎么办？卓答：倘若你们为武力解决而来，我们要抵抗。倘若希望和平解决，则我们以后将永久和平④。会谈后双方认定：嗣后船上设旗为凭，各国商船遭难，"该番妥为救护，送交闽粤头人，传送地方官配船内渡。如有再被生番杀害，闽粤头人当立结保帮拿凶犯解

---

① 转引自黄嘉谟《美国与中国》，第6章，第212～213页。
② （同治朝）《筹办夷务始末》，第54卷，第26～29页，同治六年十一月二十八日条。
③ 《中国台湾生番前与美国立约条款》，《万国公报》（一），华文书局印行，第34页。
④ 转引自林子候《台湾涉外关系史》，台北信道彩色印刷公司1978年出版，第4章，第265～266页。

究"。而李仙得"愿为和息,恳请撤兵,免于深究"。台湾镇道亦"俯如所请"。当取具闽粤庄头人张清等11人、四重溪庄"熟番"李快盛等出具保结,并议订章程10条而回①。清廷终于接受李仙得的要求,在龟鼻山设立炮台,派兵丁及该处庄丁看守,"罗妹"号事件至此结束。为了加强防务,将凤山县属的兴隆里巡检改驻枋寮,拨千总一员、兵百名驻扎,经理"护洋防番"各事。并在闽粤各庄及平铺族住区选举正副隘首各2人,隘丁50名,分设隘寮,逐段防护,归台防理番同知管理,"如遇船只遇风,随时救援"②。事后李仙得呈报美国务院的报告中说:"此行打开了美国与中国南部生番直接交往的门径……又达到保持美国声威播及中国的任务。"③ 认为此事意义重大。1868年2月李仙得又偕同必麒麟再次进入琅𤩝"番社",再次与卓杞笃会晤,重申上年所约各款,并拟成告示交卓杞笃张贴,同时赠送手枪、红羽缎、千里镜、戒指等一批礼物,卓杞笃亦设宴款待,尽欢而散④。李仙得两次深入内山,搜集了大批资料,被目为山地政俗方面的专家。李仙得的活动造成台湾当局和山地人是两个不相隶属的团体,并借此强调山地人处于独立地位的观点,一再鼓吹占领台湾山地人所居住之地区。因其建议不被美使馆采纳,1872年辞职回国,终被日本所用,在牡丹社之役扮演了非常重要的角色。

(三) 英德商人占垦大南澳

台湾开港后,少数西洋冒险家企图在台湾富饶之区,辟建新殖民地,英德商人合谋占垦大南澳,即一突出事例。

战后,德国亦早已注视台湾,1865年俾斯麦内阁内务部长爱伦堡发表《普鲁士殖民政策》一文,主张派遣军舰占领台湾东部港口为海军基地。1868年有德国汉堡商人美利士在淡水开设洋行,经营海运及鸦片贸易,自

---

① (同治朝)《筹办夷务始末》,第56卷,第16~19页,同治六年十二月二十二日。
② 同上书,第67卷,同治八年七月初二日条。
③ 转引自林子候《台湾涉外关系史》,第4章,第266页。
④ 李琅礼:《台湾蕃事》,《台湾文献丛刊》第46种,第13~15页。

称为汉堡驻淡水领事,与英人荷恩勾结,给荷恩资金和执照,令其占垦大南澳(宜兰县南澳乡)。5月,荷恩组织英、美、德、墨西哥、葡萄牙等国人五六名,赴大南澳一带查勘山场林木,署噶玛兰通判丁承禧加以劝阻,仍不肯折回,荷恩用盐、布等结交当地山民,并与当地平埔族妇女结婚,率部分山民一同进入大南澳,后以当地无人应招,又回鸡笼雇工匠40余人,于11月间还大南澳建堡伐木,继又在鸡笼续雇工匠约百余人,并募壮勇20余名,携带炮械在大南澳建筑土堡一所,中盖草瓦屋20余间,又在附近之小南澳筑一土围,中盖瓦屋3间、草棚10余间,伐取之木,陆续运赴鸡笼。丁承禧见此违约妄为,与侵占领土无异,乃往见美利士及英领事,诘以不应违约占垦、伐木,美利士初则诿为英人所为,继而"借词大南澳为生番地界,不应兰厅查问"。丁驳以"兰厅管理民番,即番地亦地方官所辖,岂容不问"?美利士又诿言一二月后再议。丁承禧复往诘英驻沪尾领事,答称"大南澳地属内山生番之界,非兰厅所辖之地……未便禁其勿往"。经闽省督抚咨呈总署出面交涉,1869年3月间总理各国事务衙门照会英、德两国使臣,责以通商口岸,"和约所载,止准各国商人在中国地方贸易,至山场土产各有其主,断无可以任令外国人自行采取之理"。自应令将该洋人撤回惩办。嗣接德国使臣李福斯、英国使臣阿礼国先后照复"戒饬查禁",但美利士、荷恩等仍"毫无儆畏",继续在大南澳伐木垦荒。1869年春,美利士更亲赴大南澳"生番"社内视察两日,复到苏澳之南风澳起盖草屋3间,为往来寓所,继续扩大垦伐规模,并时常用船由沪尾、鸡笼运载食物接济荷恩,且私运火药赴苏澳等处贩卖。6月间,总理各国事务衙门再次给英、德使臣照会,指出"似此背约妄行,殊于通商大局有碍",声言已行文闽省督抚着台湾镇道"自行拿办","如敢恃强抗拒,伤毙无论"。旋又接闽省督抚咨函称,接奉公使谕禁之后,荷恩等"愈肆横行",由沪尾回至大南澳,又带来黑人4名,添募壮勇40名,云要招募180名之多,并将附近山民所砍风藤、薯榔,按百担勒抽20担,贴补勇粮,以致"兰民怀恨,欲往拆堡相斗"。美利士更"桀骜不驯,恣行悖谬",在沪尾包揽事端,鞭殴民人王厉等,且诬及善良,大为该处百姓之害。而英国署领事额勒格里不但不为查禁,反"意存袒护",复文"先以大南澳乃不入中国版图,该洋人与生番和睦,垦地开堡,并非强抢霸占;继以该洋人动用巨款开辟垦地……应请地方官变价赔偿"。虽经沪尾通商委员再三辩论,"无如坚执如前"。5月4日,英国巡洋火轮兵船来泊苏澳,并往大南澳示威,7日始行驶去。督抚在咨函中严正指出:"查生番所居之地,皆隶中国界内,大南澳并非通商口岸,洋人固不准私往向生番租地开垦,其地亦非生番所能擅租。"① 总署据此又照会英德两国公使,并再次复咨闽省督抚:美利士、荷恩等"如敢恃强抗拒,伤毙无论。自应及早驱除,以消全台之患"②。10月,奉旨派道员黎兆棠署理台湾道员之缺,饬其赴台履任,"妥慎筹办"。由于总理各国事务衙门迭次出面力争,英德使臣"自知理屈,会札撤退",于9月27日至10月26日两次将大南澳、南风澳堡屋内各物运回鸡笼口,其留守堡屋之洋人以及勇丁,至11月4日一律撤回。荷恩本人在最后一次撤退中,船遇大风沉没溺毙,美利士亦因而破产,此一违约占垦事件乃告结束。地方官亦将该处房屋、土堡焚烧。并使闽省督抚认识到英德等人占垦大南澳,"意在勾结生番,徐图侵占,实为东南边疆之患",饬黎兆棠督饬丁承禧酌议善后章程,以固海防③。

---

① (同治朝)《筹办夷务始末》,第66卷,第20～42页,同治八年七月初一日条所附往来照会。
② 同上书,第68卷,第1～2页,同治八年九月初三日条。
③ 同上书,第71卷,第24～25页,同治九年二月十九日条。

## 第三节　1874年日本出兵台湾与挑起台湾内山领土主权的争论

### 一、1874年日本出兵侵犯台湾

1874年日本出兵登陆琅𫢧（今屏东县恒春镇），是蓄谋已久的侵略行动，琉球难民事件仅仅是一种借口而已。1871年11月，有琉球贡船三艘遇风漂至台湾①，其中八重山一艘漂至台湾南部一小岛遇救，船员45名安全被送至台湾府城。另太平山二艘，一艘漂到台湾南部山胞住区，船员也脱险回琉，一艘漂至台湾南部北瑶湾触礁沉没，船员69人中，3人淹毙，66人登陆后，其中54人被高士佛、牡丹两社居民杀害，余12人由汉民刘天保、杨友旺营救，由凤山县派人送至府城，与先至那里的八重山船员被送到福州琉球馆，由闽督按例优待，并于翌年6月安排送回琉球。这原是寻常的船难事件，日本竟以此作为侵台的一种借口。首先于1872年册封琉球王尚泰为"藩主"，强迫确立日、琉的宗藩关系，作为侵犯台湾的根据，亦为其并吞琉球野心的初步实现。同年9月，返国途经日本的美国驻厦门领事李仙得，在美国驻日领事德朗的积极引荐下，与日本大臣副岛种臣多次密谈，怂恿日本侵占台湾，并提供有关台湾的照片、海图、地图等资料，坚定了日本侵占台湾的决心。

1873年，日本以换约及庆贺同治帝亲政为名，派副岛外务大臣来华，李仙得以顾问名义随行。换约、觐见事毕，副岛于6月21日特派一等书记官柳原前光至总理各国事务衙门，试探清廷对台湾山胞戕害琉球船民一事的态度。总署大臣毛昶熙、董恂答以"本大臣只闻悉生番曾掠害琉球国

---

① 庄司万太郎：《牡丹社之役与李善德之活跃》，《台湾文献丛刊》，第10卷，第2期，1959年6月出版。

民,并不知此事与贵国有何相干"。又告以"该岛之民向有生熟两种,其已服我朝王化者为熟番,已设府县施治,其未服者为生番,姑置之化外,尚未甚加治理"。又说"生番之横暴未能制服,是乃我政教未逮所致"①。日本即死抓住其中的一些话,作为侵台的借口。1874年1~2月间,拟定通过《台湾番地处分要略》。2月18日后藤新平发动佐贺之乱,为转移内部矛盾,更加紧侵台的准备,于3月先派桦山资纪、水野遵等往台湾琅峤、柴城等地调查,并绘制地图。4月,日本政府组织"台湾生番探险队",授陆军中将西乡从道为"台湾番地事务都督",参议大隈重信为"台湾番地事务局长官",陆军少将谷干城、海军少将赤松则良为参军,陆军中佐佐久间左马太、少佐福岛九成为参谋,并聘请李仙得为顾问,雇用美国海军少校凯瑟尔参与机谋,美国陆军中尉华逊指导建筑阵地工事,租用英、美船只载运军队、武器弹药,开往台湾。5月7日,日军在琅峤社寮登陆,18日、19日巡哨日军与保力、四重溪一带居民开始交锋,22日西乡从道到达琅峤,当日,日军200余人进攻石门,受到当地原住民的激烈阻击,毙日军6人,伤20人,牡丹社酋长阿禄父子等16人阵亡,石门被占。6月2日,日军1300余人分三路,分别从枫港、石门、竹社夹攻牡丹等社,牡丹、高士佛等社迎击后即退入后山,日军攻入后,居民茅屋尽被焚毁。继派人深入内山诱降,至7月中旬,日军完成了讨伐、征服和诱降任务,战争至此已告基本结束。日军遂于龟山等地盖建营房,建立"都督府",实行屯田、植林,作长久盘踞之计。

当清廷闻悉日本将出兵台湾后,于5月14日下诏:"生番地方本系中国辖境,岂容日本窥伺?"着派沈葆桢带领轮船、兵弁"以巡阅为名",前往台湾,"相机筹办"②,并派福建布政使潘霨帮同筹划。当得悉日军已登陆台湾后,旋于29日改授沈葆桢为钦差办理台湾等处海防兼理各国事务大

---

① 《日本外交文书》,第6卷,第178~179页。
② 《大清穆宗毅皇帝实录》(简称《穆宗实录》,下同),第364卷,同治十三年三月二十六日。

臣，所有福建镇道等官均归节制，江苏、广东沿海各口轮船准其调遣，"着即体察情形，或谕以情理，或示以兵威，悉心酌度，妥速办理"①。沈葆桢接受谕旨后，于6月3日与闽省将军、督抚联衔会奏会筹台防折，提出联外交、储利器、储人才、通消息等四项保台措施，6月14日上谕："均着照所议行。并准其将闽省存款移缓就急，酌量动用。"②沈葆桢于6月14日抵台，经与镇道会商后，认为当时"应办者三事，曰舌战，曰预防，曰开禁"，主张"预防与舌战必同时并举"③。认为"设防之事，万不容缓"，一到台即积极部署南北防务，准备仿西洋新法，修筑安平炮台，令镇道"添招劲勇，着力训练，多筹子药、煤炭，以备不虞"④。并请调福建陆路提督罗大春，增防台湾。沈葆桢与日方接触、辩论并观察日军在台行动后，认识到日军有久踞之意，"非有大支劲旅，不肯就我范围"⑤。遂于7月4日奏调洋枪队增防台湾。为了加强海上防卫力量，又再次奏请购买铁甲船，认为"陆待淮军，水待铁甲船，方为万全之策"⑥。并强调"台地民心可用"⑦，同意招募渔人、乡勇、"生番"，加以训练，以增强防务。后招土著、壮勇500人，驻凤山，命名为"安抚军"⑧。7月28日清廷准调洋枪队5000人赴台，嗣准李鸿章奏请，于8月1日改调武毅铭军提督唐定奎所部13营合计6500人，分批渡台。以台湾镇总兵张其光、台湾道夏献纶分防南北二路，并令署镇曾元福组训南北乡团。9月下旬淮军开始抵台后，令驻防凤山。海上则以扬武、飞云、安澜、靖远、镇威、伏波等六艘兵舰常驻澎湖，福星一号驻防台北。在日本方面，7月9日下令陆军省作

---

① 《穆宗实录》，第365卷，同治十三年四月初六日。
② 《同治甲戌日兵侵台始末》，《台湾文献丛刊》，第38种，第16~20页。
③ 《沈文肃公牍》抄本，巡台一，第7页。
④ 《同治甲戌日兵侵台始末》，第28页。
⑤ 《沈文肃公牍》抄本，巡台一，第18页。
⑥ 同上书，巡台一，第25页。
⑦ 同上书，巡台一，第3页。
⑧ 王元稚：《甲戌公牍钞存》，《台湾文献丛刊》，第39种，第107页。

战争准备,并拟好对中国作战计划。双方积极备战,剑拔弩张,武力对峙。

## 二、日本挑起台湾内山领土主权的争论

日本在1874年2月提出的《台湾番地处分要略》第一条即提出,"台湾土番部落,为清国政府政权所不及之地……故视之为无主之地,具备充分理由。是以报复杀害我藩属琉球人民之罪,为日本帝国政府之义务"①。同年4月5日,日皇给西乡从道的诏谕中亦提出:"明治四年(1871年)十一月,我琉球人民漂流至台湾番地,为当地土人所劫杀者达54人。又明治六年(1873年)三月,我小田县下备中浅口郡居民佐利八等4名漂流其地,衣类财器亦为劫夺。"②日本侵略军到达厦门后的第二天(5月3日),福岛九成向厦防同知呈送西乡从道4月13日致闽浙总督照会亦提到:"台湾土番之俗,自古嗜杀,不奉贵国政教,海客遭难是乐。迩来我国人民遭风漂到彼地,多被惨害……是以我皇上委本中将以深入番地,招彼酋长,百般开导,殛其凶首,薄示惩戒,无再蹈前辙,以安良民。"③由此,日本在武力侵台的同时,挑起了关于台湾内山领土主权的一场争论。

争论贯穿台湾事件的全过程,现分前后二期叙述。前期以军事行动为主,外交活动为辅,后期主要开展外交谈判。日本在出兵前即规定,"在处分之际,以切实完成讨番抚民的任务为主,而把因此来自清国方面的一二争论为客"④。故在出兵的同时,特派柳原前光为新任驻华公使,并于5月底抵达上海。柳原先与署江苏布政使应宝时、苏松太道沈秉成"反复辩论",后帮办台湾防务潘霨也与柳原"连次诘难"⑤。闽浙总督5月8日收

---

① 东亚同文会编:《对华回忆录》,第二编,第二节,北京商务印书馆1959年出版,第38~39页。
② 同上书,第二编,第二节,第41页。
③ 《日本外交文书》,第7卷,第29页。
④ 《对华回忆录》,第39页。
⑤ 《同治甲戌日兵侵台始末》,第25~26页。

到西乡从道照会后，于5月11日、6月2日曾先后给西乡照会，总理各国事务衙门也于5月11日、6月2日给日本外务省照会，沈葆桢到台后，于6月20日也给西乡从道照会，并派潘霨等与西乡进行四次辩论。前期的争论主要在沪、闽、台展开，7月以后柳原北上，8月与总理各国事务衙门进行谈判、辩论，9月全权大臣大久保利通到京，又与总理各国事务衙门继续会谈、争论。后期争论主要在北京进行。

前期争论的主要内容，系关于台湾内山领土主权问题。针对日方照会所提台湾内山为清政府"管辖所不及"，系"无主之地"的论点，5月11日闽督在复照中明确声明："台湾全地，久隶我国版图，虽其土著有生熟番之别，然同为食毛践土已二百余年……虽生番散处深山……文教或有未通，政令偶有未及，但居我疆土之内，总属我管辖之人"。并列举万国公法内容，论证"台湾为中国疆土，生番定归中国隶属，当以中国律法管辖，不得任听别国越俎代谋"。申斥日方并未与总理各国事务衙门商允作何办理，"径行命将统兵前往，既与万国公法违背，亦与同治十年所换和约第一、第三两条不合"。针对日方所谓琉球属民遭风被害的出兵借口，照会加以驳斥："遇风难民，前由生番送出，并未戕害一人，当经本部堂派员送沪，交领事官送还"。至于琉球岛，"即我属国中山疆土，该国世守外藩，甚为恭顺，本部堂一视同仁，已严檄该地方官，责成生番头人，赴紧勒限交出首凶议抵"。照会最后重申："总之，台湾〔属〕在中国，应由中国自办，毋庸贵国代谋……应请贵中将撤兵回国，以符条约，以固邦交"①。同日，总理各国事务衙门致日外务省照会声明，台湾内山"地土实系中国所属"，责问日方兴师台湾，"何以未据先行议及"②。当5月27日闽督接台湾镇道禀报，日军在台军事行动已经开始，"不肯即日回兵"，复于6月2日照会西乡，再次重申"琅𤩝番社人物、地方确归中国辖属，证

---

① 《日本外交文书》，第7卷，第78~79页。
② 同上书，第7卷，第72页。

据历历分明,可核者三":1. 南路琅𫊸十八社,向归凤山县管辖,每年征完番饷20两有奇(后台湾道补报系51两),载在《台湾府志》。2. 台湾设立南北路理番同知,专管番务,每年由各该同知入内山犒赏生番盐布等物。3. 柴城又名福安街,建有福公康安碑庙。接着指出:"证据确凿,历来已久,特以礼记不易其俗,不易其宜,故向来中国不全绳以法律而已。"而两国《修好条规》第三条所云:"两国政事禁令各有异同,其政事应听己国自主,彼此均不得代谋干预。"查"台湾生番久属中国,其不全绳以律法者,即政事禁令各有异同之一端",故"按约应听中国自主,贵国不得代谋干预,况两国所属邦土不可稍有侵越,第一条显有明文,尤宜共相笃守"。指责日方在琅𫊸、柴城一带,"于我设立隘寮之疆土,径行登岸扎营,于我纳食粮之番民,竟行接仗争斗,于条约各款种种不合"。针对日方借口上年使臣到京曾对总理各国事务衙门说过,"以生番非中国所管及此举早经商明,故尔前来",照会责问有无公函、照会等凭据。"如当时未立有凭,应请贵中将撤兵回国,不得于中国所属邦土地方久驻兵旅,以符条约"①。沈葆桢于6月20日给西乡照会中,也声明"生番土地,隶中国者二百余年",并驳斥以琉球难民被戕为侵台借口之时指出:"无论琉球虽弱,亦俨然一国,尽可自鸣不平。"驳斥佐利八等人财物被劫掠为侵台借口之二时指出:"夫凫水逃生,何有余赀可劫?天下有劫人之财,肯养其人数月不受值者耶?即谓地方官所报难民口供不足据,贵国谢函具在,并未涉及劫掠一言。贵国所赏之陈安生,即卑南社生番头目也。所赏之人,即所诛之人,贵国未必有此政体",责其"以怨报德"。最后严正指出:"无论中国版图尺寸不敢以与人,即通商诸邦岂甘心贵国独享其利"②?沈葆桢又派潘霨等从22日至26日与西乡、佐久间左马太等人进行多次辩论,西乡等咬定"蕃社非中国版图,中国各书中均有记载,即英、美、荷兰诸

---

① 《日本外交文书》,第7卷,第101~103页。
② 《甲戌公牍钞存》,第74~75页。

国人皆有此说，并有地图"。当询其地图及各书所载交出一看，西乡"又复枝梧"①，又推说"当此时岂遑闻书籍上之空论乎？以所目击辨明之亦何妨"②。潘霨等即将所带《台湾府志》检出"内载生番各社岁输番饷之数，与各社所具切结，令其阅看，彼反变羞成愤"，又转换话题，"斲斲以所用兵费无着为言"③。有意避开主权问题的争论，转入具体解决方案的商讨。

先是潘霨离沪渡台时，柳原告以西乡奉敕限办三事：第一，"捕前杀害我民者诛之"，第二，"抵抗我兵为敌者杀之"，第三，"番俗反复难制，须立严约，定使永远誓不剽杀难民之策"④。6月7日，潘霨复告柳原，关于处理意见的第一、二条，牡丹等社已被剿杀惩办完毕，此后"如再有滋事者，应由中国派兵查办，事属可行"。第三条所云，"中国自当照约竭力保护"⑤。7月1日，潘霨又函告柳原："第三条之议，今本帮办业经办定"，并将各番社所具切结"照录附寄"，要柳原"速即请示贵国早为撤兵，以俾中国派兵设汛，永相保护而敦和好"⑥。但当时日本的既定方针是以军事进攻为主，规定"领事不管蕃地征抚之事，负责侵抚事项者不管交涉之事"。其策略是"在空言推托、牵延时日之际，就完成其事，即是不失和好的机灵外交之一法"⑦。据此，柳原与西乡互相推诿，西乡说："我奉本国政府命令，往办土番耳，贵国政府如有异议，只问柳原公使议办可也。"⑧柳原则推诿"专为通商和好而来，与西乡从道之往台湾，各办各事"。并谓西乡从道"亦有全权，不能听其指挥"。两江总督李宗羲已看出，"意在迁延时日"⑨。当时中国方面也寄望于外交谈判，主张"衅不我

---

① 《日本外交文书》，第7卷，第146页。
② 同上书，第7卷，第136~137页。
③ 《同治甲戌日兵侵台始末》，第45页。
④ 《日本外交文书》，第7卷，第106页。
⑤ 同上书，第7卷，第112~113页。
⑥ 《日本外交文书》，第7卷，第116页。
⑦ 《对华回忆录》，第39页。
⑧ 《日本外交文书》，第7卷，第109页。
⑨ 《同治甲戌日兵侵台始末》，第25~26页。

开"。李鸿章主张"不外谕以情理，示以兵威"①。沈葆桢也同意"战备一集而后理或可行，否则唇舌无济也"②。都主张采取以军事为后盾、外交为手段的策略对付日军侵台事件。但沈估计"将来必不免于一战"③，充分作了打仗的思想准备。而李则始终寄望于外国出面干涉，迫使日本撤兵，一再声言"勿遽声罪致讨"④，援军渡台后，李又劝沈"只自扎营操练，勿遽开仗启衅"⑤。所以双方均按兵不动，出现中日在台武力对峙的局面。

后期的争论，是在北京与总署谈判时展开的。日本出兵犯台后，英俄等国的中立与诘问，使日本外交上处于孤立地位，同时也遭到国内参议兼文部卿木户孝允等人的反对，面临的困难也越来越大。登陆士兵不服当地水土，6月中旬后犯病者日多。同时清政府不断增援台湾，进行"开山抚番"，以维护全岛的主权，使日方认识到长期占领与开发台湾，并非易事。鉴于武力侵服之路已走不通，便寄望于外交谈判解决问题。7月中柳原奉命前赴北京，15日日本政府给他的训令中，要他采用外交手段索赔、罢兵。8月1日又任命大久保利通为全权大臣，赶到北京，与总理各国事务衙门大臣继续谈判。

7月底柳原至北京后，于8月7日直至月终与总理各国事务衙门进行多次谈判，并来往照会多件。8月7日柳原给恭亲王奕䜣照会中，仍坚持"贵国从前弃蕃地于化外，是属无主野蛮，故戕害我琉球民五十数名，强夺备中难民衣物，悯不知罪"，所以"振旅伐之"⑥。总理各国事务衙门大臣在8月7日的第一次谈判会上即明确回答，"台湾是中国邦土，自一定若说野蛮，是我们邦土的野蛮，如要办，亦该我们自己办"⑦。后来又在照会

---

① 《李文忠公全集·朋僚函稿》，第14卷，同治十三年四月十八日。
② 《沈文肃公牍》抄本，巡台一，第17页。
③ 同上书，巡台一，第11页。
④ 《李文忠公全集·朋僚函稿》，第14卷，同治十三年五月二十四日。
⑤ 同上书，第2卷，同治十三年六月十九日。
⑥ 《日本外交文书》，第7卷，第177页。
⑦ 《六月二十五日问答节略》，北京中国历史档案馆（简称一档）存外务部档，案卷号2155。

中驳以"生番隶在台湾版图,实系中国地方,不得谓为无主野蛮。其应如何抚绥归化之处,中国既有自主之权,应由中国自行议办"①。谈判一开始,双方互相坚持,没有什么进展。至8月20日,柳原忽来函告知:"昨本大臣特奉本朝来谕云,夫我伐番义举,非恶其人,非贪其地,务为保恤己民起见,并以惠及他国为利。"函末试探性地提出:"贵国别有何等施设方法,指明后局,使本国此役不属徒劳,可令下得了场,以固睦谊,是本大臣肺腑之望,尚肃以陈。"② 言外之意,在索兵费。

9月10日,全权大臣大久保利通到京,9月14日起至10月底,又进行了七次会谈,并来往照会多件。开始几次谈判,大久保亦从否认清政府对台湾东部山地拥有主权入手。引用万国公法,凡政教不及之地,不得列入版图。认为"生番地方,中国亦没有亲切工夫,所说是中国版图,都是空话,与万国公法不合"。文祥答以:"我们所定条约内有彼此不得干预政令一条,如今大久保说我们政令不好,岂非是干预么。至大久保所说万国公法,并无中国在内,不能以此责备中国……我们彼此总要抱定条约办事,不可空谈议论"。大久保强辩说:"日本视生番虽属中国管辖,其人凶顽,毫无禁令,故要带兵去办他,不是干预中国公事。"③ 经过口头与文字的反复辩论,大久保仍坚持"未绳以法律之民,未设立郡县之地",不得"称该地在版图内"④。总署大臣也坚持:"无论如何说,不能说生番不是中国地方……说到万万年,若想把生番地方辩论了去是断不能的"⑤。至10月10日,大久保在照会中又累牍连篇,仍事辩论,强词夺理,并以回国相威胁。但在最后也提出"欲保全好谊,必翻然改图,别有两便办法"⑥。文

---

① 《日本外交文书》,第7卷,第200页。
② 《照录日本柳原信》(七月初九日),一档,外务部档。
③ 《八月初九日问答节略》,一档,外务部档。
④ 《照录日本大久保照会》(八月十七日),一档,外务部档。
⑤ 《与日本大久保、柳原公使问答节略》(八月二十五日),一档,外务部档。
⑥ 《日本外交文书》,第7卷,第263页。

祥答以"贵大臣如真欲求两便办法，彼此自可详细熟商"①。并在照会中除严肃驳斥台湾内山不属中国版图谬论外，也告以"本王大臣原系唯好是图，历次皆告以妥结此案不再辩论者，即系两便办法"②。18日第五次谈判中，大久保也表示："日本此举非贪土地，非为钱财，总是为人命至重"。接着大谈数月以来，费多少力量去办，费用多少，伤亡兵勇多少，病殁多少，伐木开路费多少钱财，"此时须有名目，方可使本国兵回去。所有费用，理应由生番偿给，但生番无此力量。目下急于定局，亦不能多延时日，中国必有应酬我国办法，可以送本国兵回去"，并说"此即本大臣所拟两便办法"。中方答以"今我两国并未失和，并未开仗，如何能讲偿费。中国不在钱之多寡，而事关体制，有碍于中国，实为不便，岂得谓两便办法"③。20日继续会谈，大久保说，前日所提两便办法，贵方"以为不便，以为碍难，既有碍难，不好勉强。但我国于生番之事，累次说过因为人命，有此义举"。而今"既有贵国的话，自然和好为重，商量好了，永远和好"。但日方"要有名目，方好回去"。经讨论中方同意以"酌量抚恤"来了结，而"兵费断断不行"。并要求日本退兵，漂民被害事由中国自己"查办"。并面交"办法四条"给大久保、柳原阅看，大久保表示"四条都明白，都相信"。但急于知道抚恤的数目，中方表示"今日必不能定"④。后因抚恤数目双方又发生分歧，日方要索银二三百万两，谈判又一度决裂，大久保与柳原于25日各递交照会，声称要离京回国，大久保在照会中重提台湾内山不属中国，以"惩番之举，非可中沮"相要挟⑤。后经英国公使出面调停，双方很快达成协议，同意订约撤兵。

---

① 《日本外交文书》，第7卷，第272页。
② 《给日本大久保照会》（九月初七日），一档，外务部档。
③ 《重阳面谈节略》，一档，外务部档。
④ 《九月十一日面论节略》，一档，外务部档。
⑤ 《日本外交文书》，第7卷，第302~305页。

### 三、中日签订《北京专条》及内容评析

当大久保以罢议回国相要挟时,英使威妥玛便出面调停,当时多数国家也都希望争端尽快解决。清政府也寄望于外国能出面干涉或调停,当柳原来京谈判时,总理各国事务衙门于8月2日即将台湾事件始末缘由照会各国,并抄录中日间历次来往照会,希望列强能给日本施加压力,早日和平解决争端。25日英使出面调停后,总署大臣也答应从优给予抚恤及偿费银50万两。当日,英使又两次与大久保商讨后,日方也提出三条处理意见,27日,总署将三面议明各条底稿照录复送大久保,30日,大久保复函表示同意,遂于1874年10月31日中日正式签订《北京专条》。其内容如下:

"照得各国人民有应保护不致受害之处,应由各国自行设法保全,如在何国有事,应由何国自行查办。兹以台湾生番曾将日本国属民等妄为加害,日本国本意惟该番是问,遂遣兵往彼,向该生番等诘责。今与中国议明退兵并善后办法,开列三条于后:

一、日本国此次所办,原为保民义举起见,中国不指以为不是。

二、前次所有遇害难民之家,中国定给抚恤银两,日本所有在该处修道、建房等件,中国愿留自用,先行议定筹补银两,别有议办之据。

三、所有此事两国一切来往公文,彼此撤回注销,永为罢论。至于该处生番,中国自宜设法妥为约束,以期永保航客不能再受凶害。

另有《会议凭单》,规定中国先准给抚恤银10万两,日军于12月20日全行退出后,中国准给日本在台修道、建房等费用银40万两。"①

中外学者多数认为,《北京专条》中有"台湾生番曾将日本国属民等妄为加害",日本出兵"原为保民义举起见,中国不指以为不是"等内容,是断送了琉球国主权,是承认日本出兵侵台的正当性。但当细阅当时的谈

---

① 《中外旧约章汇编》,第一册,第342~344页。

判记录,可以看出上述看法,对条约内容原意有所曲解,应加辨明。

从当时的谈判记录看,10月18日(九月初九日)和20日的两次会谈,有重大的进展。10月18日的《重阳面谈节略》记载:

大久保:"日本以人命甚重,是以决意往办生番,以生番为无主野蛮,要一意办到底,是本来的用意。旋因中国说该处是中国地方,往返文函面论已过,本大臣以一意办去原非和好办法,我两国并未失和,只得转了一湾〔弯〕,另思办法,方不失两家和好。日本此举非贪土地,非为钱财,总是为人命至重,费多少力量办去。"

董恂:"日本从前兵到台湾番境,因系认台番为无主野蛮,并非明知是中国加兵。我想不知中国地方加兵,与明知中国加兵不同,此一节可以不算日本的不是。今既说明地方〔属〕中国,于贵国退兵之后,中国亦可不再提从前加兵之事。"

大久保:"中国的政教实不实,此后亦不再提……但日本兵不能空手而回,中国必有应酬送他回去的办法。此事如允,即一切干干净净,请问可否,即要定准。"

"各位大人复商明,为之说破抚恤两字,遂告之曰:还有案中被害之人,或其家属,查明实情,大皇帝恩典予以酌量抚恤。抚恤此系我中国格外美意,至于费用一层,不应向中国议及,中国实有不便也。"

大久保:"总期将前议一层办理,使日本兵不至徒劳可以回去,实系中国力量能办之事,非强中国以所难,即望定夺可否?"①

10月20日会谈的《面论节略》记载:

大久保:"如今要两国和好,若无名目,朝廷不能回复,百姓亦不能回复。"

董恂:"我们前日的话,所想两便,还是为贵国分上多……我们百姓亦都要责问我们,何以如此办法。我们所以能对朝廷能对百姓者,为日本

---

① 《重阳面谈节略》,一档,外务部档。

是仗义而来,可算无不是处。"

沈桂芬:"仗义而来,亦必仗义而去。"

文祥:"大久保所说非贪土地,非为钱财,要办得干干净净,这三句话我们最佩服。"

大久保:"如日本退兵后若何办法,放心不下。"

沈桂芬:"是必有漏网之人,查出要办他,被害之人,要抚恤他。"

大久保:"要求写一详细明白办法。"

沈桂芬:"已经缮写,写毕当交阅。"①

旋面交《节略共五条》、《办法四条》,后者即是中日《北京专条》的基础,对正确理解条约内容大有帮助,现照录如下:

"一、贵国从前兵到台湾番境,既系认台番为无主野蛮,并非明知是中国地方加兵。夫不知中国地方加兵,与明知中国地方加兵不同。此一节可不算日本的不是。

二、今既说明地属中国,将来中国于贵国退兵之后,中国断不再提从前加兵之事,贵国亦不可谓此系情让中国之事。

三、此事由台番伤害漂民而起,贵国兵退之后,中国仍为查办。

四、贵国从前被害之人,将来查明,中国大皇帝恩典酌量抚恤。"②

从整个谈判过程及其留下的档案记录可以看出,中方一直坚持台湾内山是中国的领土,琉球是中国的藩属,指责日本出兵是"背盟违约",是不正当的行动。但日本所提出兵理由,一直是备中州与琉球两起船难并提,《北京专条》中"日本国属民等"含意虽比较模糊,日方的确有意暗示琉球亦是日本属民,在中方的理解,"日本国属民等",首先是备中州日本船民,在"等"字中也包括琉球船民。谈判开始中方一直强调琉球是中国属国,与日本无干。但在谈判辩论过程,了解了琉球对中国与萨摩藩长

---

① 《九月十一日面谈节略》,一档,外务部档。
② 《九月十一日面谈节略附办法四条》,一档,外务部档。

期存在朝贡关系,且日本已于1872年强行改琉球国为琉球藩,后期中方也已默认琉球国与中日的"两属"关系。但正如沈葆桢给西乡照会公开声明:"琉球虽弱,俨然一国家。"由于琉球是与中日有"两属"关系的邻邦,所以在谈判时在"义举"上大做文章。认为日本系为邻邦琉球船民被杀害打抱不平,所以"仗义"出兵。而且认为日本出兵时,因受李仙得等怂恿,以为生番住地不属中国领土,系"无主野蛮"。经过谈判辩论,日本承认台湾内山是中国领土。根据不知不罪的原理,故"不指以为不是"。谈判过程反复强调中日两国是"辅车唇齿"关系的"切近邻邦",存在有"同文之谊,比邻之情",主张两国"正宜益修睦谊","同筹和好之情","永结无疆之好"①。第六次谈判中又再次表示"我两国要永远相交,万万年相交"②。基于睦邻为重,对过去发生的事彼此不再计较,规定一切往来文书一律销毁,"永作罢论"。虽作了很大的让步和妥协,但并非承认日本侵略的正当性。谈判一开始,沈葆桢就承认,琉球是"俨然一国家",中国也无权出卖琉球的主权。而且琉球已先与美国、法国、荷兰单独签订条约,具有独立国的地位。至于日本确曾利用《北京专条》,这是日本侵略琉球的一种借口,先已废王改藩,后复废藩置县,吞并琉球。琉球是由于日本蓄意侵略而亡,并非中日《北京专条》断送的。

《北京专条》签订后,大久保于11月7日到沪向江海关领取抚恤银10万两,旋动身赴台,于16日到琅琄传谕退兵,翌日向沈葆桢提出《番地交代事宜节略》五条,沈派台湾知府周懋琦前往办理接收事宜。计接收营房130多间,板片1200多片。12月16日,清政府向日方付款40万两,日军亦于20日全部退出,中日台湾事件宣告结束。据日人自己统计,前后7个月,共动用兵力3658人,战死12人,负伤17人,病死561人,支出军费361万日元,另加船舶购买费共771万元。中国付款50万两,合日币78

---

① 《总署王大臣给柳原函》,一档,外务部档。
② 《九月十一日面谈节略》,一档,外务部档。

万元,约占支出的十分之一①。

## 四、沈葆桢、丁日昌加强海防、维护台湾主权的措施

日军侵犯台湾,东南海疆出现危机,清廷为之震动。台湾事件平息后,从1874年11月至1875年5月,清政府内部进行了一次关于海防问题的大讨论。通过讨论,在用人、练兵、简器、造船、筹饷等方面,提出了加强海防的措施。文祥在奏折中提出"惟防日本为尤亟"②,得到多数人的赞同。李鸿章也指出,日本近年"改变旧制"后,"其势日强",故敢"称雄东土,藐视中国,有窥犯台湾之举"。他认为"泰西虽强,尚在七万里以外,日本则近在户阆,伺我虚实,诚为中国永久大患"。李宗羲也提出"台湾一岛,形势雄胜,与福州厦门相为犄角,东南俯瞰噶罗巴、吕宋,西南遥制越南、暹罗、缅甸、新加坡,北遏日本之路,东阻泰西之往来,宜为中国第一门户,此倭人所以垂涎也"③。之后,清政府开始重视加强以御外为主的台防措施。

(一)沈葆桢加强台防的措施

自沈葆桢受命办理台湾等处海防大臣后,即已采取一些加强台湾防务的措施。台湾事件结束后,沈葆桢于12月23日会同帮办潘霨上"全台善后事宜并请旨移驻巡抚"折,针对日本侵略事件中所暴露的有关海防等问题,提出善后措施。

1. 移驻巡抚、添设郡县

沈在善后折中指出,"年来洋务日密,偏重在于东南,台湾海外孤悬,七省以为门户,其关系非轻"。主张"欲固地险",必须"先修吏治"。经

---

① 黑龙会编:《西南纪传》,上卷一,第782页,转引庄司万太郎《牡丹社之役与李善德之活跃》。
② 文祥:《敬陈管见折》,(同治朝)《筹办夷务始末》,第98卷,同治十三年十月二十八日条。
③ (同治朝)《筹办夷务始末》,第99卷,同治十三年十一月初四日条。

过"夙夜深思，为台民计，为闽省计，为沿海筹防计"，提出"必仿江苏巡抚分驻苏州之例，移福建巡抚驻台，而后一举而数善备"。他列举巡抚驻台"有事可以立断"、"统属文武，权归一尊"等十二便。强调"台地向称饶沃，久为异族所垂涎，今虽外患暂平，旁人仍眈眈相视，未雨绸缪之计，正在斯时"。认为"山前山后其当变革者，其当创建者，非十年不能成功"，必须"先得一主持大局者，事事得以纲举目张，为我国家亿万年之计"①。移驻巡抚折1875年4月24日虽经奉旨批准，但没有实行，由于闽中督抚持有不同意见，且移驻也存在实际困难。巡抚王凯泰提出"省台不能分家"，若巡抚"长驻海外，将变成台湾巡抚，提饷呼应不灵"。主张仿照直督驻津之例，往来兼顾。得到沈葆桢的赞同，认为"往来兼顾，亦时势所不得不然"②，旋会同福州将军、闽浙总督上奏，于8月28日旨准实行"省台兼顾"方案。后王凯泰提出闽抚"冬春驻台、夏秋驻省"，经沈葆桢同意后复奏，11月27日谕旨"着照所请办理"③。

沈葆桢在善后折中提出台湾"前后山可建郡者三，可建县者有十数，固非一府所能辖。欲别建一省，又苦器局之未成"④。他于1875年1月前往凤山履勘琅㟁形势后，上奏琅㟁"拟即筑城设官，以镇民番而消窥伺"折⑤，2月17日诏准在琅㟁设恒春县。7月沈又上"台北拟建一府三县"折，认为"台北口岸四通，荒壤日辟，外防内治，政令难周，拟建府治，治辖一厅三县，以便控驭而固地方"⑥。1876年1月16日上谕："沈葆桢等所奏各节，系因时制宜起见，自应准如所请。"准于台北艋舺地方，添设知府一缺，名为台北府，仍隶于台湾兵备道。附府添设知县一缺，名为淡水县。裁汰竹堑地方的淡水厅同知，改设新竹县知县一缺。并于噶玛兰厅

---

① 沈葆桢抄呈总理衙门《全台善后事宜》折稿，一档，外务部全宗。
② 《沈文肃公牍》，巡台五，第131、136、146页。
③ 《德宗实录》，卷20，光绪元年十月三十日。
④ 沈葆桢：《福建台湾奏折》，《台湾文献丛刊》，第29种，第3页。
⑤ 《福建台湾奏折》，第23～25页。
⑥ 同上书，第55页。

旧治,添设宜兰县知县一缺。改噶玛兰通判为台北分防通判,移扎鸡笼。台湾南路同知移扎卑南,北路同知改为中路,移九水沙连,各加"抚民"字样①。此时台湾由一府四县三厅,增为二府八县四厅。即增设台北府,合原来的台湾府为二府,新设恒春、淡水、新竹、宜兰四县,合原来的台湾、凤山、嘉义、彰化四县为八县,增设鸡笼、卑南、埔里三厅,合原来的澎湖厅为四厅。添设郡县后,加强了对台湾南北内山的行政管理,以维护台湾全岛的主权。

2. 开山"抚番"、招垦开禁

在日军侵台期间,沈葆桢为了"绝彼族觊觎之心,以消目前肘腋之患",即着手"一面抚番,一面开路"②。事件结束后,在会衔所上"会筹全台大局"疏中提出,"为会筹全台大局,抚番开路,势难中止"。并指出"人第知今日开山之为抚番,固不知今日抚番之实以防海也"。此举不但"关系台湾安危,而且关系南北洋全局"。要求通过长期的努力,达到"尽番壤而郡邑之,取番众而衣冠之"。强调"经营后山者为防患计,非为兴利计。为兴利尽可缓图,为防患势难中止"。因为"外人之垂涎台地,非一日亦非一国也。去岁倭事,特嚆矢耳"。如果"后山一带,我不尽收版图,彼必阴谋侵占"③。为了加强台防,主张继续"开山抚番"。开山分三路进行,北路自苏澳至歧莱,开路205里,南路由赤山至卑南,约175里,由射寮至卑南214里,中路由林杞埔而东,经一年而至璞石阁,共265里。打通山前至山后的路线,准备与自歧莱而南的北路接连。开山过程,沿途筑设碉堡,派兵屯营,安抚"良番",平服"凶番"。

在开山过程中,同时募民随往耕垦。认为"今欲开山不先开垦,则路虽通而仍塞",但"欲招垦不先开禁,则民裹足而不前"。于1875年1月奏请开"严禁内地民人渡台之旧例",开"严禁台民私入番界之旧例",并恳

---

① 《德宗实录》,卷24,光绪元年十二月二十日。
② 《福建台湾奏折》,第1页。
③ 《道咸同光四朝奏议选辑》,《台湾文献丛刊》,第288种,第73~76页。

弛"对铁、竹两项"的"旧禁"①。2月25日奉旨："沈葆桢等将后山地面设法开辟，旷土亟须招垦，一切规制，自宜因时变通。所有从前不准内地民人渡台各例禁，着悉与开除。其贩卖铁、竹两项，并着一律弛禁，以广招徕。"②以后在厦门、汕头、香港各设招垦局，招民开垦。实行多年的旧禁废除，对进一步开发台湾，起了很大的促进作用。

3. 整顿营务、充实军备

沈葆桢奉命来台督办防务后，发现"台地班兵不可用"③。由于"积久弊生，班兵视为畏途，往往雇倩而来，伍籍且不符，何有于技勇"？乃奏请"将台澎班兵疲弱者先行撤之归伍，其旷饷招在地精壮充补"④。日军退后，于1875年8月奏请仿淮楚军营制而归并台地营伍，以500人为一营。南路九营专顾凤山、台湾、嘉义三县；中路三营专顾彰化县；北路三营专顾淡水、宜兰县；澎湖两营专管澎湖。"均各认真训练，扼要驻扎"，归巡抚统辖。台湾镇总兵撤去"挂印"字样，并归巡抚节制。又提出"台地延袤一千余里，处处滨海，陆防之重尤甚于海"，奏将安平台协水师三营改为陆路。鉴于旧有水师编制，战船仅能巡缉捕盗，已不合台湾防海需要，奏将水师各营拖罾艇船8号"裁撤"，请调"闽厂现造轮船，分拨济用"⑤。1876年2月6日上谕："所奏各节，系为因时制宜起见，自应准如所请。"⑥付诸实施后，台湾武备、营制乃益趋健全。

为了加强台防，沈葆桢曾多次奏购铁甲船，认为"百号之艇船，不敌一号之大兵轮船"⑦。沈巡台后所奏仿西洋新法兴建的安平炮台，于1874年10月兴工，1876年9月竣工，为中国最早用混凝土所建新式炮台。炮

---

① 《福建台湾奏折》，第12～13页。
② 《德宗实录》，卷3，光绪元年正月初十日。
③ 《沈文肃公牍》，巡台一，第11页。
④ 《同治甲戌日兵侵台始末》，第29页。
⑤ 沈葆桢：《请改台地营制折》，《台湾文献丛刊》第29种，第62～64页。
⑥ 《德宗实录》，卷24，光绪元年十二月二十日。
⑦ 沈葆桢：《复议海洋水师片》，《台湾文献丛刊》第29种，第17页。

台城门上沈亲书"亿载金城"。并在台南旗后海口凿山垒土，建炮台六座，"以固海防"。同时又购炮十尊，驻兵八百名于东港炮台，以加强南部防务。此外，澎湖为台、厦命脉，日军侵台时，沈命副将吴奇勋添募新勇一营，并购大炮10尊，以加强防卫[①]。同时在台郡兴建军装局及火药局，将备防时所购买洋炮、洋枪以及军火器械等项，"慎为存储"[②]。台湾军备的改进，已逐渐迈向军事近代化道路。虽由于时间短促，有的刚开始进行，有的仅订计划，并未付诸实施。但沈葆桢的加强防卫措施，奠定了台湾近代化海防的基础。

（二）丁日昌加强台防的措施

为了会同沈葆桢妥筹台湾善后事宜，闽抚王凯泰于1875年6月渡台，一面履勘，一面与沈面商实行"省台兼顾"方案。王于11月8日内渡后，不久即病逝。12月降旨以丁日昌为福建巡抚，并谕其于冬春移驻台湾。丁于1876年春上任后，忙于在省整顿吏治，未克渡台，乃将台事委台湾镇道主持，并奏派水师提督彭楚汉、福宁镇总兵吴光亮前往整顿。

1876年西班牙驻华公使伊巴里重提1864年"索威拉纳"号商船遭风旧案，要求赔偿，总理衙门加以驳斥后，欲重演日本逞兵台湾的姿势，又引起台湾海防的紧张，总署函咨沿海各省加强防范。丁日昌遂于11月专折密陈"请速筹台事全局"折，系统地阐述了对加强台防的意见。奏折分析台湾所处的形势及在国防中的重要地位，并指出台北已上升为重要地区。折称："台湾洋面居闽、粤、浙三界之中，为泰西兵船所必经之地，与日本、吕宋鼎足而立，彼族之所眈眈虎视者，亦以为据此要害，北可以扼津、沽之咽喉，南可以拊闽、粤之脊膂"。认为"惟台湾有备，沿海可以无忧，台湾不安，则全局殆为震动"。公开指出，"以臣愚见，台湾若不认真整顿，速筹备御之方，不出数年，日本必出全力以图规取"。如何速筹

---

① 《同治甲戌日兵侵台始末》，第64页。
② 沈葆桢：《报明台郡城工完竣片》，《台湾文献丛刊》，第29种，第37页。

备御呢？"故为台湾目前计"，必须购中小铁甲一二号，"以为游击之用"；练水雷数军，"以为防阻之用"；造炮台数座，"以为攻敌之用"；练枪炮队各十数营，"以为陆战之用"；购机器、开铁路、建电线，"以为通信、运货、调兵之用"；购机器、兴办公司，"以为开矿、开垦之用"。折末提出"速派威望素著知兵重臣，驻台督办，并派熟悉军火大员，办理后路粮台，宽筹粮饷，购买外洋铁甲船、水雷、枪炮等件，以资备御，而裕接济"①。上述所提，除铁路一项外，所提购船、练兵、修建炮台、架设电线、开矿、招垦诸务，都是继承沈葆桢加强台防的措施。丁日昌所提这些措施，也都是首先从加强台防出发的。如丁主张"兵事与矿事相为表里，矿不兴则无财，无财则饷何由足？矿不兴则无煤、铁，无煤、铁则器何自而精"？认为开矿可以杜绝外人觊觎，且可兴利、筹饷。认为"外人之所以垂涎台湾者，以有矿利"故，自己兴办矿务，"垂涎之根既绝，则窥伺之念自消"。又说"轮路（铁路）开，矿务兴，则兵事自强，而彼族之狡谋亦自息"②。上谕肯定：丁日昌所拟办各项，"亦属目前应办之事"③。

1876年西班牙以商船遭风旧案，"声称欲派兵船来台"，同时台湾"生番未靖"，镇道皆病，"台事无人主持"④。丁日昌遂于11月30日"力疾渡台"，实地履勘后，感到设备未齐，水师力量不足，立即请调楚军总兵方耀一军赴台，并添筑炮台，另请李鸿章、沈葆桢分拨兵轮及两炮，并再次奏购铁甲船二三号，以及水雷、大炮、快枪，预练精锐军队二三十营，"以备缓急"。1877年3月6日奉旨"陈奏各件，洞中窾要，亟应次第举行"。并谕调"登瀛洲"、"元恺"轮船二号，"迅饬赴台调遣"。所请拨借格林行炮40尊，克虏伯等大炮30多尊，均着李鸿章、沈葆桢"照数拨

---

① 《台湾文献丛刊》，第288种，第80~82页。
② 《洋务运动》（二），第350~352页。
③ 《德宗实录》，卷43，光绪二年十一月十九日。
④ 《丁禹生政书》，1987年8月香港志淳印刷公司版，第620页，第610~611页。

给"。至所请专派知兵重臣、熟悉工程大员之处,"应毋庸议"①。但购买铁甲船每号需银百万两,以款项无着,一再拖延。丁日昌与沈葆桢一样,筹购铁甲船充实台防的计划,也未能实现,台海防务仍靠闽厂所造轮船巡防。丁日昌巡视台境后,强调铁路、矿务对台防的重要,所上奏折中,列举不举办轮船、矿务之十害,与兴办轮船、矿务之十利及无可虑者七事。沈葆桢在复奏中认为,铁路一端,"实为台地所宜行"②。李鸿章复奏亦称,非铁路、电线,"亦无以息各国之垂涎"③。谕旨:"审度地势,妥速筹办。"④ 1877年沈葆桢拆毁吴淞铁路,丁日昌奏准将铁轨移至台湾旗后,沈葆桢给友人函牍中称:"旗后至凤山刚三十里,无内河可通,正当化无用为有用,使人人习知其利,再另做一条达郡城,此禹生中丞意也。"⑤ 台湾铁路兴筑计划,在丁日昌筹办下,逐渐具体化了。从10月开始,由"登瀛洲"载运铁轨,后又派"万年青"、"海镜"参加运输,翌年初"铁路全数运台"⑥。但最后也因经费不足,林维源兄弟所捐50万元又被挪借晋、豫赈灾之用,无法兴工。丁日昌乃退求其次,改办马车路。认为"纵不及轮路之迅速,然装运兵勇,往来亦不致十分迟滞",且"所需经费,亦只二三十万,仅轮路十分之一二"⑦。旋经朝廷批准,并拨款兴办。同年8月,丁日昌回籍养病,台湾的铁路及马车路均未能建成。

关于台湾陆路电线的架设,丁日昌建议移福州至厦门已成之线,架设鸡笼达恒春电线。丁渡台后又将建电线的具体计划上奏,决定先修旗后至府城,再修府城至鸡笼的陆路电线⑧。谕准照办后,于8月自郡城兴工,

---

① 《德宗实录》,卷46,光绪三年正月二十二日。
② 沈葆桢:《筹商台湾事宜疏》,《台湾文献丛刊》,第288种,第82页。
③ 《李文忠公全集·奏稿》,卷29,第2页。
④ 《德宗实录》,卷46,光绪三年正月二十二日。
⑤ 沈葆桢:《复郭筠仙钦使》,《沈文肃公牍》,督江十一。
⑥ 同上书,督江十三。
⑦ 《洋务运动》(二),第370页。
⑧ 《洋务运动》(六),第334~335页。

10月完成。共有两线，台湾府至安平，台湾府至旗后，计共长95里，11月开始对外营业。

丁日昌渡台后，即往鸡笼察看所开的煤矿，继续经营沈葆桢兴办的官营西式煤矿的计划，旋饬台湾道叶文澜督同委员悉心办理，并建议开采硫黄、煤油、铁矿。同时奏请在香港、厦门、汕头等地设立招垦局，每月派定官轮船数次招集客民开垦，并计划"将来精壮者勒以军法，使为工而兼为兵"。而"弱者给以田畴，既有人而自有土"。这样，"百姓既可免流亡之患于目前，国家又可收富强之效于异日"①，一举数得。在丁日昌的筹划下，为台湾矿务、垦务的开展，奠下了良好的基础。

丁日昌对台湾海防的建设，不主张以"开山抚番"为主，他认为"台事以御外为要，外侮既靖，择生番之尤凶者大举剿办，则抚局自永远可谐"②。他经营海防的目标，在如何巩固海防力量以御外，以期台湾海防不但自立自足，更可屏卫东南海疆。在他的悉心筹划下，设电线，兴矿务，加强军事力量，继沈葆桢之后，为建设台湾近代海防，进一步奠定了基础。

## 第四节　法军侵略台湾与台湾建省

### 一、中法战争前台湾的海防

1877年5月，丁日昌因病回省，清廷派船政大臣吴赞诚暂行接办台湾防务事宜。8月9日吴赞诚在台上奏称："臣见刻下海防静谧，台地事宜当以后山抚垦为急务。"③ 9月5日上谕："所有招抚开垦事宜，自应妥为筹

---

① 《丁禹生政业》书，第635~636页。
② 《洋务运动》（二），第352页。
③ 《吴光禄使闽奏稿选录》，《台湾文献丛刊》，第231种，第7页。

办,以竟全功。"①

1878年5月8日授吴赞诚署福建巡抚。吴赞诚对台防的措施,主要放在对后山的开发和"抚番"方面,对丁日昌策划的各项建设,均未能继续充实、完成。如弃置海滨的吴淞铁路铁轨,令其锈蚀,煤矿开采亦不得力。

1879年,日本先"阻梗琉球入贡"中国,继于4月宣布琉球为冲绳县,公开吞并琉球。清廷命何如璋与日交涉。时张之洞上奏称:"日本灭球,乃垂涎台湾之渐。"② 李鸿章亦奏称:台湾一岛"内则屏蔽闽、粤、江、浙诸省,外则控扼日本、琉球、吕宋诸岛,……故论中国海防者,当以台湾为第一重门户"。指出"东洋有事,台湾实当要冲"。并密陈将"足智多谋"的贵州巡抚岑毓英调闽"督办台湾防务",仍循"春夏驻省、秋冬驻台之例,就地设法,筹饷练兵,久之必有成效"③。1881年5月5日,清廷调岑毓英为闽抚,令其"将台湾防务悉心规划","务期有备无患"④。同时,命刘璈为台湾道。岑遂携带亲兵二千名赴任,并将黔铸开花铜炮8尊运台,以加强防务力量。岑到台经过实地勘察后,将所带二千精兵全数调台,合并为四营,与刘璈所带楚勇一营及台地原有兵制,合计11000名,除留守澎湖暨各海口及前后山外,拟分为三小军,分屯台南、台北及中路彰化,"以备缓急之需,无事则认真操练,有事则互相应援"⑤。并明定海上交通用轮船自五虎口径渡基隆,派"琛航"、"永保"两轮"轮流渡往基隆、沪尾,凡来往官兵及省台文报,均由轮船渡送,以免迟误机宜"⑥。岑于1882年1月抵大甲溪一带勘察,认为台湾府城偏于一隅,不易顾及北路,建议府、道移设彰化东大墩(今台中市),居中控制,预定作为将来

---

① 《德宗实录》,第54卷,光绪三年七月二十八日。
② 张之洞:《请防台湾片》,《台湾文献丛刊》,第210种,第35~36页。
③ 李鸿章:《请调岑毓英督办台湾片》,《台湾文献丛刊》,第288种,第130~131页。
④ 《德宗实录》,卷129,光绪七年四月初八日。
⑤ 《岑襄勤公遗集》,奏稿,卷17,第20~21页。
⑥ 同上书,第23页。

的省会。2月回台北府城后,又督同官绅布置修筑城垣,添筑炮台、营碉各事。岑毓英的布防重点在台湾北部,这与沈葆桢注重南部防务的情形,已有所改变。清廷本欲借重其才以固台防,应付日本,但结果日本并没有借中日琉球一案侵扰台湾,而当时法国谋占越南北境,中国西南边防十分紧张,乃于6月22日调岑毓英署云贵总督,以前任广东巡抚张兆栋署福建巡抚。

1883年5月,清廷正式任命张兆栋为福建巡抚。时法人攻占顺化河岸炮台后,迫胁越南议约十三条,中国南北海防又趋紧张。9月,清廷谕令实力筹办南北防务,12月又下谕:"法人侵占越南,外患日亟","闽省台、澎等处,在在堪虞",着闽省督抚"同心筹划,备豫不虞"①。时福州将军穆图善等奏陈台地防务单薄,要求增援。18日又谕令左宗棠酌拨练勇数营渡台,归刘璈调遣,左宗棠旋派四营赴台协防。1884年1月,又谕调前陕甘总督杨岳斌驰闽会办海防事宜,并委杨在元署台湾镇总兵。负责台湾防务的台湾兵备道刘璈奏称:台湾海防"必倚内山为靠,非静镇于内,断难捍御于外"。故"外防紧,内防仍不容稍松"。要求增兵,筹饷,并提出添募壮勇九千,合足二万人,"辅以水陆团练,方资分布"。旋把兵勇分南、北、中、前、后五路,分布各汛地,"量地分管,可专责成"②。同时修筑炮台、建营垒、购新枪、置水雷,以加强军备。但由于各种因素限制,台湾海防的实力仍很有限,遂予法人以可乘之机。

## 二、抵抗法国侵占台湾的保卫战

1884年6月以后,法国已把战火烧到中国东南沿海一带,要在中国本土开辟第二战场。其主要目标是福建省城福州和台湾岛的基隆,以胁迫清政府屈服。6月26日,清廷特谕前直隶提督刘铭传着赏给巡抚衔督办台湾

---

① 《德宗实录》,卷174,光绪九年十一月十八日。
② 刘璈:《巡台退思录》,《台湾文献丛刊》,第21种,第219~222页。

事务，所有台湾镇道以下各官，均归节制。刘铭传于 7 月 16 日抵达基隆，当时全台防军共四十营，台北仅有孙开华所部三营，曹志忠所部六营，台南则拥有三十一营，"南北缓急悬殊，轻重尤须妥置"。刘铭传乃从台南饬调淮军旧部章高元二营至台北，作为护队①。并重新部署各地兵力，改以台湾北部为防备重点。

自 7 月下旬以后，时有法国兵船巡泊基隆洋面。至 8 月 5 日，法国兵船突然猛轰基隆炮台，守军督炮还攻，揭开台湾保卫战的序幕。敌炮自辰至午猛攻不息，毁基隆炮台前壁，火药房亦爆炸，守军退出。是役"伤亡弁勇六十余人"。刘铭传认识到"非诱之陆战，不足以折彼凶锋"，即令部队移退后山，避开法军炮火。第二天，法国侵略军四五百人，登岸向曹志忠营猛扑，曹率队迎战，刘铭传即督率章高元、邓长安等绕袭其东、西面，实行"两路夹攻"。结果敌军大溃，撤回舰上。是役"法兵伤亡百余人……我军伤亡才数人"。基隆保卫战，转败为胜。刘铭传考虑到"敌人船坚炮利"，若再增兵、增船，曹志忠部离海过近，"难支敌炮"，决定令曹营"移扎后山，以保兵锐"，并拆移八斗煤矿机器，移至后山，将矿房烧毁，"以绝敌人窥伺之心"②。

法军在基隆受挫后，留下少数兵舰封锁基隆洋面，海军提督孤拔指挥的十艘军舰悄悄转移到马江，于 8 月 23 日发动突然袭击，闽海舰队全军覆没，马尾造船厂及沿江炮台亦被击毁，同月 28 日清廷发布上谕，对法宣战。马江战胜，法军掌握了台湾海峡的制海权后，法舰不断窥伺基隆、沪尾等地洋面，至 9 月底已集中兵舰十一艘，旋于 10 月 1 日第二次进攻基隆，并分舰进攻沪尾。刘铭传衡量当时军事形势后，认为沪尾当基隆后路，离府城根本重地只三十里，"倘根本一失，前军不战自溃，必至全局瓦解，莫可挽回。不得不先其所急，移师后路，藉保府城"。乃令曹志忠、

---

① 《刘壮肃公奏议》，卷三，《台湾文献丛刊》，第 27 种，第 165~166 页。
② 《刘壮肃公奏议》，第 168~172 页。

章高元率部撤离基隆,"驰救沪尾"①。

当法军攻占基隆后,改变原拟"取地为质"而升级为"割地"。叫嚷"基隆一地应让与法国,以为法国水师在中国海面屯踞之处",有的更提出"占据全台"。茹费理内阁海军部长电示孤拔:"可俟占领基隆后,再行率领各舰进攻中国北部"。但法军不久便发现所占领的基隆,无非是一片废墟和荒滩,且经常受到中国军队的偷袭和反击。法军被牵制在基隆,成为一个"悲惨堡垒"②。自沪尾受挫后,法军士气低落,军心涣散。孤拔遂于10月20日宣布,自10月23日起,封锁台湾南北海口。自基隆被占后,清廷对台湾安危异常关切,除促新授钦差大臣左宗棠、闽浙总督杨昌浚迅速上任、竭力保全台湾外,并谕令江南及闽粤各省派兵、济械,急援台湾。海面被封锁,确使台湾防务蒙受严重影响,但闽台沿海的船民,也组织起来进行"偷运",接济台湾。1885年3月1日,左宗棠所派王诗正援军冲破封锁,抵达台北。李鸿章所派聂士成所部淮勇八百多人,亦于3月初抵台,并运去大批枪械、弹药。3月16日,杨岳斌亦自泉州绕渡台东卑南,于19日抵达府城。3月29日孤拔率舰炮击澎湖炮台,31日法军登陆妈宫,澎湖全岛俱陷。法军继占澎湖,为了扰乱南北海上交通,给清廷以进一步的威胁,同时也是为了掩护其撤退的一种行动。早在1月28日法国海军部致孤拔密电中就说:"为着缓和我们放弃台湾岛所生的结果起见,政府决定占领澎湖群岛。"孤拔在复电中也说:"提督完全了解,政府主张占领澎湖,目的仅在润色以后的台湾撤退。"③ 3月28日,西南战场的冯子材、苏元春、王德榜等三路清军进攻谅山,翌日克服谅山,大败法军,31日茹费理内阁辞职。4月2日孤拔收到巴黎令其增援越南战区的急电,计划自基隆撤退。此时清廷一味急于求和,竟然在谅山大捷与法军被困在台

---

① 《刘壮肃公奏议》,第174~175页。
② 韦庆远:《论1884—1885年反法侵略的台湾保卫战》,《台湾研究集刊》,1984年,第1期。
③ 《法军侵台始末》,第七章,第95页。

北"悲惨堡垒"的情况下，答应在遵守1884年4月签订的《天津条约》的基础上，签订新的和约，于4月6日宣布停战撤兵。法军于6月2日撤离基隆，7月21日撤离澎湖。侵略军头子孤拔亦于6月11日死于澎湖。

### 三、台湾建省

这次战争暴露了清政府在军事上的突出弱点，不但海军力量十分薄弱，而且台湾海防尤不可恃，一旦援绝，难以自守。战后为亡羊补牢之计，清廷于1885年6月21日谕沿海沿江各督抚："现在和局虽定，海防不可稍弛，亟宜切实筹办善后，为久远可恃之计。"因此又在清廷内部进行了一次加强海防的讨论，讨论的内容"以大治水师为主"①。同时，加强台湾防务，也占重要地位。

讨论中突出了闽、台地区在海防中的地位。如李鸿章议设四支水师，主张"闽台合为一支"②。闽浙总督杨昌浚议设水师三大支，主张"南洋水师设于台澎"③。李元度议设海军四镇，主张"台湾为一镇"，而"总理海防大臣开府于台湾"，因台湾"为七省门户，道里适中，得首尾相应之势"④。彭玉麟主张分设两大镇，"一驻厦门，浙江、福建、台湾、广东各海口属之"。并指出："我有台湾，濒海数省可资其藩卫。如失台湾，则卧榻之侧，任人鼾睡，东南洋必无安枕之日，故海防以保台为要。"⑤这时台湾为"南洋门户，七省藩篱"的重要地位，已为更多的朝野之士所认识。所以加强台防，成为这次海防讨论的一个重要内容。

为了加强台防，李元度主张开辟台疆。他在复议海防折中，主张应令"福建巡抚专驻台湾，兼理学政"，必须"久任而责成之，辟土地，保农

---

① 《洋务运动》（二），第559~560页。
② 同上书，第566页。
③ 同上书，第562~563页。
④ 陈忠倚辑：《皇朝经世文》，三编，卷45，上海书局1902年石印本，第1~9页。
⑤ 《皇朝经世文》，三编，卷46，第3~5页。

桑，征税课，修武备，则七省之藩篱固矣"①。杨昌浚在复议海防折中，也指出"台湾孤立重洋，物产丰腴，久为各国垂涎之所。故此次法祸之起，独趋于闽，先毁马尾舟师，以断应援之路，随进逼基隆，分陷澎湖，无非为吞全台计"。主张"台湾善后万不可缓，省城亦兼顾不及，应否特派重臣驻台督办，伏候圣裁"②。钦差大臣、督办福建军务的左宗棠，亦于7月29日上"为台防紧要，关系全局，请移驻巡抚以资镇慑而专责成"折，他从分析台湾"为七省门户，关系全局"的形势出发，认为"目今之事势，以海防为要图，而闽省之筹防，以台湾为重地"。接着比较了过去十年先后提出的巡抚移驻台湾、巡抚兼顾闽台、改闽抚为台湾巡抚、专派重臣督办等各种方案的得失，然后指出，各种方案皆不如袁保恒"事外旁观，识议较为切当"。建议"惟有如袁保恒所请，将福建巡抚改为台湾巡抚，所有台澎一切应办事宜，概归该抚一手经理，庶事有专责，于台防善后大有裨益"③。10月12日由醇亲王奕䜣等16人联衔上奏，拟将福建巡抚改为台湾巡抚，奏称："臣等查台湾为南洋要区，延袤千余里，民物繁富，自通商以后，今昔情形迥异，宜有大员驻扎控制。若以福建巡抚改为台湾巡抚，以专责成，似属相宜，恭候钦定"④。同日奉慈禧太后懿旨，准将福建巡抚改为台湾巡抚。谕旨指出："台湾为南洋门户，关系紧要，自应因时变通，以资控制。着将福建巡抚改为台湾巡抚，常川驻扎。福建巡抚事，即着闽浙总督兼管。所有一切改设事宜，该督抚详细筹议，奏明办理。"⑤九年前未经认真讨论即被议驳的袁保恒改设台湾巡抚的建议，在中法战争后，清廷急于加强海防的新形势下，经左宗棠再次陈奏，终于为清廷所接受。

① 《皇朝经世文》，卷45，第1~9页。
② 《洋务运动》（二），第563页。
③ 左宗棠奏折，光绪十一年六月十八日，北京第一历史档案馆。
④ 奕䜣等会奏折，中国第一历史档案馆，洋务档。
⑤ 《德宗实录》，卷215，光绪十一年九月初五日。

1886年1月16日清廷下谕："台湾虽设行省，必须与福建联成一气，如甘肃、新疆之制，庶可内外相维。"① 7月14日闽浙总督杨昌浚和刘铭传会衔上"遵议台湾建省事宜"折，提出闽台分治的方案。首先，提出"台湾本隶福建，巡抚应照新疆，名曰福建台湾巡抚"，"庶可联成一气，内外相维，不致明分畛域"。其次，通过协商解决了分省最大的困难问题，即经费问题。商定每年由闽省各库、闽海关及粤海、江海等五关每年协济银"共成八十万两，以五年为期"②，支持台湾的建省分治事业。1887年10月，刘铭传与杨昌浚会衔上"台湾郡县添改撤裁"折，此时台湾的人权、财权等都已确定，台湾与福建分省基本完成。台湾成为中国的第20个行省，刘铭传为首任福建台湾巡抚。

刘铭传鉴于中法战争期间，台湾海防地位的重要及其存在问题，战后便积极推行台湾的改革事业，以加强防务力量。1885年7月16日曾上疏称："台湾为东南七省门户，各国无不垂涎。每有衅端，咸思吞噬。目下大局虽定，而前车可鉴，后患方殷，亟当除弊兴利，所有设防、练兵、抚番、清赋数大端，均须次第整顿。"③ 同月29日又上条陈台湾善后事宜折，强调"澎湖一岛，非独全台门户，实亦南北洋关键要区。守台必先守澎，保南北洋亦须以澎、厦为管钥"。折中提出设电线、购轮、造桥、修路，"以通南北之邮"；理屯、兴垦、开矿、取材，"以兴自然之利"④。清廷决定台湾建省后，刘铭传于1886年初上折称："台湾一岛，久为外人所窥，朝廷视为重地，改设巡抚，无非保固岩疆，臣忝膺斯土，恨不能信日经营。""惟办防以御外侮，抚番以清内患，清赋以裕饷需，此三事均为急不可缓。臣现竭力经营，期于必济。"⑤ 可见刘铭传当时所提出的设防、练

---

① 《德宗实录》，卷221，光绪十一年十二月十二日。
② 《刘壮肃公奏议》，卷6，第279～284页。
③ 中国第一历史档案馆，军机处录副奏折，光绪十一年六月初五日。此折与《刘壮肃公奏议》所收文字有不少出入。
④ 《刘壮肃公奏议》，卷2，第146～149页。
⑤ 《刘壮肃公奏议》，卷5，第245页。

兵、抚"番"、清赋以及推行近代化的改革，都是从加强台湾海防、维护国家主权为出发点，这与清廷为了筹防决定台湾建省的目标是一致的。在刘铭传的努力经营下，台北冠盖云集，辐辏环聚，迅速成为商务繁盛的近代化城市，台湾出现了"百业俱兴"的局面，不但直接增强了海防力量，而且促进了台湾经济的发展，使台湾成为当时全国的一个先进省份。

## 第五节　中日甲午战后台湾沦为日本殖民地与台湾人民的反抗斗争

### 一、割台与反割台斗争

（一）日本割占台湾的经过

1894年日本发动了中日甲午战争，清军在平壤、黄海大东沟陆海战接连溃败及北洋海军在威海卫全部覆灭后，清政府于1895年与日本签订了屈辱的《马关条约》，把台湾及其附属岛屿割让给日本，从此台湾遂沦为日本的殖民地。

早在1874年牡丹社之役，已暴露了日本企图占领台湾的野心，阴谋失败后侵台之心不死，1887年小川又一次在所拟《清国征讨策案》中，已把澎湖群岛、台湾全岛列为侵占地区之一[①]。甲午战争爆发后，日军连战皆捷，日本朝野对割地问题纷纷发表意见。民间党社有的提出"割让吉林、盛京、黑龙江三省及台湾"[②]；有的提出"占有台湾及长江流域"[③]。陆军部主张割让辽东半岛，可"抚朝鲜之背，扼北京之咽喉"，认为对日本大陆

---

[①] 转引自黄秀政《台湾割让与乙未抗日运动》，台湾商务印书馆1992年12月，第36～37页。

[②] 陆奥宗光著、龚德柏译：《甲午中日战争秘史》（原名《蹇蹇录》），台湾商务印书馆1976年2版，第101页。

[③] 藤村道生著，米庆余译：《日清战争》，上海译文出版社1981年1版，第134页。

政策的推进，关系至巨；海军部则主张"与其割取辽东岛，不如割取台湾全岛"①，以便作为南进政策的根据地。前文部省大臣井上毅曾上书内阁总理大臣伊藤博文，主张"占有台湾者，可能扼黄海、朝鲜海、日本海之航权，而开阖东洋之门户"，认为"台湾而为战获物，天下后世不以此役为不廉之捷矣。若失此机会，二三年之后，台湾必为他一大国之有矣，不然亦必为中立不可争之地矣"②。日方以甲午战争的爆发，视作实现其图占台湾的良机。只是由于当时日本兵力有限，对于远离朝鲜半岛主战场的台湾，在战争初期并未列为进攻的目标。但1894年10月，外相陆奥宗光针对英外相所提调停方案，曾内拟议和条件草案三则，其中乙案已提出"中国割台湾全岛予日本"③。当日军攻入辽东半岛后，伊藤博文即向广岛大本营提出《直冲威海卫并攻略台湾方略》的意见书，反对在直隶作战，主张"进攻威海卫"，"同时攻占台湾"。指出，"迩来朝野之间，议论台湾诸岛必以战利品归我者，与日俱增。如果要以割取台湾为和平条约之一要件，若非事先以兵力占领，后日被拒以无割让之理由，将其奈他何。故非有控制渤海之锁钥，同时南取台湾之深谋远虑不可"④。1895年2月威海卫失陷，北洋舰队覆灭，日本即在广岛抽调海陆军兵员万人及全部舰队，组织成南进军，准备攻占台湾。就在清政府所派全权大臣李鸿章偕儿子李经方动身赴马关议和的第二天，3月15日，联合舰队由司令长官伊东祐亨海军中将率领，驶离佐世保港，向台湾进发。23日日军向澎湖发起进攻，26日澎湖诸岛全部被日本占领，造成既成的占领事实，作为谈判时要求割取台湾的筹码。在30日所签订的停战协定中，停战范围竟把台、澎除外。4月1日日方提出割让台、澎等内容的媾和底稿11款，经过反复辩驳，9日中方提出全盘修正案，关于割让部分允割已被日军占领的澎湖群岛，并电

---

① 《中日甲午战争秘史》（中译本），第100页。
② 伊能嘉矩：《台湾文化志》（中译本），台湾省文献委员会1991年6月版，第451~452页。
③ 《中日甲午战争秘史》（中译本），第92页。
④ 伊藤博文编：《机密日清战争》，转引自黄秀政《台湾割让与乙未抗日运动》，第43页。

告总理各国事务衙门。10日日方提出最后修正案,并以派兵进攻直隶相威胁。清政府终于接受,于1895年4月17日双方签订《马关条约》,现将第2款、第5款有关割台部分引录于下:

第二款　中国将管理下开地方之权并将该地方所有堡垒、军器工厂及一切属公物件,永远让与日本:

一、(略)。

二、台湾全岛及所有附属各岛屿。

三、澎湖列岛,即英国格林尼次东经百十九度起至百二十度止,及北纬二十三度起至二十四度之间诸岛屿。

第五款　本约批准互换之后,限二年之内,日本准中国让与地方人民愿迁居让与地方之外者,任便变卖所有产业,退去界外。但限满之后尚未迁徙者,酌宜视为日本臣民。

又台湾一省,应于本约批准互换后,两国立即各派大员至台湾,限于本约批准互换后两个月,交接清楚①。

此后,日本即凭借此战争强加于中国的不平等条约,作为强占中国领土、加强对华侵略的根据。

5月8日,《马关条约》在烟台交换批准,10日,日本任命海军军令部部长桦山资纪为台湾总督兼军务司令官,清廷派李经方为全权委员,赴台交割台湾事宜。由于当时台民已掀起反割台斗争,李经方等不敢登陆,于6月2日在基隆口外的日舰上递交割台清单,就算交割完毕。

(二) 台湾军民反割台斗争

马关订约前日本索割台湾之说已有传闻,当时廷臣、疆吏、士子纷纷上书谏阻割台。署台湾巡抚唐景崧于3月2日电告朝廷:"近日海外纷传,倭必攻台,又闻将开和议,倭必索台……台民惊愤,浮议哗然。"② 日军攻

---

① 《中外旧约章汇编》,第一册,第614~615页。
② 故宫博物院编:《清光绪朝中日交涉史料》,见中国史学会编:《中日战争》(3),上海新知识出版社1956年10月出版,第488页。

占澎湖及停战协定不包括台澎地区的消息传开后，"台民愤骇……众口怨咨，一时军民工商无不失望，义勇尤哗"①。《马关条约》签字的当天，割台消息传到台湾，"台人……奔走相告，聚哭于市中，夜以继日"②。遂掀起了一场波澜壮阔的反割台斗争。4月18日工部主事统领全台义勇丘逢甲率全省绅民呈称："臣等桑梓之地，义与存亡，愿与抚臣誓死守御。设战而不胜，请俟臣等死后，再言割地……如日酉来收台湾，台民惟有开仗。"③ 28日台籍京官户部主事叶题雁、翰林院庶吉士李清琦、台湾安平等县举人汪春源、罗秀惠、黄宗鼎等联名向都察院递呈称："今者闻朝廷割弃台地以与倭人，数千百万生灵皆北向恸哭，闾巷妇孺莫不欲食倭人之肉，各怀一不共戴天之仇，谁肯甘心降敌？……与其生为降虏，不如死为义民。"④ 台湾绅民在向清廷呼吁无效，列强又拒伸援手的困境下，"为商结外援，拒日保台"，在陈季同的策划、丘逢甲等台湾绅民的出面领导之下，公议建立"台湾民主国"⑤。5月15日发布自主宣言："今已无天可吁，无人肯援，台民惟有自主……愿人人战死而失台，决不拱手而让台。"并电禀总理各国事务衙门、南洋大臣、闽浙总督等："台湾属倭，万民不服……伏查台湾为朝廷弃地，百姓无依。惟有死守，据为岛国，遥戴皇灵，为南洋屏蔽……一面恳请各国查照'割地绅民不服'公法，从公剖断。"于16日、21日二次至巡抚衙门递呈，请唐景崧统摄政事，25日送上"台湾民主国总统之印"及"蓝地黄虎"国旗，唐景崧以"群情难拂……俯如所请"，于是日"改台湾为民主之国"⑥。以台湾巡抚唐景崧为民主国总统，

---

① 《台湾唐维卿中丞电奏稿》，见《中日战争》(6)，第381页。
② 江山渊：《徐骧传》，转引自戚其章著《甲午战争史》，人民出版社1990年9月出版，第511页。
③ 戚其章主编：《中日战争》(3)，北京中华书局1991年1月出版，第74页。
④ 中国史学会编：《中日战争》(4)，第27~28页。
⑤ 黄秀政：《台湾割让与乙未抗日运动》，第130~132页。
⑥ 王炳耀：《中日战辑选录》，《台湾文献丛刊》，第265种，台北台湾银行1969年出版，第67~70页。

公务帮办刘永福为民主国大将军,丘逢甲为义军统领,6月2日唐景崧以民主国总统名义发布告谕:"当此无天可吁,无主可依,台民公议自立为民主之国……惟是台湾疆土荷大清经营缔造二百余年,今虽自立为国,感念列圣旧恩,仍应恭奉正朔,遥作屏藩,气脉相通,无异中土。"[①] 在《致中外文告》中说,希望各国仗义公断"能以台湾归还中国"[②]。而民主国建元"永清",意则永远属于清国,也就是永远属于中国。这十分清楚地说明,所谓建立"民主国",是在当时特殊的条件下,采取的一种特殊的反割台办法,是专门为了对付日本侵略者的,而绝不是要从中国分离出去。恰恰相反,它是一种权宜之计,等待"事平之后"回归祖国。民主国成立之时,台湾尚未交割,4天后即5月29日,北白川能久亲王统辖的近卫师团和海军少将东乡平八郎指挥的舰队已在澳底登陆,台湾军民反割台武装斗争的帷幕即已正式拉开。

日军在澳底登陆后,即向台北进攻。6月2日攻陷瑞芳,在日海陆军联合攻击下,4日基隆及狮球岭相继失守。日军在进攻过程中,虽受到守军的微弱反抗,营官宋忠发、陈得胜及一批抗日军人相继牺牲,但缺乏统一指挥,唐景崧于6日即潜回大陆,7日,日军兵不血刃地进入台北城。接着丘逢甲、林朝栋等也相继内渡。17日桦山资纪在台北举行"始政典礼",宣布台湾及澎湖列岛"归入大日本版图"。日本对台湾开始实行殖民统治后,更激起台湾军民轰轰烈烈的反割台武装斗争。

台北陷落后,台湾士绅开始分化,丘逢甲等上层士绅内渡,少数士绅归顺日军,参加保良局活动,多数士绅参加拒日保台行列,他们拥护分守台南的帮办台湾防务刘永福负起领导抗日的重任。6月底台南士绅数次推戴刘继任民主国总统,均被婉拒,他不尚虚衔,决心领导台民继续抗日。7月初,刘永福布告全台:"倭寇要盟,全台竟割……更何怪我台民发指眦

---

① 王炳耀:《中日战辑选录》,《台湾文献丛刊》,第265种,台北台湾银行1969年出版,第67~68页。

② 陈汉光:《台湾抗日史》,第40~42页。

裂，誓与土地共存亡，抗不奉诏，而为自主之国。本帮办……自问年将六十，万死不辞……如何战事，一担肩膺；凡有军需，绅民力任……示仰军民人等，同心戮力，自可转危为安。"① 并对行政及防务两方面，重新加以部署。当8月23日刘永福收到桦山资纪于6月25日劝其遵旨"速戢兵戈"之函时，当日复函："余奉命驻防台湾，当与台湾共存亡……将在外，君命有所不受……爰整甲兵，保此人民，成败利钝，在所不计……余将亲督将士，克日进征，恢复台北，还之我朝。"② 表示他坚决抗日的决心。

台北陷落，吴汤兴、胡嘉猷、姜绍祖、钟石妹、徐骧、江国辉等各路义军纷起，"不期而会者万人，遍山漫野"③。众推吴汤兴为义军统领，6月12日乃发布告示："当此台北已陷于倭夷，土地人民皆遭荼毒……本统领恻然不忍，志切救民，故不惮夙夜勤劳，倡率义民义士，以图匡复，以济时艰。尔等践土食毛，尽属天朝赤子，须知义之所在，誓不向夷。尚祈各庄各户，立率精壮子弟，须修枪炮戈矛，速来听点，约期剿办倭奴。"④ 号召人民起来抗日。6月中旬，日军近卫师团第一旅团第二联队开始向新竹征讨，立刻遭到义军的猛烈阻击。22日，日军占领新竹城，24日，北白川能久向第二旅团长山根信成发出南进的训令。但当时日军仍处在义军四面包围之中，25日义军组织力量在台北至新竹线上阻击日军，并集中五六百人对新竹开展第一次反攻，迫使日军改变"南征"计划，决定在台北、新竹之间的三角涌（今台北县三峡镇）、大料崁（今台北县大溪镇）、中坜等地，对义军进行"扫攘计划"，继续遭到义军的猛烈阻击。在义军英勇抗日的激励下，民主国任命的台湾知府黎景嵩乃召集台湾、彰化、云林、苗栗四县官绅会议，决定令副将杨载云等募勇成立新楚军，并发布告示：

---

① 王炳耀：《中日战辑选录》，《台湾文献丛刊》第265种，第70~71页。
② 中国史学会编：《中日战争》（6），第427~429页。
③ 吴德功：《割台记》，《台湾文献丛刊》第57种，第42页。
④ 转引自戚其章《甲午战争史》，第529页。

"现已派新楚军劲勇数营开往前敌，会同义军，共图恢复，力扫倭氛。"① 7月10日、25日，吴汤兴率领的义军与新楚军组成的抗日联军对新竹发动了第二次、第三次反攻，虽奋力攻击，终以处境不利，伤亡惨重，义军头领江国辉、姜绍祖均先后壮烈牺牲，终未克而退。日军在"扫攘"和"南征"期间，大批屠杀无辜乡民，大量烧毁民房，实行"杀光烧光"的政策，激起人民更加激烈的反抗。

7月29日，近卫师团司令部离开台北，向新竹集结。8月8日日军增援部队第二师团混成第四旅团在伏见贞爱亲王率领下进入台北，同一天，近卫师团分三路南攻新竹、苗栗交界之尖笔山，途中遭到义军徐骧部与新楚军的联合阻击，10日，新楚军的大本营头份失守，副将杨载云牺牲，日军乘胜南窥苗栗，吴彭年率领黑旗军参战，管带袁锡清、帮带林鸿贵均中弹阵亡，14日，苗栗失守。

新楚军从头份溃败后，一蹶不振，此后各军均由吴彭年兼统，并于22日部署了大甲溪伏击战，重创日军后，退守彰化。24日，日军占领台湾县城，28日，日军集中15000多人，对彰化八卦山发动了大进攻，时刘永福所派黑旗军七星队王得标等4营及旱雷1营抵彰化参战，以黑旗军为主，联合新楚军、义军共3600多人，与日军在彰化的大会战爆发，此役黑旗军将领吴彭年及营官李士炳、沈福山、义军统领吴汤兴均壮烈捐躯，彰化失守。29日，日军乘胜陷云林，向嘉义大莆林逼近，刘永福令清将杨泗洪节制前敌诸军，又令义军徐骧招抚简成功、简精华、黄荣邦、林义成等义军，恢复清军与义军联合抗日。9月5日起围攻日军于大莆林，逼使日军中止南进，撤归彰化，杨泗洪在战斗中牺牲，9日，抗日军收复云林。

日军经过一段时间的整顿，至10月上旬桦山资纪组织南进军司令部，以副总督高岛鞆之助中将为司令官，动员4万多兵力，调动8艘兵舰、40多艘运输船，决定北白川能久率近卫师团从彰化南下，伏见贞爱率混成第

---

① 曾迺硕：《吴汤兴事迹考证》，《台湾文献》第9卷，第3期。

四旅团由海路从嘉义布袋嘴登陆,乃木希典率第二师团山口混成旅从枋寮港登陆,采取陆海俱进,三面围攻台南。10月9日陷嘉义,在19日的保卫曾文溪战斗中,义军徐骧、总兵柏正材均殉国,义军林崑冈父子亦在保卫萧垅战斗中牺牲,台南空虚。刘永福见大势已去,在外无救援、内缺粮饷的极端困难局面下,密乘外轮内渡厦门,21日,日军进入台南府城。10月27日桦山资纪宣布"台湾全岛已全部平定",11月18日又向京都参谋本部报告"台湾全岛平定"①。

自6月7日台北陷落,台湾民主国上层机构迅速瓦解,但民主国成立时所任命的府县、义军统领及留台清军,在反割台斗争中仍起了领导台湾军民抵抗日军的作用,事实证明为"拒日保台"而"据为岛国,遥戴皇灵"的台湾民主国,并非真正脱离大陆而独立。割台反割台斗争,既是对《马关条约》的否定,也是甲午战争在清廷屈服之后在台湾的继续。可歌可泣的武装反割台斗争被镇压后,台湾沦为日本殖民地,台湾人民仍继续不屈不挠地进行反殖民统治的斗争。

## 二、日本的殖民统治

### (一)建立殖民地统治秩序

日本割台后在台湾实行总督的独裁统治,据1896年3月日本国会通过的第六三号法律(简称"六三法")规定:"台湾总督于管辖区域内,得公布有法律效力之命令。"② 台湾总督便集军政、行政、司法、立法等大权于一身,掌生杀予夺之大权。"六三法"原定经满三年后失效,但却一再延长,1906年3月虽另以法律三十一号(简称"三一法")取代,但委任立法的实质不变。根据"六三法",台湾总督先后发布《匪徒刑罚令》、《保甲条例》等524件律令,建立殖民地统治秩序,对台湾人民实行残酷的镇

---

① 戚其章:《甲午战争史》,第584页。
② 台湾省文献委员会编:《台湾史》,台中1977年4月,第521页。

压和奴役。日本统治台湾后,变更台湾的地方行政机构,1895年夏置三县一厅(台北县、台南县、台湾县、澎湖厅),县下设支厅,厅下设办务署。以后又更迭不一,1901年废县及办务署,全台改设20厅,1920年又改厅为州,至1945年日本投降时,全台共有五州三厅(台北州、新竹州、台中州、台南州、高雄州、台东厅、花莲港厅、澎湖厅),下辖11市、51郡、2支厅、61街、197庄。

日据初期即设立宪兵警察区,维持治安,以军、宪、警三单位共同执行统治之责。1898年总督儿玉源太郎强化警察统治,增加地方警察数目,扩大警察权力,支厅以下的人事,概用警察人员。全岛密布警察网,共有警察18000人,多数为日人,配有少数台人警吏(后改称巡查补),1903年有巡查补1734人。警察除一般警务外,还担负户籍、保安、防疫、风纪、卫生、税捐、征役等任务。山地的警察更集军、警、政大权于一身,无恶不作,被称为"草地皇帝"。日据后期更建立刑事、交通、治安、卫生、风纪、经济等专职警察,并设专门控制人民思想的高等警察,显示出"警察万能"的殖民地警察特殊性。依靠警察力量,1903年进行第一次大规模的户口调查,之后进行异动登记,加强户籍管理。为进行殖民统治提供根据,1901年起进行了多年的旧习惯调查。

1898年8月颁布《保甲条例》,实行"连坐责任"制度,来维持地方的安宁。又颁布《保甲条例施行规则》等律令,组织壮丁团,作为警察的辅助机构。居民以十户为一甲,十甲为一保,并设保甲局以统辖之。1902年废保甲局,改选保正、甲长。1904年以厅令令保正、甲长协助区长处理部分地方事务。

总督的独裁权力、特殊的警察统治和保甲制度,成为维持日本在台建立殖民统治的三根支柱。

日人据台50年间,其统治政策颇多变化,自第一任至第七任总督(1895~1919年)均由武人执政,以武力征服为主,辅以笼络士绅和招抚抗日义民,通称"绥抚时期"。以第四任的儿玉源太郎和民政局长(后改称民政长官）后藤新平在任8年（1898~1906年），开始奠定了殖民地统治的基础。自第八任至第十六任总督（1919~1936年）由文人执政，强调对台人实行"同化政策"或"内地延长主义"，通称"安抚时期"。自第十七任至十九任总督（1936~1945年）恢复武人执政，进一步厉行强迫的"同化政策"，通称"皇民化时期"。尽管统治的方式常有变化，但镇压和奴役台湾人民的殖民地本质却丝毫没有改变。

（二）进行殖民剥削和掠夺

日本对台湾殖民统治的目标，是使台湾经济日益成为日本原料的供给地、商品推销市场和投资场所。为实现这一目标，首先从掠夺土地入手。1898年设置临时土地调查局，公布《台湾地籍规则》和《土地调查规则》，进行地籍调查，投入176万人，耗资522万元，前后经过6年，至1904年始告完竣。调查结果，正式入册田园633065甲，比调查前366987甲增加266078甲，赋税收入则由86万多元增至298万多元，日当局以公债购买大租权，确定小租户为业主[①]。1911年又公布《土地收买规则》，任意用低价强征人民的现耕土地。关于林野土地，早在1895年10月公布《官有林野取缔规则》，规定"无证明所有权之地券或其确实证据之山林原野，皆收为官有"[②]，从1910年至1914年实行林野调查，动员16万余人，耗资58万多元，分别官有与民有林野，核定民有地56961甲，官有地916775甲，官有地占总面积94％以上。1915年再度整理官有林野，确定无须保留者398541甲，放领或出售者266399甲，后将所有预约承领的官有林野，大部拨予日本资本家。全台林野总面积265万甲中，尚有三分之二未调查的林野系属先住民住区，则未加调查整理[③]。日本当局通过土地调查和林野调查，大量掠夺台湾人民的现耕土地，作为建立殖民地经济的前提或基础。

---

① 台湾省文献委员会：《台湾史》，第617页。
② 李友邦：《日本在台湾之殖民地政策》，台北世界翻译社1991年发行，第15页。
③ 台湾省文献委员会：《台湾史》，第618页。

日本殖民者利用其政治力量，大力扶植日本垄断资本，驱逐外国经济势力，抑制台湾民间资本，台湾成为日本资本家的"投资的天国"，三井、三菱及铃木等大资本家控制了台湾的经济命脉，并向华南及南洋等地扩张。

日本殖民者在台湾更巧立名目，横征暴敛，向台湾人民征收50多种苛捐杂税。据1935～1940年的统计数字，捐税收入占总督府岁入的一半以上，人民负担十分繁重。台湾人民遭受殖民主义者血腥的殖民剥削和掠夺，长达50年之久。

（三）推行同化和奴化政策

日据时期文化教育的目的，在于消灭台民的传统文化和民族意识，企图改变台民成为效忠日本的"顺民"。为此目的，而积极推行同化和奴化政策。

在教育上，"总督府的教育政策乃是以渐进原则，采取逐步强化的同化主义方针，而差别待遇及隔离政策之运用实为其主要特征"①。首先把"国语（指日语，下同）教育"视为同化的根本。在全省各地设"国语"学校和传习所。总督府学务部意见书指出："凡得国须得民，而得民须得人心。若欲得人心，首先非得假借沟通彼此思想的语言工具之力不可。……故而今设立本传习所，开启传习国语之途，以谋求施政之便利，进而奠定教化之基础。"学务部长伊泽说"并非只是漫然期望台人透过国语获得知识，而是热切地谋求以国语教学而使台人变成日人"。第二任总督桂太郎宣称学习日语"以培养日本帝国的观念为主"②。1898年7月总督府发布《台湾公学校令》，决定设立六年制的公学校取代国语传习所，规定"公学校系对台人子弟施行德教，教授实学，以养成日本的国民性格，同时使之精通国语为本旨"。同时制定《关于书房义塾规程》，规定教学内容

---

① 吴文星：《日据时期台湾社会领导阶层之研究》，台北正中书局1992年3月初版，第97页。

② 《日据时期台湾社会领导阶层之研究》，第307～309页。

要增加日语、算学二科，企图使书房成为公学校教育的辅助机构。

1937年日本全面发动对华侵略战争，为了加速对台人的同化，强迫改变台人的语言、风俗习性及宗教信仰。1941年成立"皇民奉公会"，推行"皇民奉公运动"，以配合侵略战争的需要。"皇民奉公会"由总督兼任总裁，依照行政区域系统，下设分会、支会、奉公班。同时按职业、年龄、性别等成立产业奉公会、奉公壮丁团、大日本帝国妇女会等组织，600万台湾民众都被纳入奉公会之内，强迫台人改用日本姓名，在日常生活中使用日语，奖励建立日语家庭，鼓励穿日本服，改习日本风俗习惯，奉祀日本天照大神等。在战时经济统制下，实行物资配给时，对改用日本姓名、建立日语家庭者加以优待。通过"皇民奉公运动"，为侵略战争服务。

残暴苛虐的政治压迫，敲骨吸髓的经济掠夺，执行奴化和同化的文化教育政策，构成日本在台50年血腥的殖民统治的可怕蓝图。

### 三、人民的武装反日斗争

（一）各地义民继续武装抗日（1895年12月至1902年）

1895年，正当日军南征，台北空虚之时，台北吴得福已广结义民，密谋恢复台北。当桦山资纪11月向日本报告"全岛平定"后一个月，12月28日宜兰林大北、林李成首先举义，围攻宜兰县城一个星期，台北的胡嘉猷（阿锦）、简大狮、陈秋菊、詹振、许绍文等同时纷起，于1896年元旦起围攻台北城二日，旋以大批日本援军赶到，撤围退入山中。1897年5月8日决定国籍之日，简大狮、詹振、陈秋菊等再度会攻台北，詹振等200多人身殉。后各股义民继续坚持抗日游击战，均遭到日军残酷的镇压。1898年简大狮率义民进攻金包里日宪兵队失败后内渡，翌年被清政府引渡而被杀。

在中部，1896年6月，柯铁、简义（精华）等以云林大坪顶为基地，围攻南投街，攻克林杞埔（今竹山镇）、斗六等地，大破日军。云林、鹿港、彰化、嘉义的民众纷起响应，攻台中，克北斗。日本当局调集军警大举反攻,简义降日,柯铁等坚持奋战,1900年2月柯铁病死,余部张吕赤等坚持抗日到1902年。原台东镇将刘德杓联合义民参加云林的抗日斗争,坚持二年多。1901年台中詹阿瑞率义民攻击台中,1903年被捕牺牲。

在南部,1896年7月,嘉义黄国镇等率义民围攻嘉义城五日,屏东郑吉生率义民在凤山附近多次袭击日军,9月率义民300余名围攻阿维(今屏东市)宪兵屯所。同时有义民陈发、阮振、黄茂松等蜂起,袭击大甲、阿公店等处办务署。屏东林少猫(义成)于1897年率义民攻打屏东阿维、台南大目降(今新化镇)等处宪兵屯所,1898年12月林少猫、林天福等联合先住民先后袭击阿维宪兵屯所及潮州办务署,一度围攻恒春城。1899年5月,林少猫与日军在"以敌体行,划界不侵"①的条件下议和,暂时相安无事。1902年5月林少猫被日本当局诱杀,全家被杀。但1903年、1904年,南部仍有抗日事件发生。

日军对1895年后此起彼伏的义民武装抗日实行惨无人道的大屠杀,如1896年7月13日再度占领云林斗六街后,"此地民房烧毁达半数以上,居民逃散,道上死尸累累无人收埋,留下了满目疮痍的死街。而这现象并不限于斗六一地"②。据后藤新平《日本殖民政策一斑》中所列,仅1898~1902年的5年间,义民被杀戮达11950人。实际数字,远超此数。又据日人另一统计,1897~1900年间,义民袭击及战斗8258次,杀伤日人2124人③。残酷的屠杀激起更多民众起来抗日,1898年儿玉源太郎任总督期间,在实行镇压的同时,改采招降诱杀政策,允许抗日军拥兵自立,划界而治,如对林少猫、柯铁都采用这样办法,令抗日军麻痹,再乘机诱杀。如黄国镇、林添丁、阮振、张大猷、林少猫等都是这样被诱杀的。

这个时期的义民抗日,是1895年台湾人民反割台斗争的继续,也是反对日本殖民统治的开始。抗日义民首领胡嘉猷、简义、林少猫等都参加过

---

① 洪弃父:《台湾战纪》,《中日战争》(6),第367页。
② 喜安幸夫:《台湾抗日秘史》,台湾武陵出版社1984年出版,第108页。
③ 台湾省文献委员会:《台湾史》,第644页。

反割台斗争，有的是刘永福的部下，如刘德杓本身是镇将，日军占领全台后，他们退入内山，继续坚持抗日。由于日军的残杀和实行血腥统治，激起更多人民加入抗日行列。抗日军提出："联络义勇，讨伐倭奴，光复台澎，安宁桑梓"①；"剿杀倭奴"，"克复台北"②；"日贼……唯嗜杀戮……誓欲灭彼，朝夕克复台湾"③；"诛灭倭奴"，"恢复桑梓"④。有的宣布日人十大罪，说"台民被迫，奋然起义"⑤；有的揭露"日本政府，暴于秦时，政猛于虎，贪酷民脂……官迫民变"⑥。当时曾发布这样的一张传单："此次动兵，奉旨而行；事有纪律，约束严明。义师伐罪，奠安台澎；救民脱苦，惟倭是征。定集人民，雪恨复清；降者便安，协力原情。谕尔大众，万勿心惊；各宜其志，早救生灵"⑦。从以上告示、檄文、传单等内容看，义军反对日本侵占台湾、反对日本殖民统治，要求"克复台湾"的性质，昭然若揭。

（二）武装起义事件蜂起（1907～1915年）

1907年北埔起义。1907年11月，新竹北埔蔡清琳组织隘勇及部分先住民起义，竖"安民"与"复中兴总裁"旗号，宣扬"我们即刻就要与清军合作，将日本人赶出台湾"⑧。率众袭击北埔支厅，杀支厅长以下日人57名，旋被镇压，9人被判处死刑。

1912年林杞埔起义。南投厅刘乾，以卜筮为生，借宣扬佛法，宣传反日，并宣扬"日本人强占我土地，奴役我人民，种种压迫，无所不用其极。我等要排除此威胁，除杀日人，驱逐其出境而外，别无良策"⑨。于

---

① 汉人：《台湾革命史》，1925年出版，第15页。
② 《吴得福告示》，《台湾省通志稿》卷9，抗日篇，第29页。
③ 《铁国山柯铁抗日檄文》，《台湾省通志稿》，卷9，第49页。
④ 《胡嘉猷告示》，《台湾省通志稿》，卷9，第30页。
⑤ 《詹振、林李成抗日檄文》，《台湾省通志稿》，卷9，第30页。
⑥ 《台南城内城外人民哭诉大冤枉书》，《台湾省通志稿》，卷9，第63页。
⑦ 《革命歌》，汉人：《台湾革命史》，第24页。
⑧ 喜安幸夫：《日本统治台湾秘史》，台北武陵出版社1989年再版，第35页。
⑨ 喜安幸夫：《日本统治台湾秘史》，第83页。

1912年3月，联合林启桢，率领被剥夺竹林的庄民袭击顶林警察派出所，杀日巡查2人，台人巡查补1人，旋被镇压，8人被判死刑，1人无期徒刑，3人有期徒刑。

1912年土库抗日事件。云林大埤头庄黄朝，以"祖国革命成功，推翻满清二百余年帝业，奠定中华民国基础，我亦人也，岂不能驱逐日人，而为台湾国王乎"①？联络黄老钳等密谋起义，1912年6月事发，杀死日警1人，旋被捕10多人，黄朝处死，无期徒刑2人，有期徒刑12人。

1913年罗福星领导的苗栗等地起义活动。罗福星原籍广东镇平，1903年随祖父迁居苗栗，1906年在厦门加入同盟会，1911年参加"三二九"广州起义，1912年12月返台，在台北、苗栗等地秘密发展革命组织，在其所撰《大革命宣言书》中揭露日人"虐政"，毅然从事"光复台湾"运动，以"雪国家之耻，报同胞之仇"②。在《自叙传》中提倡"华民与台民取得联络，共唱共和主义"③。并与1913年返台从事革命活动的吴觉民"约相互提携"④。同年10月，吴觉民系的党员在大湖开会时被日警侦悉，开始大捕党人，12月罗福星在淡水被捕，身上搜出列有党员231人的名册，大批党人被捕。罗福星在法庭上公开承认："此次所以募集革命党员，系为反抗日本政府，脱离其统治，计划使本岛复归中国所有。"与罗福星同时被捕的周齐仔也供称："台湾原为中国领土……故募集革命党员，与日人战，以光复台湾为目的。"其他如谢集香等党员也供称："革命党之目的，为光复台湾。"⑤

同年中南部发生四起抗日事件。台中厅陈阿荣于1912年冬开始在南投埔里、东势角等地进行反日活动，1913年事泄被捕；台中厅张火炉在大

---

① 《台湾省通志稿》，卷9，第86页。
② 《中华民国开国五十年文献》（简称《开国文献》），二篇，五册，第510页，514页。
③ 同上书，二篇，五册，第517页。
④ 同上书，二篇，五册，第553页。
⑤ 同上书，二篇，五册，第554页，560页，559页。

甲、大湖进行反日活动，1913年事泄被捕；台南李阿齐在关帝庙庄一带进行反日活动，1913年事发被捕；苗栗赖来于1912年偕谢石金密渡上海，居留数月，回台后以"驱逐异族，光复台湾为己任"。集同党詹墩等数百人歃血为盟，树五色旗，于1913年12月1日夜起义，袭击东势支厅，赖来、詹墩中弹牺牲，众溃散①。

以上苗栗、南投、大湖、关帝庙、东势角等五起抗日事件总共被捕500多人，1914年于苗栗开临时法庭，判罗福星、黄光枢等20名死刑，另判285名有期徒刑。

1914年六甲起义。1914年5月嘉义厅南势庄罗臭头率党起义，袭击六甲支厅，沿途有七八十名群众踊跃加入，罗臭头战败后自杀，被捕100多人，被判死刑8名，无期徒刑4名，有期徒刑10名。罗臭头"痛心异民族的苛政，想要驱逐日人出境，并且还要替罗福星们报仇"②。

1915年噍吧哖起义。台南厅余清芳于台南市西来庵借神佛宣传反日，结识曾参加乙未抗日的台中罗俊及凤山江定等，分赴南北发展抗日队伍，1915年以"大明慈悲国奉旨本台征伐大元帅余"名义发表谕告称："示谕三台万民知悉：……我朝大明国运初兴，本帅奉天举义讨贼，兴兵伐罪，大会四海英雄，攻灭倭贼，安良锄暴，解万民之倒悬，救群生之性命……但愿奋勇争先，尽忠报国，恢复吾台，论功封赏。"③ 5月事泄，罗俊于6月底被捕，7月余清芳与江定率众出击，与日警战于噍吧哖（今台南县玉井乡），袭破甲仙埔支厅及几个派出所，日调大批军警进攻，义军始败退。8月，余清芳等千余人被捕，市民被惨杀数千名④。

日人在起诉"案犯犯罪事实中记载"，余清芳等宣传"中国革命军来

---

① 《台湾省通志稿》，卷9，第90~92页。
② 《台湾革命史》，第66页。
③ 《台湾革命史》，第70~72页。
④ 同上书，第83页。

攻，趁此良机与其伙同夺取台湾归复中国"①，判决书中罪名是：余清芳等"拟于大正四年旧历八九月间，先从南部起义，渐及北部，共同协议驱逐在台日人，将台湾收回于台湾人之手"，"计划夺回台湾之统治权"②。

先住民的武装抗日斗争。佐久间左马太担任第五任总督期间（1906年4月至1915年5月），制定二次"讨蕃五年计划"，实行推进隘勇线，强占211万多里山地，夺取樟脑采伐区，先后出动二三万军警、隘勇，进行围堵、讨伐，杀戮大批先住民，激起先住民的武装反抗。1907年5月，大嵙崁前后山各族先住民联合武装抗日，并有部分汉人参加，坚持斗争40多天，7月初迫使日方让步妥协。10月，大嵙崁先住民又起来袭击新的隘勇线，参加联合抗日的汉人树起"去日复清"的旗帜，此役杀死日警17名③。

1908年12月，花莲港支厅七脚川社阿美族联合木瓜溪的泰雅族袭击隘勇线，遭到残酷的灭族镇压，并从日本移民七脚川社，改称"吉野村"④。

1910年至1915年先住民袭击新竹、阿维、花莲港等地"抚蕃"官吏驻在所事件接连发生，遭到日警的残酷镇压，如1914年6月出动11479名军警对花莲太鲁阁泰雅族进行三个多月的围剿。但先住民的不屈不挠的武装反抗，迫使总督府"抚蕃计划"草草收场。

发生在辛亥革命前后的10多次武装抗日事件，参加者多数是农民。这些以农民为主体的反日斗争，除同盟会员罗福星领导的革命活动外，多数利用迷信方式进行反日宣传，有的要当"皇帝"，性质颇似旧式自发的农民起义。但这些起义多数是在辛亥革命的影响下促成的，主要锋芒是反对日本在台的殖民统治，要"光复台湾"，是辛亥革命胜利形势在台湾地方

---

① 台湾省文献委员会编：《余清芳抗日革命案全档》，第2辑，第1册，第381页。
② 《余清芳抗日革命案全档》，第3辑，第1册，第82页、124页。
③ 藤井志津枝：《日据时期台湾总督府的理蕃政策》，台北师范大学历史研究所1989年12月出版，第185~186页。
④ 同上书，第187页。

的继续发展，这个时期的劳动人民（主要是农民）已开始作为资产阶级革命的同盟军在起作用，与过去单纯自发的农民反封建压迫斗争有所区别。可以说，这些起义是在资产阶级革命影响下或革命党人直接领导下的反日复台的民族解放运动，是属于孙中山领导的国民革命的有机组成部分。日人在审判报告中也承认，陈阿荣、张火炉等"有感于近时中国之革命，伺机先于台湾中部起而暴动"①。据健在的反日志士黄木回忆："癸丑（1913年）同志参加乙卯（1915年）之役，发生极大作用"，有的成为余清芳起义的骨干②。由此可见，正是在辛亥革命直接或间接影响下，形成台湾人民武装驱日复台的高潮。

值得指出的是，这个时期先住民的武装抗日斗争中，出现了各族先住民的联合抗日行动，也出现了先住民与汉人联合的抗日行动，正如一位日本学者指出的，这些抗日运动"在日本帝国'现代化'文明的强大攻势下只有节节败退的命运，但也无可否认这是能扬弃种族偏见，为谋求人类共存和人格尊严而奋斗的抵抗暴政史"③。

## 第六节 抗日战争与台湾光复

### 一、台胞在大陆参加抗战复台活动

台湾人民经过多年的反日本殖民统治的斗争，认识到台湾的命运与祖国攸关。1925年当台湾新青年社在厦门成立时，曾出版《台湾新青年》，在其宣言中指出："我们自救的方法：若要救台湾，非先从救祖国（中国）

---

① 《开国文献》，二篇，五册，第615页，623页。
② 曾迺硕：《国父与台湾的革命运动》，台北幼狮文化事业公司1978年出版，第248页，106页。
③ 《日据时期台湾总督府的理蕃政策》，第239～240页。

着手不可，欲致力台湾革命运动，必先致力于中国革命之成功，待中国强大时，台湾才有恢复之日，待中国有势力时，台人才能脱离日本强盗的束缚……"① 当时回大陆的留学生及台胞曾先后组织革命团体，参加祖国的反帝斗争，同时支持台湾的民族运动。1931年"九一八"事变后，台湾的民族运动团体多被日方检举、镇压而瓦解，回大陆参加反日斗争的台胞日益增多。如1932年台籍青年刘邦汉联络不满日本殖民统治而秘渡广州的林云连、余文兴等组织台湾民主党，在组织大纲中提出，"本党以台湾四百万汉民族同胞为基础，联合内外被压迫民族，实行民族斗争之革命手段"，以达成"推翻异民族日本帝国主义者统治"②。1937年卢沟桥事变爆发，对日全面抗战开始，台湾爱国志士咸认为是实现台湾光复的良机，纷纷参加抗日行列，与大陆同胞并肩作战。1938年9月，台湾革命领袖李友邦（肇基）提出台湾的革命宗旨是："为团结台湾民族，驱逐日本帝国主义者在台湾一切势力；在国家关系上，脱离其统治，而返归祖国，以共同建立三民主义之新国家"。③ 1940年5月在《台湾先锋》的一篇文章中提出"为要求得台湾解放，归返祖国，共同建立新三民主义的国家"④。1938年冬李友邦提出组织台湾义勇队，确定以"保卫祖国，收复台湾"为其斗争目标。而具体工作分两方面："（1）派党员回台，与在台党员共同建立革命基础，以便随时发动暴动，牵制日寇，使之不能侵略祖国；（2）号召在华同胞参加祖国抗战。"⑤ 在浙闽两省政府及各界的积极支持下，经国民政府军事委员会政治部口头表示"原则上同意"后，1939年2月台湾义勇队在金华开始公开活动，一面对队员进行训练，一面开展对敌政治工作、医疗工作、

---

① 李友邦：《台湾革命运动》，1943年4月初版，1991年9月2版，台北世界翻译社发行，第2页。
② 《台湾省通志稿》，卷9，第252页。
③ 台湾义勇队：《台湾先锋》月刊，第1期，1940年4月15日，浙江金华，今据台北世界翻译社1991年9月再刊本，第88页。
④ 《台湾先锋》（再刊本），第2期，第51页。
⑤ 《闽台关系档案资料》，鹭江出版社1993年6月出版，第241页。

生产工作、宣传教育工作。同时组织台湾少年团，亦一面学习，一面开展宣传慰劳等活动。翌年经国民政府军事委员会政治部批准，李友邦为少将队长，1940年秋，队员已发展160人左右。1942年10月奉命迁闽，在龙岩设立指挥部，1945年全队达380多人。以谢南光、李友邦为主要领导的台湾革命同盟会于1943年6~7月间，在沦陷区厦门发动了三次突击，6月17日对日军所设兴亚院投掷多枚土法制造的"炸弹"，在全市散发反日传单；6月30日突击虎头山日海军油库，弹落之处随之起火，致日军遭受损失；7月1日对纪念厦门伪市政府成立三周年的会场投下数十枚手榴弹，毙伤敌伪数十名，"这是台湾人对日本人的武力攻击"，"在心战的效果上，影响极大"①。

台湾义勇队于1940年在金华创刊《台湾先锋》月刊，1943年1月在龙岩创刊《台湾青年》旬刊（后改为周刊），并出版《日本在台湾之殖民政策》等多种著作。通过期刊、著作宣传义勇队、少年团的抗战活动，宣传台湾的革命理论及革命运动等，为统一认识、加强团结、提高斗志起了积极的作用。"台湾义勇队是抗日战斗席列中惟一由台湾人组织而以台湾为号召的武装力量，因此，它可被视为是台籍同胞参加祖国抗战的代表，也是台湾同胞拥护并支持祖国抗战的象征"②。

抗日战争时期还有一批爱国台胞直接参加祖国各个战场的抗战活动。也有被日本征调到大陆战场的台胞乘机起义，投入祖国抗日行列，如海南岛一地起义的台胞即达290人③。

1941年2月在重庆成立台湾革命同盟会，确定"以集中一切台湾革命力量，打倒日本帝国主义，光复台湾"为宗旨④。在闽南和浙江分设南方、

---

① 李云汉：《国民革命与台湾光复的历史渊源》，台北幼狮文化事业公司1980年出版，第119~120页。
② 同上书，第113页。
③ 王晓波：《台湾史论集》，北京中国友谊出版公司1992年出版，第84页。
④ 《国民革命与台湾光复的历史渊源》，第99页。

北方两个执行部，1942年召开第二届大会时，决定取消南、北执行部，改设各地分会，在所发表的宣言中指出："血的经验告诉我们：祖国革命不成功，台湾将无以光复。是以有志之士皆相率返归祖国。"再次重申"我们革命的目标在于推翻日寇统治，复归祖国"。宣言末强调"台湾革命工作千头万绪，归结于光复一点"，为此会议专门讨论了"光复大计，修正工作纲领，以促进光复与运动"①。至1944年底，该会已设立地区分会或直属区分会8个，会员500多人，其中福建占60％以上②。为了促使国人重视台湾问题，进而矢志收复台湾，也为了号召居留大陆的台胞踊跃参加抗日复台行列，革命同盟会联合重庆17个文化团体，定1942年4月5日为"台湾日"，举行"复台宣传大会"，参加者1000多人，得到各界的积极支持。重庆各报均刊出《台湾光复专刊》，福建《中央日报》亦于6月17日刊出《台湾光复运动纪念特刊》，革命同盟会出版《台湾问题言论集》，编纂《台湾问题丛书》，创刊《新台湾》，在1942～1943年掀起抗日复台的高潮，并对当时美国舆论界所鼓吹的"国际共管台湾"谬论加以批驳。《重庆大公报》1943年1月1日社论严正指出："台湾是中国的老沦陷区……战后中国一定要收复这块土地。"③

1941年12月9日我国正式对日宣战、取消与日本签订的一切不平等条约后，台湾成为中国的一个老沦陷区，战后必须收复。经过革命同盟1942年后所进行的抗日复台的宣传，光复台湾已成为多数人的共识，并提出复省、建军等收复台湾的具体建议。1944年6月17日李友邦在龙岩出版的《台湾青年》第60号上撰文指出："台湾革命的内容，必然随着世机国运急剧的转变，将由'保卫祖国，收复台湾'而进入'建设台湾，保卫祖国'的阶段……随着胜利的接近，我们的革命任务即将以'建设台湾'

---

① 《台湾先锋》（再刊本），第10期，第3～4页。
② 《国民革命与台湾光复的历史渊源》，第100～104页。
③ 秦孝仪主编：《抗战时期收复台湾之重要言论》，台北近代中国出版社1990年出版，第94页。

为'保卫祖国'的方式,以'保卫祖国'为'建设台湾'之内容。前者的目的在脱离日寇的统治,回归祖国;后者的目的则以建立国防的基地,拱卫祖国的安全。"[1]

## 二、岛内民众开展反战抗日斗争

日本长期把台湾作为侵略华南、南洋的"南进基地",加以积极经营。1931年"九一八"事变后,更强调台湾是"日本帝国之国防第一线",扩张军事基地,增建机场和军港,扩充军火和物资储备。1937年"七七"事变后,更强迫台湾青年服劳役和兵役,自1937年7~10月,台湾民众被驱至大陆战场者已达3万多人。1941年太平洋战争爆发后,企图实现"台湾兵营化",从实行志愿兵制到实行征兵制,先后被征调到南洋及中国大陆等地战场者达30万人以上。同时,组织"皇民奉公会",实行"战时体制",加强对台湾人民的奴役和剥削,继续激起台湾民众的反战抗日斗争。

1938年3月,高斐反对抽调台胞到大陆作战,领导应调矿工数千名在宜兰暴动,进攻日人司令部,焚毁火药库,激战数小时后,携带劫夺来的大量军火,退入阿里山,与先住民联合开展抗日游击战争。

同年夏,台共领导抗日志士炸毁日久留米储油库,守卫日兵死亡10多人,伤60多人,焚毁平时可供六年之用的汽油,给了日人重大打击。

同年,桦社一郎兄弟领导雾社先住民,反对日人征调壮丁而举行反日暴动[2]。

同年10月8日、11日,在六甲、高雄等处曾先后发生袭击日警数十名之反战暴动,台胞被杀200余人,被捕四五百人。

1939年3月13日,被征调农民1000余人,在高雄兵站举行反战暴动,与日宪兵互击半日,失败后600多人被害。14日,台北也发生反战

---

[1] 《抗战时期收复台湾之重要言论》,第205~206页。
[2] 李友邦:《台湾革命运动》,台北世界翻译社发行1991年出版,第7~8页。

暴动。

同年 10 月 10 日，被征调壮丁 300 名，准备开往大陆战场，在基隆集中时举行反战暴动，杀死日军 145 名后退入山中①。

1940 年冬，台南县东石朴子小学教员李钦明有"驱除倭奴重振神州之志"，秘密联络抗日志士 50 多人，于 1941 年 4 月成立"台湾民族主义青年团"，"响应大陆抗战"。准备"华军一旦攻台，竟先内应"。5 月事泄，被捕近百人，李钦明、黄梱等被判徒刑 12 年、8 年。

1942 年春，日人以欧清石、郭国基、吴海水等人"密谋以高雄及东港为基地，策应联合国军队先袭取台湾，进而向中国大陆登陆，以驱除在华日军"的罪名，逮捕 400 余人，严刑杖毙数人，判处 5 年以上至无期徒刑者多人。

1943 年，瑞芳煤矿主李建兴以"通敌谋反"的罪名被逮捕②。李氏家族及矿工 500 人被株连入狱，直到台湾光复，此案尚未审完，最后出狱只剩 100 多人，余 300 多人均死于狱中。

1944 年台湾渔民在苏澳"引领两名美国兵士上岸，事后为日警侦知，大事逮捕苏澳一带渔民，有 70 多名均惨遭杀害"③。

同年，台北帝国大学台湾学生蔡忠恕集合校内外同志 200 多人，"策划起义"，准备"邀击日军以迎华军"。4 月事泄，蔡忠恕被捕，卒被毒死狱中，被牵连入狱者近千人。

1945 年 9 月，日本无条件投降后，在为台湾官兵举行"解队式"而设的宴会中，日席饮舶来好酒，台席饮土酿劣酒，台湾官佐以"时至今日，何仍差别待遇？日人死到临头，竟奴视台人，至死不悟，台人请先退席"，表示抗议。双方发生冲突，日人死伤 30 余人，台人死伤 20 余人④。

---

① 徐子为等：《今日的台湾》，第 246 页。
② 汤子炳：《台湾史纲》，台北台湾印刷纸业公司 1946 年 8 月出版，第 194~198 页。
③ 王晓波：《台湾史论集》，第 88 页。
④ 《台湾史纲》，第 200~201 页。

以上事实说明，台湾同胞始终没有被奴化，被吓倒，在 1937~1945 年抗战期间，在岛内始终坚持反战抗日斗争，牵制日本侵华力量。攻陷南京后，日本"调三个师团到台湾镇压；后来因为革命的广大台胞，在深山集结，酝酿大举，又仓皇地再调一师团回台协防"①。可见，抗战期间台湾人民无论在大陆或在岛内，都以实际行动支援了祖国的抗日战争，也同时支援了世界人民的反法西斯战争，并作出了积极的贡献。

### 三、光复台湾的准备

1941 年 12 月 9 日，当时代表中国的国民政府主席林森正式对日宣战，宣战文公开宣告："兹特正式对日宣战，昭告中外，所有一切条约协定合同，有涉及中日间之关系者，一律废止，特此布告。"② 据此，日本通过战争强迫割让台湾的《马关条约》亦宣告失效，这是中国收回台湾的法理根据。1942 年 11 月 1 日，日本宣布成立"大东亚省"，把朝鲜、台湾列为本土。同月 3 日国民政府外交部长宋子文在重庆国际宣传处记者招待会上宣称：战后"中国应收回东北四省、台湾及琉球，朝鲜必须独立"③。1943 年 8 月 4 日，外交部长宋子文在伦敦接见新闻界发表谈话重申："中国期望于日本失败后，收回东北与台湾，朝鲜则应成为独立国。"④ 同年 11 月 22~26 日，中美英三国首脑在埃及首都开罗召开会议，12 月 1 日三国签署的《开罗宣言》宣称："三国之宗旨在剥夺日本自 1914 年第一次世界大战开始以后，在太平洋所夺得或占领之一切岛屿，在使日本所窃取于中国之领土，例如满洲、台湾、澎湖群岛等归还中国。日本亦将被逐出于其以武力或贪欲所攫取之所有土地。"⑤ 中国收复台湾得到国际的确认。

---

① 《台湾革命运动》，第 8 页。
② 《抗战时期收复台湾之重要言论》，第 3 页。
③ 同上书，第 4 页。
④ 同上书，第 10 页。
⑤ 《台湾问题文件》，人民出版社 1955 年 5 月出版，第 5 页。

开罗会议之后,随着抗日战争的接近胜利,光复台湾被提上议事日程,中国政府已开始筹备台湾的收复工作。1944年4月17日,在中央设计局内正式成立台湾调查委员会,派陈仪为主任委员,沈仲九、王芃生、钱宗起、周一鹗、夏涛声为委员,9月又增派台籍人士黄朝琴、游弥坚、丘念台、谢南光、李友邦为委员,并先后聘请李万居、谢挣强、连震东、刘启光、宋斐如等20多人为兼任专门委员①,从事调查、研究台湾的实际情况,提出接管的方案,并培训接管的干部。

为了研究日人治台的得失利弊,加以改革,翻译日本在台湾施行的各种法令100多万言,并通过各种渠道搜集有关资料,包括通过台湾义勇队就近向回国台胞搜集资料。从1943年7月至12月编成日本统治下的行政制度、教育、交通、社会事业、卫生、户政、贸易、警察制度、专卖事业、金融、农业、水产、林业等19本专题资料②。并在调查委员会下分设行政区划研究会、土地问题研究会、公营事业研究会等组织,负责研讨具体问题,提出方案。同时召开在重庆的台籍人士黄朝琴、谢南光、李纯青、连震东等10多人参加的座谈会,对收复台湾的行政体制等种种问题征求意见。至1945年3月提出《台湾接管计划纲要》③,分16款82项,在第1款通则之1至3项中指出:台湾接管后的一切措施,以"力谋台民福利、铲除敌人势力为目的"。接管后之政治措施,消极方面,当注意扫除敌国势力,肃清反叛,革除旧染,安定秩序;积极方面,当注意强化行政机关,增强工作效率,预备实施宪政,建立民权基础。接管后的经济措施,以根绝敌人对台民之经济榨取,维持原有生产能力,勿使停顿衰退为原则,但其所得利益,应用以提高台民生活。接管后之文化措施,应增强民族意识,廓清奴化思想,普及教育机会,提高文化水准。《纲要》并对内

---

① 陈鸣钟等主编:《台湾光复和光复后五年省情》(上),南京出版社1989年12月出版,第4~11页。
② 《台湾光复和光复后五年省情》,第6~8页。
③ 同上书,第49~57页。

政、外交、军事、财政、金融、工矿商业、教育文化、交通、农业、社会、粮食、司法、水利、卫生、土地等方面的接管作出原则性规定。如规定接管后之省政府，"应由中央政府以委托行使之方式赋以较大之权力"。根据这一原则，后决定采用行政长官制，并于1945年9月公布《台湾省行政长官公署组织大纲》①。第1条规定：台湾行政长官隶属于行政院，"依据法令综理台湾全省政务"。第2条规定：行政长官于其职权范围内，"得发署令，并得制定台湾单行条例及规程"。第3条规定：行政长官得受中央委托办理中央行政，"对于在台湾之中央各机关有指挥监督之权"。赋予行政长官行政、立法和监督中央机关的大权。《纲要》在土地方面规定：日本占领时代之官有、公有土地，接管后"一律收归国有"；敌国人民私有之土地，"调查其是否非法取得，分别收归国有或发还台籍原业主"。根据《纲要》，以后又分别拟订台湾金融、警政、教育等接管计划草案，拟订了各部门接管的具体计划。

为了做好收复台湾的准备工作，训练和储备一批干部成为重要的条件。1944年12月在中央训练团举办台湾行政干部训练班，由陈仪兼任主任，周一鄂为副主任，招收学员120人，分民政、工商交通、财政金融、农村渔牧、教育、司法等6个组进行训练，1945年4月结业。1944年10月在中央警官学校举办台湾警察干部训练班，1945年3月中央警官学校福建第二分校主办台湾警察高级干部训练班，计自1944年10月至1945年9月止，先后训练各级警务人员932人②。台湾调查委员会在接管台湾之前已做了了解情况、草拟接管方案、培训干部等大量准备工作。

## 四、抗日战争胜利，台湾光复

经过中国人民长期艰苦卓绝的八年抗战，牺牲3500多万同胞的生命，

---

① 《台湾光复和光复后五年省情》，第113~114页。
② 《台湾省通志稿》，卷10，光复志，第26页。

给日本侵略者以毁灭性的打击，加上世界人民反法西斯战争的节节胜利，至 1945 年夏天，盟军已迫近日本本土，日本虽败局已定，仍困兽犹斗。同年 7 月 26 日中美英首脑在波茨坦举行会议，发表共同宣言重申："开罗宣言之条件必须实施，而日本之主权必将限于本州、北海道、九州、四国及吾人所决定之其他小岛之内。"并警告日本政府"立即宣布所有日本武装部队无条件投降……除此一途，日本即将迅速完全毁灭"[①]。至 8 月 8 日苏联对日宣战，出兵中国东北，歼灭关东军，美国亦于 6 日、9 日在广岛、长崎投掷两枚原子弹，当时日本已处在"降则亡国，战则灭族"的威胁下，日本政府才宣布接受"波茨坦公告"，向中英美苏四国无条件投降。8 月 15 日由日皇裕仁向全国及海外军民广播投降诏书："朕命帝国政府通知中美英苏四国，接受其共同宣言。"[②]

日本台湾总督递呈投降书

8 月 29 日国民政府特任陈仪为台湾行政长官，并兼台湾警备总司令部总司令，9 月 1 日在重庆成立台湾省行政长官公署及警备总司令部临时办事处，筹备一切。9 月 9 日何应钦代表当时的中国政府在南京接受日驻华最高指挥官冈村宁次的投降，并另派陈仪为台湾、澎湖列岛地区受降主官。9 月 28 日陈仪派长官公署秘书长葛敬恩、警备总司令部副参谋长范涌尧为前进指挥所正副主任，并于 10 月 5 日率官兵 81 名飞抵台北。6 日在

---

① 《台湾省通志稿》，卷 9，第 11~12 页。
② 台湾省文献委员会：《台湾史》，第 717~718 页。

原台湾总督府旧址举行升旗典礼,并将长官公署及警备总部有关投降事宜的第一、二号备忘录送交前日本总督安藤利吉,7日发表《告台湾同胞书》,宣告前进指挥所已把备忘录递交台湾总督,指挥所主要任务是"注意日方实施情形,调查一般状况,并准备接收工作,以待国军和行政长官陈仪上将前来履新……希望民众起来共同努力,才能迅速完成我们的任务"①。当时台湾人民听到台湾复归祖国消息后,万众欢腾,而敌人仍不甘心失败,据台湾义勇队总队长李友邦电告:敌在台策划阴谋,日台浪人组织暗杀团,准备阻止我赴台接收人员及做种种破坏工作;目前台湾全部交通已统制为军用;积极秘密破坏军事设施;教唆无知台民积极倡导台湾独立运动,以作诱惑等②。当时20万日军尚未缴械,随时有发生变故的可能。但爱国台胞自动组织起来,协助维持治安。特别是先行回台的台湾义勇队副队长张士德组织治安服务队,遍布全省,厥功甚

1945年庆祝台湾光复

① 《台湾省通志稿》,卷9,第21~22页。
② 《台湾光复和光复后五年省情》,第114页。

伟。10月10日指挥所组织数千人在台北公会堂（后改中山堂）举行光复后第一次国庆。敌人慑于600万台胞狂欢庆祝的声威，不敢妄动。17日，70军在军长陈孔达率领下进驻台湾，长官公署及警备总司令部第一批工作人员亦同时到达，10月22日海军舰队司令部官兵及陆战队第四团亦由基隆登陆，接收准备工作加紧进行。24日陈仪乘机抵达台北，25日在台北公会堂举行受降典礼，参加者有陈仪以下军政官员、台湾省人民代表、美军联络组官员等180余人；日方投降代表日本台湾总督兼第十方面军司令官安藤利吉、参谋长谏山春树等一行亦被引到会堂。10时正，鸣炮，典礼开始，首先由陈仪宣布：本官奉命"为台湾受降主官，兹以第一号命令交与日本总督兼十方面军司令官安藤利吉将军受领，希即遵照办理"。语毕，即以是项命令及命令受领证交柯远芬参谋长转交安藤利吉，于受领证签字盖章后，由谏山春树向受降主官呈上降书，经审阅无误后，即令日方代表退席。投降签字典礼完毕后，受降主官开始即席广播："此次受降典礼，经于中华民国34年10月25日上午10时在台北中山堂举行，均已顺利完成。从今天起，台湾及澎湖列岛已正式重入中国版图，所有一切土地、人民、政事皆已置于中华民国国民政府主权之下，这种具有历史意义的事实，本人特报给中国全体同胞及全世界周知。现在台湾业已光复，我们应该感谢历来为光复台湾而牺牲的革命先烈及此次抗战的将士，并应感谢协助我们光复台湾的同盟国家。"① 广播完毕，全体肃立，奏乐，礼成，此具有历史意义之典礼遂告完成。从此沦陷50年的台湾，正式复归祖国版图。当日下午台湾各界在中山堂举行庆祝台湾光复大会。26日上午台北全市学生5000多人，高举"清除奴化教育"、"民族自立自强"等标语，举行庆祝光复大游行。是日下午台湾各界民众数万人亦举行环绕全市大游行，入夜始散。全省各户悬挂国旗，张灯结彩，举行祭祖，以报告台湾光复之喜庆。

---

① 《台湾光复和光复后五年省情》，第161~162页。

台湾人民庆祝抗日战争的胜利

受降以后,台湾省行政长官公署正式在台北成立,11月1日起开始接收并展开各项行政工作。经过一个多月,主要的行政及事业机构各部门都按照预定计划全部入我掌握。军事接收亦同时积极进行,经过两个多月,大致接收完毕。1946年1月12日行政院第01297号训令:"查台湾人民原系我国国民,以受敌人侵略致损失国籍,兹国土重光,其原有我国国籍之人民,自34年10月25日起应即一律恢复我国国籍。"① 接着散居各地的台胞约10万人,亦大部分先后回台。留居全省的30多万日侨自1946年3月至翌年5月,亦绝大部分遣送出境,至1946年4月底,由高雄、基隆两港口遣送日俘16.3万多人。到此接管工作基本结束,光复台湾得到具体实现。

---

① 《台湾省通志稿》,卷9,第43页。

## 第七节 钓鱼岛等岛屿的历史和现状

### 一、地理概况和物产资源

（一）地理概况

钓鱼岛等岛屿（简称钓鱼列岛，下同），在中国东南海域，位于台湾东北部，由赤尾屿、黄尾屿、北小岛、北屿、南小岛、南屿、飞屿、钓鱼岛等大小不同的岛屿组成，总面积5.69平方公里，是中国台湾省附属岛屿。钓鱼列岛南距台湾北部基隆102海里，北距琉球首府那霸230海里，处于中、琉交往的航路上，是中国明、清两代册封使节去琉球的航海指标。

钓鱼列岛在北纬25°40′至26°00′及东经123°20′至124°40′之间，分布不很密集，赤尾屿距离黄尾屿有48海里，是钓鱼列岛最靠东的一个孤岛，其余7个岛屿彼此相距皆在10海里之内，其中：

钓鱼岛又称钓鱼屿、钓鱼山、钓鱼台、花鸟山，为钓鱼列岛中最大之岛，面积3.91平方公里。除少数平坦海岸外，全为丘陵地，从西到东有9个山峰，形成齿状山脊，远望似尖峰，其最高主峰海拔362米。

黄尾屿又称黄尾、黄尾山、黄尾礁、黄毛屿、黄麻屿或称鸟港，在钓鱼岛的东北，为钓鱼列岛中的第二个大岛，面积0.9091平方公里，全部为低丘陵，中部较高，海拔117米。

南小岛又称蛇岛，海拔148米，在钓鱼岛东南。南小岛与钓鱼岛之间，有一条宽约1500米的海峡，是一个良好的避风港。

北小岛又称鸟岛，在钓鱼岛东南，海拔129米。

北屿、南屿，均在钓鱼岛东北；飞屿，在钓鱼岛东南。三岛面积都很小。

16世纪福建图之钓鱼屿、黄毛山（黄尾屿）、赤屿（赤尾屿）（采自明代胡宗宪《筹海图编》）

16世纪福建图之钓鱼屿、黄毛山（黄尾屿）、赤屿（赤尾屿）（采自明代胡宗宪《筹海图编》）

赤尾屿又称赤屿、赤尾、赤尾礁、赤尾山，或称赤坎屿，是钓鱼列岛中最东端的岛屿。"屿方而赤，东西凸而中凹，凹中又有小峰二"①。赤尾屿面积也很小，只有0.065平方公里，最高海拔75米，是中、琉航路显著的指标。

钓鱼列岛四周沿海的深处不足200米，位处中国大陆礁层边缘，为中国大陆架的自然延伸部分，愈靠近中国大陆，其深度愈浅，但在钓鱼岛及南屿以南向琉球方向三公里外，因断层关系，其深度则骤增，与琉球的宫古、八重山、冲绳各群岛之间有一海沟相隔，海沟深及2000米，叫"琉球海沟"，亦称"黑水沟"。从中国去琉球，海水是绿色的，但是过了钓鱼岛最东的赤尾屿，直到琉球那霸，海水由绿色变成了黑色。明夏子阳著《使琉球录》，其"使事记"曰："连日所过水皆深黑色，宛如浊沟积水，或又如靛色，忆前《使录补遗》称：'去由沧水入黑水'，信者言矣。"②清周煌著《琉球国志略》，其"山川"记曰：琉球"环岛，皆海也。海面西距黑水沟，与闽海界。福建开洋至琉球，必经沧水过黑水，古称沧溟。溟与冥通，幽元之义，又曰东冥"③。黑水沟非常险恶，明、清册封使去琉球有"过沟祭海"求平安之举，是中国与琉球之间的天然界线。

（二）物产资源

钓鱼列岛周围是一个广大而丰富的渔场，盛产鲭、鰺等多种鱼类。鲭鱼是中等的鱼，肉脆味美，适宜于加工做鲭鱼肉松和罐头。如1969年，台湾宜兰县鱼产总额56000吨中，鲭鱼占17000吨，而在钓鱼列岛渔场捕获的鲭鱼约12000吨④。钓鱼列岛这片渔场，不仅鱼多，而且一年四季都能

---

① （清）李鼎元著：《使琉球记》，十四，《小方壶斋舆地丛钞》，第10帙，181页。
② （明）夏子阳著：《使琉球录》，卷上，使事记，《台湾文献丛刊》，第287种，《使琉球录三种》，222页。
③ （清）周煌：《琉球国志略》，卷5，山川条，第81页，浙江省图书馆藏。
④ 明报月刊资料室：《钓鱼台列屿是我们的》，香港《明报月刊》，1970年10月，第58期。

捕到鱼，即使在鱼汛期之外，亦有大量的鲭、鰺鱼群，虽然潜入深海，但用钓钩捕鱼，每钓500只钩，经常是钓无虚钩。因此，整年都有台北渔民在钓鱼列岛四周活动，故钓鱼列岛为台湾北部渔民的生命线。此外，在钓鱼岛、黄尾屿、南小岛沿岸的礁石窟中还盛产龙虾。龙虾很大。钓鱼岛的西南部，还有一处山泉，虽然流量不大，但也足够200人饮用。南小岛虽小，但蛇很多，故有"蛇岛"之名。蛇色浅黄，背有污点，最大的有二三米长，无毒，能食用。钓鱼列岛上还有成群的海鸟，十分壮大，海鸟展翅达二尺半，毛色黑灰，肉厚筋壮，每只重达三市斤。该岛屿上的海鸟数量惊人，每当起落时，成千上万，黑压压地使天空变色。由于鸟多，因此鸟蛋也很多，沿海岸布满鸟蛋，俯拾皆是，鸟粪厚积岛上，走在岛上如踩地毡，而鸟粪又是上好的肥料。除鱼类和海鸟之外，还生长着植物，如钓鱼岛、黄尾屿、南小岛上遍生棕榈类、仙人掌类、灌木及野草藤蔓，根部都特别发达，最强烈的台风也不易连根拔去。钓鱼岛与黄尾屿上更产有一种人类非常需要的植物，叫海菊花，也叫海芙蓉、石芙蓉，专治高血压和风湿病，是极其珍贵的中药材。

  最重要的是近几十年来，发现钓鱼列岛周围海底蕴藏着丰富的石油资源。据海上地球物理的勘测，证实了陆地地质构造确系向海底延伸，在中国东海和黄海的海底地质构造是一连串东北—西南走向的凸起，将海底分成若干个沉积盆地。这些盆地大多数被新第三纪沉积物所堆积。石油很可能蕴藏在黄海和东海大陆礁层上的沉积岩中，这些地区属长江、黄河的出口，通常大河流的入海处，是沉积物最多又最迅速地沉淀堆积在一起的地区。而黄河每年排出的沉积物，约为20.8亿吨，占世界第一位。长江为5.5亿吨，列第四位。这些大量沉积物的快速沉积，有助于有机物的保存，为后来石油形成之要素。这类由河流带入的沉积物，营养质素含量高，生物繁殖茂盛，故专家们一致强调最可能含大量石油的地区是台湾东北方，

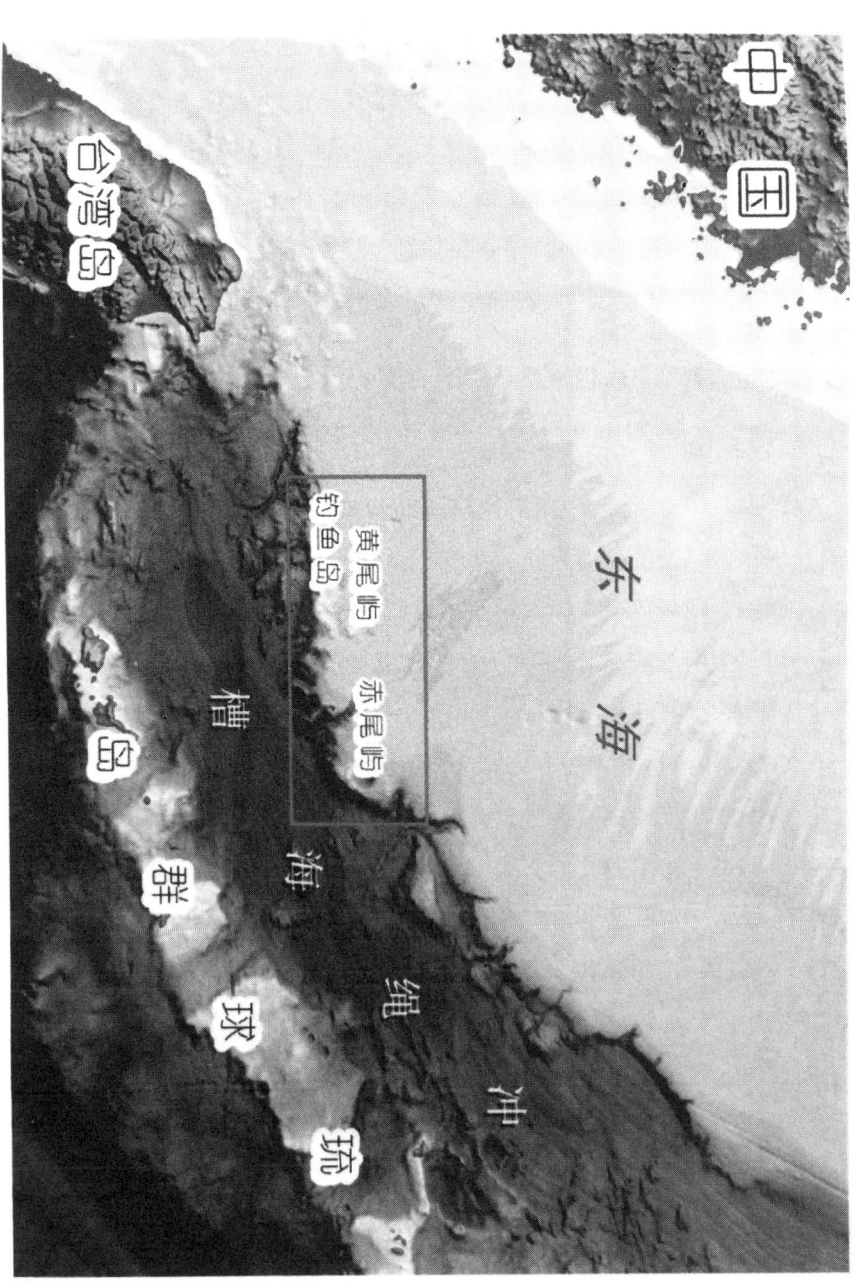

钓鱼岛及其附属岛屿分布示意图（采自国家海洋信息中心《钓鱼岛－中国的固有领土》）

即钓鱼列岛附近20万平方公里的地区①。有关钓鱼岛与东海的石油蕴藏量到底有多少，各种说法不一。据已宣布的数据，有下列六种：（一）联合国亚洲与远东经济委员会宣布44亿桶；（二）日本政府宣布1095亿桶；（三）苏联地质学家萨马洛夫宣布75亿至112亿桶；（四）美国中央情报局宣布390亿桶；（五）美国前能源部长勒辛格宣布500亿桶；（六）中国宣布737亿桶至1574亿桶②。石油蕴藏量如此之多，为举世关注。

## 二、钓鱼列岛自古以来就是中国的领土

### （一）中国最早发现、定名和使用

《顺风相送》是记载中国古代航海经验的书，是1403年奉差前往西洋等国开诏，据已有的航海针路"累次校正针路"的成果，加以编辑整理而成的，原抄本现藏英国牛津大学鲍德林图书馆，1961年中华书局把《顺风相送》和《指南正法》合刊为《两种海道针经》。在《顺风相送》中记载"福建往琉球"的针路：

"太武放洋，用甲寅针七更船取乌丘。用甲寅并甲卯针正南东墙开洋。用乙辰取小琉球（按：即台湾）头。又用乙辰取木山。北风东涌开洋，用甲卯取彭家山。用甲卯及单卯取钓鱼屿。南风东涌放洋，用乙辰针取小琉球头，至彭家、花瓶屿在内。正南风梅花开洋，用乙辰取小琉球。用单乙取钓鱼屿南边。用卯针取赤坎屿。用艮针取枯美山。"③

据上述可见，钓鱼屿、赤坎屿等名称在1403年或1403年以前，早已被中国发现定名使用，而且明清以来一直延续使用这些名称，如：

明郑开阳（1522～1566年）《使倭针经图》记曰："十更船取钓鱼屿

---

① 黄养志等《钓鱼台千万丢不得》，《钓鱼台论坛》，试刊号，台北钓鱼台论坛杂志社1990年12月出版。

② 林正杰等：《台湾有没有参与钓鱼台共同开发》，《钓鱼台论坛》，第一期，台北钓鱼台论坛杂志社1991年2月出版。

③ 向达校注：《两种海道针经》，中华书局1961年出版，第96~97页。

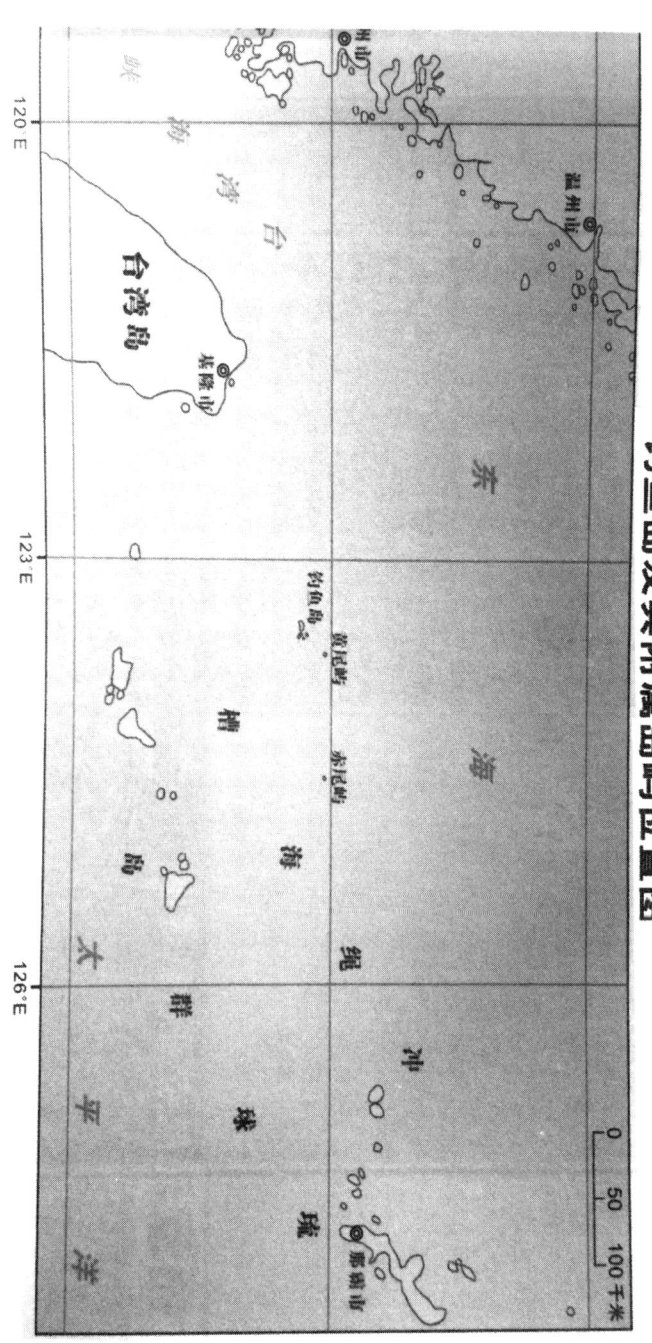

钓鱼岛及其附属岛屿位置图（国家海洋局资料，新华社发）

……四更船至黄麻屿，黄麻屿北边过船便是赤屿……"①

明陈侃于1534年奉使去琉球，其所著《使琉球录》记曰："舟行如飞……过钓鱼屿，过黄尾屿，过赤屿……"②

清徐葆光于1719年出使琉球，其所撰《中山传信录》记曰：二十二日日中，乘潮出五虎门，放洋，二十四日日未中，过米糠洋，是夜"当见鸡笼山、花瓶、棉花等屿及彭家山，皆不见"。二十七日"天将明，应见钓鱼台、黄尾、赤尾等屿，皆不见……六月朔（壬寅），日未出，遂入港（即那霸港）"③。同书还引用了程顺则《指南广义》一书云："福州往琉球由闽安镇出五虎门东沙外开洋，用单（或作乙）辰针十更，取鸡笼头（见山，即从山北边过船，以下诸山皆同）、花瓶屿、彭家山；用乙卯并单卯针十更，取钓鱼台；用单卯针四更，取黄尾屿；用甲寅（或作卯）针十（或作一）更，取赤尾屿。用乙卯针六更，取姑米山（琉球西南方界上镇山）；用单卯针取马齿，甲卯及甲寅针收入琉球那霸港，福州五虎门至琉球姑米山，共四十更船。"④ 程顺则，琉球人，1707年奉使入贡，1720年又以紫金大夫再次入贡并谢封。程顺则初次入贡在1707年，必是身历其境方作《指南广义》，书当成于1707年之后、1720年之前，徐葆光1719年使琉才能见程书而引其针路。

清周煌于1756年出使琉球，其所著《琉球国志略》"针路"曰："船行海中，以山为准，福州往琉球，出五虎门，取鸡笼山、花瓶屿、彭家山（或作平佳）、钓鱼台、黄尾屿、赤尾屿、姑米山、马齿山（以上山皆取北过），收入那霸港。"⑤

从上引明、清册封使的《使录》中，可知钓鱼列岛各岛名称为中国明

---

① （明）郑开阳：《郑开阳杂著》卷7，琉球图说，文渊阁四库全书，584册，第615页。
② （明）陈侃：《使琉球录》，"使事纪略"，第8页，浙江省图书馆藏。
③ （清）徐葆光：《中山传信录》二，《小方壶斋舆地丛钞》，第10帙，第143页。
④ （清）徐葆光：《中山传信录》二，《小方壶斋舆地丛钞》，第10帙，第143页。
⑤ （清）周煌：《琉球国志略》，卷5，第85页，浙江省图书馆藏。

清以来延续使用，而且亦为琉球学者程顺则所采用。

钓鱼列岛海域，盛产各种鱼类，中国东南沿海渔民世世代代在这里捕鱼为生，是中国的传统渔场之一。明朝嘉靖三十一年（1552年），奉派出使日本的郑舜功在其所撰的《日本一鉴·桴海图经》一书中写道：自鸡笼山，"西南风正卯针或正乙针，约至十更，取钓鱼屿。自屿远近多巨鲨，长约十数尺，见风帆影，逆于波上，夜则跃而有光。按海鲨族类颇多，因访渔，略言知者，曰珠鲨、曰锯鲨、曰刺鲨、曰虎鲨、曰青鲨、曰丫髻鲨、曰犁头鲨、曰狗头鲨、曰和尚鲨、曰白蒲鲨、曰吹鲨螺。吹鲨螺者鸣，则风雨大作，尝食鱼害人。又虎鲨者，有化为虎，啖岛人畜，其余不尽闻也"。[①] 中国东南沿海渔民能说出钓鱼岛远近各种鲨鱼的名称，这是因为他们世世代代在这一海域捕鱼的缘故。万历七年（1579年），出使琉球的副使谢杰在其《琉球录撮要补遗》记载：他们从琉球回福州航行途中，"归至台洋，阿班等禀曰：'过洋事毕矣，此后礁之有无、水之浅深，某皆不知'。吾等愕然。忽梅花、定海诸军跃出曰：'某等幼随父兄钓鱼于此，其夷险备知之，从此抵家，万万可保无虞'"。[②] 这里的"梅花、定海诸军"，就是福建福州闽江口镇东卫属下的梅花千户所和福宁卫属下的定海千户所随册封使到琉球的两所官兵。他们"幼随父兄钓鱼于此"，这也说明琉球福州航路上的台洋一带海域是福建沿海渔民的传统渔场。

（二）从明代起钓鱼列岛已纳入中国版图

明陈侃《使琉球录》中"使事纪略"曰："五月朔，予等至广石……至八日，出海口，方一望汪洋矣……九日，隐隐见一小山，乃小琉球也。十日，南风甚迅，舟行如飞，然顺流而下亦不甚动。过平嘉山，过钓鱼屿，过黄尾屿，过赤屿，目不暇接，一昼夜兼三日之程……十一日夕，见古米山（即姑米山），乃属琉球者，夷人（指在册封使船上的琉球人）鼓

---

① （明）郑舜功：《日本一鉴·桴海图经》，卷一。
② （明）谢杰：《琉球录撮要补遗》，载夏子阳《使琉球录》，台湾文献丛刊第三辑，大通书局1984年版，第274～275页。

舞于舟，喜达于家……又竟一日，始至其山，有夷人驾小舶来问，夷通事与之语而去。"① 此记载，非常明确地说明了琉球的边界是姑米山。"古米山，乃属疏球者"，故随使船的琉球人望见姑米山情绪激动，非常高兴，因为琉球人以姑米山为门户，周煌《琉球国志略》卷7"祠庙"条中曾有"姑米为全球门户"②之说，以致琉球人见到了姑米山，就认为到家了。也由此可见，姑米山以西的赤尾屿等岛屿不属琉球而属中国疆域。

明郭汝霖于1561年6月出使琉球，著《使琉球录》曰："二十七日，至广石，二十八日，祭海登舟，别三司诸君，二十九日，至梅花，开洋。幸值西南风大旺，瞬目千里……过东涌、小琉球，三十日，过黄茅，闰五月初一日，过钓鱼屿，初三日，至赤屿焉。赤屿者，界琉球地方山也。再一日之风，即可望古米山矣。"③ 赤屿就是赤尾屿。此记载也非常明确地说明赤尾屿是我国海上与琉球交界的岛屿。赤尾屿属中国而不属琉球。

明代册封琉球十五使，从1404年（永乐二年）行人（官名）时中始至1534年给事中陈侃已是第十一任册封使。此前出使官员的出使报告已无所考，从陈侃开始皆有使录，故陈侃、郭汝霖两使录是记述钓鱼列岛较早的文献，不仅值得注意，而且非常重要。陈侃说："姑米山，乃属琉球者"；郭汝霖说："赤屿者，界琉球地方山也。"姑米山与赤屿之间，有水深2000米左右的海沟，没有任何岛屿。陈侃从福州向那霸航行途中最初到达琉球领土的姑米山时记载说，"姑米山，乃属琉球者"，这是琉球的领土。郭汝霖在记述中国海域东部边缘上的岛屿赤尾屿时说，"赤屿者，界琉球地方山也"。也就是说，赤尾屿是中国边境的山，它与琉球交界。很显然，陈侃与郭汝霖从两种不同的角度记载了同一件事，既明确又清楚地说明钓鱼

---

① （明）陈侃：《使琉球录》"使事纪略"，浙江省图书馆藏。
② 《琉球国志略》，卷7，"祠庙"，天妃宫："……在姑米山，系新建。兹役触礁神灯示见；且姑米为全球门户，封、贡海道往来标准。"浙江省图书馆藏。
③ （明）郭汝霖：《使琉球录》，载严从简辑《殊域周咨录》卷4，琉球，故宫博物院图书馆1930年印行。

列岛属中国疆域。

明夏子阳于1605年出使琉球,在其所著《使琉球录》中记曰:"二十四日黎明,开洋……次日过鸡笼屿,午后,过小琉球……二十七日……午后,过钓鱼屿,次日,过黄尾屿……二十九日,望见粘〔姑〕米山,夷人喜甚,以为渐达其家,午后,有小船乘风忽忽而来,问之为粘〔姑〕米山头目,望余舟而迎者,献海螺数枚,余等令少赏之。夷通事从余舟行者,因令先驰入报。"① 此记载,再次叙述了随使船的琉球人,望见姑米山就像到了家似的那般高兴,姑米山守卫者驾船来欢迎使船,献上海螺并去通报。凡使船至姑米山,镇守姑米山的琉球官员,一面欢迎使船献上海螺表示敬意;一面即向琉球中山王通报准备迎接封使,这在从客胡靖于1633年随杜三策出使琉球所撰《琉球记》中,亦有至姑米山献海螺,举烽火向中山通报的生动记载:"琉球居南山北山之间,谓之中山,更有姑米、马齿诸山,皆其所属,东海中一大岛屿也……五月二十三日自三山启行……六月四日,从广石解缆……由五虎门出大门,始掀乘五帆,浪如飞,真有一泻千里之势……八日薄暮,过姑米山,夷人贡螺献薪,乘数小艇灭没巨浪中,比至,系缆船旁,左右护驾……镇守姑米夷官远望封船,即举烽闻之马齿山,马齿山即烽闻之中山,世子爱命紫金大夫泊三法司,统通国夷人诣那霸候接。次日,舟到海涯,即那霸港口,遂卸风帆,夷官群拥出迎。"② 说明姑米山是琉球的国土,琉球国驻官镇守。清楚地表明姑米山为琉球国界镇守要地,因此,如果中国使船为姑米山驻官疏忽,未予通报办理入境手续过了姑米山,那么随从使船的琉球接封陪臣就会恳请册封使者,请使船暂行停泊,待通报后再行,这在下列《使录》中亦有记载:

清汪楫于1683年(康熙二十二年)出使琉球,除著有《使琉球杂录》、《中山沿革志》外,还有《册封疏钞》。在《册封疏钞》中记曰:"二十三

---

① (明)夏子阳:《使琉球录》,卷上,使事记,"台湾文献丛刊",287种,《使琉球录三种》,第222~223页。

② (明)胡靖:《琉球记》,北京图书馆,善本室11887号,第3~4页。

日辰刻遂出五虎门过东沙山,一望茫茫,更无山影……二十四日,当过小琉球、花瓶屿、鸡笼、淡水诸山,而是日辰刻已过彭佳山,酉刻已过钓鱼屿,不知诸山何时飞越。二十五日应见黄尾屿,不知何以遂逾赤屿。二十六日应见姑米山,又不知何以遂至马齿山。此时,琉球接封之陪臣惟恐突如入境,国中无所措手,再拜恳求暂泊澳中,容其驰报。乃落篷而篷不得下,抛碇而碇不可留,瞬息已入琉球之那霸港,直达迎恩亭前矣,时方辰刻,距开洋仅三昼夜耳。臣等未经蹈险,视等寻常,而彼国臣民莫不相看咋舌,群言自古迄今,未有神速如此者。"① 汪楫此行,由于风顺而神速,仅三昼夜就到了琉球国的迎恩亭前,以致沿途应见诸山,皆在不知不觉中飞越而过,甚至飞渡了姑米山这一"琉球西南界上镇山",而到了马齿山。这可急坏了随船的琉球接封陪臣,以"突如入境,国中无所措手",而阻止使船继续前行到那霸,必须等待通报"举烽闻之中山"。说明姑米山以东是琉球国境,不能让中国船只随意出入,而姑米山以西并非琉球国境,乃属中国疆域。

姑米山为"琉球西南方界上镇山","全球之门户"。凡使船抵琉球国境,皆以此山为准,过了黑水沟,若望见姑米山,不仅随使船的琉球人满心欢喜,认为将到家了,就是使船的中国人也同样是满心欢喜,因为将到目的地了。如清赵文楷于1799年奉使前往琉球,著有《槎上存稿》,其"十一日见姑米山(近中山)矣"诗云:"三日天风便,遥看姑米山;五峰排水面,一线出云间,远目真空阔,狂涛若等闲;舟人齐举目,惊喜破愁颜。"② 其"舟人齐举目"之语,除了随船的琉球人,显然也包括使船上的中国人,望见姑米山个个欢欣鼓舞,忧愁转化为惊喜。又如清齐鲲于1808年出使琉球,写下纪行程的《航海八咏》,其七云:"姑米山(原注:此山入琉球界)"诗曰:"忽睹流虬状,西来第一山,半天峰断续,八岭路回

---

① (清)汪楫:《册封疏钞》,第28~29页,康熙二十三年刊本,浙江省图书馆藏。
② (清)赵文楷:《槎上存稿》,《台湾文献丛刊》,第292种,《清代琉球纪录集辑》,第101页。

环。海雾微茫里,船风瞬息间,球人欣指点,到此即乡关。"① 都表明到了姑米山,始入琉球乡关。"此山入琉球界",说明姑米山之西的钓鱼列岛不属琉球,而属中国疆域。

姑米山是琉球西南面界山,而姑米山与赤尾屿之间的黑水沟,则是中琉的天然界线。1683年封使汪楫记载:"二十五日……无何遂之赤屿……薄暮过郊(原注:或作沟),风涛大作。投生猪、羊各一,泼五斗米粥,焚纸船,鸣钲击鼓,诸军皆甲露刃,俯舷作御敌状,久之始息。问郊之义何取?曰中外之界也。"② "问郊之义何取?曰:中外之界也。"这是使臣汪楫与船工的对话。船工是福建闽南人,闽南话"郊"、"沟"发音相同,这里的"郊"就是"沟",所以汪楫注:"郊,或作沟"。船行驶至赤屿之后,所过的沟就是黑水沟。船工指出"郊","中外之界也",也就是说,黑水沟是中国与外国的分界处,即中国与琉球两国之间的分界处。1756年奉旨前往琉球的清朝使臣周煌也记载说,琉球"环岛皆海也,海面西距黑水沟与闽海界。福建开洋至琉球,必经沧水过黑水沟"。③ 闽即福建,"闽海"即福建的海面。这也清楚地说明,黑水沟是中琉海上的分界处。这与汪楫上述记载完全一致。1799年使琉的赵文楷在其《槎上存稿》中,不但记"过沟祭海"之事,并且还记述了"黑水沟"之险恶万状。该书"渡海放歌行"曰:"黑沟之洋不可以径跨,雷隐隐兮在下。龙之来兮从如云,天吴(昊)海若争纷纷。雨翻盆而直注,浪山立而扑人。坎坎兮击鼓搥,大豕兮投肥牷;兵戈林立炮车轰,长鲸戢尾茹不吐。忽云雾而天开,见姑米之一柱。"④ 祭海之后,不但云开天晴,而且已跨过了黑水沟,看到了"姑米之一柱",姑米,即琉球边界之镇山;柱,此处系指山。凡是福州去琉球,至此山即入琉球界。赵文楷此记载,又再次指明"黑水沟"是中国与

---

① (清)齐鲲:《航海八咏》,转引自《东瀛百咏》,嘉庆十三年出版。
② (清)汪楫:《使琉球杂录》,卷五,第5页,浙江省图书馆藏。
③ (清)周煌:《琉球国志略》,卷五,山川条。
④ 《槎上存稿》,《台湾文献丛刊》,第292种,《清代琉球纪录集辑》,第100页。

琉球分界之处，是中、琉两国间的天然国界。

封使从福建梅花所或五虎门开洋，经台湾东北部附属岛屿花瓶屿、彭佳山、钓鱼岛、赤尾屿，过黑水沟，入琉球西部边境姑米山。作为"中外之界"的"黑水沟"，现在称"冲绳海槽"。有关至姑米山始入琉球国境的记载很多。如1756年3月奉旨册封琉球国正使翰林院侍讲全魁、副使编修周煌于7月28日在闽起程后，8月4日闽浙总督喀尔吉善奏称："兹七月初八日据温州镇总兵官林洛报称，有巡洋守备张居佐禀报，六月二十七日巡至东臼洋面，瞭望见有被风船只，随经查询，船已损伤，尚未破烂，船内有福建督标中营都司陈嘉言，据称奉委带领弁兵护送钦差前往琉球，六月初二日由省起程，初十日在五虎门放洋，十三日已到琉球之姑米山。"① 封使全魁、周煌于1757年4月1日回到福建五虎门后，于4月7日上"为册封事竣，敬陈渡海情形仰祈睿鉴事"折称："窃臣等蒙皇上天恩，简使琉球……遂以六月初二日登舟，初十日由福建之五虎门乘风放洋，十四日抵琉球之姑米山。"② 4月13日福建巡抚钟音奏称："窃照使臣全魁、周煌自琉球回棹，于二月十三日抵五虎门，十六日进省，臣随迎会询其在洋往返情形，告称：上年六月初十日放洋，历四日即到琉球之姑米山，遇风寄碇，舟被礁伤，俱赖圣主鸿庥，倚山登岸，七月初八日行抵那霸，恭赍诏敕、恤赏等项，宣付该国王尚穆祗受，仰沐天朝褒宠，感戴欣荣，举国欢忭。"③ 4月16日闽抚钟音又上"为恭报册封使臣回闽日期事"题本称："使臣全魁、周煌六月初十日放洋之后，俱值顺风，六月十三日已见琉球所辖之姑米山，有夷人驾舟迎探。"④ 6月7日封使全魁、周煌又上"请加封号谕祭疏"称："伏念臣等始渡海时，以六月初十日出五虎门，十三日已见琉球之姑米山，十四日近山下碇守风之次，适当暴期，波浪兼天，

---

① 一史馆，军机处录副奏折，外交类164—7757—50号。
② 一史馆，宫中朱批奏折，外交类264—2号。
③ 一史馆，宫中朱批奏折，外交类264—3号。
④ 一史馆，内阁礼科题本，外交类25号卷。

……延至二十四日夜,台飓大作,碇索十余一时皆断,舟走触礁。"7月9日礼部复奏题本,引用全魁、周煌原奏内容中,亦有"六月初十日出五虎门,十三日已见琉球之姑米山"等句①。1758年1月27日,副使周煌恭进《琉球国志略》一书,卷五附针路记载:"六月初十日,早潮,出五虎门,开洋,至日入,见鸡笼山头,十一日,至日入,见钓鱼台,十二日见赤洋,是夜过沟,祭海。十三日行船二更,见姑米山,姑米人登山举火为号,舟中以火应之,十四日,姑米头目率小舟数十牵挽,至山西下碇。"②

从上所引奏折记载可以看出,由福建五虎门开洋,过钓鱼列岛,过黑水沟,祭海,始抵达琉球之姑米山。姑米山是琉球西面界山,姑米山以西的赤尾、黄尾屿、钓鱼屿皆不属琉球,而属中国。

周煌所进《琉球国志略》,卷四记载"琉球三十九府棋列于中,三十六岛星罗于外",并详列三十六岛岛名,均无钓鱼列岛在内,其西部以姑米山为界③。周煌所绘进的《琉球国全图》④,山水形象,绢轴画,轴长0.84米,宽1.73米。此图说明琉球国西面以姑米山为界,图中除琉球本岛外,共辖三十六岛,详列岛名,并无钓鱼列岛。同样明确说明,姑米山是琉球西面界山,再往西隔黑水沟之赤尾屿、黄尾屿、钓鱼岛等岛屿皆是中国疆域内的岛屿。

又如1799年9月清廷命赵文楷、李鼎元为正副使前往琉球,使团于1800年6月在福建五虎门开洋,同年12月回闽,李鼎元于1801年3月5日所上"奏为吁请圣恩加封以酬神贶事"折及所撰《使琉球记》记载:五月初七日午刻开洋,乘潮出五虎门,初九日卯刻见彭家山,申正见钓鱼台,初十日辰正见赤尾屿,"酉时随遇东北风暴,势甚猛烈,巨浪如山,

---

① 《琉球国志略》,卷7,祠庙,第111页,浙江省图书馆藏。
② 同上书,卷5,第91~93页,浙江省图书馆藏。
③ 同上书,卷4上,疆域,第58页,浙江省图书馆藏。
④ 原图存一史馆,亦见周煌:《琉球国志略》,卷首,图绘。

实为危险……子正，风转西南"①。从赤尾屿行十四更船，十一日午刻见姑米山，"舟中人欢声沸海……戌刻，舟中举号火，姑米山有火应之……丑刻，有小船来引导，十二日癸巳晴，辰刻过马齿山……取那霸港"②。亦说明封船到赤尾屿后，过黑水沟，经十四更船进入琉球界山姑米山，舟人与姑米人互相举火为号，由姑米派小船引导入港。

又如1866年差往琉球正使詹事府右赞善赵新，副使内阁中书于光甲同年12月22日回到五虎门，于12月30日奏称："臣等奉命差往琉球，于到闽日遵照旧章，迎接天后、尚书、拿公各行像在船保护诏敕，于五年六月十九日舟抵球界之姑米外洋，连日因风信未顺，水深不能下碇，是日适值暴期……一舟皆惊，臣等谨焚香默祷天后、尚书、拿公并本船所供苏神各神前，入夜黑云四散，仰见星月，阖舟额庆。"③正使赵新于归舟余暇纂录成之《续琉球国志略》卷之二针路条记载："同治五年六月初九日卯刻放洋，十一日酉刻过钓鱼山，十五日辰刻见姑米山，十六日申刻驶近姑米山，酉刻该岛有船数十只来引，三更进姑米山前寄碇，二十日酉刻抵那霸港收泊。"④另在同卷灵迹条记载："臣新等幸膺斯役……于五年六月十九日舟抵球界之姑米外洋，连日因风帆未顺，水深不能下碇。"⑤也都明确认定姑米山为琉球西面界山，再往西之钓鱼列岛属中国疆域内之岛屿。

明清志书及所绘海防图中亦有明确的记载。如1556年胡宗宪任浙江提督节制七省海域边防时主持编纂的《筹海图编》，根据奏疏、志籍及"访舆论"等资料，"不敢少参意见"，内容极为翔实。该书卷之一即为《福建沿海山沙图》，在"福七"及"福八"两页图上，从西至东，顺次注记出"钓鱼屿"、"黄毛山"（即黄尾屿）、"赤屿"等岛屿⑥。1605年明朝吏部考

---

① 一史馆，军机处录副奏折，外交类164—7752—62号。
② （清）李鼎元：《使琉球记》十四，《小方壶斋舆地丛钞》，第十帙，第181页。
③ 一史馆，军机处录副奏折，外交类164—7755—109号。
④ （清）赵新：《续琉球国志略》，卷二，第26页，浙江省图书馆藏。
⑤ 同上书，第29页，浙江省图书馆藏。
⑥ （明）胡宗宪编：《筹海图编》，卷一，浙江省图书馆藏。

功司郎中徐必达所进《乾坤一统海防全图》（山水形象，绢轴画，十轴，每轴长3.35尺，宽1.9尺），图中说明钓鱼屿、黄毛屿均在中国版图，方位在今台北基隆市之东洋面①。1621年茅元仪写有自序的《武备志》，在此书"海防"一章所载《福建沿海山沙图》中，也明确标出"钓鱼山"、"黄毛山"、"赤屿"等岛。明末施永的《武备秘书》卷二载《福建海防图》，其中同样明确标画出"钓鱼台"、"黄尾山"、"赤屿"等岛屿②。所有这些都说明钓鱼列岛在明代已在福建管辖的海防区域之内。

中国第一历史档案馆存有乾隆朝所绘《坤舆全图》，系着色世界图，绢画，轴长3.77米，宽1.98米，图中所标"好鱼须"（即钓鱼屿）、"欢未须"（即黄尾屿）、"车未须"（即赤尾屿）六岛，颜色与台湾和中国大陆的黄中带赤色完全一样，而与琉球本土及三十六岛的暗绿色迥然不同③。该馆另藏有1863年刻本《皇朝中外一统舆图》，本装黄绫函套。此图的原则是"名从主人"，即所标地名如属于"四裔"，要杂用其国家语。图中卷六、卷七、卷八系中国福建台湾部分，包括钓鱼屿、黄尾屿、赤尾屿等岛屿在内，注文全用中国语文，而对琉球所属姑米山等的注文中，便杂用了琉球语，如"姑米山，译曰久米岛，属间切二，安河、具志川仲里"。明确说明姑米山为琉球边界，在它以西的钓鱼列岛是中国的岛屿④。

（三）钓鱼列岛是中国台湾的附属岛屿

《日本一鉴·桴海图经》，系郑舜功于1556年奉使宣谕日本所撰，该书第一卷有《万里长歌》诗并写了注。原诗如下："一自回头定小东，前望七岛白云峰……或自梅花东山麓，鸡笼上开钓鱼目……"。原注为"回头，地名……自回头径取小东岛，岛即小琉球……梅花，所名，约去永宁八十里，自所东山外，用乙辰缝针或辰巽缝针，约至十更取小东岛之鸡笼山，自山南

---

① 图存一史馆。
② 图存一史馆，转引自《中国边疆史地研究报告》，第一辑，第83页。
③ 图存一史馆。
④ 同上。

风用卯乙缝针,西南风正卯针或正乙针约至十更取钓鱼屿……钓鱼屿小东小岛也,尽屿南风用正卯针,东南风卯乙缝针,约至四更取黄麻屿……"①。郑舜功在注中写明"钓鱼屿"是属于"小东",而"小东"即"小琉球",也就是台湾。该书第二卷有《沧海津镜》图,图中画了钓鱼屿、黄麻屿、赤坎屿等岛屿。郑舜功的诗和注,清楚地表明钓鱼岛是中国台湾的附属岛屿。

《台海使槎录》又名《赤嵌笔谈》,系黄叔璥撰,1736年鲁煜序。该书武备条记载台湾"近海港口","哨船可出入者"有鹿耳门、打狗、小鸡笼等7个港口;"可通艍板船"者,有凤山大港、诸罗盐水港、八里盆等35个港口;"只容觟仔小船"者,有台湾州尾、凤山喜树港、诸罗海翁堀等7个港口;"今尽淤塞,惟小鱼船往来"者,有凤山岐后、枋寮等9个港口。接着记曰:"山后大洋,北有山名钓鱼台,可泊大船十余。"②明确记载钓鱼台属台湾的港口,而且包括在海上防区之内,也是台湾渔民捕鱼区范围。鲁煜序言指出"煜闻先生之言曰,余之订是编者,凡禽鱼草木之细,必验其形焉,别其色焉,辨其族焉,察其性焉,询之耆老,诘之医师,毫厘之疑,靡所不耀,而后即安。嗟呼!……而况岛屿之险易……先生必务详审精密……"③可见其记载翔实可靠。

《重修台湾府志》,系清乾隆年间巡视台湾御史范咸等重修,卷二海防条记:"山后大洋,北有山名钓鱼台,可泊大船十余。"表明清政府确认钓鱼列岛属于台湾。

《台湾志略》,系清李元春著,该书卷一地志条也记载了钓鱼岛。"环台湾皆海……邑治内优大山之东,曰山后,归化生番所居……山后大洋之北,有屿名钓鱼台,可泊巨舟十余艘。"④以上志书证明,早在明朝时,钓

---

① [明]郑舜功:《日本一鉴·桴海图经》,卷1,"万里长歌",浙江省图书馆藏。
② 黄叔璥撰:《台海使槎录》,卷2,第22~23页,王云五主编《丛书集成》,商务印书馆发行。
③ 《台海使槎录》,序,第1页。
④ 李元春:《台湾志略》,卷1,地志。

钓鱼岛图（采自中国地图出版社《中华人民共和国钓鱼岛及其附属岛屿》）

鱼岛就是我国台湾的附属岛屿。

琉球历史图、籍记载，钓鱼列岛非琉球所属疆土。琉球人象贤奉国王尚质之命所修之《中山世鉴》明确记载"古米山"为琉球边界。嗣王尚贞命尚弘德以汉文重修世鉴为《中山世谱》，1701年琉球紫金大夫蔡铎奉命进献《中山世谱》，明确记载琉球疆域为三府五州三十五郡及三十六岛，其中并不包括钓鱼列岛①。1719年徐葆光出使琉球，在其所撰《中山传信录》中记载"今从国王所请，示地图，王命紫金大夫程顺则为图径丈有奇，东西南北方位略定，然但注三十六岛土名而已"。又记载"葆光咨访五六月，又与大夫蔡温遍游中山、山南诸胜"。徐葆光根据琉球国王所提供地图加上实地调查，所记琉球所辖三十六岛并无钓鱼列岛，而对姑米山则记"琉球西南方界上镇山"，"由闽中至国，必针取此山为准"，在八重山（石垣）及所属八岛条记

---

① 《中国边疆史地研究报告》，第一辑，第83~85页，1987年10月。

"以上八岛，俱属八重山，国人称之曰八重山，此琉球极西南属界也"①。说明姑米山以西，八重山西北属中国海域，钓鱼列岛属中国疆域。

清乾隆年间在国子监任教习的潘相，根据采集琉球留学生的所见所闻，于1764年撰《琉球入学见闻录》，卷首有《琉球国全图》，对琉球大小岛皆绘出，并标示岛名，其中并无钓鱼岛，也足以证明琉球西南属界姑米山以西，八重山西北之钓鱼列岛决非琉球海域②，而属中国海域。

日本的历史图、籍记载也不例外，如1719年日本学者新井君美（新井白石）著《南岛志》，记琉球三十六岛，其中并无钓鱼列岛③。日本学者林子平于1785年出版的《三国通览图说》，亦清楚地表明钓鱼列岛属中国领土，该书序言中说明，"非本人杜撰"，而是"有根据的画图"，其附图均着色显示国别和地区，图中琉球标褐色，而花瓶山、彭佳山、钓鱼台、黄尾山、赤尾山与中国大陆同标为红色，1801年日人享香元仿画着色亦同。此二图丘宏达教授已在美国发现。1832年法国学者 M. J. Klaproth 将上述原图及说明都译成法文，在巴黎出版，其中花瓶山、彭佳山、钓鱼台、黄尾山、赤尾山等五个岛屿也与中国大陆一样标为红色，而琉球则标为黄色。从上述各图所标颜色，明白显示钓鱼列岛属于中国④。

清驻日使馆随员姚文栋根据日人在19世纪70年代有关琉球的地理文章，其中包括1875年官方编撰的地理书，并参考日本海军实测图说，译成《琉球地理小志》两卷，又于1882年将日本文部省所编小学教科书译成《琉球说略》，"以附于小志后"⑤。其中所列琉球群岛各岛名称，并无钓鱼岛在内，表明日本官方在19世纪70年代并不认为钓鱼列岛属于琉球。《琉

---

① （清）徐葆光：《中山传信录》，卷1，第12页，卷4，131~138页，150页，《台湾文献丛刊》，第306种。
② 《中国边疆史地研究报告》，第一辑，第83页，1987年10月。
③ 同上书，第86页，1987年10月。
④ 丘宏达：《关于中国领土的国际法问题论集》，台湾商务印书馆1975年4月出版，第52~53页。
⑤ 姚文栋译：《琉球地理小志》，《琉球说略》第1页，浙江省图书馆藏。

球说略》明记琉球西南为宫古、八重山（石垣）、古弥等岛，西面为姑米岛，在姑米山条下并记"支那之船赴琉球者，必取准此山，国人为舟舶往来，因置烽台举烟以便针路"①。

19世纪英人金约翰编著的《海道图说》，其中第九卷讲台湾，包括和平山（钓鱼岛）等岛屿。第十卷讲琉球，与钓鱼岛等无关。该书译文有江南制造局刻本②。

从以上所引资料，都足以证明钓鱼列岛不属于琉球，而自古属于中国海域，是中国的领土。

## 三、日本觊觎和侵占钓鱼列岛的经过

### （一）甲午战争前日本密谋侵占钓鱼列岛

数百年来琉球一直臣属中国，两国关系亲善，贸易和封、贡交往不断，作为中琉往来航标的钓鱼列岛在中国疆域之内，为中国领土，属中国防务管辖区域，两国之间从没有发生过主权归属的任何纠纷。但是，到了近代日本实行明治维新以后，国力日益增强，便开始向外扩张，而琉球首当其冲，在清朝册封使赵新、于光甲1866年赴琉球册封尚泰为国王后五年，1872年日本悍然宣布琉球为日本国土，废除琉球国王的称号，改称为藩王。1879年，日本又强行将琉球改为冲绳县，并把琉球国王押解到东京。清政府与日本交涉，没有结果。此后，情况就发生了变化，日本开始觊觎钓鱼列岛，并密谋侵占。

自琉球改为冲绳县后，日本人古贺辰四郎，即移居琉球那霸，从事海产和出口事业。1884年宣称"发现"钓鱼列岛，岛上有成群的海鸟和满地的鸟蛋，认为如能加以开发，采集羽毛向欧美输出，必然获得巨利。遂于1885年向冲绳县提出了租借土地的申请，并向日本内务大臣递呈"租用官

---

① 姚文栋译：《琉球地理小志》，《琉球说略》，第6～8页，浙江省图书馆藏。
② 《中国边疆史地研究报告》，第一辑，第86页。

地申请书"。内务卿山县有朋企图将钓鱼列岛编入冲绳县辖区，乃向当时在东京的冲绳县大书记官森长义下令，要求冲绳县调查散布在冲绳县和中国福州之间的无人岛——钓鱼列岛。从表面看，日本政府注意到钓鱼列岛似乎是因古贺辰四郎的申请，为了开发该岛以发展经济的需要，才着手对钓鱼列岛进行调查，其实，日本政府早就注意到钓鱼列岛的重要性，该岛屿不仅是中琉交往的唯一航标，而且曾是明代防倭的军事防务要地。因此，对扩张领土、贪得无厌的日本政府来说，当1879年并吞琉球之后，即盯上了钓鱼列岛。同年12月，日本内务省地理局在其编纂出版的"大日本府县管辖图"中，将钓鱼列岛擅自划入琉球群岛的领域范围。而这时正值中、日为琉球问题而开展交涉之际，日本官方在编纂地图时，偷偷地将中国所属的钓鱼列岛编入版图，日本政府觊觎、侵占钓鱼列岛的野心，昭然若揭。但事实上，日本内务省这一片面侵占企图，还不是代表日本中央政府或内阁的决议。因此，从法律上来说，还不是日本国家的行为。

到了1885年，中日关系明显恶化，日本政府因中日关于琉球"分岛、修约"谈判未获结果；又因1884年在朝鲜发动政变被中国挫败，日本便加紧扩军备战，在军事、政治、外交、财政、思想及其他各个方面，倾注全部力量进行对华战争的准备。由此可见，日本政府在此时着手对钓鱼列岛进行调查，实质乃是出于扩军备战的需要，是侵略中国的步骤之一。而且这个调查是在极其秘密的情况下进行的，内务卿山县有朋给冲绳县令只是口头指令，不作文书指令。但日本对钓鱼列屿秘密勘查的行动还是泄露了。9月6日，中国上海《申报》刊登了一则《台岛警信》，揭露了日本的阴谋。文曰："《文汇报》登有高丽传来消息，谓台湾东北边之海岛，近有日本人悬日旗于其上，大有占踞之势。"① 9月22日，奉令进行调查的冲绳县令西村舍三也向内务卿山县有朋作如下报告：

"关于调查散布本县与清国福州之间的无人岛屿问题，已遵照先前在

---

① 光绪十一年七月二十八日《申报》，"台岛警信"。

京授与本县森大书记官的秘密指令进行调查……关于使无人岛屿归属冲绳县下之事，虽不敢有所异议，然其地势与日前所呈之大东岛相异，且其与《中山传信录》所载之钓鱼台、赤尾屿、黄尾屿为同一之物，也无可怀疑。果为同一之物，则其不但既为清朝册封旧中山王的使船所详悉，而且也各别附有岛名，成为航行琉球的目标，此事甚为明显。因此，对于此次与大东岛建立国标同样，一经勘查就马上建立国标之事，不胜担心之至……总之暂先实地勘查，至于建立国标之事，尚乞指示。"①

据上列报告，说明下列几个重要问题：

第一，认为被调查的"无人岛"在中国史籍中早有记载，与《中山传信录》所载之钓鱼台、赤尾屿、黄尾屿为同一地方。说明早在古贺辰四郎发现这些岛屿之前，中国人徐葆光于1719年已发现了它，并记载于《中山传信录》中。其实，中国史籍中最早记载这些岛屿的，当为1403年的《顺风相送》一书，"福州往琉球针路"，远比古贺辰四郎的所谓发现早五百多年，可见西村舍三的调查还是粗浅不深入的，但已确认这些岛屿是《中山传信录》中所记载的为"同一之物，也无可怀疑"这一史实。

第二，认为被调查的"无人岛"并非无主地，而"为清朝册封旧中山王的使船所详悉，而且也各别附有岛名，成为航行琉球的目标，此事甚为明显"。说明这些岛屿早为中国人所使用，并一一加以命名，是属于中国的。

第三，西村舍三的忧虑，认为"一经勘查就马上建立国标之事，不胜担心之至"。因为西村舍三认为钓鱼列岛不能和已经确定是无主之地的大东岛同样对待，这些岛屿虽是"无人岛"，却是有主之地，为中国所拥有，如果草率从事，"马上建立国标"，必然会引起中日两国间的冲突，希望山县有朋加以慎重考虑，再予指示。

但是内务卿山县有朋为了将钓鱼列岛强行编入日本版图，不顾冲绳县

---

① 《日本外交文书》，"别纸甲号第三百十五号"，第18卷，第573~574页。

令的调查事实，拟就呈递当时最高行政长官太政大臣报告书，该报告书宣称：

钓鱼列岛"虽然与《中山传信录》所记载的岛名为同一之物，但这只是为了掌握针路的方向而已，别无些许归属清朝之证迹。而且，一如岛名，我与彼各异其称，又是接近冲绳县所辖宫古、八重等无人岛，因此只要冲绳县加以实地勘查，建立国标之事，当可无碍"①。

据上列报告看，山县有朋根本无视冲绳县令的调查结果，硬把属于中国领土的钓鱼列岛说成为"无主地"，坚持要冲绳县令马上建立国标。但是，这种强词夺理的说法，自己也明知欠妥，因此在呈递报告之前，于10月9日先与外务卿井上馨进行磋商。但是这时，日本在钓鱼列岛的勘察行动已经泄密，引起了中国的注意，传出"日本政府想占据台湾近旁中国所属岛屿"的消息。10月21日，井上馨答复山县有朋说：

"最近中国报纸等登载日本政府想占据台湾近旁中国所属岛屿的传闻。猜疑我国，频频催促中国政府注意此事，此际建设国标等措施若遽而公然采行，必遭中国疑虑，目前只宜实地勘察，对港湾之形状及土地物产开拓可能之有无作详细报告，至于建设国标，着手开拓等事，宜让他日另觅机会……此次勘查之事，在官报及报纸上，均不可登载。"②

井上馨与山县有朋同样怀有侵占钓鱼列岛为日本领土的野心，所不同的是井上馨狡猾地提出化"公然侵占"为"秘密侵占"的策略。第一，主张继续进行调查，但要绝对保密，不在官报及报纸上"登载"消息。第二，不要马上建立国标，而要"另觅机会"相机行事。

冲绳县令遵照内务卿指示，再次进行实地勘察，于11月24日报告勘察结果，并请示说：

"该岛建设国标之事，正如以前之报告，并非与清国没有关系，万一

---

① 《日本外交文书》，"官房甲第三十八号，别纸乙号太政官上申案"，第18卷，第573页。
② 《日本外交文书》，"亲展第三十八号"，第18卷，第575页。

两国情况不对,则难以善后,此事应当如何处理,请予指示。"①

再次调查的结果,钓鱼列岛确实与中国有关系,一时无法找到可以合法占领的依据,为慎重处理,内务卿和外务卿不得不于12月5日联名指示冲绳县令说:

"关于书面请示的问题,目前无须建设,应请注意。"②

至此,山县有朋和井上馨暂时放弃了密谋侵占钓鱼列岛的野心。此后,1890年新任冲绳县令丸冈尔及1893年新任冲绳县令奈良原繁,虽然先后再次向内务卿和外务卿旧事重提,请予指示。但是,总因找不到丝毫明文证据,不能不考虑到中国的态度,不敢轻举妄动。因此,内务卿和外务卿既不进行任何磋商,也没有下达任何指示。

(二)甲午战争中日本公然侵占钓鱼列岛

甲午战争前,日本密谋侵占钓鱼列岛虽然未达目的,然而并不死心,只是等待时机成熟,日本政府就会毫不犹豫地下手实行侵占。

自1884年在朝鲜政变挫败于中国之后,日本决心与中国决一死战,经过十年的扩军备战,准备就绪的日本政府,于1894年7月,借口朝鲜问题,不择手段地发动了对中国不宣而战的甲午战争。毫无准备的中国,节节败退。10月,日本陆军进攻中国本土,深入辽东腹地,11月,攻陷大连旅顺,日本海军占领旅顺口,12月以后,企图海陆夹击威海卫,歼灭北洋舰队,至此,日本侵略军已取得压倒优势,战争胜负,造成了"中日情势,今昔大异"的局面,乘机下手侵占钓鱼列岛的"机会"终于来临。于是,日本政府一改其慎重态度,在1895年1月公然决议侵占钓鱼列岛。

首先,内务大臣野村靖准备向内阁会议提出在钓鱼列岛"建设标桩案",于1894年12月27日为此发出文件就商于外务大臣陆奥宗光,宣称:

---

① 同上书,"秘第二一八号,二(附属书)",第18卷,第576页。
② 同上。

"明治十八年（1885年）中，与贵（外务）省磋商之后，已有指令（不建国标）之事。然今日与当时之事势相异，如别纸所记，预定在阁议提出此事，故与贵省先行协议。"①

关于提交内阁会议"别纸所记"原文如下：

"位于冲绳县内八重山群岛西北之久场岛（黄尾屿）、鱼钓岛（钓鱼岛），迄今为无人岛屿，但近来有人欲前往该岛从事渔业经营，有加以管理之必要。因此，冲绳县知事特具文呈请将该岛屿划归该县管辖，并设立标桩等情。查上述岛屿应归该县所属，故拟依其所请，准予设立标桩。可否之处，谨请内阁会议审核。"②

其次，1895年1月11日，外务大臣陆奥宗光作了如下答复：

"关于此事，本省别无异议，请按尊意处理。"③

这次外务省没有提出任何意见，同意内务省的处理。因此，第二天野村靖即向内阁总理伊藤博文提出召开内阁会议的要求。

第三，同年同月14日，伊藤博文为此举行内阁会议，并作出如下决议：

"内务大臣请议位于冲绳县下八重山之西北，称为久场岛、鱼钓岛（钓鱼岛）的无人岛事。近来至该无人岛尝试渔业者有之，为取缔之必要，承认该岛为冲绳县所辖，因以建设标桩之事，当如同县知事签报，给以许可。本件因别无障碍，应当如议。"④

为什么内阁会议顺利地解决了这个历时十年之久的悬案呢？迎刃而解的原因，在于内务省给外务省文书中所说的那个"今日（1895年）与当时（1885年）之事势相异"这一点。因为今日的日本已非昔比，自进攻中国

---

① 《日本外交文书》，"秘别第一三三号"，第23卷，第531～532页。
② 同上书，"秘别第一三三号（别纸，内阁提出案）"，第23卷，第532页。
③ 同上书，"秘别第一三三号（附记二）"，第23卷，第532页。
④ 《内阁决定书》，东京，明治二十八年一月十四日，转引自张启雄："钓鱼台列屿的主权归属问题——日本领有主张的国际法验证"，台北中央研究院《近代史研究所集刊》，第22期，下册，第124页。

以来,势如破竹,不仅在军事上已压倒中国,而且更重要的是清政府无持久作战的决心,商请各国出面调停,日本确信已取得决定性胜利,在钓鱼列岛设立标桩,中国已无暇顾及,也无力抗争,即使提出抗议,日本也可置之不理,中国也无可奈何,也就是如伊藤博文所谓的"别无障碍",不必顾虑中国的干涉了,因此,内阁会议公然作出侵占钓鱼列岛的决定。

事实很清楚,日本政府侵占钓鱼列岛是乘战争胜利之机而为之,是1885年井上馨所寄望等待"另觅机会"的天赐良机,这个良机,使日本政府等待了十年,终于如愿以偿。不过必须特别指出的是内阁会议虽然公然决议侵占钓鱼列岛,不过所采取的却是"秘而不宣的侵占"策略,事前事后,日本政府从未向外作过任何宣告,是地道的偷窃侵占,是非法的。

1895年4月,中国战败求和,中日两国签订《马关条约》。中国将台湾全岛及其所属诸岛屿割让与日本,条约中虽无钓鱼列岛割让与日本的明文,但钓鱼列岛是台湾的附属岛屿,它已被包含在"台湾全岛及所有附属各岛屿"这一规定之中,这是毫无疑问的。

第一,日本内阁会议决议侵占钓鱼列岛虽然在签订《马关条约》之前,但是在甲午战争开战之后挟战争胜利之军威而秘密窃占的,故与甲午战争有关,是日本侵华战争的一个组成部分。

第二,中日和谈时,日本代表伊藤博文所提和约第二款"割地"第二项,为"台湾全岛及所有附属各岛屿";第三项,为"澎湖列岛——散在东经一百十九度起至一百三十度,北纬二十三度起至二十四度之间诸岛屿"①。其后正式签订的《马关条约》,即如上列。及至后来中日所立交割台湾文据,亦如上列。值得注意的是割地中,澎湖列岛明列经纬度范围,而台湾及其所属诸岛屿则未列经纬度范围。究其原因,与钓鱼列岛有关,因为钓鱼列岛是台湾省附属岛屿,谈判代表伊藤博文老谋深算,心中明白,若把台湾及其所属诸岛屿亦明列经纬度范围,岂不把秘密侵占钓鱼列

---

① 《中外旧约章汇编》,第1册,第614页。

岛一事，明明白白、清清楚楚地告诉中国，从而引起不必要的异议。此时的日本，当然不怕中国异议，但是，事前作了偷窃侵占的手脚，本人又是当事人，毕竟不是光彩的事，竟以"台湾全岛及所有附属各岛屿"一词，把原属台湾附属岛屿——钓鱼列岛也随之割让给日本，企图使秘密窃占的钓鱼列岛通过《马关条约》的签订而合法化。

**四、二次大战后日本企图再度侵占钓鱼列岛的阴谋活动**

（一）二战后美国"托管"琉球时将钓鱼列岛列入占领范围

1941年，日本偷袭珍珠港，美国参战，同年12月9日，当时代表中国的国民政府正式宣布对日战争，同时宣告对日一切条约、协定、合同，有涉及中日之间关系者，一律作废。据此，日本通过战争强迫割让台湾的《马关条约》宣告无效，这是中国收回台湾的法理依据。1942年11月1日，日本宣布成立"大东亚省"，把朝鲜、台湾列为本土。3日，国民政府外交部长宋子文在重庆国际宣传处记者招待会上宣称：战后"中国应收回东北四省、台湾及琉球，朝鲜必须独立"[①]。1943年11月下旬，中英美三国在开罗举行会议。12月1日发布《开罗宣言》，明确指出"日本所窃取于中国之领土，例如满洲、台湾、澎湖群岛等归还中国"。中国收回台湾得到国际的确认。关于琉球问题，在会议期间，蒋中正曾经对罗斯福总统表示：中国愿与美国共同占领琉球，俟该地托管之时，与美国共同管理之[②]。对于中国的主张，罗斯福曾向苏联斯大林征询意见，1944年1月12日，在美国白宫举行太平洋会议时，罗斯福曾对驻美大使魏道明表示说：斯大林熟悉琉球历史，他完全同意琉球属于中国并应当归还它[③]。1945年7月26日，中英美三国发布《波茨坦宣言》，指明"《开罗宣言》之条件必

---

① 重庆《中央日报》，1942年11月4日。
② 梁敬錞：《开罗会议与中国》，香港亚洲出版社1962年出版，第41页，第43页。转引自台北中央研究院《近代史研究所集刊》第二十二期，下册，第129~130页。
③ 同上。

须实施,而日本之主权必将限于本州、北海道、九州、四国及吾人所决定之其他小岛之内"。国际协定明确规定在日本投降后,被日本掠夺去的中国领土台湾(当然包括台湾所属的钓鱼列岛),应立即归还中国,并依协定,琉球亦应由盟国决定其归属。但此时,琉球已于同年4月由美国攻占。8月,日本无条件投降,9月2日签署投降书,规定日本接受《波茨坦宣言》所开列之条件。10月25日,中国政府接收台湾。因为日本在侵占台湾后,将钓鱼列岛划归琉球,所以日本在台湾的官员移交过来的图册中自然没有钓鱼列岛在内。后来又因为钓鱼列岛和琉球虽然都在美国"托管"下,而台湾渔民到钓鱼列岛海域捕鱼从没有受到过任何干扰,因此,中国朝野并未注意这个问题,未曾主动向美国交涉要求收回钓鱼列岛,以致钓鱼列岛也就一直在美国"托管"之下。

战后,商谈对日和约时,对琉球问题,中国曾予以极大关心,又一再对美国表示要托管或收回琉球。例如1947年9月23日,中国国民参政会通过建议,要求在对日和约中规定琉球应托交中国管理①。10月18日,中国行政院长张群出席国民参政会驻会委员会第七次会议时也表示:"琉球群岛与我国关系特殊,应该归我国。"并主张在对日和约谈判时,中英美苏四大国应有否决权②。但是中国政府这种合理主张,并未获得实际占领琉球的美国之支持与同情。

1951年,美日等国背着中国,非法签订了《旧金山和约》,日本同意美国托管琉球,根据二战前的日本行政区域,美国将中国领土钓鱼列岛一并列入占领范围。对此片面的非法的《旧金山和约》,当时中华人民共和国总理周恩来发表严正声明,坚决不予承认,并指出,中国人民准备随时给予妄图侵犯中国领土的人以严重打击③。

---

① 《天津民国日报》,1947年10月19日,第1页。转引香港《明报月刊》,1972年6月第78期,丘宏达论文:《中国对于钓鱼台列屿主权的论据分析》。
② 《天津民国日报》,1948年2月27日,第10页。转引自丘宏达上引文。
③ 《内参选编》,第17期,第24页。

1953年，美国要将琉球北部的奄美大岛"交还"日本时，台湾当局曾向美国驻华大使递送照会抗议：中国"对于美国所作旧金山和约并未使琉球群岛脱离日本主权之解释（即认为日本有剩余主权）不能同意，盖此种解释，将予日本以要求归还此等岛屿之一项根据，此与1945年7月26日之《波茨坦宣言》之文字及精神相悖，亦决非旧金山和约之本旨"。台湾当局这一照会抗议，不被重视，美国仍然一意孤行，继续纵容和扶植日本军国主义的复活①。

1969年11月，美日两国又有协议，美国同意"将琉球于1972年归还日本"。美国无视中国的主权，无视钓鱼列岛自古以来属于中国的事实，片面地、非法地援引《旧金山和约》，把钓鱼列岛划入"归还"区域，这是对中国领土主权的公然侵犯。

中国政府和《人民日报》为此先后发表严正声明和文章，强烈抗议美日两国私相授受的非法行为。

1970年12月3日，北京电台播出钓鱼列岛并非琉球群岛的一部分，而是中国领土的严正声明。同月4日，《人民日报》发表揭露美日反动派阴谋的文章，指出"佐藤反动政府还在美帝国主义的支持下寻找各种借口，企图把钓鱼岛、黄尾屿、赤尾屿、南小岛、北小岛等岛屿在内属于中国的一些岛屿与海域，划入日本的版图"。对美日反动派的掠夺阴谋，中国人民表示坚决反对。1971年5月1日，《人民日报》发表"中国的领土主权不可侵犯"的评论员文章，再次重申钓鱼列岛"自古以来就是中国领土，对于归属问题毫无争论的余地"。指明日本甲午战争后掠夺了这些岛屿，质问："由一国从他国暂时掠夺到手的领土，单方面为所欲为地编入自己的版图之中，这能允许吗？"坚决表示："无论日本寻找什么口实，玩弄什么花招，都不能把中国领土变为日本领土。"

1971年6月12日，台湾当局也发表声明："该列屿属台湾省"，构成

---

① 丘宏达：《中国对于钓鱼台列屿主权的论据分析》，《明报月刊》，1972年6月第78期。

中国领土之一部分,"基于地理位置、地质构造、历史联系以及台湾省居民长期继续使用之理由",已与中国密切相连,表示"根据其保卫国土之神圣义务,在任何情形之下不能放弃尺寸领土之主权"[①]。1971年6月17日,美国与日本互相勾结,签订了《归还冲绳协定》,在这个协定中,美国把冲绳的施政权归还日本,并把中国领土钓鱼岛也列入归还区域。12月30日,中华人民共和国外交部发表严正声明:"钓鱼岛等岛屿自古以来就是中国的领土。早在明朝,这些岛屿就已经在中国海防区域之内,是中国台湾的附属岛屿,而不属于琉球,也就是现在所称的冲绳;中国与琉球在这一地区的分界是在赤尾屿和久米岛之间;中国的台湾渔民历来在钓鱼岛等岛屿上从事生产活动。日本政府在中日甲午战争中,窃取了这些岛屿,并于一八九五年四月强迫清朝政府签订了割让'台湾及所有附属各岛屿'和澎湖列岛的不平等条约——《马关条约》"。钓鱼列岛"是台湾的附属岛屿,它们和台湾一样,自古以来就是中国领土不可分割的一部分,美日两国政府在'归还'冲绳协定中,把我国钓鱼岛等岛屿列入'归还区域',完全是非法的,这丝毫也不能改变中华人民共和国对钓鱼岛等岛屿的领土主权,中国人民一定要解放台湾,中国人民也一定要收复钓鱼岛等台湾的附属岛屿"[②]。

中国政府的严正声明,充分表达了中国人民的心声,表示了中国人民"一定要收复钓鱼岛等台湾的附属岛屿"的坚定决心。

(二)二战后日本企图再度侵占钓鱼列岛

1968年10月,"联合国亚洲经济开发委员会"调查研究台湾海峡以北的海底资源,经勘测后的报告说,钓鱼列岛周围海域蕴藏着十分丰富的石油。这一发现,使一向缺乏石油的日本激起了企图再度侵占钓鱼列岛的野心。一方面积极向美国"索还"琉球,同时对钓鱼列岛进行一系列的舆论

---

① 台北《中央日报》,1971年6月12日,转引自《明报月刊》之《钓鱼台群岛资料》,第50页,注2。
② 《人民日报》,1971年12月31日。

和行动的侵占活动，企图造成"既成事实"，实现再度侵占钓鱼列岛的目的。

首先，刻意制造舆论。外务省设立"尖阁列岛领有权纷争检讨研究机关"，南方同胞援护会设立"尖阁列岛研究会"组织，规模庞大，拥有60多个教授，从事研究我国有关钓鱼列岛的著作和搜集过去天皇敕令、官方文书中有利于日本证据的资料，公布于众。在国家教育电视台安排一个"领有权思想、领土问题的认识"的特别节目，加强日人对"尖阁列岛"的认识和重视。又通过琉球政府于1970年9月17日发表"关于尖阁列岛的领有权"声明①。1972年3月8日，日本外务省以"关于尖阁列岛的领有权问题"为题，代表日本政府，正式发表官方主张。妄称：钓鱼列岛是日本对无主地先占，否认日本从甲午战争中侵占该岛屿的事实②。至于其他多数政党也都发表了"尖阁列岛"是日本领土的主张。如《朝日新闻》等大大小小的报纸也都一齐挥笔上阵，大肆喧嚷和政府相同的主张③。日本军事评论家小山宏内在《经济学人》刊物发表文章，论"尖阁列岛"对日本国防上的重要性，指出"尖阁列岛"位于日本自卫队防范识别圈的西端，扬言该岛屿既适合设置规模适度的电子警戒装置，又可成为地对空的飞弹基地。1972年4月12日，日本防卫局长久保氏，在众议院答询时，公开提出将"尖阁列岛"放入防空识别圈是妥当的④。总之日本政府动用各方力量，制造舆论，捏造事实，歪曲历史，企图使日人坚信钓鱼列岛是日本的领土。

其次，横蛮的侵占活动。1969年5月间，在日本的指使下，琉球政府

---

① 黄养忠等：《日本人为谋夺我钓鱼台做了些什么手脚》，《明报月刊》之《钓鱼台群岛资料》，第114页、119页。
② 张启雄：《钓鱼台列屿的主权归属问题——日本领有主张的国际法验证》，台北"中央研究院"《近代史研究所集刊》，第22期，第114~115页，1993年6月。
③ （日）井上清：《关于钓鱼岛等岛屿的历史和归属问题》，三联书店1973年出版，第25页。
④ 《日本人为谋夺我钓鱼台做了些什么手脚》，《明报月刊》之《钓鱼台群岛资料》，第119~120页。

派出水警和工程队在钓鱼列岛的每个岛上建立一块钢筋水泥的标碑。"以钓鱼岛为例，标碑的正面写着'八重山尖阁群岛鱼钓岛'，背面为'冲绳县石垣市宇登野三二九二番地'，侧面为'石垣市建立'等字样。"[①] 事实上这时树立这样的标桩是不具备法律依据的，是蓄意侵占中国领土主权的行为。早在1895年1月21日，为了侵占中国领土，内阁总理伊藤博文虽然批准冲绳县在钓鱼列岛建设标桩，但是日本内务省实际上并未对冲绳县下达建设标桩的命令书，所以冲绳县政府也没有到钓鱼列岛着手建设标桩，当然更没有去建设国标。所以关于标桩，虽有内阁决议，却没有付之实行。日本学者井上清教授指出："其后经过了若干年，也一直没有设立过。现在的标桩，实际上是在1969年5月5日设立的。更准确地说，就是以估计到所谓'尖阁群岛'的海底蕴藏有丰富的油田为开端，而且是在这块陆地的领有权问题已经成为日、中两国间的争端之后，琉球的石垣市才首次设立了这个标桩。……树立这样的标桩，从法律上来说也不是日本国家的行为。"[②] 与此同时，琉球政府派出的水警和工程队，还负责毁灭了中国人在钓鱼列岛上所留下的一切标记，台湾渔民曾在各岛建立的孤魂庙、天后宫等，统统被蛮横地拆除无存[③]。自1970年起，日本开始以"海上保安厅"舰船严密巡逻钓鱼列岛海域。同年9月16日，在钓鱼列岛附近作业的台湾渔民遭到日本防卫队的两艘巡逻艇的驱逐，日本人公然殴辱和干涉台湾渔民的作业。1974～1978年，日本、韩国竟签订并批准《日韩大陆架共同开发协定》，公然侵犯中国海域的主权。1978年4月12日，中国大陆渔船队追赶鱼群至钓鱼岛周围海域作业，日本政府竟然出动巡逻艇和飞机对中国渔船进行监视，并恬不知耻地一再向中国提出抗议，理所当然地遭到中国政府的拒绝。1979年5月下旬，日本海上保安厅所属的一艘搭载直

---

① 《日本人为谋夺我钓鱼台做了些什么手脚》，《明报月刊》之《钓鱼台群岛资料》，第102页。
② （日）井上清：《关于钓鱼岛等岛屿的历史和归属问题》，第100页。
③ 《日本人为谋夺我钓鱼台做了些什么手脚》，《明报月刊》之《钓鱼台群岛资料》，第103页。

升机的破冰式大型巡视船"宗谷号",载运人员和器材登上我钓鱼岛,修建了一座临时直升机场,使日本飞机在岛上有了落脚点,进一步加强了对钓鱼列岛的控制,日本还进而向该岛屿派遣调查团和测量船。1990年10月20日,台湾区运会圣火船队,在将圣火送至钓鱼岛途中,竟然遭到日本政府派遣海空武装力量的悍然拦截和驱逐,迫使圣火队折返台湾①。

就日本上述一系列的侵占活动,中国政府为维护钓鱼列岛的领土主权,针锋相对地对日本发出严正声明,台湾当局也提出抗议,并采取相应的措施。

1971年6月27日,《人民日报》刊登新华社电讯,指出日本根据"归还"冲绳协定,把中国领土的钓鱼列岛编入日本防卫范围之内,是对中国领土主权的侵犯,是对中国人民的严重挑战,及揭露其意图是针对中国的台湾和舟山列岛。1972年5月25日,台湾"国民大会"发表声明,强调钓鱼列岛为中国领土,绝不放弃。同年10月,台湾当局正式把钓鱼列岛划归台湾省宜兰县,并通知下达到台湾各地各学校②。1974年2月3日中国外交部发言人授权发表声明:中国政府认为,根据大陆架是自然延伸这一原则,东海的大陆架理应由中国和有关国家协商确定如何划分,现在,日本和韩国背着中国在东海大陆架上,划定所谓日韩"共同开发区域",这是侵犯中国主权的行为,对此中国政府绝不同意。如果日本和韩国在这一区域擅自进行开发活动,必须对由此而引起的一切后果负全部责任③。1978年6月3日,日韩交换《日韩大陆架共同开发协定》的批准书,中国外交部在6月26日又一次发表声明,指出该协定完全是非法的无效的④。东海大陆架与钓鱼列岛,是密切联系的两个问题。所谓大陆架,即是陆地在海底的延伸部分,大陆架的

---

① 《把钓鱼台还给中国》,《钓鱼台论坛》,试刊号,1990年12月,第20页。
② 转引自丘宏达《关于"日本对于钓鱼列屿主权问题的论据与分析"一文的补充说明》,《明报月刊》之《钓鱼台群岛资料》,第54页。
③ 《人民日报》,1974年2月5日。
④ 《人民日报》,1978年6月27日。

范围决定于陆地的领土,大陆架应该算多远,国际尚无定论,但是,它总是与本国领土相连的。钓鱼列岛的主权属于哪一个国家,该岛屿附近的大陆架自然就属于哪一个国家。钓鱼列岛自古以来是中国的领土,《日韩大陆架共同开发协定》片面划定开发区,是侵犯中国领土、领海主权的行为,中国政府理所当然要再三提出强烈抗议和严重警告。1979年5月29日,中国外交部亚洲司司长沈平约见日本驻华使馆临时代办,就日本在钓鱼岛修建临时机场和对该岛屿派遣调查团和测量船事件,进行交涉,希望日方"采取措施制止这种有损于两国友好和睦邻合作关系的一切行为"[①]。为维护领土主权行使职权,1991年,中国"霞工缉3号"代表中国主权,在东中国海域巡逻,"光在1991年的一年之中,就在钓鱼台海域向私闯海域的日本船只,实施临检及威吓射击,共达11次多"[②]。1992年2月25日,中国人大常委会通过《领海法》,该法第二条规定,钓鱼列岛为中国领土的一部分[③]。日本就此曾提出"抗议",针对日本"抗议",中国外交部发言人于27日重申大量的历史事实,证明钓鱼列岛属中国的领土,同时从国际法角度来看,中国的这一立场是无可辩驳的,因此中国《领海法》中重申这一立场是无可非议的,拒绝日方的"抗议"。

从上述一系列针锋相对的强烈抗议和相应的措施,充分表明为了维护国家领土主权的完整,中国政府行使了自己的权力,与日本的侵略活动不断开展了斗争。

### 五、海内外中国人民保卫钓鱼岛运动

(一) 1971年海内外中国人民的保钓运动

自从钓鱼列岛周围海域丰富的石油资源被发现以及由此引起的主权归

---

① 《内参选编》,第17期,第24页。
② 张启雄:《钓鱼台列屿的主权归属问题——日本领有主张的国际法验证》,台北"中央研究院"《近代史研究所集刊》,第22期,第129页,1993年6月。
③ 《人民日报》,1992年2月26日。

属问题见于报章后,在美留学的中国学生为了保卫中国领土,维护国家尊严,发出了中国人民的正义怒吼,于1970年底开始,迄1971年秋间,在美国各地的中国学生自发抗议行动相继展开,后来影响到英国及香港、台湾等地,形成了声势浩大、波澜壮阔的海内外保卫钓鱼岛运动,简称保钓运动。

1970年11月,美国普林斯顿和威斯康星大学的中国学生首先集会讨论钓鱼岛问题,成立"保卫中国领土钓鱼台行动委员会",计划到各校宣传,使这个保卫国土的运动,在全美各地的中国人群中广泛开展。正义的号召迅速得到全美各地中国留学生的响应,纷纷成立保卫钓鱼岛行动委员会,积极开展各项活动,经过协商和筹备,各行动委员会分别于1971年1月29日和30日,在纽约、芝加哥、西雅图、旧金山、洛杉矶、华盛顿等城市,进行大规模的示威游行,强烈抗议日美勾结侵犯钓鱼列岛主权,这是中国学生在美国发起的保钓运动的第一个高潮。

其中,纽约的示威游行最具规模和最有代表性。游行目的定为:(1)鼓动美国舆论,争取美国人民支持;(2)打击日本野心分子、国际阴谋分子;(3)号召海外中国同胞,团结一致;(4)策动当时中国政府坚定立场,保卫国土主权完整。宣言内容定为:(1)坚决反对日本军国主义的再起;(2)全力保卫中国对钓鱼列岛的主权;(3)反对美国偏袒佐藤政府的阴谋;(4)主权未决前拒绝任何国家共同开发行动。1971年1月30日,来自美国东部各地区的中国学生和青年1500多人在纽约联合国总部前的广场集会演说,抨击日本掠夺钓鱼岛主权的阴谋,谴责美国偏袒日本的态度,高呼"钓鱼岛是我们的"、"同胞们团结起来,打倒日本军国主义"等口号,然后大队在"钓鱼岛是中国领土"的大旗前导下,一路所唱"八年抗战耻和辱,一寸山河一寸血……甲午耻,犹未雪!国家恨,何时灭"的歌声,深深地激荡着每个中国人的心。游行队伍到日本总领事馆前停下,群众的情绪达到最高潮。这支壮大的队伍和洪亮的吼声,吸引了不少人围观,宣传组散发传单和发表演说。在摄氏零度以下活动进行了三个小时,情绪的高昂激烈,自始至终不变。这次自发组成的示威游行，使在场的人深切体会到，在美国的中国人"不再是单独的个人，而结成了目标相同的群体"①。团结就是力量，在美国的中国学子团结一致，无所畏惧，为保卫祖国领土主权的完整而斗争。

此外，西雅图的示威游行其宣传效果最佳。他们的目的是让美国人了解此次"行动"，几乎所有的电视台和报纸，都录播和登载了这次秩序井然的示威游行，也达到了向日本领事馆抗议的目的②。

旧金山的示威游行，突出表现了他们不但号召中国人保卫钓鱼岛，而且还邀请了洋教授和日本友人登台演讲"反对美日掠夺钓鱼台石油"③。

在料峭春寒的4月里，在美国的中国留学生的保钓运动进入第二个高潮。

4月10日，八方风雨会中州，在美华盛顿举行了一次大规模的示威游行，这是一次由分散而趋向集中的示威游行。参加这次游行的各个团体，来自美国各地（只有阿拉斯加和夏威夷除外）及加拿大各重要校区。路程最远的是西岸的旧金山、洛杉矶、西雅图和温哥华，游行者都是坐飞机赶来的。中西部及西南部的许多同胞，都是坐专车来的。由中西部来，单程需十八小时，由德州来，单程需三十小时以上，他们怀着一颗饱含爱国热情的心，长途跋涉，不辞辛劳赶来参加这次空前的壮举。除华人同胞外，还有少数美国友人、韩国友人甚至日本友人也参加了这次游行队伍。2500多人参加的队伍，集合在林肯纪念堂附近的广场上。青年男女为主的游行队伍里，还有几对年逾五十的老夫妇和牵一个抱一个孩子的中年夫妇。有一老先生牵着一位年约十一二岁的爱子说："我老了，为祖国效力之日已经无多，这是我的接棒人，我要让他从小起就有爱国的思想。"另有一位某大学的教授说："做了三十多年的中国人，只有今天才尽到了一点做中

---

① 黄培莉：《纽约示威记》，《明报月刊》之《钓鱼台群岛资料》，第229~239页。
② 曲浩然：《回顾"五四"与展望保卫钓鱼台运动》，《明报月刊》之《钓鱼台群岛资料》，第10页。
③ 同上书，第11页。

国人应尽的责任。"① 爱国思想溢于言表，展示了海外中国人的拳拳赤子之心。游行队伍从下午2时出发到6时解散，沿途高呼中英文口号，分别到美国国务院、日本大使馆等处示威抗议。

响应美国留学生风起云涌的保钓运动，英国伦敦的青年学生也成立了"保卫钓鱼台行动委员会"，积极进行宣传，向英国以及欧陆中国人详细介绍钓鱼岛的历史、地理情况，报道美日勾结侵略钓鱼岛的经过，唤醒同胞保卫国土，伸张国际正义。并于7月7日举行示威游行，向美日两大使馆递送抗议书。在游行前数星期，行动委员会每天派代表到唐人街散发数以千计的传单。参加示威游行的人主要是学生和侨胞，五六百人的队伍浩浩荡荡地向美日大使馆进发，沿途高唱"保卫钓鱼台战歌"及"团结就是力量"，高呼"全力保卫钓鱼台列屿"、"打倒日本军国主义"口号。出发游行之前，先在海德公园举行声讨大会，会上还有三位外国友人发言声讨美日罪行，二位是英国人，一位是美国人，他们分别代表中国互学会、英中了解协会、东亚学会这三个团体。他们的热情言行，给游行队伍带来了莫大的鼓舞。这次示威游行，显示了欧陆中国人爱国的热情和团结的力量，使漂泊海外的游子沉重的心情为之一振②。

美国留学生保钓运动序幕一拉开，很快就影响到香港。2月4日，由《盘古》、《生活月刊》等刊物和创建学会的成员发起，成立了"香港保卫钓鱼台行动委员会"，领导香港地区的保钓运动。先后举行了七八次示威，一次"抵制日货大会"，以及无数次的论坛和研讨会，每次较大的活动，都由各报加以报道。

2月8日的示威游行是"香港保卫钓鱼台行动委员会"第一次公开行动，向日本驻香港总领事递送抗议书。尤其是8月13日，由"保卫钓鱼台临时行动委员会"、"五四行动委员会"、"中学生行动委员会"组成的"联

---

① 姚立民：《中国人的怒吼》，《明报月刊》之《钓鱼台群岛资料》，第257~276页。
② 卢文亦：《英国"七七保钓示威"》，《明报月刊》之《钓鱼台群岛资料》，第277~280页。

合阵线"所发起的和平示威,在维多利亚公园举行,坐在草地上示威的群众约有2000余人,男女老少、士农工商各界都有,站在旁边围观的亦有四五千人。这是香港保钓运动以来人数最多的一次,除了喊口号及唱"保卫钓鱼岛战歌"之外,还演讲日本侵华史实,以及由美国回来的留学生报告保钓近况,最后全体宣誓,"誓死保卫钓鱼台",并焚烧日本国旗。和平示威获得香港警方的合作和舆论界的一致支持,教育了香港居民,示威是表达民意的权利,知道保卫国土的重要①。

紧接4月10日华盛顿示威大游行之后,台湾大专学生也行动起来了。他们示威抗议的对象是美日两国"大使馆"。据报载(《中央日报》海外版,4月15、16、17、18、20、21、24日),示威者以车轮战术向美日"使馆"进行抗议。这种战术,使美日使馆人员精神上受到很大冲击②。

1971年4月23日,新华社报道了4月10日美国留学生和华侨在华盛顿举行大规模示威游行,并给予了充分肯定和支持③。

美国政府的反响。1971年5月21日,美国国务院代理国务卿威廉布莱代表尼克松总统致函中国留美学生说:"1969年尼克松总统与佐藤首相协议的结果,美国将于1972年将其依和约取得之南西群岛行政权归还日本。然后日本将取得任何原来在行政权移转前所享有的权利,我们认为对于尖阁列岛所有权的任何不同主张,均为当事国所应彼此解决的事项。"④就上述答复,美国政府对钓鱼列岛的立场略有改变,由偏袒日本而转向中立,这是因为海内外中国人民的保钓爱国运动和中国政府以及台湾当局抗议的结果。然而,未能阻止美国政府把琉球和钓鱼列岛的行政权一并"归还"给日本。

---

① 刘达仁:《记香港八一三保钓示威》,《明报月刊》之《钓鱼台群岛资料》,第301~304页。
② 姚立民:《保卫钓鱼台运动的回顾与前瞻》,《明报月刊》之《钓鱼台群岛资料》,第328页。
③ 《中国边疆史地研究报告》,第五辑,1990年6月,第29页。
④ 沙学凌:《日本虚构事实向美国诈骗钓鱼台》,《明报月刊》之《钓鱼台群岛资料》,第178~179页。

## （二）1990年中国人民的第二次保钓运动

日本右翼政治团体"青年社"于1978年间派员到钓鱼岛，擅自建立电柱式小灯塔。10年后，决定建立永久性新灯塔，于1989年4月以特殊水泥、强力灯泡建造，灯塔发挥正式功能，并向日本海上保安厅申请灯塔登记作为船艇交通安全的正式航线标志。日本政府拟于1990年9月29日对该灯塔设置予以核准。这一事件为台湾地区各界瞩目和重视，引起强烈反响。10月20日，台湾区运动会决定选钓鱼岛作为送圣火的地点，当圣火队传送圣火到钓鱼岛，遭到日本海空武装力量驱逐返台，深深激怒了台湾人民，台湾人民热血沸腾，从而引发了从台湾到香港的第二次保钓运动。

20日当晚，"保卫钓鱼台行动委员会"在台北宣告成立，宗旨：（1）反对日本贪占我国领土钓鱼台；（2）长期、有组织、有目标、有计划推展保卫钓鱼台的工作；（3）推进钓鱼台历史、地理、动植物、地质、海底地质、岛上或海域资源的勘探、研究、报告和学术研讨；（4）推展对日本新扩张主义、新军国主义之长期系统的研究；（5）团结海内外一切中国的保钓力量，团结包括日本在内的和平主义和反军国主义力量，制止日本新军国主义，建设真实的中日和平与友好，为亚洲与世界和平、进步与发展作出贡献①。表现了中国人民要把保钓工作长期做下去的决心。24日上午，"保钓行动委员会"到台北日本交流协会抗议示威并递交措辞严厉的抗议书。除了"保钓行动委员会"外，许多民间团体和爱国同胞也纷纷以各种行动表达强烈的抗议。

影响所及，香港同胞及海外华侨的爱国保钓情绪也很强烈，美国、香港地区均派人到台湾，和台北"保钓会"联络，洽商进一步的做法。21日晚，香港铜锣湾的四家日本资本系百货公司出现了"不许侵犯中国神圣领土钓鱼台"的传单。22日起，连日有香港市民、工人团体和学生代表到日

---

① 台北《钓鱼台论坛》，试刊号，1990年12月，第13页。

本驻香港的总领馆递交抗议文件。到28日，由八个团体组织约有一万人的示威游行①。正如日本《朝日新闻》所报道的"钓鱼台主权问题，永远会在中国人社会中留存着激发反日感情的火种"②。这话不错，钓鱼列岛的主权属于中国，中国政府和中国人民立场坚定，绝不放弃。

（三）中国保卫钓鱼列岛主权的行动得到日本国内正义人士的支持

中国人民保卫钓鱼列岛主权的正义行动并不孤立，一切爱好和平，反对侵略的世界友人，也坚定地站在中国这一边，支持中国的正当要求。就日本国内来讲，有不少有识之士，也强烈反对日本政府的扩张主义，谴责侵占钓鱼列岛的不法行为。

1972年3月23日，以石田郁夫为首的日本文化界正义人士曾为阻止日本侵略钓鱼列岛而发表宣言，指出："明治政府接二连三搞'琉球处分'、'台湾征讨'、'日清战争'的侵略活动，更于1895年强占了中国固有的领土——钓鱼台。目前，日本政府居然再度公开掠夺钓鱼台列岛，倘我们再保持缄默，就是默许日帝的掠夺，是肯定了侵略史实，我们决不能这样做。"最后呼吁日本人民"希望大家一起来阻止日帝对钓鱼台的侵略"③。日本著名学者井上清教授于1972年所著《关于钓鱼岛等岛屿的历史和归属问题》一书，根据历史事实，有力地驳斥日本朝野侵夺中国领土钓鱼列岛的各种观点和侵略行为。该书第十四章为结论章，第一句说："不论日本政府、日本共产党怎样伪造历史、歪曲历史、掩盖事实，并玩弄帝国主义的国际法，中国的领土仍旧是中国的领土，日本偷窃来的东西仍旧是偷窃来的东西。"指出："从第二次大战惨败中复活了的日本帝国主义统治阶层，又在美帝国主义的鼓励、支持和指导甚至是指挥之下，正沿着战前的老路向前狂奔……钓鱼岛等岛屿之成为日本掠夺外国领土的开端，这一点也和

---

① 台北《钓鱼台论坛》，第1期，1991年2月，第4页。
② 同上书，试刊号，1990年12月，第4页。
③ 《日本人为谋夺我钓鱼台做了些什么手脚》，《明报月刊》之《钓鱼台群岛资料》，第140～141页。

天皇制军国主义一模一样。"并大声疾呼："现在我们必须立即粉碎这个开端。这样做，尽管有偏袒中国之嫌，但这不是为了中国，而是处在日本帝国主义统治下的日本人民对国际主义的贯彻，首先是为了日本人民。"① 这些具有学术良知的学者们，主要是吸取了第二次世界大战中，日本军国主义侵略中国和亚洲的罪恶行为，最终使自己在这场罪恶行为中惨遭失败、玩火自焚的教训，深切地感受到尊重历史事实和坚持真理的重要性，勇敢地站出来，为真理而斗争，澄清是非，反对日本军国主义复活。六年之后的1978年6月1日，日本《现代亚洲》半月刊登载井上清教授对该杂志的谈话，仍然坚持原来的观点，列举历史文献说明钓鱼列岛是中国的领土。日本明知它是清朝领土，却借战争胜利之机加以夺取。而且，从法律上说，钓鱼列岛从未编入过日本领土，他主张将钓鱼列岛归还中国。同时，他非常赞同中国政府的主张，认为中国说暂时将它搁置起来，签订中日条约以后再商量，是有利于亚洲和世界和平，对中日双方都有利②。

### 六、中国政府对解决钓鱼列岛主权争端的态度

在美国强权的支持下，从1972年起，钓鱼列岛一直处在日本控制之下。1972年9月，中日实现邦交正常化时，中国总理周恩来与日本首相田中角荣就钓鱼岛问题达成"留待以后解决"的共识。

1974~1978年，日本政府和韩国政府背着中国，就东海大陆架问题进行谈判，划定所谓日韩"共同开发区域"，侵犯了包括钓鱼岛在内的中国海域的主权。

1978年4月13日，有一百多艘渔船聚集在钓鱼岛四周，其中三十多艘进入钓鱼岛12海里的水域，"这些渔船不断围绕着钓鱼屿航行，船上渔民一面高举标语牌，一面高呼口号，日本海上防卫厅闻讯立即派遣巡逻

---

① （日）井上清：《关于钓鱼岛等岛屿的历史和归属问题》，第106、108、110页。
② 《内参选编》，1992年第17期，第24页。

机、舰赶到现场，要求他们离去，但被断然拒绝"。而且停留在钓鱼岛周围的渔船，后来愈聚愈多，"增加到二百艘之多，它们不断进出钓鱼台12海里水域，一直到四月十六日才离去"[1]。

钓鱼列岛自古以来是中国的领土，是台湾的附属岛屿，中国渔船在那里捕鱼是理所当然的，是无可非议的。日本向中国外交部提出抗议，中国政府当然拒绝接受，支持渔船作业。但是鉴于《中日和平友好条约》签字在即，条约的第一条第二款，谓："缔约双方确认，在相互关系中，用和平手段解决一切争端，而不诉诸武力和威胁。"为了《中日和平友好条约》的顺利签字，以大局为重，遵守条约的规定，用和平手段解决争端，因此十余日后，渔船陆续离开钓鱼岛海域。

1978年8月10日，邓小平副总理在会见日本园田外相时强调钓鱼岛等岛屿自古以来就是中国的领土，关于中日的分歧，"一如既往，搁置它20、30年嘛！"[2]

同年10月12日，邓小平副总理到日本出席互换《中日和平友好条约》批准书仪式。10月25日，邓小平副总理回答日本记者提出有关钓鱼列岛问题时说："'尖阁列岛'我们叫钓鱼岛，这个名字我们叫法不同，双方有着不同的看法，实现中日邦交正常化的时候，我们双方约定不涉及这一问题。"这次谈中日和平友好条约的时候，双方也约定不涉及这一问题。"我们认为两国政府把这问题避开是比较明智的。这样的问题放一下不要紧，等十年也没关系。我们这一代人智慧不够，这个问题谈不拢，下一代人总比我们聪明，总会找到一个大家都能接受的好办法，来解决这个问题。"[3]据英国国家档案馆的一份政府文件显示，1982年9月，日本首相铃木善幸与在日本访问的英国首相撒切尔夫人举行首脑会谈中提及钓鱼岛问题。

---

① 马英九：《从新海洋法论钓鱼台列屿与东海划界问题》，"导论"，台北正中书局1986年出版，第3、4页。
② 王泰平主编：《新中国外交50年》，北京出版社1999年出版，第475页。
③ 王泰平主编：《新中国外交50年》，北京出版社1999年出版，第486页。

"铃木当时向撒切尔夫人介绍说,他本人与中国领导人邓小平就钓鱼岛问题有过直接交涉,日中两国政府事实上就钓鱼岛问题搁置争议持有共识"。① 这证明近来日本政府否认中日曾就钓鱼岛问题达成搁置争议这一共识是毫无道理的。

邓小平副总理的谈话,说明中国对钓鱼列岛主权的态度,后来发展成为"搁置争议,共同开发"的主张。

### 第二章参考书目

德龄等纂修:《大清圣祖仁皇帝实录》,中华书局1985年影印。

魁元等总纂:《大清穆宗毅皇帝实录》,中华书局1987年影印。

连步廷等总纂:《大清文宗显皇帝实录》,中华书局1986年影印。

钱骏祥等总纂:《大清德宗景皇帝实录》,中华书局1987年影印。

厦门大学台湾研究所、中国第一历史档案馆主编:《郑成功满文档案史料选辑》,福建人民出版社1987年出版。

厦门大学郑成功历史调查研究组编:《郑成功收复台湾史料选编》,福建人民出版社1982年出版。

杨彦杰:《荷据时期台湾史》,江西人民出版社1992年出版。

杨英:《先王实录》(校注本),福建人民出版社1981年出版。

杨捷撰:《平闽记》,《台湾文献丛刊》(简称《文丛》),第98种,台湾银行经济研究室编印。

中国第一历史档案馆藏:《总理各国事务衙门、船政大臣沈葆桢、日使柳原、专使大久保等关于台湾问题奏折、咨、照会、问答节略、舆图》,北京第一历史档案馆、朱批奏折,外务部类档案,2155号,共57件。

王先谦编:《东华录》,光绪十年石印本。

---

① 新华网东京2014年12月31日电(记者冯武勇、刘秀玲):《日媒说英国解密文件证实日中曾就钓鱼岛问题达成搁置争议的共识》。

王延熙编：《皇朝道咸同光奏议》，上海久敬斋1902年石印。

宝鋆等辑：(同治朝)《筹办夷务始末》，台北文海出版社1971年影印。

故宫博物院编：《清光绪朝中日交涉史料选辑》，《文丛》，第210种。

中国历史第一档案馆编：《康熙起居注》，中华书局1984年出版。

中华民国开国史文献编委会编：《中华民国开国五十年文献》，台北正中书局1963年出版。

何乔远：《闽书》，福建人民出版社1994年5月影印。

余文仪等：《续修台湾府志》，乾隆三十九年出版。

中华全国台胞联谊会编：《台湾同胞抗日50年纪实》，中国妇女出版社1998年出版。

日本外务省编：《日本外交文书》，第6卷，第7卷，第18卷，第23卷，中国社会科学院近代史研究所存。

王夫之：《永历实录》，上海古籍出版社1987年出版。

王必昌等：《重修台湾县志》，乾隆十七年出版。

刘良璧等：《重修福建台湾府志》，乾隆六年出版。

赵文楷：《槎上存稿》，《文丛》，第292种。

赵汝适：《诸蕃志》，《文丛》，第119种。

齐鲲：《航海八咏》，引自《东瀛百咏》，存福建省图书馆。

向达校注：《两种海道针经》，中华书局1961年出版。

江日昇：《台湾外纪》，福建人民出版社1983年出版。

郑舜功：《日本一鉴·桴海图经》，民国二十八年（1939年）据旧抄本影印。

郑开阳：《郑开阳杂著》，《文渊阁四库四书》，第584册。

姚文栋译：《琉球缩略》，光绪九年刊本。

萧崇业：《使琉球录》，《文丛》，第287种。

周煌：《琉球国志略》，《文丛》，第293种。

夏子阳：《使琉球录》，《文丛》，第287种。

姚莹：《东溟奏稿》，《文丛》，第49种。

姚启圣：《忧畏轩告示》，存北京图书馆善本室。

姚启圣：《忧畏轩奏疏》，存北京图书馆善本室。

徐葆光：《中山传信录》，《小方壶斋舆地丛钞》，第10帙。

秦孝仪主编：《抗战时期收复台湾之重要言论》，台北近代中国出版社1990年出版。

秦孝仪主编：《台籍志士在祖国的复台努力》，台北近代中国出版社1990年出版。

高拱乾：《台湾府志》，中华书局1985年出版。

涂照彦著、李明俊译：《日本帝国主义下的台湾》，台北人间出版社1991年出版。

张本政主编：《清实录台湾史料专辑》，福建人民出版社1993年出版。

张廷玉等：《明史》，中华书局1974年出版。

杨碧川：《日据时代台湾人民反抗史》，台湾稻香出版社1988年出版。

诸家辑：《清代琉球纪录集辑》，《文丛》，第292种。

诸家：《同治甲戌日兵侵台始末》，《文丛》，第38种。

嘉图：《法军侵台始末》，台银专刊第73种。

曹永和：《台湾早期历史研究》，台北联经出版事业公司1979年出版。

郭廷以：《台湾史事概说》，台北正中书局1954年出版。

郭辉译：《巴达维亚城日记》，台湾省文献会1989年6月再版。

陈寅恪、朱希祖等编：《明清史料甲编》，北平中央研究院史语所1930年出版。

陈寅恪、朱希祖等编：《明清史料乙编》，北平中央研究院史语所1930年出版。

陈寅恪、朱希祖等编：《明清史料丁编》，上海商务印书馆1951年出版。

施琅：《靖海纪事》，福建人民出版社1983年出版。

陈三井总纂：《郑成功全传》，台湾省文献会1979年出版。

陈子龙等选辑：《明经世文编选录》，《台湾文献丛刊》，等289种。

《明报月刊》资料室编：《钓鱼台群岛资料》，1971年出版。

邵廷采：《东南纪事》，《台湾文献丛刊》，第96种。

信夫清之郎：《日本外交史》，商务印书馆1980年出版。

吴天颖：《甲午战争前的钓鱼列屿归属考》，中国社会科学文献出版社1994年出版。

鞠德源：《日本国窃土源流，钓鱼列屿主权辨》，首都师范大学出版社，2001年出版。

井上清：《关于钓鱼岛等岛屿的历史和归属问题》，三联书店1973年出版。

吴汝纶编：《李文忠公全集》，光绪三十一年出版。

吴德功：《割台记》，《台湾文献丛刊》，等56种。

吴德功：《让台记》，《台湾文献丛刊》，第57种。

东亚同文会编、胡锡华译：《对华回忆录》，商务印书馆1959年出版。

林子候：《台湾涉外关系史》，台北信道彩色印刷公司1978年出版。

宋濂等：《元史》，中华书局1976年出版。

赵尔巽等：《清史稿》，中华书局1977年出版。

李元春：《台湾志略》，《台湾文献丛刊》，第18种。

李友邦：《日本在台湾之殖民地政策》，台北世界翻译社发行，1991年出版。

李友邦：《台湾革命运动》，台北世界翻译社发行，1991年出版。

李光涛编：《明清档案存真选辑（1～3集）》，台北中研院史语所1959年出版。

李云汉：《国民革命与台湾光复的历史渊源》，台北幼狮文化事业公司1977年出版。

李鼎元：《使琉球记》，《小方壶斋舆地丛钞》第十帙。

李琅礼：《台湾蕃事》，《台湾文献丛刊》，第46种。

杜受田等辑：《筹办夷务始末（道光朝）》，台北文海出版社1971年影印。

杜臻：《粤闽巡视纪略》，上海古籍出版社1979年出版。

杜臻：《澎湖台湾纪略》，《台湾文献丛刊》，第104种。

沈霞：《台湾郑氏始末》，《台湾文献丛刊》，第15种。

沈有容：《闽海赠言》，《台湾文献丛刊》，第56种。

汪大渊：《岛夷志略》，光绪十八年刊本。

汪楫：《册封疏钞》，康熙二十三年刊本。

汪辑：《使琉杂录》，康熙二十三年刊本。

阮旻锡：《海上见闻录》（定本），福建人民出版社1982年出版。

周元文等：《重修台湾府志》，康熙五十一年出版。

陈文达：《台湾县志》，康熙五十九年出版。

陈子波：《高雄县志稿》，成文出版社1983年出版。

蓝鼎元：《平台纪略》，《台湾文献丛刊》，第14种。

陈在正、孔立、朱金甫主编：《郑成功档案史料选辑》，福建人民出版社1985年出版。

陈侃：《使琉球录》，《台湾文献丛刊》，第287种。

陈培桂：《淡水厅志》，《台湾文献丛刊》，第172种。

陈第：《东番记》，《台湾文献丛刊》，第56种。

胡靖：《琉球记》，国家图书馆善本室。

范咸等：《重修台湾府志》，中华书局1985年出版。

左宗棠：《左文襄公全集》，湘省萃文堂清光绪十六年刊印。

陈澹然编：《刘壮肃公奏议》，《台湾文献丛刊》，第27种。

陆奥崇光著、龚德柏译：《甲午中日战争秘史》，台湾商务印书馆1996年第2版。

喜安幸夫：《台湾抗日秘史》，台湾武陵出版社1984年出版。

台湾省文献会编：《重修台湾省通志》，1993年出版。

台湾省文献会编：《台湾史》，台中，1977年出版。

台湾义勇队编：《台湾先锋》1～10期，浙江金华，1940年印行，1991年台北世界翻译社再刊本。

黄秀政：《台湾割让与乙未抗日运动》，台湾商务印书馆1992年出版。

黄叔璥：《台湾使槎录》，《台湾文献丛刊》，第4种。

第二章 中国东南海疆台湾及其附属岛屿钓鱼岛列岛

# 第三章
## 中国与葡萄牙关于澳门地区领土主权的交涉

### 第一节 澳门的地理形势和名称

澳门半岛位于广东省珠江口西侧,原是广东省广州府香山县(中山县)南部沿海的一个渔村。香山县是由唐代东莞县的香山镇发展起来的。1162年香山镇升为香山县,并割南海、番禺、新会滨海地归其管辖。明朝初年,即14世纪下半期,这里除了广东籍的渔民外,还有从福建闽南一带迁移过来的居民。澳门东、南二面临海,西濒濠江内港,其北有一条名为莲花茎的沙堤与大陆相连,构成了澳门半岛。沙堤长约十里,宽五六丈。澳门半岛面积很小,据1745年分巡广南韶东道薛韫《澳门记》记载:"长约五六里,广半之。"① 据测量,澳门半岛原来面积只有2.78平方公里②,19世纪中叶葡萄牙强占澳门之后,经过多次填海,澳门半岛的面积扩大到6.05平方公里。

澳门以南,放洋十里,右有舵尾岛(即小横琴岛),左有鸡颈岛(即

---

① 印光任、张汝霖:《澳门记略》,上卷,形势篇,清嘉庆五年重刊本。
② 彭琪端等:《香港澳门地区地理》,商务印书馆1991年出版,第249页。

凼仔岛，也称潭仔岛）。又十里，右有大横琴岛，左有九澳湾①。九澳湾即过路湾，也称过路环岛或路环岛。澳门西北面附近有一个名叫"青洲"的小岛，岛上林木芊绵，风景秀丽。"青洲"之名，或由此而来。澳门西与拱北岛隔江（濠江）相望。拱北岛位于澳门对面，所以也称为"对面山"。

澳门原名蠔镜澳或濠镜澳。蠔就是牡蛎，也叫海蛎子，其壳表面凹凸不平，里部平滑如镜，称为蠔镜。有记载云："粤产蠔镜，取饰窗户，可代玻璃，谓之明瓦。"② 蠔镜还可制作纽扣等工艺品。"澳"是海湾可以泊船的地方。澳门史专家戴裔煊教授认为，"蠔镜澳得名是因其形似蠔镜之故"③。这一看法已为众多澳门史研究者所认同。

明朝万历年间以后，蠔镜澳之名虽然在某些文献中尚可见到，但一般已称其地为"濠镜澳"了。如明代郭棐《粤大记》中的《广东沿海图》，郭尚宾《郭给谏疏稿》，张燮《东西洋考》，以及清代顾炎武的《天下郡国利病书》，康熙年间的《香山县志》，乾隆年间的《澳门记略》等，皆作"濠镜澳"。为什么称为"濠镜澳"，《澳门记略》写道：澳门"有南北二湾，可以泊船。或曰南环二湾，规圆如镜，故称濠镜，是称澳焉。"④ 也就是说，澳门南环二湾，规圆如镜，所以称为濠镜澳。

濠镜澳在明代也称香山澳。明代广东学者黄佐记载说："迩者佛朗机（即佛郎机，指葡萄牙人）来自西海……当事上其言，海禁遂开，自是佛朗机得入香山澳为市，筑室建城，雄据海畔。"⑤ 明何乔远《名山藏》⑥、沈德符《野获篇》、广东番禺举人卢廷龙《上当道书》等⑦，也称澳门为香山澳。这是因为濠镜澳是香山县管辖的地方，所以称为香山澳。

---

① 《澳门记略》，上卷，形势篇。
② 张心泰：《游粤小记》，载《小方壶斋舆地丛钞》第9帙，第312页。
③ 戴裔煊：《明史佛郎机传笺证》，中国社会科学出版社1984年出版，第53页。
④ 《澳门记略》，上卷，形势篇。
⑤ 同上书，下卷，澳蕃篇。
⑥ 何乔远：《名山藏》，王享记东南夷三，佛朗机条。
⑦ （明）沈德符：《野获篇》，"香山澳"，中华书局1959年出版。

至于澳门这个名称，最早见于1564年广东御史庞尚鹏《抚处濠镜澳夷疏》，他说："广州南有香山县，地当濒海，由雍麦至濠镜澳，计一日之程，有山对峙如台，曰南北台，即澳门也。"① 关于为什么称其地为澳门，明末清初广东文人屈大均（1630~1696年）的说法与庞尚鹏相同，他说："澳有南台、北台，台者山也，以相对，故曰澳门。"② 薛韫《澳门记》则说："遵澳而南，放洋十里许，右舵尾，左鸡颈，又十里许，右横琴，左九澳，湾峰表里四立象箕宿，纵横成十字，曰十字门，又称澳门。"③ 印光任、张汝霖《澳门记略》也说："濠镜澳……其曰澳门，则以澳南有四山离立，海水纵横贯其中，成十字，曰十字门，故合称澳门。"但他又指出："或曰澳有南台、北台两山，相对如门云。"④《澳门记》和《澳门记略》皆作于乾隆年间。由此可见，濠镜澳为什么叫做澳门，早在清朝乾隆年间就已有不同的说法了。

此外，澳门还有濠江、镜海等名称。这些都不是澳门正规的名称。濠江，是澳门以西的一条江，是以江名名澳门。镜海，显然是从濠镜派生出来的。濠江、镜海，是对澳门颇含文学意味的称呼。

16世纪中叶葡萄牙人来到澳门之后，他们将"澳门"写成Amaqua、Amacao、Amacuao、Amaquao、Amaquam、Amachao或Amangao等。简写成Macao或Macau。Macao或Macau，葡萄牙语读音为"马考"，广东音译为"马交"或"马港"。

关于Amaqua、Amachao或Amangao等名称的由来，西方作家一般认为是出于当地供奉一个女神之名，这个女神叫做"阿妈"，Amacao等就是"阿妈港"的音译。

---

① 顾炎武：《天下郡国利病书》，第41册，原编第18册，广东中，四部丛刊本，商务印书馆1936年影印。
② 屈大均：《广东新语》，卷2，地语，澳门，广东人民出版社1991年出版。
③ 转引自《澳门记略》，上卷，形势篇。
④ 《澳门记略》，上卷，形势篇。

这里说的阿妈女神，就是沿海各地供奉的海神妈祖。妈祖是福建莆田湄洲屿人，出生于北宋太祖建隆元年（960年），是都巡检林愿之第六女，名林默娘。传说林默娘长大后能乘席渡海，乘云游于岛屿之间，救助过许多遇难的渔民，宋雍熙四年（987年）升化后，常衣朱衣，飞翔海上，成为航海者的保护神。所以我国福建、台湾、广东、海南、浙江、江苏、山东、河北、辽宁各省沿海一带及海中岛屿皆立庙敬奉之。在澳门半岛南端，也建有供奉妈祖的庙宇。

我国学术界对葡萄牙人为什么称澳门为 Amacao 等，也有自己的说法。民国初年汪慵叟《澳门杂诗》引《澳门记事》云："葡人初入中国，寄碇澳口，是处有大庙宇，名妈阁，葡人误会此庙之名为地名，故以初到所见者以名其地，各国历史称中国〔澳门〕为马交，其名当起于此。"① 这一说法，多为后人所沿用。1977年出版的《澳门掌故》写道："马交这个名字，取名最后，在四百多年前（大约在1553年），葡人初到澳门，据说是由妈阁庙对开处登陆的，他们不识地名，询问土人该庙何名，答曰妈阁，葡人遂称澳门为马交。"② 1988年出版的《澳门》一书也写道："至于葡人称澳门为 Macau，是因为半岛南端有妈阁庙……简称妈阁。1553年（明嘉靖三十二年），葡人初到澳门在半岛的南端登岸，闻当地人说'妈阁'，因此称澳门为 Macau。"③ 1989年出版的《澳门面面观》说："马交这个名字是葡人来到澳门之后才出现的……原来四百多年前葡人初到澳门是在位于澳门半岛东南的妈阁庙前登陆的，因为山岩间有一庙宇，遂上供敬香，问及土人，方知那是妈阁庙。广东口音，'阁'、'交'相近，所以译成葡语叫 Macau，即马交。他们用这个名字称澳门，以迄于今。"④ 1991年出版的

---

① 汪慵叟：《澳门杂诗》，1918年印本，第3页，引文中"各国历史称中国（澳门）为马交"，原文为"各国历史称中国为马交"，漏掉"澳门"二字，今补上。
② 布衣：《澳门掌故》，香港广角镜出版社1977年出版，第3页。
③ 缪鸿基等：《澳门》，中山大学出版社1988年出版，第2页。
④ 魏秀堂：《澳门面面观》，中国建设出版社1989年出版，第6页。

《香港澳门地区地理》也说:"澳门妈祖阁又名妈阁庙,是葡国商船最初停泊的地方,因此妈阁的译音 Macau 便成为澳门的英文名称。"① 如此等等。这种认为 Macau 是妈阁庙的音译的说法,已成为我国史学界最流行的说法。

但是这种说法存在着严重的缺点。其一,缺乏当时的历史记载作为依据,多属主观猜测,其中有些情节像写小说那样进行虚构。其二,上面已经提到,16世纪时葡萄牙人一般称澳门为 Amacao、Amacuao、Amangao 等,Macao 是其简称,而 Amacao、Amacuao、Amangao 等是不能还原为"妈阁"的。郭永亮在《澳门香港之早期关系》一书中写道:"至16世纪中叶,葡国作家一般将'澳门'写作成 Amaqua,Amachao,Amacuao,Amaquao,Amaquam,Machoam 及 Maquao。""又有人写作 Macao"。"这种种写法,我们敢肯定,是对'阿妈港'或'妈港'中文名称的发音不确所造成的。"②

《辞海》"马港"条也写道:"马港,澳门的别称,因其地有阿妈神庙,故称阿妈港,或马港,外国人称澳门为 Macao 即由此而来。"也就是说,葡人称澳门为 Amacao 是由中文名称阿妈港而来的。

这一说法,与我们上面提到的西方作家的说法基本相同。我们认为,这一说法是正确的。理由如下:

明朝万历年间郭棐编纂一部名为《粤大记》的地理志,其中附有《广东沿海图》,该图在濠镜澳(澳门)西南隅海湾处标有"亚马港"三字,并绘有停泊于此的"番船",清楚地表明此海湾为番船进出的港口③。如果我们拿清代《澳门记略》所载的《澳门正面图》和《澳门侧面图》与明代《广东沿海图》对照,就可明显地看出,明图中的"亚马港"同清图中

---

① 《香港澳门地区地理》,妈祖阁插图说明,商务印书馆1991年出版。
② 郭永亮:《澳门香港之早期关系》,台北"中央研究院"近代史研究所1990年出版,第11页。
③ 郭棐:《粤大记》,卷32,海防,《广东沿海图》。

"娘妈庙"（妈祖阁）的位置同在澳门半岛的西南隅，"亚马港"是位于"娘妈庙"之南的一个海港。"娘妈者，闽语天妃也。"① 天妃就是妈祖，也称"娘妈"或"阿妈"。在闽南话或广东话中，"亚马港"与"阿妈港"同音，显然，此海港的名称是由于其地有阿妈女神庙而得名。所以"亚马港"应是"阿妈港"的别写。葡萄牙人来澳门时最先到达的就是这个番船出入的"阿妈港"（Porto de Amacao）。据明代文献记载，当时来澳门的葡萄牙人"其通事多漳、泉、宁、绍、东莞、新会人为之"②。也就是说，其翻译多是闽南漳州、泉州人和广东、浙江人。Amacao、Amacuao、Amangao，应是闽南话或广东话"阿妈港"的音译。1582 年到达澳门的意大利人耶稣会士利玛窦也记载说："那里有一尊叫做阿妈（Ama）的偶像，今天还可以看见她……在阿妈湾内"③。这里的"阿妈湾"，也就是明代地图中的"亚马港"（阿妈港）。由此可见，葡萄牙人到达这个番船出入的阿妈港后，便称澳门为 Amacao、Amacuao、Amangao 等，错误地把澳门一个海港的名称，当做整个澳门半岛的名称。

有人认为，Amacao 是"阿妈澳"或"亚妈澳"的译音④。但在历史文献中，不曾见到此地有称为"阿妈澳"或"亚妈澳"的记载，而关于"亚马港"（阿妈港）是番船进出澳门的港口的记载，却是十分明确的。因此，根据历史记载看来，Amacao、Amangao 等应是"亚马港"（阿妈港）的音译，而不是"妈阁"或"阿妈澳"的音译。Amacao 简写为 Macao 或 Macau，所以我国通常把它译写为"马交"或"马港"。按历史记载看来，译写为"马港"比译写为"马交"更贴切更有意义，因为"马港"可视为"亚马港"（阿妈港）的简称，正如 Macao 是 Amacao 的简称一样，是一个

---

① 《澳门记略》，上卷，形势篇。
② 庞尚鹏：《陈末议以保海隅万世治安疏》，《百可亭摘稿》，卷 1，亦见《澳门记略》上卷，官守篇。
③ 利玛窦、何高济等译：《利玛窦中国札记》，中华书局 1997 年出版，第 140 页。
④ 《明史佛郎机传笺证》，第 57～58 页。周景濂：《中葡外交史》，第 62 页。

海港的名称。译为"马交",则任何意义也没有。

## 第二节　葡萄牙人东来和租居澳门

### 一、葡萄牙的向东扩张

葡萄牙位于欧洲西南伊比利亚半岛（也称西班牙半岛）西部，西、南两面濒临大西洋，东、北两面陆地边境与西班牙接壤。境内北部有杜罗河，中部有特茹河。杜罗河的出海口有著名城市波尔图，特茹河的出海口有首都里斯本。葡萄牙面积91985平方公里，约占伊比利亚半岛的15%，是西欧的一个小国，居民大多信奉天主教。

葡萄牙未建立独立国家之前，在公元前2世纪至公元5世纪初，它曾属于罗马帝国。5世纪，斯维比人来到伊比利亚半岛，在半岛西北部（包括加利西亚和葡萄牙北部）建立王国，后被哥特人并吞。哥特人在这里建立了西哥特王国，统治了整个伊比利亚半岛。711年，阿拉伯人灭亡了西哥特王国，控制了伊比利亚半岛绝大部分。718年，逃亡到阿斯图里亚斯山的哥特人，在佩拉吉奥（Pelagio）的领导下，进行反抗阿拉伯人统治的斗争。其后，佩拉吉奥的继承者们建立了阿斯图里亚斯王国，并由半岛的西部向南扩张领土，夺取了杜罗河一带好几个城市。10世纪初，迁都于今西班牙西北部的莱昂，建立了著名的莱昂王国。11世纪后半期，莱昂国王阿方索六世沿大西洋岸向南推进，并在杜罗河西岸的葡萄卡莱地区（Terra portucalense）建立一个州，即葡萄牙州。葡萄卡莱"这个名称就是从葡萄卡莱（protocale）镇而得名的"①。阿方索六世封勃艮第的恩里（Henry，或译亨利）为葡萄牙伯爵，管理葡萄牙州，并把自己的私生女嫁给他。此

---

①（美）查·爱·诺埃尔：《葡萄牙史》，中译本，江苏人民出版社1974年出版，第14页。

后恩里积极经营自己的领地，并兼并了邻近科英布拉州，扩大了自己的势力范围。1112年恩里去世，留下不满三岁的儿子阿丰索·恩里克斯（Afonso Henriques）。1128年，阿丰索·恩里克斯亲政，此时莱昂王国已经衰弱。1143年，阿丰索·恩里克斯自立为葡萄牙国王，从此，葡萄牙成为一个独立的国家。

葡萄牙王国建立后，积极扩张疆土，1147年攻占了里斯本，占领特茹河以南的阿连特茹地区。1249年国王阿丰索三世（Afonso Ⅲ）占领了伊比利亚半岛南端的阿尔加维地区，奠定了葡萄牙王国的疆域。

葡萄牙濒临大西洋，很早以来就非常重视航海事业和对外贸易。阿丰索四世（1325～1357年）就派遣探险队考察了加那利群岛。费尔南多一世（Fernando Ⅰ，1367～1383年）时，葡萄牙商业兴盛，里斯本已是一个重要的海港。为了鼓励海上贸易，他批准了有利于船主的法律，免除他们各种各样的关税，允许他们采伐王家森林里的木材造船。在他的提倡和鼓励下，当时葡萄牙的造船技术、航海技能在欧洲是名列前茅的。

葡萄牙是西方最早的殖民主义国家。15世纪初，为了适应国内贵族和商人对外贸易和掠夺财富的需要，它以最残忍的暴力向海外扩张，积极夺取殖民地。1415年，国王若奥一世（Joao Ⅰ）亲自率领舰队远征非洲摩洛哥的休达，并把它占为己有。其后，国王阿丰索五世（1438～1481年）又夺取了摩洛哥的阿耳卡塞尔—塞格尔、阿尔济拉和丹吉尔等城市，并把其势力扩展到了几内亚。15世纪下半叶，葡萄牙多次派出探险队考察非洲沿岸，1482年在黄金海岸（即加纳）的埃尔米纳建立要塞，在刚果河口的左岸和安哥拉的圣玛丽角竖立标柱，作为葡萄牙对该地拥有优先领有权的标志。1484年在安哥拉亚历山大港附近的尼格罗角和西南非的克罗斯角又各立这样的一个标柱。1488年，葡萄牙人发现了非洲南端的好望角，开辟了通往东方的航线。

1497年7月，葡王曼努埃尔（Manuel）令瓦斯科·达·伽马（Vasco da Gama）率领舰队前往东方。达·伽马的舰队沿非洲南航，绕过好望角，横渡印度洋,于1498年5月20日到达印度港口卡利卡特(今科泽科德)。他们在这里购买肉桂、丁香、生姜、肉豆蔻等香料和各种宝石,于1499年回到里斯本,获得了丰厚的利润。达·伽马航行的成功,大大地刺激了葡萄牙国王的胃口。1500年,曼努埃尔派出13艘大船组成的船队再度前往印度。此后,葡萄牙垄断了印度的香料贸易。

1505年,葡王曼努埃尔任命弗朗西斯科·德·阿尔梅达(Francisco de Almeida)为第一任葡属印度总督,以印度柯钦为首府,扩大了葡萄牙在东方的势力。

1509年阿丰索·德·阿尔布克尔克(Afonso de Albuquerque)接替阿尔梅达为印度总督,1510年葡萄牙占领了印度的果阿。果阿很快地发展成为印度海岸上的商业中心,葡属印度总督府也从柯钦迁到果阿。

1511年,阿丰索·德·阿尔布克尔克攻占了马六甲。马六甲苏丹马哈茂德逃至彭亨王国。马六甲成为葡萄牙向东扩张的军事、政治、贸易的据点。接着,葡萄牙便把侵略扩张的矛头指向地大物博的中国。

## 二、葡萄牙使臣初次来华与中葡屯门、西草湾之战

1508年,热衷于开辟殖民地的葡萄牙国王曼努埃尔命令即将前往马六甲的迪奥戈·洛佩斯·德·塞凯拉(Diego Lopes de Sequeira)尽可能详细地了解中国各方面的情况,指示说:"你必须探明有关中国人的情况,他们来自何方?路途有多远?他们何时到达马六甲或他们进行贸易的其他地方?带来什么货物?他们的船每年来多少艘?他们船只的形式和大小如何?他们是否在来的当年就回国?他们在马六甲或其他任何国家是否有代理商或商站?他们是富商吗?他们是懦弱的还是强悍的?他们有无武器或火炮?他们穿着什么样的衣服?他们的身体是否高大?还有一切有关他们的情况。他们是基督教还是异教徒?他们的国家大吗?国内是否不止一个国王?是否有不奉他们的法律和信仰的摩尔人或其他任何民族和他们一道居住?还有,倘若他们不是基督教徒,那么他们信奉的是什么?崇拜的是

什么？他们遵守的是什么样的风俗习惯？他们的国土扩展到什么地方？与哪些国家为邻？"①葡王要了解中国的详细情况，这是与其殖民主义活动密切相关的。但塞凯拉到马六甲后，由于马来人的阻挠，使他无法接近在这里进行贸易的中国人，因此，他没有完成国王交给他的任务。

1511年葡萄牙占领马六甲后，于1513年派遣若热·阿尔瓦雷斯（Jorge Alvares）率领一支先遣队前往中国试探情况和进行贸易。1514年，阿尔瓦雷斯到达广东省东莞县屯门（一说即今香港特区九龙青山湾的屯门，一说即今香港特区大屿山岛②），他偷偷地登上该岛，并非法地在岛上竖立了一根刻有葡萄牙王国标志的石柱。关于阿瓦尔雷斯来华一事，1515年1月6日为葡萄牙服务的意大利人安德雷·科萨里（Andrea Corsali）致朱丽安奥·德·梅迪奇公爵（Duke Giuliano de Medici）的信中写道："去年，我们葡萄牙人中有些人乘船往中国。中国人不许他们登陆，因为中国人说，让外国人进入寓所是违背常规的。不过，这些葡萄牙人卖掉了自己的货物，获得厚利。他们说将香料运到中国去，所获得利润与载往葡萄牙所获的利润同样多。"③

继若热·阿尔瓦雷斯之后，1515年马六甲新任总督若热·德·阿尔布克尔克（Jorge Albuquerque）又派遣拉斐尔·佩雷斯特雷洛（Rafael Perestrello）带领葡萄牙人乘马六甲商人的帆船前来中国，于1516年返回马六甲，获利20倍，并得到一些关于中国的情报。

1517年葡萄牙派遣托梅·皮雷斯（Tome Pires）为使臣前往中国。托梅·皮雷斯原在马六甲总督手下任商馆秘书、会计师和药材管理官，他根据自己在马六甲搜集到的有关东方各国的情报，写成了一本名为《东方诸国记》的书，于1515年呈献给葡萄牙国王。托梅·皮雷斯是一个狂热的殖民主义者，他在书中凶相毕露地宣称："我们只消以一艘四百吨级的海舶

---

① 张天泽著、姚楠等译：《中葡早期通商史》，中华书局香港分局1988年出版，第36页。
② 施存龙：《葡人入居澳门前侵占我国南头考实》，《中国边疆史地研究》，1999年第2期。
③ 《中葡早期通商史》，第39页。

就可以将广州杀得鸡犬不留。"又说:"由于中国人非常懦弱,易于被制服,所以,马六甲总督无须动用人们所说的那么多军队便可将中国置于我们的统治之下。那些经常待在中国的代理商断言,那位曾经占领马六甲的印度总督只要带上十艘战舰就可以沿着海岸攫取整个中国。"① 葡萄牙派遣这样的殖民主义者为使臣,其目的是十分明显的。

1517年6月17日,托梅·皮雷斯在舰队司令费尔南·佩雷斯·德·安德拉德(Fernao Peres de Andrade)的护送下从马六甲出发。安德拉德率领的船队共有八艘帆船,船上配备枪炮等武器,并装载准备到中国出售的胡椒等香料。8月15日,这支船队抵达广东东莞县的屯门岛。安德拉德送信给正在这里巡逻的中国海防官员,说他护送葡萄牙国王曼努埃尔派出的一个使团要去见中国皇帝。中国官员对他们的到来表示欢迎,但要他向驻守东莞南头的备倭(官名)申请。安德拉德的船队抵达南头后,便派代表去见备倭,声称他们要去广州面见当地官员。备倭说他无权批准他们去广州,但他将向广州的官员报告。约在9月底,葡萄牙的船队强行驶抵广州。明朝官员顾应祥回忆说:"正德丁丑(1517年),予任广东佥事署海道事,蓦有大海船二只直至广城怀远驿,称系佛郎机国进贡,其船主名加必丹。其人皆高鼻深目,以白布缠头,如回回打扮。"② 这里说的佛郎机,指的就是葡萄牙③;加必丹,葡语意为舰长,即指安德拉德。由于马六甲信奉伊斯兰教,习惯以白布缠头,而马六甲与中国向有朝贡、贸易关系,所以这些来自马六甲的葡萄牙人,也以白布缠头,仿照回回打扮,希冀以此取得贸易上的方便。广东官员获知他们的来意后,就让使臣托梅·皮雷斯及其随员登陆,"接待颇优,择安寓以舍之"④。总督陈西轩以葡人不知礼

---

① 《中葡早期通商史》,第39页。
② 胡宗宪:《筹海图编》,卷13,经略3,兵器,佛郎机图说。
③ 佛郎机(Frangi),这个名称的语源出自Frank,是阿拉伯人对欧洲人的称呼。明代中国人用佛郎机称呼葡萄牙国和葡萄牙人,同时也用它来称呼葡萄牙的铳炮。
④ 张星烺:《中西交通史料汇编》,第2册,辅仁大学1928年出版,第388页。

节，令他们先在孝光寺学习三天礼仪，而后引见。广东官员以《大明会典》所载进贡诸国中并无佛郎机国，而且该使臣也没有带来本国文书，因此上奏武宗皇帝，请求处置办法。安德拉德把托梅·皮雷斯使团留在广州，等候皇帝的批示，自己则带领船队回到屯门，继续在那里进行贸易。1518年，安德拉德的弟弟西芒·德·安德拉德（Simao de Andrade）奉命来华代替其兄，安德拉德于当年9月返回马六甲。

托梅·皮雷斯在广州得到明朝皇帝允许其进京觐见的旨意之后，便于1520年1月23日率领30人的使团从广州起程北上，至南京时，明朝武宗皇帝恰巧南巡至此。葡萄牙人用贿赂的手段勾结了护卫武宗南巡的大臣江彬。在江彬的引导下，葡使团翻译火者亚三谒见了武宗皇帝。亚三是华人，能说外国话，武宗把他留在左右，"时学其语以为戏"①。武宗没有在南京接见葡使团，而是指示他们前往北京。1521年1月，葡使团到达北京，等待皇帝接见，但他们的希望落空了。原因是：（一）以西芒·德·安德拉德为首的葡萄牙殖民者，重演他们在非洲、印度、马六甲占领殖民地的故伎，妄图占领广东东莞县的屯门等地，作为其侵略的据点。关于这一点，《汪公遗爱祠记》记载："（佛郎机）与诸狡猾凑杂屯门、葵浦等处海澳，设立营寨，大造火铳，为攻战具，杀人抢船，势甚猖獗"②。《明史》也记载：佛郎机"剽劫行旅"，"掠买良民，筑室立寨，为久居计"③。严从简《殊域周咨录》也说：佛郎机"泊东莞南头，盖屋树栅，恃火铳以自固"④。大英博物馆手稿部《韦利斯利文件集》中的一份报告手稿更详细地记载西芒·德·安德拉德的种种罪恶："这位司令官对待中国人的态度与葡萄牙人在过去一些时候对待亚洲各民族的态度完全一样。他未经获准就在屯门岛建立起一座要塞。在那里他乘机向出入于中国港口的所有船只掠

---

① 《明史》，卷325，《佛郎机传》。
② 陈伯陶编：《东莞县志》，卷31，前事略三，引陈文辅：《汪公遗爱祠记》。
③ 《明史》，卷325，《佛郎机传》。
④ 严从简：《殊域周咨录》，卷9，《佛郎机》。

夺和勒索金钱,他从沿海地区掠去年轻女子,捕捉中国人,使之为奴。他放纵自己去干那些无法无天的海盗行径,过着最可耻的放荡淫乐生活。他手下的那些水手和士兵也就起而效之。"① 对于这样的殖民强盗,当时就有官员主张把他们驱逐出境。(二)葡萄牙吞并明朝诏封之国马六甲,马六甲国王曾向明朝皇帝上奏求救,这是正德皇帝拒绝接见葡萄牙使臣的另一个原因。1521年1月监察御史丘道隆奏说:"满剌加(马六甲)朝贡诏封之国,而佛郎机并之,且啖我以利,邀求封赏,于义决不可听。且却其贡献,明示顺逆,使归还满剌加疆土之后,方许朝贡。脱或执迷不悛,虽外夷不烦兵力,亦必檄召诸夷声罪致讨,庶几大义以明。"② 礼部复议后称:"宜俟满剌加使臣到日,会官译诘佛郎机番使侵夺邻国、扰害地方之故,奏请处置。"③ 正德皇帝同意礼部的意见。

　　1521年4月,正德皇帝因病去世,继位的嘉靖皇帝鉴于葡萄牙人的种种暴行,令将托梅·皮雷斯押回广州,驱逐出境;为虎作伥的火者亚三以汉奸罪处以死刑。同时命令广东地方官把窃据屯门的葡萄牙人全部逐出国境。

　　但是,葡萄牙殖民者不遵从中国政府的命令,不肯撤离屯门,并且恃其武器精良,负隅顽抗,于是爆发了1521年的中葡屯门之战。这时,西芒·德·安德拉德已经回国,统率葡萄牙在华舰队的是迪奥戈·卡尔沃(Diogo Calvo)。当广东海道副使汪鋐率兵至屯门驱逐葡萄牙殖民者时,卡尔沃等据险顽抗,以大大优于中国兵器的火铳击败明军。汪鋐鉴于自己的武器不如葡萄牙精良,于是采用火攻的办法,先将停泊屯门的葡船围困起来,然后用船装载柴草,灌以膏脂,"因风纵火,火及敌舟,通被焚溺,众鼓噪而登,遂大胜"④。1521年9月7日,卡尔沃率其部众乘夜突围,逃往马六甲。

----

① 《韦利斯利侯爵的代表们赠给大英博物馆的出使报告》,转引自张天泽:《中葡早期通商史》,第70页。
② 《明武宗实录》,卷194,正德十五年十二月己丑条。
③ 同上。
④ 《东莞县志》,卷31,前事略三,引陈文辅:《汪公遗爱祠记》。

为了获取屯门作为侵略据点，1522年葡王命马尔廷·阿丰索·德·梅洛·科廷奥（Martin Affonso de Mello Coutinho）率领舰队前往中国，说是要同明朝皇帝签订一项允许葡萄牙在屯门建立要塞的和约。该舰队到达广东海面时，不听中国水师的阻止，恃其巨炮利兵，强行驶入屯门。并以接济葡国使臣托梅·皮雷斯衣粮为名，请广东官府允许他们到广州，以便进行贸易。当其要求被拒绝后，科廷奥便率领舰队进犯新会县的西草湾。备倭指挥柯荣、百户王应恩率兵抵御，转战至稍州，生擒葡船长别都卢（Pedro Homen）等42人，斩首35级，获其船2只，救回被掠男女10人。科廷奥等狼狈逃回。在这次战役中，百户王应恩不幸牺牲①。

葡萄牙殖民者在屯门和西草湾遭到了沉重打击之后，才认识到中国决不是他们想象的那样容易征服的弱国，因而不得不放弃其"攫取整个中国"的梦想。

### 三、葡萄牙商人在浙江、福建沿海的海盗式活动

明朝政府断绝与葡萄牙贸易之后，接着又断绝了与其他各国的贸易。"由是番船皆不至"，国库每月失去了数万两白银的商税。由于外货不来，广东市面萧条，那些靠对外贸易营生的商民走贩也受到严重的打击，因而造成了"两广公私匮乏"的局面②。1529年，两广巡抚都御史林富认为，禁止作恶多端的葡萄牙人来华贸易是对的，但禁止所有各国来华贸易则是"上有损于朝廷，下有损于生人"的错误政策③。所以他奏请开放除葡萄牙以外的各国对华贸易之禁。嘉靖皇帝采纳了林富的意见。此后，虽然仍不准葡萄牙来华贸易，但狡猾的葡萄牙商人则"附诸番舶杂至为交易"④。这是当时葡萄牙对华贸易的一种形式。另一种形式则是海盗式的武装走私活

---

① 《明世宗实录》，卷24，嘉靖二年三月壬戌条。
② 《殊域周咨录》，卷9，《佛郎机》。
③ 顾炎武：《天下郡国利病书》，第47册，《林富奏疏》。
④ 《殊域周咨录》，卷9，《佛郎机》。

动，其贸易地点主要是在浙江省宁波的双屿和福建省漳州府龙溪县的月港和浯屿。而这种走私活动是同中国的不法商人勾结在一起的。

郑舜功《日本一鉴》记载：浙海私商，始自福建邓獠，诱引番夷私市浙海双屿港。"嘉靖庚子（嘉靖十九年，1540年），继之许一（松）、许二（楠）、许三（栋）、许四（梓），勾引佛郎机国夷人，络绎浙海，亦市双屿、大茅等港，自兹东南衅门始开矣。"①《福建通志》也记载："（嘉靖）十九年，福州狱囚李光头等逸入海"，"与歙人许栋……招集亡命，踞宁波之双屿港……又勾结佛郎机诸国互市"②。

葡萄牙商人在进行走私贸易的同时，往往在海上进行抢劫。《殊域周咨录》记载：佛郎机与王直等"结巢于宁波霩衢之双屿，出没剽掠，海道骚动"③。明代守卫海疆名将俞大猷也说：佛郎机等"至浙江之双屿港等处买卖，逃免广东市舶之税，及货尽将去之时，每每肆行劫掠"④。佛郎机俘虏也供称：佛郎机人"驾船至海，将胡椒、银子换米布绸缎，买卖往来日本、漳州、宁波之间，乘机在海上打劫"⑤。此外，葡萄牙人还干劫掠人口，掠卖儿童，凌轹地方等勾当。

1547年，巡按浙江监察御史杨九泽把葡萄牙等盘踞双屿之事上奏朝廷，明朝政府即命都御史朱纨为浙江巡抚兼督浙闽海防军务，调兵前往查办。朱纨派福建都司都指挥卢镗统率水师到双屿捣其巢穴。葡萄牙海盗商人弃双屿遁入福建龙溪县之月港（今龙海县海澄镇）和浯屿（今龙海县浯屿），⑥继续进行走私贸易。福建海道副使柯乔、都指挥卢镗率兵把葡萄牙

---

① 郑舜功：《日本一鉴》，卷6，海市。
② 陈寿祺等：《福建通志》，卷267，第14页。
③ 《殊域周咨录》，卷2，日本国。
④ 俞大猷：《正气堂集》，卷7，《呈总督军门在庵杨公揭，论海势宜知海防宜密》。
⑤ 朱纨：《甓余杂集》，卷2，《议处夷贼以明典刑以消祸乱事》。
⑥ 这里的"浯屿"，有些学者认为是现在的"金门岛"，这是不对的，根据我的考证，明代的"浯屿"是今福建省龙海县的"浯屿"。明初浯屿设有水寨，成化年间（1465—1487年），浯屿水寨迁往厦门。此后"浯屿"又有"旧浯屿"之称。金门岛名"浯洲屿"。这里的"浯屿"不是"金门岛"。

海盗商人驱逐出月港和浯屿。1549年,葡萄牙人与海盗李光头等进犯诏安,官军迎击于走马溪,通计擒斩239人。讯得所俘李光头等96人勾结葡人,作为内应。朱纨下令将其全部处死①。

朱纨严厉打击佛郎机海盗商人的走私贸易,不仅触犯了浙江、福建沿海一带从事海上贸易者的利益,而且也触犯了与这种海上走私活动有牵连的地方官吏和豪绅的利益,于是"失利之徒怨谤蜂起",集中全力攻击朱纨②。其代言人御史陈九德劾朱纨专擅,滥杀无辜。嘉靖皇帝派遣给事中杜汝桢前往调查。杜汝桢调查后奏说:"纨擅自行诛,诚如御史所劾。"③明朝政府下命逮捕朱纨至京审问。朱纨为人清廉,勇于任事,负气不赴京受审,服毒自杀,公论惜之。朱纨死后,"中外摇手不敢言海禁事"④,葡萄牙遂纵横海上无所顾忌了。

### 四、葡萄牙人租居澳门

由于澳门半岛面临大海,有可以停泊大船的优良港湾,所以在明代前期已成为各国来华商船停泊的港口之一。不过当时外商来广东贸易多在澳门之西约30多公里的浪白澳。明给事中郭尚宾说:"夷人市易,原在浪白外洋,后当事许其移入濠镜。"⑤《澳门记略》也记载:"浪白澚,明初诸番互市于此。"⑥《筹海图编》也说:浪白澳"乃番舶等候接济之所也"⑦。《广东新语》也记载:"香山故有澳,名曰浪白,广百余里,诸番贸易其中。"⑧浪白澳虽是当时广东对外贸易的重要港口,但"限隔海洋,水土甚恶,难

---

① 《明世宗实录》,卷347,嘉靖二十八年四月庚戌条。
② 《殊域周咨录》,卷2,日本国。
③ 《明史》,卷325,《佛郎机传》。
④ 同上书,卷205,《朱纨传》。
⑤ 郭尚宾:《郭给谏疏稿》,卷1,《粤地可忧,防澳防黎扎呕》。
⑥ 《澳门记略》,上卷,形势篇。
⑦ 《筹海图编》,卷3,《岭南事宜》。
⑧ 《广东新语》,卷2,地语,澳门。

于久住，守澳官权令搭篷栖息，迨舶出洋，即撤去"①。到了1553年，葡萄牙人以行贿明朝地方官员的手段，得以进入澳门贸易。郭棐编纂的《广东通志》记载："嘉靖三十二年，舶夷趋濠镜者，托言舟触风涛缝裂，水湿贡物，愿暂借地晾晒。海道副使汪柏徇贿许之。时仅篷累数十间，后工商牟奸利者始渐运砖瓦木石为屋，若聚落然。自是诸澳俱废，濠镜独为舶薮矣。"②明人郭尚宾在奏疏中也说：澳门"其三面环以海，在广州以澳为肘腋近地，在夷人佛郎机以番舶易达，故百计求澳而居之"，于是"行贿济奸，以得入澳"③。这个向海道副使汪柏行贿的佛郎机人就是率领葡萄牙贸易船队的少校司令官苏萨（Leonel de Sousa）。他1556年1月15日写信给路易士亲王，报告了葡萄牙商人获准在广东各港口贸易的经过。他写道：我乘坐一艘商船去了中国，贸易并不顺利。"因为皇帝有旨，任何商人都可纳税通商，唯独黑心的佛郎机，即葡萄牙人，被严格禁止。佛郎机被视为盗匪。""根据当地的情况以及我获得的可靠消息，我采取的措施是，船队卫兵加强防守，随行葡人举止谨慎，切勿重蹈覆辙，招到当地人的愤恨……感谢上帝，他们终于同我达成和解，建议我们按习惯缴纳货税。经与大家商量，我接受了这个建议。""为了表示和好，他们不再称我们是佛郎机，而是改称葡萄牙人或马六甲葡人，以示我们并非早期入华葡人的后代。""派人前来议和并征税的广东海道，官职相当于海军上将，沿海各港口有关财政、海军等事务，都由他掌管。遇有大事，必定亲自出面，是个权力范围很大的人物，我没有就和解及税率同他达成书面协议，因为给我的指示中并没有这方面规定。按照习惯，我们必须缴纳20%的税。"在谈判过程中，我们"还曾给海道属员送礼"。"就这样，我实现了和解。所有在华做生意的人都发了财。不少葡萄牙人放心大胆地去广州或

---

① 庞尚鹏：《抚处濠镜澳夷疏》，载《天下郡国利病书》，第41册，原第18册，广东中。
② 郭棐：《广东通志》，卷69，《外志》澳门条。万历三十年刻本。
③ 《郭给谏疏稿》，卷1，《粤地可忧，防澳防黎孔亟》。

别的地方赚钱。他们可以自由互市，不受阻碍"①。由此可见，苏萨同汪柏订立的是一种口头协定，汪柏同意葡萄牙人在广东沿海各港口进行贸易，但他们要按照明朝政府的规定缴纳20％的课税。至于约定不称前来贸易的葡萄牙人为佛郎机，这是因为明朝皇帝有不准作恶多端的佛郎机前来通商的禁令。为了不与这禁令相抵触，所以不称其为佛郎机而称其为葡萄牙人或马六甲葡萄牙人。

葡萄牙的目的并不限于获得来华贸易的许可，更主要的是想在广东沿海寻觅一个贸易的居留地。澳门临海，又与大陆相连，水陆交通便利，自然是他们理想的地点。

起初，明朝地方官员只准许前来澳门贸易的葡萄牙人上岸搭茅屋暂住，贸易事毕即启帆离去。后来由于官吏的姑息，"容其筑庐而处"②。葡萄牙商人为了达到盘踞澳门的目的，遂"用强梗法，盖屋成村"③。在当时，开放澳门对外贸易，对中国和葡萄牙都是有利的。对中国来说，这既适应了东南沿海经济发展的要求，同时国家又可从中得到大量的税收，以支付广东官员的薪俸和军队的费用。对葡萄牙商人来说，在此贸易则可获得他们梦寐以求的巨额利润。因此，澳门很快地发展成为中国对外贸易的重要港门，也成为葡萄牙人竞相前来谋取巨大商业利益的地方。1564年广东御史庞尚鹏在其《抚处濠镜澳夷疏》中曾描述葡萄牙人蜂拥进入澳门的情景，他写道："近数年来，〔葡人〕始入濠镜澳（即澳门），筑室以便交易，不逾年，多至数百区，今殆千区以上，日与华人相接济，岁规厚利，所获不赀，故举国而来，扶老携幼，更相接踵，今筑室又不知其几许，而夷众殆万人矣。"④ 后来，大约在1573年，葡萄牙开始每年向明朝政府缴

---

① 《苏萨致路易士亲王函》（1556年1月15日），见张海鹏主编：《中葡关系史资料集》上卷，第249～250页。
② 《郭给谏疏稿》，卷1，《粤地可忧，防澳防黎孔亟》。
③ 《正气堂集》，卷15，《与两广军门自湖吴公论商夷不得恃功恣横》。
④ 《抚处濠镜澳夷疏》。

纳500两白银的地租，从而取得了租居澳门的地位。这样澳门南部便成葡萄牙商人居住和贸易的特殊社区。

葡萄牙商人入居澳门后，其殖民主义者的本质便又暴露出来了。他们"剑芒耀日，火炮震天，喜则人，而怒则兽"，"凌轹居民，蔑视澳官"①。他们的船只扬帆可直抵番禺、南海、东莞、顺德、新会等处，"其船高大如屋，重驾番铳，人莫敢近。所到之处，硝磺刃铁，子女玉帛，公然搬运。沿海乡村，被其杀掠，莫敢谁何"②。葡萄牙人还擅自在澳门修筑城垣，建筑炮台，"雄据海畔，若一国然"。"暹罗、占城、爪哇诸国，畏而避之"③。澳门"遂专为所据"。"将吏不肖者反视为外府矣"④。

为什么会产生这样的情况呢？一是葡萄牙殖民者企图最终把澳门变为它的殖民地；一是当时广东地方官员的懦弱姑息，对其不法行为"皆莫敢诘"，"甚有利其宝货，佯禁而阴许之者"⑤。

葡萄牙人入居澳门后的种种不法表现，引起了中国人民和官吏的不安和警惕。早在16世纪60年代就有人主张"于澳门狭处，用石填塞，杜番舶潜行，以固香山门户"。也有人主张"纵火焚其居，以散其党"。还有人主张"将濠镜澳以上，雍麦以下，山径险要处，设一关城，添设府佐官一员，驻扎其间，委以重权，时加讥察，使华人不得擅入，夷人不得擅出，惟抽盘之后，验执官票者，听其交易"⑥。广东御史庞尚鹏认为，以上各种主张，或难以实行，或难以收效，他主张"将巡视海道副使移驻香山，弹压近地"，"明谕朝廷德威，厚加赏犒，使其撤屋而随舶往来，其湾泊各有定所，悉遵往年旧例"⑦。也就是说，要他们仍照往年旧例到浪白澳交易。

---

① 《抚处濠镜澳夷疏》。
② 史澄：《广州府志》，卷122，第26页。
③ 《澳门记略》，下卷，澳蕃篇。
④ 《明史》，卷235，《佛郎机传》。
⑤ 《野获编》，卷30，《香山澳》。
⑥ 《抚处濠镜澳夷疏》。
⑦ 同上书。

认为这样既可使葡萄牙撤出澳门，又不失去每年的关税收入。1607年，进京会试的广东番禺举人卢廷龙也上书明朝政府，"请逐香山澳夷，还泊浪白"，"还我濠镜故地"。明朝政府"以事多塞碍"，没有采纳①。

1615年1月，两广总督张鸣冈对如何处理澳门葡萄牙人问题，提出了自己的看法。他既反对"必尽驱逐，须大兵临之，以弭外忧"的意见，也反对那种认为"濠镜内地，不容盘踞，照旧移出浪白外洋，就船贸易，以消内患"的主张。他认为："濠镜地在香山，官兵环海而守，彼日食所，咸仰给于我，一怀异志，我即断其咽喉，无事血刃，自可制其死命。若临以大兵，隙不易开。即使移出浪白，而瀚海茫茫，渺无涯涘，船无定处，番船往来，何从盘诘？奸徒接济，何从堵截？勾倭酿衅，莫能问矣！何如加意申饬明禁，内不许一奸阑出，外不许一倭阑入，毋生事，毋弛防，亦可保无他虞"②。明朝政府采纳了张鸣冈的意见，终明之世，没有把葡萄牙人驱逐出澳门，而是采取措施，加强对澳门的管理。

## 第三节　明、清政府对澳门的管辖

由于葡萄牙人在澳门侨居，所以明朝政府和清朝政府对澳门的管辖也与内地不完全相同。兹分述于下。

### 一、设官管理，驻兵戍守

澳门属广东省广州府香山县。主管澳门的是香山县知县。除此之外，明朝政府还先后在澳门设置守澳官、提调官管理澳门的外国人和澳门的对外贸易事务。1564年，广东御史庞尚鹏《抚处濠镜澳夷疏》中写道："番

---

① 《明神宗实录》，卷432，万历三十五年四月乙未条；《明史》，卷325，《佛郎机传》；《野获编》，卷30，《香山澳》。
② 《明神宗实录》，卷527，万历四十二年十二月乙未条。

商私赍货物至者,守澳官验实,申海道(即广东海道副使),闻于抚按衙门,始放入澳,候委官封籍,抽其十之二,乃听贸易焉。"① 1613年,刑科给事中郭尚宾也说:"广东濠镜澳夷,窃据香山境内……我设提调司以稍示临驭。"②"临驭"就是进行管理。1614年,广东海道副使俞安性在其制定的澳门五条禁令中也规定:"凡夷趁贸货物俱赴货城公卖输饷,如有奸徒潜运到澳,执送提调司报道,将所获之货尽行给赏首报者,船器没官。"③ 1637年,广东海道副使也指示"提调澳官,严督濠镜澳夷"④。郭尚宾还记载,提调官的衙门称"提调衙门"⑤。如果我们把"提调官"的职能与"守澳官"的职能作一比较,就不难看出二者存在的一致性。即他们既都是管理澳门葡萄牙人和澳门对外贸易的官员,又都是海道副使的下属。那么,它们之间究竟是什么关系呢?关于这个问题,有几种可能:(一)先设"守澳官",后改设"提调官";(二)"守澳官"就是"提调官","守澳官"是俗称,"提调官"是正称;(三)"守澳官"是包括"提调官"在内的澳门明朝政府官员的泛称。我们以为,在这几种可能中,以先设"守澳官",而后改设"提调官"的可能性为最大。因为在历史文献记载中,出现提调官之后,"守澳官"这一名称便不再出现了。明朝政府在澳门除设提调衙门外,还设有备倭行署和巡缉行署。清人《澳门记略》记载:"濠镜……前明故有提调、备倭、巡缉行署三。"⑥清代祝淮主修的《香山县志》也记载:明代"提调、备倭、巡缉行署三所,在澳门,今废"⑦。备倭行署负责防御倭寇及其他海防事务。巡缉行署负责巡查缉捕和

---

① 《抚处濠镜澳夷疏》。
② 《郭给谏疏稿》,卷1,《粤地可忧,防澳防黎孔亟》。
③ 申良翰:《香山县志》,卷10,澳夷。
④ 《佚名会同两广总督张镜心题》(崇祯十一年四月),载《明清史料》乙编第8册,第754页。
⑤ 《郭给谏疏稿》,卷1,《粤地可忧,防澳防黎孔亟》。
⑥ 《澳门记略》,上卷,形势篇。
⑦ 祝淮:《香山县志》,卷5,《古迹》。

18世纪正面澳门图

盘诘奸伪等。

1573年,明朝政府还在香山县雍陌设广州府海防同知,以加强对澳门的管理。后来撤回省城①。1617年,广东巡按田生金、两广总督周嘉谟以"闽粤多贩海奸徒,而镜澳(澳门)亦蓄奸薮泽",建议仍将广州海防同知出镇雍陌,"严加查察","以弭衅隙"②。1618年,广东布政使司和按察使司认为香山濠镜澳为广东第一要害地方,建议"以香山寨(即前山寨)改为参将,增置营舍,大建旗鼓,以折乱萌"③。两广总督许弘纲赞同这个建议,并奏说:"其广州海防同知,原议驻扎雍陌,今似可以无庸。"④ 明朝政府采纳许弘纲的意见,没有再在雍陌设置海防同知。

1584年,明朝政府为了管理澳门葡萄牙人的需要,任命了澳门葡萄牙

---

① 田生金:《按粤疏稿》,卷3,《条陈海防疏》。
② 《明神宗实录》,卷557,万历四十五年五月辛巳条。
③ 《明神宗实录》,卷576,万历四十六年十一月壬寅条。
④ 同上。

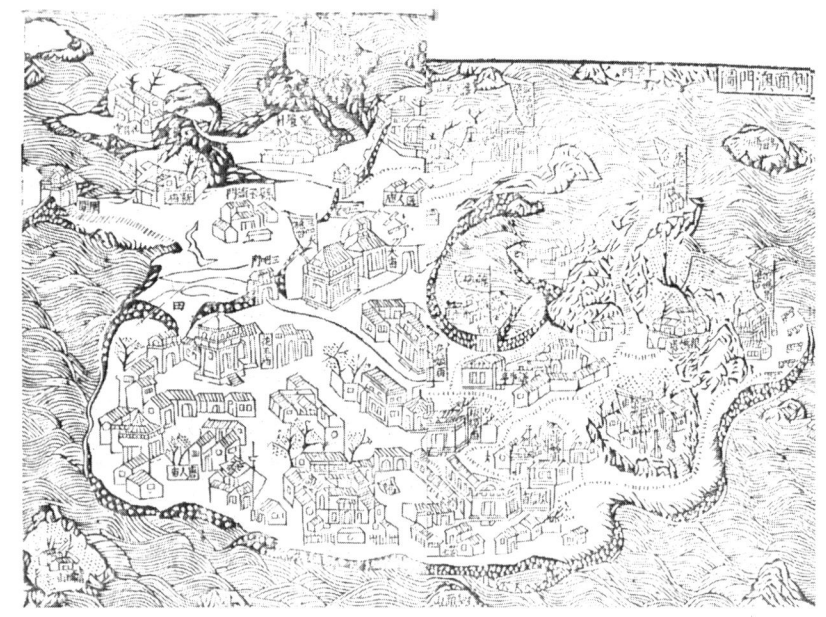

18世纪侧面澳门图

人自治机构议事会的检察官（Procurador）为"督理濠镜澳事务西洋理事官"。议事会成立于1583年，由居澳葡萄牙人选举产生，中国文献称之为"议事亭"。议事会由三名议员（Vereador）、两名普通法官（Juiz ordinario）和一名检察官（Procurador）组成。中国政府任命澳门葡萄牙议事会的检察官为督理濠镜澳事务西洋理事官，目的是为了便于管理澳门的葡萄牙人。中国政府向理事官下达治理澳门葡人侨居区的各项政令和意图，并由理事官向中国政府反映澳门葡人的要求和意见，这是中国政府管理澳门社区的一个特点。

督理濠镜澳事务西洋理事官，也称"夷目"或"委黎哆"，其品级在香山县知县之下。《澳门记略》记载："凡郡、邑（即府、县）下牒于理事官，理事官用呈、禀上之郡、邑，字遵汉文，有蕃字小印，融火漆于日字下。"① 暴煜《香山县志》也载："澳中夷目为西洋理事官，督理濠镜澳事

---

① 《澳门记略》，下卷，澳蕃篇。

务。通事一名,番书一名。文上县用呈,县行拘提则牌仰理事官。"① 现存澳门西洋理事官给香山县的文书都用"禀"或"呈",香山知县或县丞给理事官的文书,则皆用"谕夷目委黎哆知悉",或"札夷目委黎哆知悉"②。这说明理事官的品级确实是在香山县知县和县丞之下,而不像西方某些著作所说的那样,明朝封督理濠镜澳事务西洋理事官为二品官。

　　清朝初年,继承了明朝的政策,管理澳门事务的仍是"提调官"。其后撤去提调、巡缉等官,改为香山县知县直接管理。凡有关澳门葡萄牙人的政令都由知县下达西洋理事官执行办理。1730年,两广总督郝玉麟鉴于香山县务纷繁,又距离澳门遥远,不能兼顾,奏请移香山县丞于前山寨,以便就近管理③。从此,香山县丞也称分防澳门县丞。县丞是知县的副职,也称"左堂"或"佐堂"。

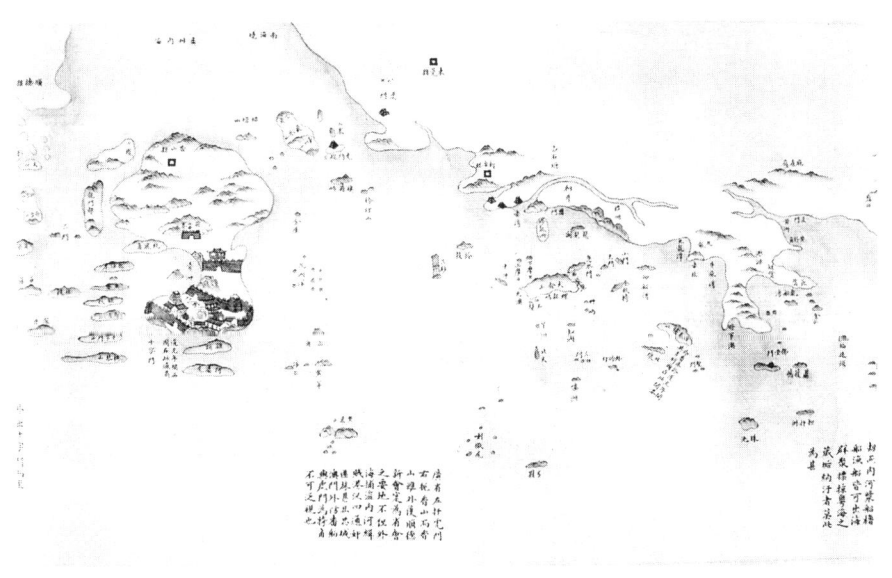

18世纪七省沿海图中之澳门

---

① 暴煜:《香山县志》,卷8,濠镜澳。
② 《中葡关系史资料集》,上卷,第564、576、577、579页。
③ 潘思榘:《抚辑澳夷之宜以昭柔远以重海疆折》,载《澳门记略》上卷,官守篇。

1743年，清政府又以县丞职分卑微，不足以资弹压，于是将肇庆府同知（知府的副职）移驻前山寨，称"广州府海防同知"，专管澳门海防，查验出口进口海船，兼管澳门民蕃事务。"广州府海防同知"也称"广州澳门海防同知"，或称"广州澳门海防军民府"。同时，清政府又把原设在前山寨的香山县丞移驻澳门望厦村，"专司稽查民蕃一切词讼"，并详报广州澳门海防军民同知办理①。

1748年，清政府更明确规定："嗣后澳门地方以同知、县丞为专管，广州府、香山县为兼辖，其进口出口与内洋事件则以专守讯口与驾船巡哨之把总为专管，同知为兼辖。"② 至于有关澳门葡萄牙人的政令，则分别由香山县县丞、香山县知县或澳门军民同知下达督理濠镜澳事务西洋理事官执行办理。这种管理体制，一直延续到19世纪中叶葡萄牙人驱逐中国澳门官吏、强占澳门时为止。

此外，明、清两代政府还先后派遣官兵驻守澳门，以维持社会治安和约束侨居的葡萄牙人。据记载：1577年，明朝政府命昭武将军王绰"移镇澳门"。"绰以番俗骄悍，乃就其所居地中设军营一所，朝夕讲武，以控制之。自是番人受约束。"③ 清代继承了明朝驻兵澳门的政策，在澳门"有香山协把总一员，带兵五十名防守"④。

## 二、征收地租

明朝政府开放澳门对外贸易之初，仅准许葡萄牙商人暂时搭篷栖息，贸易完毕，即须离去，不得在澳门居留。后来虽然由于地方官员受贿，执法不严，容其在澳门筑室居住，但这并不等于中国政府同意葡萄牙人定居

---

① 《吏部会议署两广总督印务策楞等奏折》，载《澳门记略》上卷，官守篇。
② 《清高宗实录》，卷317，乾隆十三年六月己卯条。
③ 祝淮：《香山县志》，卷6，列传上，《王绰传》。
④ 《两广总督孔毓珣奏折》（雍正二年六月二十四日），载《中葡关系史资料集》，上卷，第600页。

澳门。中国政府正式允许葡萄牙人居留澳门是从接受葡萄牙人缴纳地租开始的。关于葡萄牙人何时开始向中国政府缴纳地租,现尚未见原始记载。1684年到澳门巡视的工部尚书杜臻在《粤闽巡视纪略》中说,明朝万历年间,葡萄牙人开始"每岁纳地税五百金"[1]。1733年广州左翼副都统兼管海关税务毛克明等在奏折中也说:"查澳门一区,系西洋人居住,每年在香山县输租银五百两,其来已久。"[2] 乾隆时人印光任、张汝霖《澳门记略》记载说:"其澳地岁租银五百两,则自香山县征之。考《明史》载濠镜岁输课二万,其输租五百,不知所缘起。国朝载入赋役全书,全书故以万历刊书为准,然则澳地有地租,大约不离乎万历中者近是。"[3] 1902年葡萄牙人杰塞斯在其著作中认为,葡萄牙人向中国政府缴纳地租是"在1572年左右"[4]。这是一个不确定的年代,所以不少研究者据此把澳门葡萄牙人开始向明朝政府交纳地租的年代定为1573年,也就是明朝万历元年。但也有人不同意这种说法,葡人施白蒂的《澳门编年史》就认为:葡萄牙人"向中华帝国国库交纳第一次年租"是在"1570年"[5]。看来要准确地说出葡萄牙人何年开始向中国政府交纳地租,还有待于进一步的研究。

关于葡萄牙人向中国政府缴纳地租一事,马士在《中华帝国对外关系史》中说:"澳门的葡萄牙人一直向香山县完纳地租,这正是对于〔中国〕领土主权的完全承认。"[6] 这个说法是完全正确的。但他根据龚斯德特《葡萄牙居留地》一书的记载说:"租额最初是每年1000两;从1691年到1740年以后的某一时期为600两;之后为500两。"[7] 这个说法则是错误

---

[1] 杜臻:《粤闽巡视纪略》,卷2。
[2] 毛克明等:《洋船仍准湾泊黄埔折》(雍正十一年三月二十八日),载《雍正朝汉文朱批奏折汇编》,第24册,江苏古籍出版社1991年出版,第238页。
[3] 《澳门记略》,上卷,官守篇。
[4] 杰塞斯:《历史上的澳门》,香港牛津大学出版社1902年出版。第33~34页。
[5] 施白蒂著、小雨译:《澳门编年史》,澳门基金会1995年出版,第17页。
[6] 《中华帝国对外关系史》,第1卷,第48页。
[7] 同上。

的。1684年亲自到澳门巡视的清政府工部尚书杜臻说：葡萄牙人"初至时，每岁纳地租五百金，本朝弘柔远人之德，谓国家富有四海，何较太仓一粟，特为蠲免，夷亦感慕"①。这说明所谓1691年以前租额为1000两的说法是不符事实的。1733年广州左翼副都统兼管海关税务毛克明也明确指出，澳门葡人每年"输租银五百两，其来已久"②。这又证明，所谓1691～1740年每年缴纳租银600两的说法，也是错误的。事实是，租银定额为500两，外加院司养廉银15两，共515两。有时由于某种原因，也曾有过"特为蠲免"的优待。

中国政府向澳门葡萄牙人征收地租有一定的程序，每年冬至前后是葡萄牙人缴纳地租的日期，先由香山县知县向澳门理事官（即"夷目"，或称"委黎哆"）发出催租文书，说明缴租日期已到，叫他从速准备好租银。随后即派遣吏书前往征收，并由香山县知县发给收单。至今，葡萄牙国家档案馆还保存着一些有关葡萄牙交纳澳门地租的文书，现摘录两份于下，以见一斑。

（一）催租文书

特调香山县正堂加十三级、纪录十次蔡，为督征钱粮事。照得濠镜澳地租钱粮银两，系批解司库，附入地丁正项报销，难容迟缓。查递年俱于冬至前后完纳，兹道光五年分澳地租银现已届期，合行催纳。为此牌仰西洋理事官委黎哆，即将道光五年分濠镜澳地租正耗银伍佰壹拾伍两，刻日按数备办足色纹银，禀报本县，以凭札饬吏书赴收，解充兵饷，毋得迟违。速速，须牌。

右牌仰西洋理事官委黎哆准此

道光五年十一月初九日③

---

① 《粤闽巡视纪略》，卷2。
② 《洋船仍准湾泊黄埔折》（雍正十一年三月二十八日），载《雍正朝汉文朱批奏折汇编》，第24册，第238页。
③ 《中葡关系史资料集》，上卷，第656页。

(二) 纳租收据

特调香山县正堂蔡,为督征钱粮事。现据西洋理事官委黎哆等完纳后开澳租银两前来,除兑收贮库外,合给库收。遵照,须至库收者。

计实收濠镜澳道光五年分地租额银伍佰两正,司院养廉银壹拾五两正。

右库收给夷目委黎哆收执

道光五年十二月初三日①

## 三、征收关税

明代管理对外贸易的机构是市舶提举司(简称"市舶司")。市舶司设提举一人,副提举二人,"掌海外诸蕃朝贡、市易之事"②。福建、浙江、广东沿海诸省都设有市舶司。澳门属广东市舶司管辖。广东海道副使有时也兼管市舶事务。

澳门开埠之初,征收关税的办法叫做"抽分"。1559年通政唐顺之说:西洋番船"许其交易而抽分之"③。1564年广东御史庞尚鹏也说,番商运来货物,"抽其十之二,乃听贸易焉"④。到了隆庆年间(1567~1572年),开始改抽货为抽银,不再征收实物,而是征收银两。关税分水饷和陆饷,"水饷者,以船广狭为准,其饷出于船商。陆饷者,以货多寡计值征输,其饷出于销商"⑤。明代澳门税饷最初定为每年二万六千两银,1598年降为二万二千两,但实际收入大约在二万两左右。1613年刑科给事中郭尚宾说:澳门"每年括饷金二万于夷货"⑥。1618年,两广总督许弘纲也说,佛

---

① 《中葡关系史资料集》,上卷,第656页。
② 《明史》,卷75,职官四,市舶提举司。
③ 《筹海图编》,卷12,《开互市》。
④ 《抚处濠镜澳夷疏》。
⑤ 张燮:《东西洋考》,卷7,《饷税考》,中华书局1981年出版,第132页。
⑥ 《郭给谏疏稿》,卷1,《粤地可忧,防澳防黎孔亟疏》。

郎机"先年市舶于澳，供税二万以充兵饷"①。

清代不专设市舶提举司，顺治（1644～1661年）初年由广东巡视海道副使兼管市舶事务②。嗣后又改由监课提举司兼领市舶事务③。1660年，清政府颁布禁海令，罢监课提举司，停止对外贸易。1684年撤销禁海令。1685年在广东省城广州设粤海关监督衙门，在澳门设粤海关监督行台。

澳门是粤海关五大总口之一。由于"澳门为夷人聚集重地，稽查澳夷船只往回贸易。盘诘奸宄出没，均关紧要"④，所以清政府特派八旗防御驻扎澳门，管理澳门总税口税务。澳门海关总口下设四个税口（税馆），即南湾税口（南环税馆）、妈阁税口（娘妈角税馆）、码头税口（大码头税馆）和关闸税口（关闸税馆）。各税口除征收关税外，又各有自己的任务，如南环税馆主"稽察夷民登岸及探望番船出入"；娘妈角税馆主稽察广东、福建二省寄港商渔船只，"防透漏，杜奸匪"⑤。澳门海关对澳门洋人货船采取优惠政策，"远处洋船，例有分头、缴送二项银两。澳门洋人货船除输正税船钞外，素不征收此项"⑥。"凡船回澳，止征船税，丈其货物而籍记之，货入于夷室，俟华商懋迁出澳始纳税"⑦。这种船税、货税分开征收的办法，实际上是明代水饷、陆饷分开征收的延续。但从管理体制上看，清代澳门海关要比明代市舶司更为完备和严密。

### 四、建立关闸

明朝政府对澳门葡萄牙人的危害早就有所警惕，为了防止他们不遵守

---

① 《明神宗实录》，卷576，万历四十六年十一月壬寅条。
② 《明清史料》，丙编，第4册，《广东巡抚李栖凤揭帖》（顺治八年正月初七日）。
③ 《粤闽巡视纪略》，卷2。
④ 梁廷楠：《粤海关志》，卷7，《设官》。
⑤ 张甄陶：《澳门图说》，载《小方壶斋舆地丛钞》第九帙。
⑥ 中国第一历史档案馆编：《雍正朝汉文朱批奏折汇编》，第24册，江西古籍出版社1991年出版，第238页。
⑦ 《澳门记略》，上卷，官守篇。

中国法令，不服从中国官员约束，拥众入据香山，控制要害，或直趋省城，扰乱治安，1564年就有人建议，于濠镜澳以北，雍麦（雍陌）村以南的山径险要处，"设一关城，添设府佐官一员，驻扎其间，委以重权，时加讥察，使华人不得擅入〔澳门〕，夷人不得擅出"①。由于当时明朝政府中有人对此持有异议，所以没有付诸实施。十年之后，即1574年，明朝政府在澳门半岛通往大陆的唯一陆路莲花茎上建立了一座关闸，派遣官兵戍守②。关闸的建立，可以说是上述建议的实现。澳门葡人食粮皆靠内地供给，关闸每月开放六次，运出粮食以供他们之需。如若葡人违犯中国禁令，为非作歹，中国政府一旦闭关，不让粮食运进澳门，他们必然成为饿殍。所以，中国政府设立关闸，除了防止葡萄牙人到关闸以北进行骚扰外，还有迫使葡萄牙人遵守中国法律的用意。到了18世纪中叶，清政府已废除了禁止大陆民人出入关闸的限制，但仍然不准葡萄牙人随便进出。1750年署理香山县知县张甄陶写道：关闸"为民夷出入要隘。明制，每月六开关，支给夷人米石，支给讫，仍闭关。今关常开，惟不许夷人阑入，他皆不禁"③。

### 五、建立前山寨

1614年，明朝政府为了加强澳门防务，设参将于中路雍陌营，调千人戍之。1621年，明朝政府在距澳门约15里的前山设立了参将府，其地遂称为前山寨。参将统率陆兵700名，把总官4员，大小哨船50只，分戍澳门周围的石龟潭、秋风角、茅湾口、挂椗角、横洲、深井、亚婆湾、九洲洋、老万山、狐狸洲、金星门各处，从水陆两方面控制澳门。前山寨也称香山寨，"与澳对峙，澳南而寨北，设此以御澳奸，亦所以防外寇也"④。

---

① 《抚处濠镜澳夷疏》。
② 申良翰编：《香山县志》，卷10，"澳夷"。
③ 张甄陶：《澳门图说》，载《小方壶斋舆地丛钞》第9帙。
④ 《广东新语》，卷2，地语，澳门。

由于"防制渐密",所以"终明之世无他虞"①。

1647年,清政府仍在前山设立参将府,派兵500名驻守。1662年驻军增至1000名。1664年,参将府改为副将府,增设左右营,设副将、都司、守备、千总、把总等官,驻兵增至2000名②。1668年,移副将驻香山县城,留都司、守备、把总驻守前山寨。清政府驻扎重兵于前山寨,目的同明朝政府一样,也是为了"御澳奸"和"防外寇",以确保澳门及其周围地方的安全。

### 六、颁布法规,行使司法权

中国政府允许葡萄牙人租居澳门,是以葡萄牙人必须遵守中国法律为前提的。中国官员曾一再告诫葡萄牙人必须"服从中国官员的管辖","务须凛遵天朝之法"③。并根据葡萄牙人侨居澳门的实际情况,先后制定了多种规条,以便葡萄牙人遵守执行。

1608年,香山知县蔡善继制定的《制澳十则》,是迄今所知最早的管理澳门葡萄牙人的条例。该条例经两广总督批准后公布施行。不久,"澳弁以法绳夷目,夷叫嚣,将为变"。蔡善继亲临澳门,"缚悖夷至县堂下痛笞之"。蔡善继对触犯中国法规的葡萄牙人绳之以法,行使了中国的司法权,故该葡人只得"帖然受笞"而去④。

在明代,倭寇骚扰中国沿海为祸甚烈,而居留澳门的葡萄牙人竟"潜匿倭贼,敌杀官军"⑤。1614年,海道副使俞安性巡视澳门时觉察到,"倭性狡鸷,澳夷畜之为奴,养虎遗患,害将滋蔓"。于是将查出的倭奴98人

---

① 《澳门记略》,上卷,官守篇。
② 申良翰:《香山县志》,卷9,前山寨。
③ 《利玛窦中国札记》,第149页;《香山县知县致澳门理事官谕文》,载张海鹏主编:《中葡关系史资料集》,上卷,第564页。
④ 申良翰:《香山县志》,卷5,县尹,《蔡善继传》;陈澧:《香山县志》,卷12,宦绩,《蔡善继传》。
⑤ 《明史》,卷325,《佛郎机传》。

全部遣返回国。同时下令："此后市舶，不许夹带一倭，在澳诸夷，亦不得再蓄幼倭，违者，倭与夷俱擒解两院军法究处"①。

驱倭之后，俞安性针对葡萄牙人在澳门犯法的情况，制定了五条禁令，经两广总督批准后，勒石立碑于澳门，使葡人永远遵守。这五条禁令是：

（一）禁蓄养倭奴。凡新旧夷商，敢有仍前畜养倭奴顺搭洋船贸易者，许当年历事之人前报严拿，处以军法。不举，一并重治。

（二）禁买人口。凡新旧夷商，不许收买唐人子女，倘有故违，举觉而占吝不法者，按名究追，仍治以罪。

（三）禁兵船驻饷。凡番船到澳，许即进港，听候丈抽。如有抛泊大调环、马骝洲等处外洋，即系奸刁，定将本船人货焚戮。

（四）禁接买私货。凡夷趁贸货物，俱赴货城公卖输饷，如有奸徒潜运到澳与夷，执送提调司报道，将所获之货尽行给赏首报者，船器入官。敢有违禁接买，一并究治。

（五）禁擅自兴作。澳中已有之夷寮，遇有坏烂，准照旧式修葺。此后敢有新建房屋，添造亭舍，擅兴一土一木，定行拆毁焚烧，仍加重罪②。

此外，明朝政府还在葡人居住区建立保甲制度，"就其聚庐中大街，中贯四维，各树高栅，榜以'畏威怀德'，分左右，定其门籍，以'明土慎德，四夷咸宾，无有远迩，毕献方物，服食器用'二十字，分东西各十号，使互相维系讥察，毋得容奸，一听约束"③。

1725年，两广总督孔毓珣为了防范葡萄牙人"内诱奸猾，外引蕃夷"，制定了管理澳门葡萄牙船只的条例，上奏皇帝批准施行。该条例规定：

（一）澳门葡船额定二十五只，编列字号，刊刻印烙，各给验票一张，将船户、舵工、水手及商贩、夷人、该管头目姓名，逐一填注票内。

---

① 申良翰：《香山县志》，卷10，澳夷。
② 同上。
③ 《广东通志》，卷69，《外志》；《澳门纪略》，上卷，官守篇。

(二)"如有夹带违禁货物并将中国人偷载出洋者,一经查出,将该管头目、商贩、夷人并船户、抟水人等,俱照贼之例治罪"。

(三)以后船只如有朽坏不堪修补者,报明地方官查验明白,出具印甘各结,申报督抚,准其补造,仍用原编字号。"倘有敢偷造船只者,将头目、工匠亦俱照通贼之例治罪"①。

1743年,澳门葡萄牙人晏些卢用刀戮死商民陈辉千,按照清朝法律,杀人犯晏些卢应该交给中国政府处以绞刑。但西洋理事官禀称:"今晏些卢伤毙陈辉千,自应仰遵天朝法度拟罪抵偿。但一经交出,违犯本国禁令,阖澳夷目,均干重辟。"请求清政府允许把晏些卢留在澳门"依法处治"②。清政府考虑到夷目的请求,以化外人原与内地不同,于1744年派广州知府金允彝、香山知县王之正前往澳门,会同夷目将晏些卢处以绞刑。清政府认为这样处置既"上申国法",又"下顺夷情",于是明文规定:"嗣后在澳民蕃有交涉谋杀斗殴等案,其罪在民者,照律例遵行外,若夷人罪应斩绞者,该县于相验之时,讯明确切,通报督抚,详加复核,如果案情允当,该督抚即行批饬地方官同该夷目将该犯依法办理,免其交禁解勘,仍一面据实奏明,并将招供报部(即刑部)存案。"③

但葡萄牙政府蓄意在澳门扩大自己的权力,以便最终把它变为自己的殖民地。所以,中国政府在执法的过程中,往往受到来自葡萄牙方面的阻挠。

1748年5月,澳门中国居民李廷富、简亚二夜入葡兵亚吗卢、安哆呢家被杀,并被弃其尸。澳门海防同知张汝霖要求澳葡当局交出凶犯,接受审判。但澳葡总督若些却庇护凶犯,拒不交出。两广总督策楞檄令葡人交出凶犯,否则就要停止一切贸易,停止粮食供应和撤出居民。但若些不仅不听警告,反而"增兵缮械",准备负隅顽抗。形势十分紧张。在此情况

---

① 《澳门记略》,上卷,官守篇。
② 《刑部一件奏明事箚付》,载《澳门记略》上卷,官守篇。
③ 同上。

下，澳门的一些葡商和"蕃尼蕃僧"（即天主教的修女和教士）反对若些对抗中国政府的做法，因而鸣鼓集讯，对此案件进行干预。当日，称目睹此凶杀案者3人，耳闻者33人。若些无可奈何，只得交出罪犯。经过审判，"以弃尸而失重罪"，将二犯永远流放帝汶。同时澳门葡人还向果阿葡萄牙总督控告若些的罪行。果阿葡督派员庇利那到澳门审判若些。"若些稔恶，夷人赴诉者多至八十余人。"若些被革职查办，庇利那"以槛车送若些反国"。清朝皇帝"俯念西洋夷人素称恭顺，施法外之深仁，依议定狱"①。此案宣告结束。

若些阻挠中国行使司法权事件的发生，使中国政府认识到必须进一步完善管理澳门葡萄牙人的法规。1749年，原澳门海防同知张汝霖与香山县知县暴煜共同拟定了《善后事宜条议》十二条，上报两广总督批准施行。这个《条议》也称《管理澳门条例》，是澳门葡萄牙人和华人都必须遵守的法规。葡使庇利那表示服从《条例》中的规定。两广总督命令将这个《条例》用汉文、葡文各刻石碑一块，立于澳门，以便华夷人等永远遵守。该《条例》要点如下：

（一）驱逐匪类。凡有从前犯案匪类，一概解回原籍安插。如再潜入滋事，原籍保邻，澳甲人等，一体坐罪。

（二）稽察船艇。一切在澳船艇，确查造册，发县编烙，取各连环保结，交保长管束，许其在税厂前大马头湾泊。不许私泊他处，致有偷运违禁货物、藏匿匪窃、诱卖人口等弊。潜泊他处船艇，按律究治。

（三）凡黑奴出市买物，俱令现银交易，不得赊给。亦不得收买黑奴物件，如敢故违，究逐出澳。

（四）在澳华人夜间行走未提灯笼，及原系奸匪外出奸盗，致被夷兵捉获者，应立即交送地保转解地方官讯明犯夜情由，分别究惩，不得羁留和擅自拷打。

---

① 《澳门记略》，上卷，官守篇。

（五）澳夷犯命盗罪应斩绞者，照乾隆九年定例，于相验时讯供确切，将夷犯就近饬交县丞协同夷目于该地加谨看守，取县丞钤记收管备案，免其交禁解勘，一面申详大宪，详加复核，情罪允当，即饬地方官眼同夷目依法办理。其军、流、徒罪人犯，止将夷犯解交承审衙门，在澳就近讯供，交夷目羁禁收保，听候律议，详奉批回，督同夷目发落。如止杖笞人犯，檄行该夷目讯供，呈复该管衙门核明罪名，饬令夷目照拟发落。

（六）禁私擅凌虐华人，违者按律治罪。

（七）禁擅兴土木。澳夷房屋庙宇，嗣后止许修葺坏烂，不得于旧有之外，添建一椽一石，违者以违制律论罪，房屋庙宇仍行毁拆，变卖入官。

（八）禁贩卖子女。

（九）禁黑奴行窃。

（十）禁夷匪、夷娼、窝藏匪类。

（十一）禁夷人越出澳门。

（十二）禁勾引华人入教①。

《管理澳门条例》是清政府治理澳门的重要法规。1773年，英国人斯高特（Francis scott）在澳门杀死了一个中国人，葡萄牙法庭宣判斯高特无罪。清朝地方官员便根据《管理澳门条例》要求把罪犯移交他们审判。葡萄牙官员只得遵照该《条例》规定交出罪犯。"中国人对斯高特重新进行了审讯，并把他处死"②。

## 七、打击和取缔侵犯中国领土主权的不法行为

葡萄牙人租居澳门，但其殖民者的本性不改，他们未经中国政府的同意，便擅自在中国境内建城筑路。这种侵犯中国领土主权的不法行为，理

---

① 《澳门记略》，上卷，官守篇。
② 《中华帝国对外关系史》，第1卷，第116页。

所当然地要受到明、清政府的制裁和取缔。

（一）反对葡占青洲

青洲是澳门西北的一个小岛，岛上林木苍郁，风景极佳，侨居澳门的葡萄牙人有时渡海到此游玩。1604年左右，澳门耶稣会圣保罗神学院院长卡尔瓦罗（Valentine Carvalho）与东方巡教总监范礼安（Alexander Valignano）擅自在这个岛上盖房，作为神学院学生们的娱乐中心。此事引起了中国地方官员和澳门居民的强烈反对。1606年，澳门中国官员率领士兵和民众到青洲，"用武力驱逐修士和仆役们，又把那所小房烧掉"。嗣后在岛上树立一块石碑，作为中华帝国领土的标志①。同年，葡萄牙人又在岛上建立一座规模宏大的教堂，"高可六七丈，闳敞奇秘，非中国梵刹可比"。教堂之外，围以高墙，俗称"青洲城"。香山"县令张大猷请毁其垣，不果"②。1621年，两广总督陈邦瞻、广东巡抚王尊德采纳了署广东海道副使徐如珂的建议，派遣监司冯从龙、中军孙昌祚等到青洲毁其所筑教堂及墙垣。事后徐如珂在给冯从龙的信中高兴地说："青洲山事，仰仗威灵，尽撤而毁之，此数十年来所姑息养成而不敢问者也。而一旦伐其狡谋，破其三窟，非神谋伟略出人意表，何以有此。"③拆毁"青洲城"，打击了葡萄牙殖民者的嚣张气焰，维护了中国的领土主权，确是件大快人心的事。

（二）拆毁葡建澳门城台

1623年，葡萄牙政府任命王室贵族唐·马士加路也（Dom Francisco Mascarenhas）为澳门总督。马士加路也就职后就以防范荷兰人进犯为名，擅自在澳门"建起城墙并完善了堡垒体系"④。此事在广东官府的探报中有所反映："夷人筑城，费银贰拾万，报知该国王，谓已拓据中朝一方地。

---

① 《利玛窦中国札记》，第523~524页。
② 《明熹宗实录》卷11，天启元年六月丙子条；《明史》，卷325，《佛郎机传》。
③ 徐如珂：《望云楼稿》，卷11，《复冯云衢道尊》。
④ 同上。

该国王遂遣亲侄名哦·弗难系氏具（按：即马士加路也）为呶唠，赍敕前来镇守。夷言呶唠即华言兵头也。兵头因筑此垣，虚中耸外，欲规画为殿基，后建塔，请封一王子居守，故兵头盘踞此中，护惜城台，每有存亡与俱之意。"①对于澳葡此种无视中国领土主权的行为，中国人民忍无可忍。1624年，两广总督何士晋开始对澳葡采取行动："首绝接济，以扼夷之咽喉。既挚缆头，以牵夷之心腹。官兵密布，四面重围。严拿奸党，招回亡命。"并把澳葡派出的"番哨"，全部擒获②。在这种情况下，马士加路也才被迫向广东官府屈服："甘认拆城毁铳，驱奸灭哨，岁加丁银一万两，编附为氓"，"写立认状在案"③。天启五年（1625年）二月二十三日至三月初四日，在广东官员的督促下，葡萄牙人和缆头、夫役一起，把马士加路也所筑的城台全部拆毁。

（三）制止葡萄牙在租居地外修路

澳门葡萄牙人的租居地，其北部以水坑尾门、三巴门的围墙为界。1828年，葡萄牙人越出界墙，在水坑尾门外直至龙田、望厦等村及普济寺后一带开挖道路。对于这种妄图扩大租居地的行为，香山县知县李绳光、澳门军民同知鹿允宗、前山营游击常永等派官员前往澳门传召西洋理事官，指责澳葡越界开挖道路的不法行为。"该夷人深悔错误，唯唯服辜，不敢再行修筑"，并呈具甘结一纸。两广总督李鸿宾、广东巡抚成格为此发布告示称："查澳门夷人，只许于围内居住，水坑尾门外等处，系围外地面，岂容该夷人混称散步旧路，擅行开挖。姑念该夷人业已悔罪具结，从宽免予拿究……为此示谕住澳各夷人知悉，嗣后尔等务须恪守界限，于围内安分居住，如再敢于围外水坑屋门外至龙田、望厦并普济庙后等处，

---

① 中央研究院历史语言研究所编：《明清史料》，已编，第7本，商务印书馆1935年出版，第614页，《澳夷筑城残稿》。
② 同上。
③ 同上。

私行开挖道路，定即严拿从严究办。本部堂执法如山，决不稍为宽贷。"①

葡萄牙人为了避免被中国政府逐出澳门，有时对中国政府表现得特别恭顺。例如：在清朝建立之初，澳门理事官就代表澳门的葡萄牙人向清政府呈词投诚，说："哆（即委黎哆）籍在西洋，梯山帆海，观光上国，侨居濠镜澳贸易输饷百有余年。兹际清朝闿泽，举澳叟童，莫不欢声动地。前月十九日已具状投诚，香山参将代为转详。惟祈加意柔远，同仁一视，俾哆等得以安生乐业，共享太平。"② 1791 年，督理濠镜澳事务西洋理事官在致香山县知县许敦元的禀文中也表示："受任委黎哆之职，一切遵守章程，小心翼翼，不敢有懈。"③ 1808 年 8 月，英国兵船开进澳门，向葡萄牙理事官出示葡印总督书信，要求暂借澳门居住。澳葡官员因其有果阿总督的信函，加以"势力不敌"，没有阻拦，而将此事禀报广东官府。两广总督派官员到澳门传谕，令英国兵船速速离澳回国。但英国兵船却赖着不走。最后由嘉庆皇帝降旨发兵驱逐，英官兵见势不妙，才被迫于 12 月回国。两广总督百龄对澳葡官员未能及时驱逐英兵出澳进行训斥。葡官深表悔过，并恳求清政府允准葡萄牙人照旧居留澳门，态度十分恭顺。禀文称："哆等受大皇帝天高地厚之恩，每年准免额船税饷二十五号，合澳夷人无可图报。英吉利兵丁登岸不能拦阻，已万分罪戾，今蒙大人亲临，责以大义，哆等益觉置身无地。总蒙大人垂怜哆等愚昧远人，施恩矜宥……仍准照旧安居，俾哆等世世子孙永沾大皇帝万万年恩德。"④ 这种恭顺态度，是葡萄牙人得以侨居澳门数百年而不被中国政府驱逐的主要原因之一。

总而言之，从 16 世纪中叶至 19 世纪 40 年代，无论是明朝政府还是清

---

① 黄福庆主编：《澳门专档》（一），台北"中央研究院"近代史研究所 1992 年印行，第 132 页。
② 《明清史料》，丙编，第 4 册，《广东巡抚李栖凤揭帖》（顺治八年闰二月）。
③ 《香山知县致澳门理事官谕文》（乾隆五十六年十二月廿八日），载《中葡关系史资料集》，上卷，第 564 页。
④ （嘉庆朝）《清代外交史料》，卷 3，《西洋理事官委黎哆禀文》（嘉庆十四年）。

朝政府，在行政、司法、军事、财政等方面对澳门进行的管辖是全面而有效的。而葡萄牙人对自己是在中国领土上侨居这一点也是明确的。他们因怕被中国政府驱逐出澳门而表现出来的恭谨态度，一直到鸦片战争之前基本上没有什么改变。

## 第四节　葡萄牙强占澳门与清政府拒绝批准中葡《和好贸易条约》

### 一、鸦片战争之后葡萄牙趁机强占澳门

随着葡萄牙殖民者在澳门势力的增强，以及西方各国对华贸易的发展，葡萄牙殖民主义者为攫取优于其他各国的有利地位，遂不满足于澳门僦居者的地位。19世纪30年代，在葡萄牙首都里斯本便有人宣扬澳门同达曼、第乌一样是葡萄牙征服的领地。这一谬说的出现，曾使澳门议事亭成员深感不安。他们也许是惧怕这一谬说将激怒中国政府，导致葡人失去在澳门已享有的一切优惠和优越性。因此，在1837年12月5日，澳门葡萄牙议事亭便以"从这天涯海角，从这遥远的中国发出的正义的呼声"为主旨，上书葡萄牙议会，猛烈地抨击了那种将澳门等同于葡萄牙王室领地的论点。呈文抨击说："称澳门为达曼或第乌相同的征服地系无稽之谈，过去一直向皇帝缴纳、现在仍然在支付地租及沉重的船钞……何时葡萄牙人征服了澳门？皇帝未将其赠与，现仍收地租。本澳居民及其财产仍在沉重的税收之下，何谓此系葡萄牙领土？"[①]

同时，葡萄牙澳门议事亭在其致葡萄牙印度总督萨布罗佐（Szbroso）

---

[①] 《禀呈手稿》，葡萄牙地理学会图书馆，"庇礼喇遗稿档"，甲号文档，转引自〔葡〕萨安东著、金国平译：《葡萄牙在华外交政策（1841～1854）》，澳门基金会1997年出版，第86页。

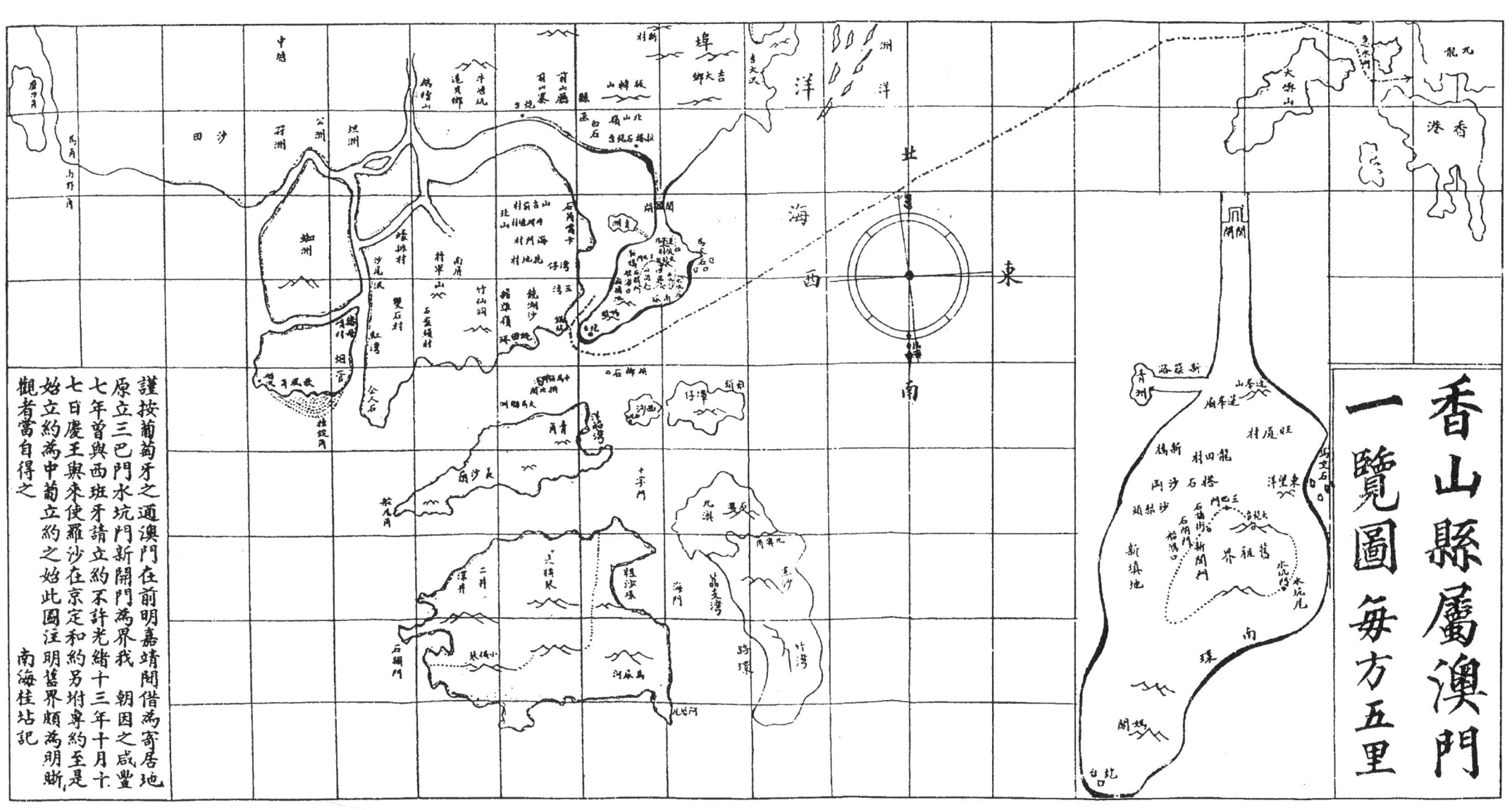

男爵的备忘录中,也说明了澳门葡萄牙居留地的起源及其现状:"本居留地非系葡萄牙征服地,它是华人对葡萄牙人的不断特许的结果,以便其居住,没有君主与君主之间、政府与政府之间事先的协议或契约。这便是澳门这一居留地在华的地位。葡萄牙对这一地区的权利在于:给葡萄牙商人使用的中国领土。因为他们是葡萄牙子民,所以按葡萄牙法律及风俗习惯生活。"①

1839年,清钦差大臣林则徐奉旨到广东严禁鸦片,澳门葡萄牙当局执行林则徐的禁烟命令,查拿了英国人偷运至澳门的鸦片,捉拿了贩卖鸦片的葡萄牙人,并没收销毁其鸦片。同年,林则徐巡视澳门时,澳门葡萄牙官员十分恭顺。林则徐向其申明禁令,"谕以安分守法,不许屯贮禁物,不许徇庇奸夷,上负大皇帝抚绥怀柔至意"。葡官点头称是,并说:"夷人仰沐天朝豢养二百余年,长保子孙,共安乐利,衷心感激,出于至诚,何敢自外生成,有干法纪。现在随同官宪,驱逐卖烟奸夷,亦属分内当为之事。"② 这说明,直到此时,澳门的葡萄牙官员仍然表现了对清政府法令未敢稍有违犯的恭谨态度。

葡萄牙政府明白,澳门是中国的领土,葡萄牙人在澳门只不过是僦居者。但他们并未放弃其变澳门为葡萄牙殖民地的野心。1840年英国发动对华侵略的鸦片战争,是葡萄牙政府将其蓄谋转变为行动的关键。

在鸦片战争中,清王朝的衰败腐朽完全暴露了出来,无力抵抗外来的军事入侵。1841年1月,英军占领香港,并发表告示,声称香港已归大英国主统治之下。2月,英军攻占虎门炮台。5月,英军直逼广州城下。7月,英国宣布香港为自由港。8月,英国新派出的驻华全权使臣兼商务监督璞鼎查到达澳门,并宣布决心以武力保持对香港的占领。随后,英军北

---

① 《澳门葡萄牙居留地的起源及其目前状况,1837年12月5日澳门市政厅致印度总督萨布罗佐男爵备忘录》,转引自《葡萄牙在华外交政策(1841~1854)》,第87页。

② 林则徐:《林文忠公政书》(商务印书馆,国学基本丛书本),卷6,《会奏巡阅澳门情形折》。

上，先后攻占厦门、定海、镇海、宁波等地。在这种形势下，葡萄牙认为改变澳门地位的时机已到。11月6日，葡萄牙澳门总督士利威拉边多（Silveira Pinto）在向葡萄牙王国政府海事及海外部部长报告英国侵华军的最新动态的同时，便提出了把澳门变为葡萄牙构成部分的主张，他说："在目前的情况下，我认为，倘若陛下希望这一居留地仍然掌握在葡萄牙王室手中的话，应严肃地来看看这里的情况……本澳的政策必须改变，要么视其为中华帝国之一部分（英国人在此问题上会不遗余力），要么视其为葡萄牙王国的构成部分，这是我一贯主张的。"他认为在英人占领香港，宣布香港为自由港的情况下，为"保持澳门的繁荣"，就必须"为本澳获得特殊的恩施"。所以他于1842年2月13日致函葡萄牙王国外交部，提出派遣军舰前来逼迫清政府签订城下之盟的建议，他说："军舰若能兵临城下，以签订一含有对澳门特殊有利条件的条约大有裨益。"①

在中英《南京条约》签订后，澳门总督士利威拉边多听说清朝大臣耆英将前来广州与英国互换条约，并同法国、美国和西班牙进行谈判。他又认为，这是葡萄牙向清朝政府索取各种权益的好机会。1842年12月，他多次要求葡萄牙政府和葡印总督派遣代表或授权他指派代表，参加法国、美国、西班牙等国同清钦差大臣耆英的谈判会议。

1843年1月11日，葡印总督安塔斯伯爵（Conde Antas）接受了士利威拉边多的请求，发给他一份授权书，准许他派代表参加中国钦差大臣与英、法、美、西班牙的会议。同时向他发出指令："一、若有可能，应竭尽全力促使中华帝国以其法律所允许的最佳方式，承认澳门地区归属葡萄牙王室。因此，对迄今为止仍向华人缴纳的任何一种形式的采邑或进贡的终止作出规定。二、葡萄牙国旗，即便不能成为最惠国国旗，至少应与中国签有互惠条约国家享受同等待遇。三、倘若阁下认为上述看法无不妥之处，可在此基础上，向中国政府提出定议，并由双方钦差大臣将其落实为

---

① 《葡萄牙在华外交政策（1841~1854）》，第9页、45页。

正式条约。"①

1843年3月3日,葡萄牙海事及海外部部长,也给澳门总督下达一份野心勃勃的侵华命令。该部令除了命令他执行葡印总督的指令外,应尽量获得如下的侵略利益:(一)要清政府将领土出让至前山寨,至少至莲花茎的尽头;(二)随着地界的扩展,在中国官吏撤退后,上述地区连同澳门,将被视为完全的葡萄牙领土,对那里的华人居民进行管辖;(三)澳门港同香港港应取得同样的一切优惠,葡萄牙应为最惠国②。

1843年7月29日,澳门葡萄牙当局根据葡萄牙政府指示的精神,以澳门议事亭的名义,向清钦差大臣耆英提出了九条要求。其主要内容如下:

(一)"既然中国已将香港岛无偿让与英国王室,那么作为中国人长期朋友的葡萄牙人仍然要缴纳地租,显然颇欠公允,且令其颜面扫地"。"应特别明确规定,属于葡萄牙人的土地包括从关闸至大海为一侧,及内港为另一侧的范围,以及潭仔港。葡萄牙人自愿在关闸永远保留一军事据点,以防止任何越界行为及骚乱"。

(二)文移往来应以平等原则为之。

(三)来自葡萄牙或属于澳门的葡萄牙船只在澳门的泊费应予减少。

(四)中国人进口向中国缴纳的税率应降至最低,以吸引中国进口商至澳门贸易。

(五)对所有国家来澳门贸易不加限制。

(六)废除新建、修缮房屋以及船只修理必须申请牌照的制度。

(七)同英国一样五口通商。

(八)出口货物可以自产地直接来澳,无需像现在一样先经过广州

---

① 《印度总督安塔斯伯爵于1843年1月21日致海事及海外部部长及海事及海外国务秘书第13号公函》,转引自《葡萄牙在华外交政策(1841~1854)》,第12页。

② 《1843年3月31日海事及海外部部令》,转引自《葡萄牙在华外交政策(1841~1854)》,第13~15页。

完税。

（九）上述各款即刻实施，其后由葡国驻华特命全权公使加以确认①。

耆英在同英国签订丧权辱国的《南京条约》之后，恐惧之心还没有完全安定下来，他万万没有想到，小小的葡萄牙国竟也胆敢乘机提出这么多要求，而其中有些条款，简直是不能容忍的。但他考虑到英国占据香港和开放五口通商的确对澳门产生了不利的影响，使"澳葡生计顿蹙"，所以一面认为"澳门之事本无庸议"，但另一方面又准备对葡萄牙的某些要求，"量为变通，以免向隅"。因此，他派布政使黄恩彤和咸龄等前往澳门，"与该夷目从长计议"。他估计，此事"似亦易于完结"②。但事情并不像耆英预料的那么简单，黄恩彤、咸龄等在澳门"与之反复辩论，又经屡次专札指斥，该夷目情词虽极恭顺，而语言依违未肯遽遵"③。由于澳门会谈未有结果，所以，1843年10月1日，广东官方去函邀请葡萄牙澳门总督和理事官前来广州继续商议。此时，葡萄牙政府已任命比加多（Jose Gregorio Pegado）为澳门总督。按葡萄牙的规定，没有王室的批准，总督不能擅自离开澳门，因此，比加多就请刚卸任的澳门总督士利威拉边多带领议事亭理事官桑托斯前往广州。10月29日，士利威拉边多等抵达广州，受到黄恩彤的迎候，并被引见钦差大臣耆英和两广总督祁𡎴。11月5日，双方开始会谈，葡方参加者是士利威拉边多和桑托斯，清方是黄恩彤、咸龄和粤海关监督文丰等。关于这次会谈的详情，虽然未见记录，但我们从耆英的奏折中，可以看出清方是在以往管理澳门条例的基础上，比照五口通商后出现的新情况，来考虑葡萄牙呈请的九条要求，何者不能准许，何者可以让步。如澳门是中国香山县所属的中国领土这一基本点，是绝对不能改变的，葡萄牙要求澳门依照香港事例办理，这是绝对不能允许的。至于

---

① 《澳门议事亭向钦差大臣耆英所提九款》，转引自《葡萄牙在华外交政策（1841~1854）》，第236~237页，附录之三。
② 《筹办夷务始末》（道光朝），卷68，第27页。
③ 同上书，卷70，第4~5页。

五口通商，可以仿照中英《南京条约》办理，管理澳门的某些条例，如船只的泊费等，也可给予优惠。会谈并不十分顺利，而是经过"再三辩论"才使意见渐趋一致，其结果耆英总结如下：

（一）关于葡方要求将地租银五佰两豁免一节。清方答复说，不能因英吉利在香港不缴纳地租，就要求澳门不缴纳地租。香港与澳门不同，不能相提并论，应照旧输纳，不能豁免。

（二）对于要求自关闸至三巴门一带地方，俱归葡萄牙拨兵扼守一节。清方答复说：关闸之设系因地势扼要，并非划分界限，关闸以内既有民庄，又有县丞衙署，未便由葡萄牙拨兵扼守，应仍照旧章，以三巴门墙垣为租居界限，不得逾越。

（三）对于要求允许各国商船赴澳门贸易一节。清方答复说：各国商船，向系停泊黄埔，在广州贸易，所请难以准行。

（四）对于要求将澳门货税、船钱较新定章程略为裁减一节。清方答复说：嗣后澳门征收华商货税，无论出口进口，俱照新订洋税章程办理。至澳门船钱，均照新章，酌减三成，所有以前规费，一概禁革。

（五）对于要求赴广州、福州、厦门、宁波、上海五口贸易一节。清方答复说：五口通商，各国皆已准行，自应一视同仁，以免向隅。往来文禀一切事宜，悉照新章，划一筹办。

（六）对于要求将澳门修理房屋、船只，请领牌照费用，概行革除一节。清方答复说：同意葡萄牙的请求，但不得于三巴门外擅有建造，致滋事端。

（七）对于要求华商运赴澳门货物，即在澳门上税一节。清方答复说，华商贩运货物，经过一关，即应报一关之税，断无越赴澳门报税之理。嗣后凡赴澳门货物，如应经由粤海大关者，即在大关照新例报税，请牌出口，如向不经由粤海大关者，即在澳门照新例完税，以免绕越①。

---

① （道光朝）《筹办夷务始末》，卷70，第1～5页。

从上所述，可以看出耆英等除了坚持领土主权诸条外，对葡萄牙的要求是作了很大让步的。士利威拉边多和桑托斯对此表示满意，"出具遵奉办理禀文"。耆英等"当即予以酒食，该兵头等欢欣鼓舞，合称不复异议"①。

耆英等将与葡方议定的内容上报道光皇帝。道光皇帝批给军机大臣会同户部议奏。

1844年1月22日，军机大臣穆彰阿等把商议的结果上奏皇帝，认为耆英等对"该夷求免澳门地租，拨兵把守关闸及三巴门，并各国商船赴澳门贸易三条"，正言拒绝，饬令仍照旧章，是正确的。葡人要求略减澳门货税、船钞，前往五口通商，也应准行。但一切文禀，向来定有章程，"嗣后仍然照旧办理，以彰恭顺"。至于从前条例规定僦居澳门葡人遇有修理房屋、船只，必须向清政府申请领取牌照一条，"前人之法，具有深意"，不能"听其任便修造，致滋流弊，应令请该大臣钦遵前奉朱批，勿顾目前，筹及大者远者，悉心妥议具奏"。道光皇帝同意穆彰阿等的意见，批曰："依议。"②

穆彰阿等坚持葡人修造房屋，必须向清政府申请领取牌照的意见，十分正确，这不仅是防止葡人任意扩展僦居区域之必需，而且也是坚持领土主权的一种表现。但耆英等不听从穆彰阿的意见，申辩说：澳门三巴门以内，"除海关税馆而外，栉比皆系夷屋庙宇，东西南三面滨海，并无寸土可以扩充"，"盖基地既已湫隘，该夷虽欲任意兴造，亦无立足处所，即可不致另有他虞。不妨宽其禁令，免其牌照，以示体恤"③。道光皇帝又把耆英的奏折，批给军机大臣会同户部速议具奏。这时穆彰阿等不再坚持自己的意见，同意了耆英等人的原议。

1844年3月14日耆英接到道光皇帝一道颇具矛盾心情而且带有几分

---

① （道光朝）《筹办夷务始末》，卷70，第28～30页。
② 同上。
③ 同上书，卷71，第1～2页。

忧虑的上谕:"该督(按耆英此时已被任命为两广总督)等前奏,不得于三巴门外擅有建造,现据该督等面与要约当不致遽有反复。惟事涉外夷,必须筹及久远,设使异时该夷以三巴门内无可立足,又于三巴门外妄示干求,该督等如何防范遏绝……总须确有把握,毋为将就目前之计,方不负委任也,余均照议办理。"① 以后葡人蛮横地向三巴门外扩张,说明耆英的估计是完全错误的,穆彰阿和道光皇帝的忧虑并不是多余的。

耆英接到道光皇帝的谕旨后,于1844年4月13日,与署两广总督祁𡎴、广东布政使程矞采和海关监督文丰联名颁发了一份"特札谕夷目"的文件,该文件一开头就说,这是"为葡人贸易制定章法",内容与耆英奏折中所谈处理葡萄牙九条要求的办法基本相同,不同的是,其第二条规定:澳门葡萄牙夷目"与县往来文移准平等格式,但与省城大吏仍用呈与禀划一办理";第九条规定:"一切联络事宜仍由夷目会同兵头办理,各司其职"。札谕最后说,这是因为"大皇帝念及葡人在澳门营生二百余年,向来恭顺,格外体恤,怀柔远人,兵头、夷目应钦遵谕旨,弹压商民,苛守旧制,安分营生,不得妄肆干求"②。

葡萄牙政府对士利威拉边多在广州与清朝官员的会谈所取得的成果是满意的。这是因为新制定的章程,降低了澳门葡萄牙船只向中国海关缴纳的泊费,比各通商口岸任何国家的船只所支付的税额都要低;同时获得了同英国一样的五口通商的权利,并确定了葡萄牙同中国官员往来文件的格式。此外还废除了葡人在澳门新建及修缮房屋必须向清政府申请牌照的规定。所有这些好处,都是前所未有的。

正当士利威拉边多在同广东官员进行会谈的时候,收到了葡萄牙女王在1843年8月25日从里斯本发出任命他为钦差大臣的诏书,命令他同清政府谈判签订一个通商、通航条约。8月29日葡萄牙外交部部长若泽·若

---

① (道光朝)《筹办夷务始末》,卷72,第30~31页。
② 《钦差大臣、广东大吏传谕圣上对去年澳门政府所请九款批旨(1844年4月13日)》,转引自《葡萄牙在华外交政策(1841~1854)》,第238~239页,附录之四。

阿金·戈麦斯·德·卡斯特罗也给士利威拉边多发出了一份指令，要他在尽量保密的情况下同中国钦差大臣谈判完成一个葡中条约。1843年10月28日又给他发出一个补充指令，该指令除了要求争取葡萄牙成为最惠国外，主要是关于改变澳门的地位问题。指令说："也许不可能争取到他们（按：指清政府）将整个澳门岛归我们所有，但您可万分微妙地试探一下与你谈判的钦差大臣对此问题的态度。至少要争取到将对面山给我们。""你可以试试看以最佳的方式获得中国官吏从澳门的撤退。澳门应被视为完全的葡萄牙领土，如同荷兰人在爪哇，英国人在海峡国家那样，对那里的华人居民进行管辖。"①

士利威拉边多于1844年1月中旬和2月初，收到了上述的全权证书和指令，那时，他同广东官员在广州进行的谈判已经结束。1844年6月，耆英来到澳门与美国公使顾盛进行中美商约谈判，士利威拉边多立即差人给耆英送上一封公函，说他是葡萄牙女王任命的钦差大臣，持有女皇颁发的全权证书，奉命与清朝皇帝任命的钦差大臣谈判葡萄牙国事宜。他询问耆英他是否可以前赴北京。又问耆英是否拥有同他进行谈判葡萄牙事宜的授权。6月21日，耆英答复说：进京之请有违大皇帝敕谕中的明文规定，岂敢将此奏闻天子。至于澳门所提九款，已于去年解决了，与旧制相比，葡萄牙已获得巨大利益。阁下已为贵国立下了汗马功劳，如今，即使阁下仍有新的要求要提，本总督不敢将此上奏皇帝，免得陛下闻知不悦。今后，"一切应由兵头（总督）会同夷目按新章办理，不宜订立新约或增加内容。否则，有负怀柔远人之皇恩"②。

在耆英拒绝士利威拉边多的要求之后，澳门总督比加多又向耆英提出多项侵略要求。（一）要求把葡萄牙现有的居留地扩展到关闸门。耆英断

---

① 《1843年10月28日，葡萄牙外交部部长给对华修约谈判的士利威拉边多钦差大臣下达的补充指令》，转引自《葡萄牙在华外交政策（1841～1854）》，第229～230页，附录之一。
② 《耆英于1844年6月21日致士利威拉边多公函》，转引自《葡萄牙在华外交政策（1841～1854）》，第62～67页。

然拒绝了这一无理要求。(二)要求在潭仔岛西侧悬挂葡萄牙旗。这实际上是葡萄牙要侵占潭仔岛所采取的一个步骤。对此,耆英答复说:"潭仔岛位于潭仔海中,距澳门十余里之遥,未属葡萄牙管辖。在上述地点悬旗有违旧制。当地华人居民闻风聚众上书,此时在此悬旗对商民极为不利……澳门关澳委员亦陈词曰,三百年来,从未在潭仔岛西侧悬挂葡萄牙旗。若此议施行,定将引起商民恐慌,致海关岁入受挫……在潭仔悬旗,既然有违旧制,影响关税,又与民意反其道而行之,我以为此议不妥"。(三)要求把"澳门华人居民划归葡萄牙人管辖","并订立户册"。耆英答复说,葡萄牙人"居我中华三百年,靠此生息,多次受我大皇帝庇护之恩。既然在此与华人混居,那么永远是邻居"。"有何必要将澳门华人居民划归葡萄牙政府管辖?理事官肯定不同意本钦差大臣及抚院将葡萄牙人同华人一样编籍入册。所以,此禀呈中罗列的理由无法存在。今后,理事官仍应恪守旧制,安于职守,与期相安,不得妄肆干求"①。

为了把澳门变成葡萄牙的殖民地,葡萄牙政府决定不顾中国的主权,擅自采取蛮横的行动。

1845年11月13日,葡萄牙召开国务会议,海事及海外部部长若阿金·若泽·法尔康(Joaquim Joze Falcao)说:"鉴于英人在香港的新近开埠大大促进并方便了当地的贸易,而我们在澳门的贸易一蹶不振,使得政府无法维持日常开支,赤字连天,若不及时挽救,将毁于一旦。1843年5月法令,允许在紧急的情况下,为海外领土制定措施。政府想到设立一自由港,给予它与英国人给香港的一样优惠……政府已听取了一专门委员会的肯定意见,现将工作报告提请诸位与会者"。结果一致投票通过设立自由港②。这说明,葡萄牙政府已完全置中国领土主权于不顾,毫无道理地把

---

① 《耆英于1845年9月2日致比加多公函》,转引自《葡萄牙在华外交政策(1841~1854)》,第75页。
② 《若泽·达席尔瓦·卡尔瓦略日记》,转引自《葡萄牙在华外交政策(1841~1854)》,第79页。

澳门视为葡萄牙的"海外领土"。1845年11月20日,葡萄牙女王玛丽亚发布命令,悍然宣布"澳门这个城市的港口,包括内港及离岛氹仔和沙沥,向所有国家宣布为自由贸易港";"本法令在澳门城市公布30天后,进口到上述口岸的所有物品及货物,不论是什么国家的,完全免征进口税"①。

随后,葡萄牙政府任命亚马勒(Ferreire do Amaral)为澳门总督,让他来执行葡萄牙政府侵占澳门的政策。亚马勒出身于武人世家,时年43岁,为人凶残狂暴,是镇压殖民地人民的老手。他在战争中失去一臂,有"暴虐的独臂人"之称。

1846年4月亚马勒到达澳门后,便积极实施把澳门变为葡萄牙殖民地的侵略计划。

亚马勒认为,欲将澳门城变为完全的葡萄牙的辖境,就要把澳门的中国居民置于葡萄牙管理之下。1846年5月30日,他发布告示,宣布对澳门居民征收地租、人头税和不动产税,随后又下令所有停泊在澳门的中国船只也要到澳门理船厅登记注册,每月纳税。为了推行他的侵略政策,"亚马勒行为凶暴,将澳门各店铺编立字号,勒取税银,如不允从,即带来夷兵拘拏鞭打"②。他认为要占领澳门城墙以外到关闸门一带的土地,根本不必向中国政府提出要求,只要从城墙三巴门外到关闸之间开一条马路,问题就解决了。他声称:道路修成之后,这一带土地就属于葡萄牙了。1847年2月27日,他贴出布告,宣布了开辟马路的决定,并规定在一个月内,将马路经过之地所有的坟墓全部迁走。未迁走的全被平毁,把残骸投弃海中③。接着,亚马勒又于1847年侵占了澳门以南潭仔岛西南一角,修建一个有5名士兵守卫的碉堡。两广总督耆英对此提出抗议,指出:

---

① 邓开颂、黄启臣编:《澳门港史资料汇编》,广东人民出版社1991年出版,第236~238页。
② (道光朝)《筹办夷务始末》,卷80,第40~41页。
③ 陈澧等:《香山县志》,卷22,《纪事》,第42页。

潭仔上述地点不包括在葡萄牙缴纳地租的界限内。要他立即停止修建,遵守天朝法制。但耆英的抗议并没有收到什么效果。为了霸占三巴门至关闸一带的土地,1848年4月1日,亚马勒发布布告,颠倒黑白地说:"为数众多的华人在关闸以内占有澳门的土地","这些土地属于葡萄牙人","我命令,迄今为止,在澳门享有耕田的一切华人在本布告公布之日起十五天内,必须亲自或委托人到华政衙门领取确认其所有权的契据。凡不在上述期限内来办理手续者,即认放弃他所霸占的土地。此地将视为荒地,改属财务部"①。布告贴出后,立即遭到澳门中国人民的反对,驻扎澳门的香山县县丞也提出抗议,指出,这些土地属于中国皇帝,不属于葡萄牙。两广总督徐广缙派澳门海防军民同知陆孙鼎前往交涉,亚马勒竟以战争相威胁,蛮横地说:"关闸门以内的一切属于我们。只有我们放弃澳门,我们才会放弃它,但在此之前必须打光仓库里所有的火药与子弹。"1849年4月14日,他在致徐广缙的公函中又声称:希望"阁下不怀疑我们拥有皇帝陛下允许的在关闸内居住的无可争议权利,请恕我直言,女王命令在身,一定将其捍卫至最后一滴血"②。为了把澳门变成葡萄牙的属地,在行政上,亚马勒不再承认中国官员对澳门的管辖,取消了澳门议事亭历代以来对清朝地方官府的附属地位。1848年他下令把1794年设立在澳门议事亭走廊墙壁上刻有《制澳守则》的石碑取下。这块石碑规定了租居澳门的葡萄牙人应遵守的12条法规③。亚马勒取下《制澳守则》,就是表示不再继续遵守清政府制定的这一管理澳门葡萄牙人的条例,也就是不承认中国对澳门的管辖。1849年,正当英国侵略者欲强行进入广州城之际,亚马勒立即抓住时机照会两广总督徐广缙,要求裁撤中国澳门海关。关于此事,1849年5月徐广缙奏说:"本年二月,正值英夷望冀进城,汹汹欲动。该大西洋葡萄牙夷酋亚马勒忽来照会,以香港既不设关,澳门关口亦仿照裁

---

① 《葡萄牙在华外交政策(1841~1854)》,第96页。
② 同上书,第96~97页。
③ 《澳门记略》,上卷,第40~42页。

撤,并欲在省城添设领事官,一如英夷所为。"徐广缙当即拒绝这一无理要求,答复说:"澳门税口,历久相安,何得扰乱旧制?……倘再无知妄为,中外各商俱抱不平,生理必至愈易消耗,切宜熟思,勿殆后悔。"① 但亚马勒"横狡异常",无视中国主权,不听徐广缙的警告,于3月5日发出公告,说:"葡萄牙海关现已关闭,当然不能容许一个外国海关继续在澳门办公。"② 并限定中国海关在八天内撤出澳门。在这里,亚马勒完全颠倒黑白,把澳门说成是葡萄牙的地方,把澳门的真正主人中国说成是外国。由此可见这个"暴虐的独臂人"蛮横到了什么程度。3月11日,亚马勒派员率领葡萄牙士兵数十人来到澳门中国海关行台,"钉闭关门,驱逐丁役",砍倒海关门前悬挂中国旗帜的旗杆。封闭中国海关之后,亚马勒即赴香港借兵船1只,兵400名,助守炮台③。企图借助英国的力量吓唬清政府,以达其侵占澳门的目的。

## 二、中国人民反对葡萄牙侵占澳门的斗争和清朝官方的态度

对于亚马勒的倒行逆施,中国官民无不义愤填膺,"咸思食(其)肉,寝(其)皮"。1846年10月8日,澳门港的中国渔船首先发动武装反抗,有1500多人向澳门葡萄牙市政厅发动进攻,但被葡萄牙士兵打退了。中国商人举行罢市抗议,也被亚马勒用武力镇压了④。与此同时,澳门的中国民众针对亚马勒侵犯中国主权向澳门中国人征税的行径贴出了一份海报,海报说:"葡萄牙人的举措不过证明了他们欲步香港英国人的后尘,可他们忘记了澳门系葡萄牙人僦居之地……治理华民有县丞,稽查船只有关澳委员,实与香港大不相同。因此,葡萄牙人欲将二者混为一谈,将香港与澳门同日而语,错矣!我等华人,生逢太平盛世,岂能甘受此等侮辱。是

---

① 庄树华等编:《澳门专档》(三),台北1995年出版,第22~24页。
② 《中华帝国对外关系史》,卷1,第379~380页。
③ 《澳门专档》(三),第22~24页。
④ 《澳门港史资料汇编》,第243页。

聚议上书大宪，令葡人守旧制，勿生是非。"① 1847年2月，当亚马勒张贴修路至关闸的布告时，中国地方官员立即作出反应，驻扎澳门的香山县县丞汪政、澳门海防军民同知陆孙鼎都提出抗议，要求葡萄牙人立即中止修路工程，指责他们所为违反1844年耆英给士利威拉边多札谕中重申的法令，该札谕规定，澳葡人僦居区到达三巴门城墙为止。1848年，亚马勒令水坑尾门与关闸之间土地的所有者出示产权证明，这一举动也立即遭到香山县丞的抗议。他郑重声明：这些土地属于中国皇帝，根据1844年中葡双方的协议，这一地区不属于葡萄牙的僦居区，葡萄牙无权这样做。1849年，在广州城里和澳门附近的村庄里，都出现了反对葡萄牙侵犯中国主权的传单。在广州街头，还有悬赏割取澳门总督亚马勒首级的传单。有的传单还说明，割取亚马勒首，赏给葡币两万元。两广总督徐广缙对亚马勒无恶不作也十分气愤，但他是一个懦弱的总督，没有负起保卫国家疆土的职责。他被英法的船坚炮利吓破了胆，生怕葡与英勾结，不敢发兵抵抗葡萄牙的侵略。在亚马勒封闭中国澳门海关、驱逐海关官吏以后，他向道光皇帝奏说："显系英夷与之狼狈为奸，故使激怒，傥各师船进剿澳门，彼即乘虚而入。且米（美）、佛（法）、吕宋各夷酋，皆在澳门租楼居住，大兵既到，何能区分？必将群起与我为敌。况大西洋（葡萄牙）之作恶者，特亚马勒、陆囕两酋。余皆土夷，尚属安分。纵使战获全胜，亚酋必逃往香港。元恶既去，所余诸夷，何忍草薙禽狝？而大兵势难久住，一经撤防，仍必窜回，是以小丑而牵大局，竟难计出万全。"② 从这奏折中可以看出他的昏庸无能。他对葡萄牙侵占澳门这种事关国家领土主权的重大事件，竟然寻找出各种借口来为自己的不抵抗主义辩解。他既然不敢派兵抵抗葡萄牙的侵略，便采取一种所谓"用商以制夷"的办法，即动员澳门华商离开澳门，迁移黄埔开市。并将澳门海关丁役移驻黄埔。他认为"众商既去，

---

① 《葡萄牙在华外交政策（1841~1854）》，第93页。
② 《澳门专档》（三），第22~24页。

则澳门生意全无,不必糜帑兴师,已可使之坐困"。至于澳门这一块被葡人侵占的中国领土如何收复这个问题,徐广缙完全未加认真考虑,只是"饬知现居澳门县丞汪政勤探密禀,随时察看情形,妥为处置"①。所谓"妥为处置",只不过是一句空话。

亚马勒强占中国领土,压迫澳门中国人民,"无恶不作,妇孺共愤",但两广总督徐广缙等广东高级官员却采取不抵抗主义。在这种情况下,满怀爱国义愤的澳门人民为了雪国恨、报家仇,开始秘密串连,决定自己采取反抗行动。为首的是澳门龙田村的居民沈志亮。沈志亮"生而倜傥,慷慨尚义"。葡萄牙人的侵略行为,沈志亮亦身受其害。他挺身而出,与乡绅鲍俊、赵勋、梁玉祺等商量对策。鲍俊到广州会见徐广缙诉说亚马勒的罪恶。徐广缙说:"此诚可恶。"鲍俊回来告诉了沈志亮。这更坚定了沈志亮报仇雪恨的决心。于是他与同志郭金堂、张亚先、李亚保及周姓、陈姓和吴姓等数人,各怀利器,伺机刺杀亚马勒。1849年8月22日,他们从在澳门出生的葡萄牙人处获悉,亚马勒在副官佩雷拉·莱特的陪同下,骑马出游关闸门。沈志亮等认为时机已到,装扮成为贩鱼或贩蔬菜的小贩,在道路上观看跑马。郭金堂又将一大束野花置于道旁。当亚马勒从关闸返回,路经莲花茎地段时,他的坐骑闻到花香停了下来,沈志亮装作告状人,向亚马勒呈上"状词",当亚马勒俯接"状词"时,沈志亮遂出刈刃把亚马勒钩下马,在道旁佯装叫卖食品的人立即冲上来,包围了亚马勒。沈志亮砍下了亚马勒的头和手。郭金堂砍了亚马勒的副官一刀,该副官忍痛驰跑而去。郭金堂当即向众宣布:"此鬼(亚马勒)罪大恶极,故我官府、百姓欲得而甘心,余弗问也。"沈志亮等刺杀亚马勒的消息传出,"华人闻者莫不欢呼相庆"②。

亚马勒被刺,引起了澳门葡萄牙政务委员会的震惊,连夜开会,并邀

---

① 《澳门专档》(三),第22~24页。
② 陈澧等:《香山县志》,卷15,《沈志亮传》。

请西班牙、法国、美国驻澳门的代表参加。这些国家的代表出于共同的侵华利益，完全站在葡萄牙一边，向两广总督提出抗议。徐广缙记载说："旋据大西洋（葡萄牙）及英吉利、米利坚、佛兰西各国兵头纷纷照会，愤激其辞，势将群起与我为敌。"① 他们在照会中要求逮捕刺杀亚马勒的人，以命抵命，交还亚马勒的头和手，否则一切后果由清政府负责。对于葡萄牙及其他各国的抗议，徐广缙答复说："兔死狐悲，物伤其类，自属恒情。惟亚公使（亚马勒）平日暴戾恣睢，各国想均有见闻，毋庸赘述。"同时答应设法起获亚马勒的头和手，送交葡萄牙人收葬，"缉拿正凶，尽法惩办"②。

澳门葡萄牙当局不以徐广缙的答复为满足，请求葡印总督派兵支援，积极准备以武力扩大侵略。法国、英国、美国也派兵舰到澳门，以示助威。葡萄牙仗着有西方列强的支持，便于8月25日派兵攻占关闸，并越过关闸，向北山推进。入侵者遭到了关闸附近中国炮台炮火的猛烈轰击，并一度被中国军民所包围。中国军民英勇抗敌，但武器落后，敌不过枪炮精良的入侵者。在这次反侵略的战斗中，中国军民牺牲百余人，关闸守兵被掳去三人。随后，葡萄牙军队退驻关闸门。澳门香山县丞衙门也于此时被迫关闭，县丞撤出澳门，移驻前山寨。

9月12日，顺德县知县郭汝诚派兵逮捕了沈志亮。在徐广缙提审时，沈志亮慷慨陈词，历数亚马勒侵略罪状。徐广缙也认为："亚酋妄作横行，固有取死之道。"但他害怕外国势力，于是"恭请王命，将沈志亮正法，枭首犯事地方示众"。同时下令"勒拿逸犯"③。沈志亮同乡绅士鲍俊往见徐广缙，徐说："吾挥泪斩之，今犹呜咽不已。恤其母千金。"④ 乡人对

---

① 徐广缙：《思补斋自定年谱》，载中国近代史资料丛刊《第二次鸦片战争》（一），上海人民出版社1978年出版，第155~156页。
② 同上。
③ （道光朝）《筹办夷务始末》，卷80，第40~42页。
④ 陈澧等：《香山县志》，卷15，《沈志亮传》。

这位为国为乡牺牲的爱国志士无比崇敬,为他建立庙宇,四时祭祀朝拜。徐广缙处死沈志亮后,便把此事通知澳门葡萄牙当局,并送去沈志亮的供词,以及亚马勒的头和臂。12月26日葡萄牙也把掳去的关闸汛兵放回。徐广缙把处理这一事件的经过上奏道光皇帝,并说现在与葡萄牙人"相安如故"、"一切安静如常"。道光皇帝朱批:"所办万分允当,可嘉之至。朕幸得贤能柱石之臣也。"① 这一对君臣似乎都忘记了屈死爱国志士和澳门仍被葡萄牙强占的现实。

### 三、葡萄牙政府的侵略政策和拒绝缴纳澳门地租

在徐广缙认为亚马勒一案已经完结,澳门葡萄牙人已"相安如故"的时候,葡萄牙国王任命官也(Pedro Alexandrino da Cunha)为澳门总督,命令他向中国采取侵略行动。1849年11月5日海事及海外部给官也下达了指令,其要点如下:(一)"确保澳门的生存及独立","继续及确定其前任要求葡萄牙王室对这一居留地完全主权权利而采取的措施"。"免去向中华帝国缴纳的年金或地租,确立葡萄牙在这一居留地的统治"。(二)迫使中国当局"赔礼道歉"和满足葡萄牙提出的"赔偿要求"。(三)"应不失时机地与华人签订一与英国获得的条约相同的条约"②。这些侵略要求,实际上成为此后葡萄牙对华外交政策的指导方针。为了达到上述目的,葡政府决定派遣2艘或3艘战舰和1500~2000名士兵,来澳门炫耀武力,对中国进行威胁。他们认为,这样不仅"可以获得所有军费开支赔偿,或许还可以扩展领土"③。官也于1850年5月26日抵达澳门,上任后38天,死于霍乱。继任者为弗兰西斯科·贡萨尔维斯·卡尔多索(Francisco Goncal-

---

① (道光朝)《筹办夷务始末》,卷80,第42页。
② 《1849年11月5日为官也总督下达的指令》,转引自《葡萄牙在华外交政策(1841~1854)》,第250~252页,附录之十一。
③ 《1850年海事及海外部就澳门问题,致国务委员会的禀呈》,转引自《葡萄牙在华外交政策(1841~1854)》,第253~254页,附录之十二。

ves Cardoso)。此人残忍凶狠,以野蛮镇压非洲殖民地人民著称。他上任之后,便拟订了一个对中国各港口采取军事行动的计划。但葡萄牙海事及海外部和国务委员会对是否对华发动战争举棋不定,一面认为只有发动战争,才能迫使清政府接受葡萄牙的要求;另一方面又认为如果发动一场战争,其后果对澳门来说,比现在按兵不动更加不堪设想。事实上,这时凭葡萄牙的军事、财政实力,以及澳门财政枯竭的情况,根本无力对华发动一场战争。

1851年,葡萄牙政府任命基玛良士(Isidoro Francisco Guimaraes)为澳门总督。基玛良士权衡利害,觉得采取与清政府谈判的形式,比现在的对抗,更容易达到葡萄牙的侵略目的。与此同时,他又积极向潭仔岛和路环岛扩张,并强迫路环岛上的路环和荔枝湾两个村落的居民向其缴纳税款,以为其将来谈判时要求占有该岛提供"证据"。

1851年,中国发生了太平天国起义。1853年,起义军定都南京,严重地威胁着清王朝的生存。清政府为维持其封建统治,便竭其全力镇压起义军,广东防务空虚。1854年,葡萄牙政府海外委员会曾设想利用这一时机,占领香山县。该委员会向葡女王建议:"目前是不费多大开销,不流血,不使用武力获得澳门所处的香山县的最佳时机。"[①] 这个建议,未曾实行,也许是葡萄牙政府考虑到,占领香山县对葡萄牙并不是一件有利的事情。

葡萄牙租居澳门以来,每年都按时向中国政府缴纳500两租银,但从1849年亚马勒被刺以后,即抗缴租银。虽经香山知县历年向澳门葡萄牙理事官发出索取租银的照会,但都无一例外地被退了回来。1876年香山知县张璟槃在《查复葡萄牙欠缴澳门地租原委禀》中说:"遵查澳门为西洋人所住,始自前明嘉靖年间,载在县志。每年仅纳地租银五百两,向于十一月冬至前后照会洋官,由县派拨书差前往澳门征收,附入地丁项内,批解

---

① 《葡萄牙在华外交政策(1841~1854)》,第224页。

藩库投纳，递年列入地丁钱粮奏销。道光二十八年（1848年）以前，均已征收完解清楚。自道光二十九年（1849年）起，各前令屡次照会饬差赍投，随据差禀，洋官不收照会，不肯完纳，询其何故，并不说明，等情。"① 葡官不说明不纳地租的原因，这是因为他们说不出不肯完纳的理由。事实很清楚，葡萄牙不向清政府交纳500两租银，同强迫澳门中国居民向其交纳地租的目的相同，都是为了把澳门这个租居地变成葡萄牙的殖民地。

### 四、中葡立约谈判与清政府拒绝批准《和好贸易条约》

葡萄牙政府觉察到采取与清政府对抗的办法既不能达到目的，而且还为葡萄牙的贸易和澳门的商业带来灾难性的恶果。为了与中国签订一个同英、法、美等国享有一样商业特权的条约，也为了把强占澳门这一既成事实用条约的形式固定下来，必须寻找机会同清政府进行谈判。为此，葡萄牙曾恳请英国给予帮助，但遭到了英国的拒绝。于是，葡萄牙转而求助于法国。1861年3月，法国驻华使馆参赞哥士耆（Michel Alexandre Kleczkowsky）向清总理各国事务衙门进言："大西洋一国，旧在澳门居住，二百余年，极为安静，道光二十二年（1842年），虽经在江宁换约，但八年间，因未在天津换约，该国不肯约束其众，以致漏税滋事，诸弊丛生，若与之换约，则可令其稽查漏税，严查滋事，颇于中国有益。"② 总理各国事务衙门认为，哥士耆所称各情，似尚近理，但亦未敢深信。1861年4月9日，哥士耆照会清政府说，澳门总督葡萄牙国全权大臣基玛良士，奉命前来与大清国商议订定和好通商条约，如蒙允准，本法国执政甚为欣悦③。清总理各国事务衙门答复说，不同意葡使来京，但可在天津进行谈判。哥士耆复照说，澳门总督无意进京，请不必心存疑虑。1862年5月27日基

---

① 厉式金编：《香山县志续编》（1923年出版），卷6，《海防》。
② 《筹办夷务始末》（咸丰朝），卷74，第25页。
③ 《澳门专档》（三），第2页。

玛良士和随员理事官庇礼喇、翻译官公陆霜到达天津。公陆霜是一个中国通，在华已有30年。

6月5日，基玛良士致清政府照会说："本国大君主与贵国大皇帝及两国人民向来均无交责之举，唯有和好之谊。""本国大君主特派钦差前来与贵国议立章程，俾本国所获得利益与大英国所得无异。"① 言辞虽然委婉动听，但所谓要与英国获得同样的利益，其中暗含着澳门也要同香港享有同样的权利。同日，哥士耆也致函总理各国事务衙门，一反过去葡使不进京的诺言，说他自己是中介人，但身任使臣，不能擅离京城，若凭书信往来商酌，必致多费周折。而且现在天津瘟疫流行，不宜作为谈判地点。因此他建议："可否由本大臣请大西洋全权大臣来京暂居本署……只算本大臣处留住朋友，并不揭明大西洋全权大臣到京。似此办法，庶一切事件有本大臣就近从旁熟商，两面必皆省事，一俟和约底稿商定之后，听凭再往通州、天津等处画押完事，即算在彼处办成，与京师无干。"② 总理各国事务衙门认为哥士耆借口天津瘟疫盛行，"粉饰其辞，狡诈之情如画"。但考虑到，"若严为拒绝，徒与抵牾，难阻其进京之举，且虑其从中挑激，致生事端"③。在无可奈何之中，只得同意葡使进京暂驻法国使馆。同时派恒祺为全权大臣会同驻津三口通商大臣崇厚同葡使基玛良士进行谈判。

在中葡即将进行谈判之际，税务司赫德致函总理各国事务衙门，提出两点建议。其一，重建澳门海关。他说，现在澳门绕越私入内地之鸦片每月有600箱之多，而随此大宗鸦片进出的各项货物也都是漏税之件，造成中国税收的巨大损失。若能在澳门重建海关，对粤海关的税务大有裨益。其二，在与葡萄牙订立的条约中，必须写明澳门是中国之地，"令其每年呈纳租银一万二千两"。如果葡使不肯答应，即不准其立约。如果英、法有人进行干涉，总理各国事务衙门应向其指出，这是中国之事，别国毋庸

---

① 《澳门专档》（三），第2页。
② 同上书，第8~9页。
③ 同上书，第15页。

过问。"否则,此次立约,而不立关,实与粤关税务有损;倘若立约,而不言明澳门系中国之地,将来各国均以澳门为西洋之地,必致于中国大局有害也"①。应该说,赫德这两点建议是至关重要的,也是正确的。清总理各国事务衙门采纳了他的建议,但又没有决心坚持这些主张。他们认为,葡萄牙"断不肯遽依此议,但以此为难之事,稍折其方张之焰,或者于他事要求略从敛戢"②。这样软弱的态度,注定了这次谈判必然失利的结局。

  1862年6月下旬,中葡开始举行谈判。清方代表恒祺首先提出,"澳门必须仍归中国设官收税,并每年应输地租万金,方与议立条约"③。葡方代表基玛良士来华谈判的主要目的之一就是为了"使中国政府承认澳门地区为葡属地"④。因此,他"于此一事持之甚力"。"总以澳门系前明给与伊住,迄今已二三百年,不应索还。而道光二十九年又有华人袭杀该国大臣之事,中国至今不为办理。如欲归还澳门,必须先了此案"。"反复狡辩,矢口不移"⑤。基玛良士的诡辩是毫无道理的,澳门原是中国租与葡萄牙人居住的中国领土,这是举世皆知的事实,中国谈判代表要求在条约中写上澳门是中国的地方,由中国仍旧设官管理,这只是重申主权,要求恢复澳门被亚马勒侵占以前的旧观而已,实质上是反对亚马勒侵略的措施。中国并无意把僦居澳门的葡萄牙人驱逐出境。至于亚马勒被刺,那是由于亚马勒侵占中国领土,驱逐澳门中国官员,残酷压迫和镇压中国人民,激发中国人民反抗的结果,实质上是反侵略的正义行动。况且,软弱的清政府已经按照葡萄牙"以命抵命"的要求,处死了刺杀亚马勒的爱国志士。葡萄牙以亚马勒被刺一事为借口,要清政府承认澳门为葡萄牙的属地,这实际上是继承了亚马勒的侵略政策。

① 《澳门专档》(三),第12页。
② 同上书,第2页,第41~42页。
③ 同上。
④ 萨安东编:《葡中关系史资料汇编》,澳门基金会1997年出版,卷2,第38页。
⑤ 《澳门专档》(三),第41~42页。

在中葡的谈判中，哥士耆始终站在葡萄牙一边，对葡萄牙"鼎力相助"，在双方争论的时候，"亦帮同从中狡辩"，并以调停人自居，提出一个有利葡萄牙的方案，即中国仍在澳门设官，而葡萄牙不再向中国缴纳地租。总理各国事务衙门王大臣认为："澳门仍言明由中国设官，是虽未尽依臣等之言，亦未全背臣等初意。""该处能否设官，尚难预定，然借此一言维系，海外弹丸之地，尚为中国治理之区。"① 因此接受了哥士耆的方案。1862年8月1日中葡议定《和好贸易条约》（原称《和好贸易章程》）54款。8月8日，清钦差全权大臣恒祺在总理各国事务衙门与基玛良士画押，盖用关防。随后基玛良士赴天津会见钦差大臣崇厚，崇厚也在条约中画押。订约日期填写同治元年七月十八日，即西历1862年8月13日。

中葡《和好贸易条约》除了规定葡萄牙获得同英国一样的通商特权之外，最重要的是关于澳门的规定。该约第九款写道："仍由大清国大皇帝任凭仍设立官员驻扎澳门，办理通商贸易事务，并稽查遵守章程。但此等官员应系或旗、或汉四五品人员。其职任、事权得以自由之处，均与法、英、美诸国领事等官，驻扎澳门、香港等处各员，办理自己公务，悬挂本国旗号无异。"② 当时参加订约的清朝官员愚昧无知，他们仅着眼于条文中的"仍由大清国大皇帝任凭仍设立官员驻扎澳门"一句，就认为清政府可以照旧在澳门设官治理了，对于葡萄牙在条约中塞入的此等官员与法、英、美诸国领事等官无异这句话，因缺乏国际法常识，对其实意，茫然无知。而这恰恰是确定清朝在澳门设立什么性质的官员的关键。基玛良士对条约中的这一规定欣喜若狂，认为这等于承认澳门属于葡萄牙，"葡萄牙王室在此权益首次以明确而体面的方式得到了确认"③。但愚昧的清朝官员，直到1864年葡萄牙使臣来天津要求互换条约之前，都没有觉察到自己被基玛良士所愚弄。

---

① 《澳门专档》（三），第41~42页。
② 《中外旧约章汇编》，第1册，第188~189页。
③ 《葡中关系史资料汇编》，卷2，第38~39页。

按照该约第54款规定："所有议定以上章程，两国大臣定期画押用印，自是年起，约计限以二年，俟大清国大皇帝，大西洋大君主，彼此批准，即在天津互换。"1864年5月9日，法国驻天津领事丰大业通知总理各国事务衙门说，葡萄牙现已派公使阿穆恩（Jose Rodrigues Coelho do Amaral）前来中国换约，不日即可到达天津。总理各国事务衙门对此感到诧异，认为换约之期，今年七月方为满限，现距满限还有三个月，"其即来换约者，自有用意"①。5月20日，葡使到达天津。6月2日，总理各国事务衙门奏称："今该公使不候届限，先行前来，不知有无诡谋，或另有要求之件，均未可定。臣等毋庸先为请用御宝，应俟钦派大臣与之见面后，查看有无别情，再由该大臣奏明办理。"②也就是说，条约暂且不要批准，等弄清该使真正来意再说。为了与葡使办理换约事宜，清政府派总理各国事务大臣薛焕和三口通商大臣崇厚为全权大臣。薛焕奉命后，便连日检查案据，发现该约第九款内规定中国澳门设官与各国领事官驻扎澳门无异这句话有损中国主权，应该删去。6月17日，薛焕与葡使会商时，便提出尚有商议之事，议定后方可互换条约。葡使声称，条约已经由该国国王批准，万难更议，应先互换，然后再商议修改之事。薛焕等觉察到，葡使"明系有意欺诳，欲将条约换到彼手"，"而我所商之事，则指为条约已换，无可更易"。所以薛焕等即回答说："既可商量更易于互换之后，何仿变通商酌于未换之前。"③葡使问：所商何事。薛焕答："现在澳门绕越漏税之事甚多，于中国税项大有妨碍，应将第九款澳门设官一层，应仍照从前旧规稽查收税。"同时还告诉他，"澳门本系中国地方，与英、法、美诸国领事官驻扎之例不同"④。因此第九款中关于领事官一段，应该删去。葡使听后，"暴躁无状"，"盛气凌人，决意不允"，于6月20日离开天津，声称要

---

① 《澳门专档》（三），第58页。
② 同上书，第69页。
③ 同上书，第82~83页。
④ 同上书，第875页。

返回澳门①。葡使阿穆恩的举动,连英国驻津领事德尼克也认为太不讲理了。他说:"阿穆恩性情急躁,况换约之事,理应和同商办,断无不妥之理,曾向其劝导,彼也不肯听从,殊难理说。"②

阿穆恩在离津之日,派人给薛焕等送来照会一件,说中国要商量更改和约,有损害葡萄牙的利益,中国"想必有不换约之定意,相应作罢会"③。薛焕随即照复阿穆恩:"查贵国与中国议立和约,载明俟两国御览彼此批准更换。其意盖谓彼国批准,而此国不批准,似未便更换,并无丝毫勉强之意。缘立约乃万年和好之事,必于两国有益,彼此均无损碍,方可行之永久,若有偏损之处,自应于互换之前,彼此和衷相商,将如何取益防损之处,豫为言明,方免日后不便,此乃情理之至……乃贵大臣五月十四日(8月17日)在公所相见,本大臣等将大皇帝饬商之件略提数语,贵大臣即起身回寓,不允商量……如贵大臣不以中国皇帝之命为重,是不以和好为念,其必有不换约之定意,此责任在贵大臣,并不在本大臣等也。"④ 在条约批准之前,一方认为条约中的某些规定不妥,提出修改意见,这是完全正常的。薛焕给阿穆恩的复照,理直气壮,是符合国际惯例的。

此后,两国照会往来,反复辩论,迄无结果。此时法国柏公使亲自向总理各国事务衙门提出解决办法,他认为"中国在澳门设官收税,拟分一半与西洋(葡萄牙)方昭平允"⑤。总理各国事务衙门认为法使的建议,不合体制,所以没有同意。1867 年,澳门葡萄牙总督兼全权公使阿尔达(Jose Maria da Ponte e Horta)照会清政府,要求来天津互换条约。清总理各国事务衙门在致三口通商大臣函件中再次表示:"澳门设官一层,统

---

① 《澳门专档》(三),第 88 页。
② 同上书,第 83 页。
③ 同上书,第 76~77 页。
④ 同上书,第 79 页。
⑤ 同上书,第 119 页。

候该使面晤阁下时斟酌办法，总之，所设之官，万不可有领事名目，以免将来借口其地为外国所属也。"① 坚决地表示绝不放弃澳门的主权。

葡萄牙企图利用互换条约使其侵占澳门合法化，而清政府则想利用换约谈判收回澳门主权，双方目的背道而驰，往来交涉当然不会有什么结果。因此，1862年中葡《和好贸易条约》便成为一个未经清政府批准和未经中葡互换的没有法律效力的条约。葡萄牙强占澳门也就成为一个尚待解决的悬案。

## 第五节 中葡《和好通商条约》的签订与澳门界址问题的谈判

### 一、清政府收回澳门的初次尝试

清政府拒绝批准1862年草签的中葡《和好贸易条约》之后，澳门仍然被葡萄牙强占，而且葡萄牙还不断扩大其占据范围。为改变这种情况，1868年，清政府接受海关总税务司赫德的建议，进行了收回澳门的第一次尝试。

1867年冬，海关总税务司赫德（Robert Hart）多次向总理各国事务衙门王大臣进言："大西洋国（葡萄牙）日渐贫困，如能乘机动之以利，澳门可望收复。"② 总理各国事务衙门考虑到以下两点情况：（一）澳门自明代为葡萄牙盘踞以来，建有炮台，驻有弁兵，列肆造屋，占居者不下千户，"若欲全归中国治理，非设官不可，若欲设官，非撤退洋兵交出炮台、公所等项不可"。（二）"现闻通商各国如法、如美、如俄、如布，皆有财

---

① 《澳门专档》（三），第144页。
② 《同治七年闰四月十七日总署奏折》，《澳门专档》（一），第31~32页。

力，无不垂涎澳门，希冀以银购得此地，为泊船驻兵之所，设令办理有成，中国禁之不能，听之不可，必致束手无策，而其害尤不可胜言"①。因此，采纳了赫德的建议。1868年春，西班牙公使玛斯（Sinibaldo de Mas）任满将要回国，赫德秘密地向玛斯谈及此事。玛斯也认为，此时正是同葡萄牙商谈将澳门葡兵撤回本国，将其原建炮台、公所等项交给中国，由中国自主管理澳门的好时机。玛斯还自告奋勇，"愿以此事自任"。并说"中国待渠不薄，渠愿极力作成此事，借图报答"②。总理各国事务衙门认为玛斯之意，"大约希图见好，而因以为利，亦所不免"。但是，如果此时不办此事，后将追悔无从。所以，1868年4月11日总理各国事务衙门发给玛斯一个照会，正式提出中国收回澳门的设想："查澳门本系中国地方，久经大西洋（葡萄牙）人在彼租居，岁纳租银五百两，并建有官署、炮台等项。现在中国仍将该处设官治理，以一自主之权。若不酌给修费，大西洋国未免赔累，兹拟将该处所有大西洋国原建之炮台、文武衙门、兵房、各项公所，以及原存炮械，并已修桥梁道路，均归中国派员驻扎管理。统共酌给修费银若干两，此项交清，大西洋国应即将原设之官员兵弁全数撤回，不得再行派人驻守。至治理地方，设关征税一切事宜，统由中国自行办理，大西洋国不复干预搀越"③。随后，总署与赫德、玛斯再三商酌，葡萄牙如能——照允，拟给葡萄牙银100万两，作为撤退洋兵及交出炮台等项经费；另再给玛斯、赫德银30万两，作为筹办此事的经费④。

1868年6月，总理各国事务衙门又给玛斯发去一个照会，主要是把清政府拟定的修改1862年中葡《和好贸易条约》的文本和"专条"交给玛斯，请他据此与葡萄牙商议，并告诉他："约内删除添改各节，系妥商定

---

① 《同治七年闰四月十七日总署奏折》，《澳门专档》（一），第31~32页。
② 《同治七年闰四月总署发三江口大臣文》，《澳门专档》（一），第29~30页。
③ 《同治七年三月十九日总理衙门给日国（西班牙）玛斯照会》，《澳门专档》（一），第28页。
④ 《同治七年闰四月十七日总署奏折》，《澳门专档》（一），第32~33页。

议之件,不能再有更改"①。

总理各国事务衙门发给玛斯的《拟删除增改大西洋原议条约各款》,其中最重要的修改就是把1862年草签的中葡《和好贸易条约》中关于澳门的第九款全部删去,把第二款中"前大清国与大西洋国来往交涉,所有前广东之澳门,彼此执政商办各事"中的"广东之澳门"五个字去掉,使条约成为一个与澳门无关的一般通商条约②。关于收回澳门之事,则另立"专条",其主要内容如下:"所有广东香山县澳门并大巴等处,二百年以来,大西洋人在彼住扎,岁纳租银五百两,现由大清国设官治理,以一自主之权。所议各事,开列于后:将大西洋国原建之炮台、文武衙署、兵房、各项公所,以及原存炮械,并已修之桥梁、道路等款费用,统共作银一百万两,言定交清,全归大清国管理。其大西洋国原设之官员兵弁,一体撤回,不再派人驻守,外国商民行栈房屋,均按照通商各口租地之例,计亩交租,归大清国存官。其旧例岁租银五百两,即行停止,治理地方,盘查贼匪,稽查走私,征收关税,及招工各事,统由大清国官自行办理。其大西洋交涉事宜,照通商各口现行章程一律办理。"③ 同时颁发一封清朝皇帝致葡萄牙国王的国书,由玛斯带往葡萄牙递交。此外,还采纳赫德的建议,派遣赫德的亲信税务司金登干(James Duncan Campbell)为玛斯的协理之员,伴随玛斯赴葡萄牙照料一切。

1868年,葡萄牙普里姆元帅领导了一次革命,推翻了葡萄牙女王伊莎贝尔二世的统治,王位虚悬,玛斯无法办理清政府委托他的工作。1869年1月,玛斯病逝。金登干把此事函告赫德。赫德向总署建议,将与葡萄牙商议收回澳门之事,"或改交出使之蒲安臣接办,或径交金登干接办,或俟大西洋国使臣前来议约再办"。总理各国事务衙门认为,蒲安臣是派往与清帝国订有条约的国家的使臣,他的使命尚未完成;金登干是帮办税务

---

① 《同治七年五月总署给日国(西班牙)玛斯照会》,《澳门专档》(一),第42页。
② 《葡中关系史资料汇编》,第3卷,澳门基金会1997年出版,第321~323页。
③ 同上书,第3卷,第370~371页。

之人，地位不高，此二人均未便派办此事。玛斯现已去世，经理无人，而葡萄牙国及各国均未知有此事，"自可暂行停待，另候筹商"①。

筹款收回澳门，是清政府在无力驱逐葡萄牙侵略者的情况下采取的一种不得已的办法，是一种前途未卜的尝试。这种尝试由于葡国政变，玛斯去世，来不及进行就夭折了。但它反映了清政府不愿国土被占而发出的微弱的心声，既值得同情，亦可悲可叹！

## 二、中葡《和好通商条约》的签订与葡萄牙攫取澳门的管理权

清政府为了解决财政困难，决定实行鸦片正税和厘金同时征收的办法，以增加国库的收入。1885年，中英签订了《烟台续增专条》，规定鸦片进口一次性地向中国海关缴纳正税和厘金之后，英国鸦片即可运入中国内地销售，无须再向中国政府缴纳厘金。"专条"还规定应即从速派员"查禁香港至中国偷漏之事"②。同时英国和中国还以交换照会的形式声明："此次所定续增专条，倘中国国家不能使有约各国一体遵照，则英国国家即有立废新章之权，而洋药（鸦片）税项复照中国前此已行之成法办理"③。为了落实该"专条"的规定，1886年清政府派中国总税务司英人赫德到香港，与港英当局谈判协助中国海关征收鸦片税厘和查禁鸦片商从香港向中国内地走私鸦片的办法。当时，澳门同香港都是鸦片走私的重要地点。赫德在同港英当局进行谈判的同时，也到澳门与葡萄牙总督罗沙（Thomaz de Souza Roza）进行谈判。几经磋商，在1886年8月10日，罗沙与赫德草拟了一个《条约摘要底稿》，呈送中国政府和葡萄牙政府核定。该底稿除规定拟定之条约应与通商各国和约大致相同外，最重要的是有关澳门的专条。该专条规定中国允许葡萄牙国永远驻扎管理澳门及澳门所属

---

① 《同治八年十一月总署奏折》，《澳门专档》（一），第49页。
② 《中外旧约章汇编》，第1册，第471～473页。
③ 同上书，第1册，第473页。

之地，换取葡萄牙国答应帮助中国海关在澳门征收鸦片烟税①。在谈判中，罗沙还提出"要把借用或割让拱北（对面山）作为必需的交换条件"②。要价十分昂贵。赫德在给总理各国事务衙门的呈文中竭力支持葡萄牙的要求，他说：如果中国允准其所请，葡萄牙就在澳门协助中国"办理税厘并征之善法"③。赫德还建议派他的亲信金登干去葡京里斯本继续同葡萄牙进行立约的谈判④。清政府同意派金登干去里斯本与葡萄牙商办此事，但坚决不同意割让或出租拱北岛。金登干到里斯本后，与罗沙和葡萄牙外交部长巴罗果美（Henrique de Barros Gomes）会谈，赫德在京通过函电进行遥控。1887年3月26日金登干与巴罗果美签订了中葡《里斯本草约》。该约除了规定将要签订的中葡《和好通商条约》亦应有"一体均沾之一条"外，还规定"清国坚准葡国永驻管理澳门以及属澳之地，与葡国治理他处无异"；"葡国坚允若未经中国首肯，则葡国永不得将澳地让与他国"；"葡国坚允洋药税征事宜应如何会同各节，凡英国在香港施办之件，即葡国在澳类推办理"⑤。按照草约的规定，葡萄牙仅以同意帮助清政府在澳门征收鸦片烟税便获得了永远居住管理澳门及其属地的权利。葡萄牙政府对签订此草约十分满意，外交大臣巴罗果美和前澳门总督罗沙向赫德"致以诚恳的谢意"⑥。葡萄牙国王在王宫隆重地接见金登干，并感谢赫德为签订这个草约"所作的一切"⑦。赫德也因这个草约给自己带来的好处而洋洋得意，他在给金登干的信中说："我已经把原来在两广总督和粤海关监督手里的管理港、澳周围关卡的工作弄到自己手里……这是一个不小的扩大权势，

---

① 中国近代经济史资料丛刊编委会：《中国海关与中葡里斯本草约》，中华书局1983年出版，第9页。
② 同上书，第3页。
③ 同上书，第7页。
④ 同上书，第6页。
⑤ 《中外旧约章汇编》，第1册，第505页。
⑥ 《中国海关与中葡里斯本草约》，第80页。
⑦ 同上书，第84页。

看上去总税务司早晚可以管理通商口岸以外的事情了"①。在这里我们可以清楚地看到，这个自称忠实为中国办事的客卿，用牺牲中国的权益来达到扩大自己权势的丑恶灵魂。

《里斯本草约》使葡萄牙获得巨大的利益，所以，在条约签订之后，葡萄牙政府立即派遣罗沙为全权大臣前来北京与总理各国事务衙门进行签订正式条约的谈判。

《里斯本草约》损害中国主权，遭到了中国朝野人士的强烈反对。香山县恭常都望厦村的乡绅、生员等，早在该草约签订之前，就已联名上书香山县转寄广东巡抚和两广总督，要求政府与葡交涉，划清租地界限。"务使该夷仍归三巴门、水坑尾门租界之内，将所占界限归还"②。《里斯本草约》签订后，他们又上书抗争，说："近闻夷教中人，纷传澳门及附近各小岛，概归葡人踞守等语……惟事关要害，有不得不呼吁请命者，澳门租界，东至水坑尾门，西至三巴门，围墙高筑，案据确凿"。"此次若非申明界限，一旦为其踞守，将视越占为固然，置旧章于不问。况附近小岛，尤属无凭，势必四出侵踞，挟西洋法律，以号令中国民人，其害何可胜言"。因此，要求政府俯准据情办理，俾免葡人越界殃民③。爱国爱乡之情，溢于言表。

在清政府的官员中，反对《里斯本草约》最力的有总理各国事务衙门大臣曾纪泽、两广总督张之洞、广东巡抚吴大澂等。

曾纪泽对赫德与罗沙拟议的《条约摘要底稿》和金登干与巴罗果美签订的《里斯本草约》都极力反对。1886年12月14日，赫德给金登干的信中说："曾侯（曾纪泽）派在总理衙门，因此他现在已是我的上司了。别

---

① 《中国海关与中葡里斯本草约》，第80页。
② 《光绪十三年正月望厦乡绅耆等禀文》，《澳门专档》（一），第127～128页。
③ 同上书，第131～132页。

的不说,我听说他还要砍我的头!"① 12月21日,赫德又电金登干说:"曾侯极力反对澳门地位条款,与总理衙门谈判更形困难。"②所谓地位条款,就是赫德与罗沙拟议的《条约摘要底稿》中允许葡萄牙永远驻扎管理澳门及澳门所属之地的条款。1886年12月22日赫德又告诉金登干:"曾侯已到总理衙门,说起话来嗓音很大。我在总理衙门一提澳门,他当着我的面劈头第一句就嚷:'他们要的价钱太大'。"③ 1887年4月17日,赫德写信向金登干诉苦:"在香港、澳门和里斯本的谈判过程中,我的处境极难应付。曾纪泽当然不愿意见我的主张胜利,而他的主张失败。"④因此,赫德对能否帮助罗沙完成签约任务觉得没有把握。他说,"我很担心,罗沙是否能顺利。我相信曾侯必定反对履行草约所已经答应的"⑤。

两广总督张之洞是一位爱国者,当他得知金登干与葡萄牙签订《里斯本草约》之后,"迫灼彷徨,不知所喻"。他认为同葡签订这一草约是极大的失策。为了维护国家领土主权,他奏说,"葡之驻澳,本以围墙为界,墙外民田户籍,悉隶香山,葡人逐渐越占,近向界外村民勒收田房租钞,迭据旺厦(即望厦)村绅民联禀赴诉,经臣先后委员会勘,照会葡官查禁在案。名为租界,犹得加以诘问,立其堤防。若竟界以管理一切之权,是此后土地人民尽归葡属,以及水界、附岛,皆将视若固有,是其政令既行于澳中,管辖将及于澳外,界限混淆,潜滋暗长",这是令人最感忧虑的。因此,他提出五条补救之策:(一)在将来与葡使议订的正式条约中应该写明,"澳门让与葡国永远居住免其租银,不准视为葡国属地","澳门仍系中国疆土,葡国不得转让与他国"。"如此,则我有让地之名,而无损权之实"。(二)应坚持围墙为界,"不使尺寸有逾"。(三)澳门主权属中国,

---

① 陈霞飞主编:《中国海关档案——赫德、金登干函电汇编(1874—1907)》,第4册,中华书局1992年出版,第431页。
② 《中国海关与中葡里斯本草约》,第27页。
③ 同上书,第28页。
④ 同上书,第87页。
⑤ 同上书,第89页。

水界当然仍是中国所有,自无水界之可分。(四)草约中有"澳门及澳门附地"字样,"附地"二字,意极含糊,"不难将围墙外至望厦村隐括在内,即附近小岛毗连村落皆可作附地观"。至于所谓"与葡国别处属地无异一语,措词亦谬"。所有这些,都应进行修改,"以防觉混,而免侵越"。(五)暂缓批准。最后他要求总理各国事务衙门于葡使来华之时,与之细为辩论,极力坚持,"彼能就我范围,自可照此立约,若其不然,是弃约出自葡国,草约自可任之罢论"①。

广东巡抚吴大澂也极力反对金登干与葡萄牙签订的《里斯本草约》。他奏说:"葡国狡谋,不难控驭,以中国之兵力、财力,制他国则不足,制葡国则有余。"他批评赫德、金登干说:"葡萄牙一贫弱小国耳,于中国何所要狭,而不能坚拒,只以稽查洋药之偷漏与之联络,成效未睹,而后报先施,得不偿失,利害显然。"反对把葡萄牙租居之地改为葡萄牙管辖之地。认为"澳门为粤省要地,必当设法收回"。"俟葡国派使来华,先与清理租界"。"三巴门墙垣以外,所有官荒民田,一律令其退还"。"如葡使遇事为难,即可借词暂缓议约,金登干前议草约本不足凭"。最后他强调:"中国力图自强之际,不宜委曲迁就,示弱葡人。"②

其后,张之洞与吴大澂一直关注着澳门问题的发展。光绪十三年七月十六至十八日(1887年9月3~5日),吴大澂亲自到澳门水陆一带履勘。回广州后,张之洞与之反复筹商,把澳门一带分为葡人原租之界,三十年久占之界,十余年新占之界,近数年图占未得之界。据此,张之洞建议:"除原租围墙以内之地仍听其居住,已侵占者明示限制,察其于我无大碍者分别租给、收回。未侵占者,力为划清,严加防范。其海面按照公法与之议明,不容擅占。"他请求清廷降旨令总理各国事务衙门"妥筹详议,缓与立约"③。

---

① 《清季外交史料》,卷71,第10~16页。
② 光绪十三年闰四月廿一日军机处交出《吴大澂奏折》,《澳门专档》(一),第198~200页。
③ 《粤督张之洞奏澳界谬辖太多,澳约宜缓定折》,《清季外交史料》,卷73,第6~11页。

由于中国官吏们强烈反对《里斯本草约》，所以赫德对罗沙此行会有什么结果觉得难以预料，因而忧心忡忡。他在给金登干的信中说：中国官吏们"反对得很厉害。他们恨我，也恨我的改良办法。总理衙门似乎有些泄气。曾侯坚决反对澳门办法，他有可能被任命为全权大使去说服罗沙。如果他能做到，就会取得成功；要是他没有做到，可以分担总理各国事务衙门过去不听他的意见的责任。可是不管怎样，这都是我的烦恼"①。

葡萄牙全权使臣罗沙于1887年7月17日到达北京，他带来了一个条约底稿和一幅葡萄牙绘制的所谓澳门及其属地的地图。这个地图把澳门附近的岛屿都作为澳门的属地，罗沙的条约底稿内也专门加了说明澳门附属地的条款。赫德认为，"罗沙关于澳门附属地的定义自然不会通过。此地的人们连拱北都不答应，倘若在罗沙的单子上看见六七个新的岛屿名称，岂不要变脸"②。他劝罗沙把这一款略掉，以免引起争论。但罗沙不听。当这款提出之后，总理衙门官员大为震惊，说："附属地反倒比澳门大！馒头比蒸笼还大，怎么能行。"并说："如果必须划定澳门的附属地，我们在北京的大臣们没办法，应当正式命令熟悉当地疆界情形的张之洞去划定。"③ 直到这时，罗沙才将这一条款撤回。

正当人民和张之洞等官员反对《里斯本草约》而使清政府举棋不定，赫德感到无限烦恼之时，北洋大臣李鸿章却站出来支持赫德，并反对张之洞、吴大澂的主张。他批评张之洞的主张"似觉未甚中窍"。认为，此事既经责成赫德一手经理，就应该"听容所为"。他主张把葡萄牙已占之地全部归葡，欲占而未占者严词拒绝。他把这称为"与以固有之利，绝其窥伺之萌"④。总理各国事务衙门本来就倾向于同意《里斯本草约》，现在有

---

① 《中国海关密档——赫德、金登干函电汇编（1874～1909）》，第4册，第605页。
② 《中国海关与中葡里斯本草约》，第91页。
③ 同上书，第93页。
④ 《光绪十三年九月十三日北洋大臣李鸿章致总理衙门函》，《澳门专档》（一），第311～312页。

李鸿章出来支持，于是不顾官民的反对，于 1887 年 12 月 1 日同葡萄牙签订了中葡《和好通商条约》(《和好通商章程》)。该约第二款重申了《里斯本草约》中关于中国允准葡萄牙永驻管理澳门和葡萄牙未经中国同意永远不得将澳门让与他国的规定。这样，澳门便成了一个特殊的地区，葡萄牙管辖下的中国领土。关于葡萄牙永驻管理澳门及属澳之地的范围，该条约规定："俟两国派员妥为会订界址，再行特立专约。其未经定界以前，一切事宜俱照依现时情形勿动，彼此不得有增减、改变之事。"[①]

### 三、葡萄牙加紧侵地活动

中葡《和好通商条约》签订之后，葡萄牙即违反条约关于未经双方派员定界以前，"一切事宜俱照依现时情形勿动，彼此不得有增减、改变之事"的规定，积极加紧其侵地活动。1889 年 2 月，葡萄牙澳门当局越过关闸在闸门外设一路灯，并在给两广总督的照会中声称，从关闸至北山岭一带，为局外之区。两广总督张之洞在复照中给以严厉的驳斥，勒令其把路灯撤出，并表示"本部堂忝膺疆寄……断不容再有侵越之举"[②]。同年 12 月，葡澳总督托拱北关税务司英人贺璧理（Alfred Edward Hippisley）到澳门海防同知衙署，向代理海防同知蔡国桢转交一幅葡人绘制的澳门水陆地图。该图系铜板刻成，东至九洲洋，南至横琴、过路环，西至湾仔、银坑，北至前山城后山脚，周围百余里，皆加红线，划入葡人界内。蔡国桢觉得该图"谬妄之极"，当即"逐款按图详细指驳"，并请贺璧理转告澳葡总督[③]。1890 年，葡萄牙筑一长堤把澳门和海中的青洲岛连接起来，把青洲圈入澳门，并把它租给英人开办水泥厂[④]。1895 年，葡萄牙在龙田、望

---

① 《中外旧约章汇编》，第 1 册，第 523 页。
② 《光绪十五年三月两广总督张之洞致澳门葡督照会》，《澳门专档》(一)，第 167~168 页。
③ 《光绪十五年十一月二十二日代理海防同知蔡国桢禀文》，《澳门专档》(一)，第 406~407 页。
④ 《光绪十五年十月十四日代理海防同知蔡国桢等禀文》，《澳门专档》(一)，第 402~403 页。

厦两村编订门牌，1898年逼迫两村向其交纳田房租税，"倘敢逾期弗纳，则将该屋发卖充公。恫喝威逼，较前凶暴"①。葡萄牙越境征税遭到了望厦乡民的强烈反对。望厦绅士、耆老、生员、地保等联名上禀香山县和海防同知说，"旺厦（望厦）各村向来赋税系输纳香山，岂澳夷所得而过问"，"职等食毛践土，世受国恩，谁甘隶籍于葡夷，且皇朝疆土，不容以尺寸与人"。要求两广总督照会葡官，勿得越境征税，违约启衅②。两广总督据此照会澳葡总督，要求立即停止向望厦等村收税，"否则华民激变，中国不能不向贵国官理论也"③。但澳葡总督在给两广总督的复照中竟颠倒黑白，把望厦说成是葡萄牙管辖之地。1901年，葡萄牙更乘八国联军侵华之机，特派白朗谷（Jose Azevedo Castelle Branco）为全权大臣，前来北京向清政府提出侵地要求。消息传来，广东各界及海外华侨纷纷电请政府坚持主权，严拒葡人索地要求。檀香山市全体华侨商人给清政府外务部的电文中说："葡索要地，有伤国脉，乞迅筹力拒，以保疆土而维大局。""盖以土地乃属国脉所关，尺寸不可割弃"④。香山县乡绅也纷纷上书政府，"恳准电奏阻止，以绝觊觎，而保海隅"⑤。两广总督陶模在给外务部的咨文中说："澳门水陆各地，均属险要之区，香山一县，更为膏腴之地，尺寸在所必争。""务请贵部设法驳阻，始终坚持，以维大局，而杜后患。"⑥

白朗谷到北京后，于1902年2月21日照会清政府，说他此次奉命来华，"实无贪地之心，亦确无图疆之意"。但接着便说："欲修浚澳门内河及防护澳门地方，非恃周围各岛不可。""对面山一岛（即拱北岛），居澳

---

① 《光绪二十四年三月十三日望厦村绅耆禀文》，《澳门专档》（一），第178页。
② 同上。
③ 《光绪二十四年闰三月十八日两广总督谭致葡驻澳大臣照会》，《澳门专档》（一），第180页。
④ 《光绪二十七年十一月十三日外务部收檀香山合埠商人禀》，《澳门专档》（三），第420页。
⑤ 《光绪二十八年二月十二日两广总督陶模致外务部咨文》，《澳门专档》（三），第431页。
⑥ 《光绪二十七年十一月十六日两广总督陶模密咨外务部文》，《澳门专档》（三），第422页。

门之西,乃澳门自然之保障;又小横琴、大横琴二岛,居澳门之西南,乃船艘躲避东风之处,均至要岛也"。"该岛本国以为系专为澳门而设"①。要求把拱北岛和大小横琴岛划归葡萄牙管辖。这充分地暴露了葡萄牙所谓"无贪地之心"和"无图疆之意"的虚伪性。这一无理要求,理所当然地遭到了清政府的驳斥。经过再三辩论,白朗谷才同意将界务暂搁不提,专谈商务。

但是,葡萄牙侵占中国土地之心不死,在1907～1908年便把其蓄谋变为行动,主要表现在:(一)向大横琴岛之东尽头的马料河居民勒收地钞。(二)强迫拱北岛银坑大小船只向其领取人情纸(执照)。银坑向来设有燂油厂,为中国船只燂油之所,这时葡萄牙采取强硬手段,逼迫该处船只向其领取人情纸,否则不准在该处湾泊燂油。(三)强迫拱北岛湾仔大小船只领取澳葡执照,移泊澳门。(四)在湾仔张贴告示宣称银坑、湾仔海面属于葡萄牙。(五)照会清政府外务部要求清军撤出拱北海关(设在马骝洲)和大、小横琴岛。(六)1908年日本轮船二辰丸私运军火开往澳门,在九洲洋海面被中国海关缉私船捕获。葡萄牙澳门当局竟声称葡萄牙对该处水域拥有领海权,指责中国越界缉私。(七)葡驻广州总领事在给两广总督张人骏的照会中声称,过路环岛是属澳之地,应归葡萄牙管理,等等。

清政府对葡萄牙的扩大侵略表示了极大的关注,两广总督张人骏在给葡萄牙驻广州总领事的复照中就针对葡萄牙的各项侵地言行驳斥说:"过路环与澳门不相连属,天然海界,极是分明。即如该处之潭仔、鸡颈山、九澳、大小横琴、马骝洲、石角嘴、湾仔、银坑各海面一切大小岛地,实无一处可指为属于澳门之地。""凡澳门地段以外,即不得称为属澳之地。至海面河道,既不能名之曰地,自非贵国驻澳管理权所及。若隔海环列各

---

① 《光绪二十八年正月十四日外务部收葡公使白朗谷照会》,《澳门专档》(三),第256～257页。

岛地,贵国更不应越海界而过问。"① 坚决地拒绝了葡萄牙殖民者的一切侵地要求。外务部也照会葡国公使,要他"转饬澳门葡官,将在澳门界外种种违约行为,切实禁止"②。

**四、中葡关于澳门界址的谈判**

面对葡萄牙加紧侵占澳门附近地域、海域的行径,中国人民特别是广东人民强烈地要求清政府采取有力措施,制止葡萄牙的侵占行为。香山县绅民发出了"主权不可失,疆界宜定明,以杜觊觎,而免蚕食"的呼吁③。要求外务部"派员来澳,划分界限"。并提出"坚持以旧有围墙为界,界外已占之地力与争回,界外图占之地,毫勿退让,庶主权可复,而边地可保"④。两广总督胡湘林致函外务部也说:"澳门界址一日不定,则葡人侵占之谋一日不息。附近海面及大小各岛尺寸皆我疆土,未便日久漠视,致贻无穷之患。"他请外务部照会葡使,"互相派员来粤将澳门界址早日订定,不得稍有逾越,以杜狡谋,而弭后患"⑤。

这时,葡萄牙也企图通过勘定澳门界址把它的侵略要求用法律形式固定下来。1908年6月17日葡萄牙驻北京公使通知清外务部说,葡萄牙政府已专派勘划澳门界务委员一人来华,请中国政府速派委员与之会勘。6月23日,清外务部照会葡公使,询问葡萄牙所派之人是何职位,有无全权,约于何时来粤。10月,葡公使答复说,葡政府所派的"会订澳门并澳门属地委员"共三人,即澳门船政厅方济格沙、工程司美兰达吉第和翻译官宋次生。广东官民对此三人并不陌生,认为他们率皆澳门无赖,狡谲异

---

① 《光绪三十四年五月十四日两广总督张人骏照会葡总领事穆》,《澳门专档》(三),第492页。
② 《光绪三十四年十二月初六外务部致葡公使照会》,《澳门专档》(一),第687页。
③ 《光绪三十三年八月二十四日南屏乡绅禀文》,《澳门专档》(三),第449页。
④ 《光绪三十三年香山县绅士杨应麟禀文》,《澳门专档》(三),第457~458页。
⑤ 《光绪三十三年七月十六日两广总督胡湘林咨外务部文》,《澳门专档》(三),第435~436页。

常，历年越界侵权之事皆其所为，要求清政府照会葡国政府，改派彼国名誉素好之官员为勘界委员。经中葡多次磋商，葡萄牙改派工程提督马沙铎（Alvaro de Melo Machado）为勘界专员，清政府则派头品顶戴云南交涉使高而谦为勘界委员。关于谈判地点，清方主张在广州，葡方主张在香港，清方没有再坚持自己的主张。

在双方开始谈判之前，外务部指示高而谦说：勘界以扭定光绪十三年中葡条约第二款"现时情形不得增减变更"一语为主旨①。"先查明旧日界址，作为澳门。于原界之外，查其最先占据之地，作为附属，示不食言。其与澳不相连各岛，无论已占未占，一概极力驳拒。潭仔、过路环两岛，彼虽旧有盗占之处，亦不过一隅区区数亩之地，断不能指为旧占全岛证据。然一并拒绝好。倘万不得已，只可于澳门附近觅地，照所占亩数抵换。希即照以上宗旨与葡员磋议"②。

清政府任命高而谦为会勘澳门界务交涉使消息传出之后，广东自治会为维护领土主权，于1909年3月8日召开大会，商议澳门勘界问题，大会的决议称："葡人租借澳门陆岸，原有围墙为记，此外水界，全系中国海权。去年二辰丸私运军火被获之海面，葡人竟冒称领海，尤为无稽。"③表明了广东人民对澳门勘界的基本立场。同日，与澳门关系最为密切的香山县的士绅也集众会议，成立香山勘界维持会，推举人杨应麟为会长，以"上保国权，下顾身家"为宗旨。主张：（一）澳门原为租借，无海界可分，应收回海权；（二）陆地坚持以旧有围墙为界，其界外已占之地，宜与争回，界外图占之地，万勿退让。要求政府务必坚持以上两点主张，与葡力争④。接着，广州成立了广东勘界维持总会。其主旨为：研究国际理

---

① 《宣统元年闰二月十九日外务部给会勘澳门界务交涉使高而谦函》，《澳门专档》（二），第182页。
② 《宣统元年六月十四日外务部给交涉使高而谦电》，《澳门专档》（二），第226页。
③ 《澳门划界初记》，载《东方杂志》第6年第4期。
④ 同上。

法,搜集界务证据,为政界之补助①。会长易学清,副会长杨应麟、陈法驹。香港商界也设立香港勘界维持会,举杨瑞阶为代表。香港还成立了一个中葡界务研究会,会长陈席儒,该会特聘国际法专家研究澳门界务,搜集证据,绘制地图,呈政府采择。国内各埠和海外华侨,也纷纷函电广东自治会,表示支持,"均以澳门仍系我国领土,只能照旧界租借,勿得稍有退让"②。3月18日,广东自治会致电外务部称:"澳葡屡图占界,人心愤恨,恳电粤督、钦使,详查澳门陆界旧址,力拒勿让。海非葡有,无界可分,山川主权,万勿放弃",并表示要"抗死力争"③。随后,广东自治会又召开大会,提出解决澳门问题的三级办法。第一级,葡人违约侵地,先自废约,要求政府宣布废去光绪十三年中葡《和好通商条约》,始终坚持租界主义。第二级,清政府将澳门收赎,酌定租界,在旧租五百两外,加租若干,责成高大臣办理。第三级,"如葡人不服,则合全国之力,为最后之对待"④。此外,广东自治会还刊布传单,揭露葡萄牙在澳门违背条约,苛待中国人民的罪行。使人民了解真相,激发爱国热情。中国报刊也登载揭露葡人违约侵犯中国主权的报道。

葡萄牙对于广东人民维护国家领土主权的爱国行动,既怕又恨。1909年4月28日,葡萄牙代理公使柏德罗照会外务部,要求清政府饬令两广总督禁止广东人民举行反对葡萄牙的集会,并禁止中国报纸"攻击葡人之事"⑤。外务部把葡署使的照会转告两广总督张人骏。张人骏对于葡萄牙的无理要求,严加驳斥,对广东人民关心澳门界务的举动,采取了支持和同情的态度。他在给外务部的复电中说:"粤人集会,研究澳门界务,只系考查地方历史,并无蛊惑耸动之事",这对于和商界务"有益无碍"。"至

---

① 厉式金编:《香山县志续编》,卷6,1923年刊印。
② 《澳门划界初记》,《东方杂志》,第6年第4期。
③ 同上。
④ 同上。
⑤ 《宣统元年三月初九日外务部收葡署公使柏照会》,《澳门专档》(二),第184页。

粤报所登，仅止搜罗记载，采录舆论，亦无煽惑之意，地方官岂能无故施禁"。他反问说："近日葡文各报，于澳门界事常有攻击华人之语，葡政府何以并不查禁，转谓粤报反对攻击，殊非平情之论。"并进一步指出，"葡人居澳以来，其虐待华人之事，不一而足，粤民素多恶感"。"此次一闻勘界，粤人咸望界务早定，庶免葡人侵越凌虐，乃系实情。但所论之事，既无干犯法律，万难强施禁令"①。5月4日，葡使又照会清外务部，说"自治会预备要暗袭澳门"，要清政府迅速设法禁止②。两广总督张人骏指出：这是澳门葡人煽动仇华之说，广东绅商人等，讨论澳门界务则有之，"自治会均系良善民人，岂有击袭澳门预备"③。坚决地拒绝了葡萄牙的无理要求。

1909年7月22日，高而谦与马沙铎在香港开始谈判。在第二次会议上，马沙铎即提出如下要求：自澳门连岛之娘妈角至关闸；对面山、青洲、潭仔、过路环、大小横琴、舵尾等岛，及附近小岛；连岛及各岛之水界；内口河流（即内港），以上水陆各处，统归葡萄牙管辖。自关闸至北山岭为局外地④。也就是说，要把整个澳门半岛及其周围各岛和水域全部置于葡萄牙的管辖之下。其胃口可谓大矣！

清方代表高而谦是一个不称职的外交人员，他在与葡萄牙的谈判中，并不据理力争，积极维护国家领土主权。他惧怕葡萄牙的盟友英国出面干涉，所以认为"似以承认占据为愈"⑤。对于高而谦的主张，外务部表示不能同意，并指示他按照外务部原来指示的宗旨与葡谈判，在万不得已时，也只能允将潭仔、路环两岛内葡人已占之处，"作为葡人往来停留私产，不能作为澳门附属之地"⑥。但高而谦并不遵从外务部的指示，1909年8月

---

① 《宣统元年三月十一日两广总督张人骏致外务部电》，《澳门专档》（二），第186页。
② 《宣统元年三月十五日葡国公使致清外务部照会》，《澳门专档》（二），第189页。
③ 《宣统元年三月十六日两广总督张人骏致外务部电》，《澳门专档》（二），第190页。
④ 黄培坤：《澳门界务争持考》，广州1930年铅印本，第17页。
⑤ 《宣统元年六月二十七日外务部收澳门勘界大臣电》，《澳门专档》（二），第234页。
⑥ 《宣统元年七月初二日外务部给高而谦电》，《澳门专档》（二），第236页。

26日，他与葡使马沙铎私下会谈时，竟答应将澳门半岛、青洲岛、潭仔岛和路环岛，全归葡萄牙；中国不在对面山设炮台；澳门附近海面以及澳门与拱北岛之间的内河，作为中葡公共。但马沙铎对此尚不满足，坚持澳门附近海域和内河应全归葡管①。外务部对高而谦的这种退让提出批评："所商各节，虽系私谈，然彼此均报政府，则实为界务全局之关键。""只可将潭仔、路环已占之地为彼往来停留处所，且须声明不作附属，断无推及未占之全岛，一并归彼之理"。"若以内河、外海允归公共，已属让到极步"。"对于对面山复允不建炮台，则彼之争内河转似有词，其得步进步，伊于胡底"。"界址出入，关系重大，数百年悬案，不必取决于立谈。无论如何为难，总宜坚忍磋磨，期于外不食言，内无失地"②。高而谦接电后，竭力为自己的错误辩护，说"此事之难在于，彼有实迹，我乏案据"③。在这里，高而谦完全把事实颠倒了，把葡萄牙强占中国的地方，称为"彼有实迹"，而把该地真正的主人中国，说成缺乏"案据"，真是岂有此理。外务部收到电文后，立即复电指出其错误，说：有些地方虽久为葡人所管，但毕竟属于私行强占，"不得以其私占有迹，概行割予。且约中亦仅言永居管理，虽与租借有别，然亦与割让不同，此事上关国家疆土，下系舆情，自应格外审慎"④。

在中葡进行谈判之前和谈判的过程中，英国驻华公使朱尔典曾多次对清政府进行威胁。1909年5月11日，他到外务部说："广东自治会近日刊布传单，谓葡国在澳门违背条约，苛待中国人民，葡人闻之，甚为不悦。……英葡两国原有互相扶助之盟约，彼时英国即不能不帮助葡国"⑤。9月7日，朱尔典又气势汹汹地指责清政府不遵守1887年中葡条约关于葡萄牙

---

① 《宣统元年七月十二日高而谦致外务部电》，《澳门专档》（二），第271页。
② 《宣统元年七月十六日外务部给左丞高而谦电》，《澳门专档》（二），第273页。
③ 《宣统元年七月十七日高而谦致外务部电》，《澳门专档》（二），第276页。
④ 《宣统元年七月二十日外务部给勘界大臣高而谦电》，《澳门专档》（二），第277页。
⑤ 《宣统元年三月二十二日外务部与英使朱尔典会晤问答》，《澳门专档》（二），第195页。

管理澳门附属地的规定，不将诸海岛归葡国所有，是"无理取闹"。并再次威胁说，"英葡两国订有互相保护之约"。外务部官员回答说："按附属地三字之意，凡澳门附近之地始能谓之附属，其他岛屿与澳门既不毗连，岂能视为附属。"① 9月16日，朱尔典再次逼迫清政府答应葡萄牙的要求，他说："本大臣深知葡人在订约之前，实曾占用数岛，有案可凭。"外务部官员答以：条约规定的"附属地""不能谓为系指澳门外各岛而言，本部亦有案可凭"②。清外务部总算坚持其宗旨，没有向英国的威胁屈服。但是英国的干涉，却对高而谦产生了作用。1909年9月19日，高而谦在广州向广东勘界维持会等团体人士作勘界报告时说，解决的办法不外有三条：（一）海牙公判；（二）干戈相见；（三）和平了结。他认为海牙公判，对中国必不利，干戈相见，也不可行，"葡虽不振，尚有某大国为之后援"。因此只有和平了结之一法。"和平为何，则勉徇葡人所求是也"③。他在给外务部电文中也说，中葡谈判相持不下，恐英人出面调停，"民人必以向之怒葡者转而怒英，因而生出种种抵制。中国友邦无多，似不合再伤英国友谊"。所以他提出："如欲计出万全，唯有一半自结，一半公断。""由葡中两使将彼此所愿承认之地先行一一划出"，"然后将此不能了之事归海牙公判"④。清外务部不同意高而谦的主张，坚持原定宗旨不变。

当时，国人对澳门勘界十分关切，广东勘界维持会在两三个月内就收到海外各埠华侨及国内省、县、乡各团体或个人要求与葡力争、还我侵地的电文123封⑤。直接寄给外务部的函电也很多。起初国人对高而谦还寄予希望，要求他"勿稍丝毫退让，追还已占之地，保我领土"⑥。但随着事

---

① 《宣统元年七月二十三日外务部与英使朱尔典会晤问答》，《澳门专档》（二），第289页。
② 《宣统元年八月初三日外务部与英使朱尔典会晤问答》，《澳门专档》（二），第293页。
③ 《宣统元年八月二十八日香港中葡界务研究会致外务部电》，《澳门专档》（二），第347页。
④ 《宣统元年八月十四日外务部收澳门勘界大臣电》，《澳门专档》（二），第303页。
⑤ 厉式金编：《香山县志续编》，卷6。
⑥ 《宣统元年六月十七日旅芜粤东各业会馆致外务部电》，《澳门专档》（二），第227页。

态的发展,高而谦一再退让,已"颇动公愤"。他在广州宣布向葡屈服的解决办法,更激起了海内外人士的同声反对。10月9日香港中葡界务研究会致外务部的电文,就是针对高而谦的谬论而发的,指出:"溯自划界使臣会议以来,商等不昔暑刻,不吝金资,广为搜罗证据,博取通人精义,绘图帖说,呈诸高大臣者,不一而足。""乃高大臣屏而不阅,徒以葡人强硬不就范围,我国屡弱,不可以战,始终以徇葡人之请为了事之一办法,何其虚情至于如是之甚也。""澳门原地面积不过数里",葡人"乃欲以千万倍之大陆、大岛强名以天然属地,使隶其下,天下舛谬,孰甚于斯"。葡国为欧洲第一贫弱之国,地狭人稀,"称兵尝试,谅非所敢"。如果按照高大臣的主张,"则敝社人多半已非复大清国之籍,言之能不悲恸"①。香山勘界维持会也致电外务部,表示"居民愤恨,誓将死争"②。爪哇日惹中华商务总会致外务部的电文,更洋溢着海外赤子的爱国热忱,至为感人。该电文说:"卑会远隔万里,犹是国民,念时事之多艰,恐舆图之变色。万一稍为退让,纵免瓜分之祸,已失领土之权。""爪哇数十万华侨,悲愤同声,愿捐其身家性命以报国恩,以雪国耻","天下兴亡,匹夫有责,国民可死,国土不可失"③。此时国内外爱国人士对高而谦已完全失望,认为让这种人充当勘界大臣,能奏大效与否,早成疑问,因而发出了更换勘界大臣的呼声。

鉴于海内外中国人民坚决反对葡萄牙的侵地要求,外务部一再电告高而谦:"粤省民情如此,断不容再有一分退让"④。"葡使来文时,可复以现在民情愤激,舆论沸腾,我于界务,未便再让"⑤。这时高而谦也觉得自己

---

① 《宣统元年八月二十六日香港中葡界务研究会致外务部电》,《澳门专档》(二),第347~349页。
② 《宣统元年九月初一日香山勘界维持会致外务部电》,《澳门专档》(二),第350页。
③ 《宣统元年九月十三日爪哇日惹中华商务总会致外务部电》,《澳门专档》(二),第366页。
④ 《宣统元年八月初五日外务部给高而谦电》,《澳门专档》(二),第298页。
⑤ 《宣统元年九月二十四日外务部给高而谦电》,《澳门专档》(二),第385页。

"上不能张国权，下不能慰民望，溺职辜恩，无所逃罪"①。在尔后的谈判中，拒绝了葡萄牙的要求。

中葡勘定澳门界址会议进行了九次，葡萄牙坚持其无理要求，清政府准备有限的退让，双方相持不下，终于在1909年11月13日会议破裂。澳门界址问题，仍然成为悬案。

在这次中葡勘定澳门的界址谈判中，中国人民为维护国家领土主权进行了不屈不挠的斗争，对外坚决地反对葡萄牙进一步扩大侵占中国领土，对内反对谈判代表高而谦的屈服政策，终于使葡萄牙的侵略要求未能得逞。同时还提出收复侵地和废除中葡《和好通商条约》的要求，为以后"收回澳门"的斗争奠定了基础。

**五、路环岛惨案与中国人民要求收回澳门的呼声**

中葡谈判澳门界址破裂之后，葡萄牙为了达到侵占澳门附近各海岛的目的，于是制造了震惊中外的路环岛惨案。路环岛也称过路环岛，是澳门南面海中十字门外一小岛，面积约为澳门半岛六倍，岛上有铺户30余间，居民100多家，也有一些盗匪混迹其中。早在19世纪50年代，葡人曾侵占该岛之一隅，设立兵房，建筑炮台。在1909年中葡谈判澳门界址时，葡人声称此岛已为葡占，是澳门属地。清政府认为，此岛与澳门无涉，不能因葡强占该岛一隅即将全岛归葡。1910年7月，葡澳当局借盗匪绑架新宁学童藏于路环岛之机，便以剿匪为名，派兵前往路环岛，又调军舰三艘，用巨炮围攻多日，"该处石厂及民居因炮轰大半毁坏，华民毙者不少"②。"甚至逃难民船，也被葡舰马交轰沉，38人同归于尽"，惨不忍睹③。路环岛惨案发生后，葡兵100多名留驻该岛，实行强占。

葡萄牙的用意，当时人就已经看得很清楚：是在为图占路环岛制造证

---

① 《宣统元年九月二十三日高而谦致外务部电》，《澳门专档》（二），第382~383页。
② 《宣统二年六月十七日署两广总督袁树勋致外务部电》，《澳门专档》（二），第527页。
③ 《旅港勘界维持会上袁总督书》，《东方杂志》第7年第8期。

据,"将来提界事必谓此次华官任其派兵剿匪,并无异言,已认彼属地"①。为了避免给葡萄牙以口实,两广总督袁树勋电请外务部照会葡使,进行交涉。外务部照会葡使说,两广总督拟派官兵前往路环岛察看情形,并与葡国会商剿办事宜②。葡使竟答复说:"本国之过路环岛贼匪现已一律肃清","该岛本国现留驻守之兵亦足以治安","粤督所拟派兵助本国剿匪之处,诚可无用矣"③。蛮横地把中国的路环岛说成为葡萄牙所有。外务部再次照会葡使,要求"将所有添驻该处之兵,全数退出,以符条约"。葡萄牙置之不理。至此,葡萄牙便完成了对澳门半岛、凼仔岛和路环岛的全部占领。

葡萄牙制造路环岛惨案,举国惊骇,各地人民和海外华侨纷纷发出函电,愤怒地谴责葡萄牙惨杀华民,"违背公法,侵占界地,夺我主权"。要求政府"据理力争,以维国体"④。并提出"非与决绝,难平民愤。乞速廷议,早为定夺"⑤。

10月初,葡萄牙发生革命,推翻王国政府,宣布建立共和国。当时国外有葡萄牙新政府要将澳门转让给他国的传闻。这使正在进行反对葡萄牙侵略的中国人民感到时机紧迫,是收回澳门的时候了。中国资产阶级革命派主办的《民立报》发表了题为《收回澳门之机会》的文章,认为中国不能"失此收回澳门的最好之时机,听葡国之自由让渡而不过问也"⑥。《国风报》也登载呼吁"收回澳门"的文章,申述修改条约收回澳门的理由:"我国与葡萄牙为澳门划界问题,轇轕经岁,近益过路环之事,尤动国民公愤。""今彼既宣告共和政体,前皇逊荒,则现任公使之资格,自然消

---

① 《宣统二年六月二十一日两广总督袁树勋致外务部电》,《澳门专档》(二),第529~530页。
② 《宣统二年六月二十三日外务部致葡署使柏德罗照会》,《澳门专档》(二),第532页。
③ 《宣统二年六月二十六日葡署使柏致外务部照会》,《澳门专档》(二),第533页。
④ 《宣统二年七月二十二日梧州全体商民致外务部电》,《澳门专档》(二),第539页。
⑤ 《宣统二年八月十六日旅港维持会致外务部电》,《澳门专档》(二)第547页。
⑥ 《收回澳门之机会》,《民立报》1910年10月30日。

灭"。"故吾宜乘此时以改正条约为承认共和政府之代价"。"收回澳门，实我内治上所当有之事也"。"彼如敢与我战耶，则战而后收回澳门为最上也"①。当时，旅港勘界维持会、香山勘界维持会、广东勘界维持会、广东嘉属爱国会、广东省咨议局、广西梧州商会等人民团体和部门，也相继电请政府设法收回澳门。他们指责政府在中葡划界谈判中毫无决断，致使葡人肆意骄横，制造路环岛惨案。认为"葡国另立民主，是天特与我同胞一大机会"，"将全澳收回，开作通商口岸"②。并指出：根据条约规定，非经中国允许，葡萄牙永远不得将澳门转让别人，因此，应该速将澳门收回，物归原主，以杜别国觊觎③。中国人民收回澳门的强烈要求，也影响了清政府中的一些官员，卸任的两广总督袁树勋就是其中之一。他在致外务部左丞高而谦的电文中说："粤人多主收回澳门之说"，"若趁此时机，能将澳界收回，即酌费金钱，永断葛藤，似于领土国权均极有益"④。在这种形势下，外务部也稍稍动心，它在给驻法、葡公使刘式训的电文中说："粤东各界，屡电本部，皆以收回澳门为请，即开缺粤督亦有趁此时机能将澳界收回，即酌费金钱，于领土国权均极有益之语。群情纷起，事势至急。""万一该国有将澳门让人之意，则非经中国允许永不得将澳门让与他国之原约俱在，中国只得乘机收回，虽钜费难筹，为固圉防范起见，亦不得不预为计划。"⑤刘式训在复电中说："葡既不肯售让，而我突露废约收回之意，恐欧族列强之有属地在亚洲者，皆将寒心，而群起干涉，致难收拾。"他认为收回澳门，万难办到⑥。此时，中国国内反清斗争风起云涌，清朝政府正处于风雨飘摇之中，已无心也无力从事有关收回澳门的事情了。

---

① 茶圃：《今后之中葡交涉》，《国风报》第1年第26期。
② 《宣统二年十一月初一日外务部收两广总督增祺文》，《澳门专档》（二），第601页。
③ 《宣统二年九月二十五日广西梧州总商会致外务部电》，《澳门专档》（二），第574页。
④ 《宣统二年九月二十九日袁树勋致高而谦电》，《澳门专档》（二），第579页。
⑤ 《宣统二年十月十二日外务部给驻法公使刘式训电》，《澳门专档》（二），第590~591页。
⑥ 《宣统二年十一月二十四日外务部收驻法大臣刘式训函》，《澳门专档》（二），第618页。

## 第六节　民国时期中国人民收回澳门的斗争与中国政府的态度

### 一、中国人民要求收回澳门与北洋政府态度的变化

中华民国成立后，中国人民仍然关注着澳门问题的发展，并继续为收回澳门进行不懈的斗争。

1914年4月，葡萄牙驻华公使符力特（Freitas，或译符礼德）奉葡国政府之命，向袁世凯政府外交部提出恢复勘定澳门界址谈判的要求，外交部立即表示同意，认为"此问题自应从速解决"①。6月外交部派驻墨西哥公使陈箓前往澳门及其附近地区进行调查，作为谈判的准备。中葡即将重开澳门界址谈判的消息传出之后，富有反对葡萄牙侵略传统的广东香山县人民立即作出反应，他们多次上书政府，诉说葡萄牙违约侵占澳门附近的土地和海域的罪行，要求政府拒绝葡萄牙的侵略要求，并采取措施收回澳门。6月28日拱北96乡代表杨瑞阶致北洋政府总统府政事堂、参政院和外交部的电文中说：中葡缔约允许葡萄牙永居澳门，是因为葡萄牙答应帮助中国查禁走私鸦片，"今澳门烟饷比前数年顿增十倍……非故纵走私而何？"此外，澳门的赌饷也比前增加数倍。"烟、赌为万国所禁，葡因以为利而诱吾民，是祸我者澳门也，尚何权利可许哉。"因此他们要求政府"据约布告友邦，数其祸我之罪，收回澳门，以绝后患"②。当时统治中国的袁世凯政府连想也不敢想要收回澳门，而是准备向葡萄牙作出一些让

---

① 《外交总长孙宝琦会晤葡公使符力特问答》，杨翠华主编：《澳门专档》（四），台北中央研究院近史所1996年出版，第75页。
② 《拱北九十六乡代表扬瑞阶致政事堂等电》（1914年6月28日），《澳门专档》（四），第89页。

步,以解决澳门界址的争端。所以,它对于广东人民的正义呼声不但不予支持,反而加以指责和压制。外交部在给广东巡按使的电文中就说,香山县拱北96乡代表的言论,恐"易滋误会,引起仇外举动,于大局无益有损",并要求广东政府"查明严行诫劝,毋得煽惑滋事"①,7月26日,拱北96乡代表又致电政事堂、参政院、外交部,指出葡萄牙占领中国之地,比原来租居地已增数倍,"只应于既占领地收回,万不能于未占地再许。无论葡人如何,民等誓死不从。增地之意,务乞严词拒绝,俾拱北数十万之民免沦奴隶"。他们恳切地表示:"异日国家有事,我拱北民人当执役以为前驱,临电不胜激切之至"②。维护领土主权和热爱祖国之忱,溢于言表。1917年5月22日,广州香山公会孔小逢暨全体会员800人也就澳门划界问题致电总统黎元洪、总理段祺瑞、外交总长伍廷芳、海军总长程璧光和参众两院、各报馆说:东起关闸、沙面洲、湾仔、银坑,西至横琴、马尿河,以及南面的过路环,所有这些葡萄牙人妄图据为己有之地,"皆数千百年来中国领土,万难尺寸让人,否则沿边居民尽沦异种,特电哀告";同时表示将竭尽全力"搜罗证据,作交涉后盾"③。北京《京报》和《北京时报》很快地登载了这个电文。葡萄牙驻京公使符力特对此极为不满,他亲自到外交部施加压力,要求禁止报纸发表这种议论④。软弱的北洋政府即遵从葡使的要求,通知北京警察厅密饬北京各报馆以后不得登载此种言论,同时电告广东省长朱庆澜,要他与省中各界密为接洽,"嗣后对于澳界问题,勿作过激言论,以免葡使借口"⑤。所谓"过激言论",就是反对葡萄牙扩大侵地和要求收回澳门的言论。由此,我们可以清楚地看

---

① 《外交部致广东巡按使电》(1914年7月1日),《澳门专档》(四),第87页。
② 《拱北九十六乡代表扬应权(扬瑞阶)电》[1914年(?)月26日],《澳门专档》(四),第110页。
③ 《广州香山公会孔小逢等电》(1917年5月22日),《澳门专档》(四),第306页。
④ 《外交部收王秘书景岐会晤符使问答》(1917年5月26日),《澳门专档》(四),第307页。
⑤ 《外交部发广东省长朱庆澜函》(1917年5月29日),《澳门专档》(四),第307页。

出,在维护澳门及其周围海岛的领土主权方面,北洋政府的态度是消极的,外交上是软弱的,这与广大人民群众反对侵略、强烈要求收回澳门的态度恰成鲜明的对比。

但是,随着国内政治形势的变化,北洋政府的更迭,特别是以孙中山为首的广州国民政府的成立,北洋政府为维护自己的形象,也不愿意在澳门问题上留下千古骂名。1921年,美国在华盛顿召开太平洋远东会议,参加的有美国、英国、法国、意大利、日本、中国、荷兰、比利时和葡萄牙九国。葡萄牙参加会议是因其在中国有澳门这个永居地。英国是葡萄牙的盟国,1909年中葡在香港举行澳门界址谈判时,英国就站在葡萄牙一边,竭力支持葡萄牙提出的扩大侵略澳门周围海岛的要求。英国驻华公使朱尔典曾多次向清政府施加压力,指责清政府不同意葡萄牙的要求是"无理取闹",并威胁说:"英葡两国订有互相保护之约"①,"彼时英国即不能不帮助葡国"②。葡萄牙认为借助英国等西方国家的支持,将澳门划界问题提交华盛顿会议解决,肯定对葡萄牙有利。所以,它在取得美国同意之后,便询问中国代表是否同意将澳门问题提交华盛顿会议公断。中国参加会议的代表施肇基、顾维钧、王宠惠立即向北洋政府外交部请示。外交部答复说:1909年中葡谈判勘定澳门界址时,葡萄牙就曾主张把澳门问题交给海牙和平会议公断,当时即被中方所拒绝。现在"此案仍重在勘界,然新占旧占情形复杂,非他国所能深悉,断难付之公断"。外交部鉴于太平洋远东会议有取消租借地的议题,认为澳门"或可归入租借地问题,根本上筹收回之法,以图解决"③。于是指示施肇基等同葡代表酌商办理。施肇基等将外交部的意见转告葡萄牙代表。葡萄牙不同意把澳门归入租借地问题。因此,北洋政府的意图未能实现。此事表明北洋政府在澳门问题上已改变

---

① 《宣统元年七月二十三日外务部与英使朱尔典会晤问答》,《澳门专档》(二),第289页。
② 《宣统元年三月二十二日外务部与英使朱尔典会晤问答》,《澳门专档》(二),第195页。
③ (1921年12月7日)《外交部给太平洋会议代表施肇基等电》,《澳门专档》(四),第452页。

了过去压制人民的政策,而在一定程度上顺从民意,也希望澳门能够回归祖国。

## 二、1922年的收回澳门运动

1922年,中国人民发动了一场轰轰烈烈的收回澳门运动。澳门葡萄牙兵警残酷地开枪打死打伤百多名华工,是这场运动的导火线。

1922年5月28日晚7时许,有一葡萄牙属非洲士兵在澳门果栏街调戏一位中国妇女,中国工人上前施救,双方发生殴斗。葡萄牙警察不分是非,将中国工人数名捕送警察局。数百名华工闻讯聚集在警察署门前,要求释放无辜被捕的中国工人。葡方调来葡兵,开枪打死请愿者数人,打伤10余人。葡兵警的这一血腥暴行,激起了全澳华人的公愤。5月29日,澳门各工会工人数千人同赴警署要求惩办逞凶兵警,释放被捕工人。葡兵又开枪向请愿者射击,"当场毙命者约百人,伤者亦如之","流血遍地,惨不忍闻"。葡舰"又复运尸九州,弃之大海,以图售其灭尸狡计"①。

澳门惨案发生后,全澳门工人实行总罢工,商人实行罢市。澳门工人共有66个团体,全部离开澳门,回到前山和澳门西边对岸的湾仔,以表示对葡萄牙这一惨绝人寰的血腥暴行的抗议②。华商也不顾葡方的威胁,纷纷收业束装赴港,或绕道由香港前往省城广州。"澳门全市萧条。水道电灯俱绝。"③

多少年来,广东人民对葡萄牙不断扩大侵占中国领土早已恨之入骨,一直谋求废除丧权辱国的中葡《和好通商条约》并收回澳门。现在澳葡当局竟野蛮地开枪打死打伤百余名澳门同胞,造成震惊中外的流血惨案,旧

---

① 《国民外交后援会致孙大总统电》(1922年5月31日),1922年6月6日《民国日报》;《澳门葡兵惨杀华人详情》,1922年6月7日《民国日报》;《澳门交涉案形势紧急,交涉局委员调查报告》,1922年6月11日《民国日报》。
② 《粤人对澳门事件之愤慨》,1922年6月11日《申报》。
③ 《澳门最近恐慌状态》,1922年6月11日《民国日报》。

恨加新仇，广东人民实在忍无可忍了。5月31日，国民外交后援会邀集各界人士在广州召开紧急大会，共商对付葡萄牙的办法。他们对于澳门葡兵制造此"空前未见之惨剧，环球未闻之奇耻"，无不义愤填膺，同仇敌忾。会议作出了八条决议：（一）请愿政府速行收回澳门；（二）由人民方面采取自动态度，与葡人断绝关系；（三）不在澳门做工，不在葡人店中、家中服务；（四）抵制葡货；（五）知照前山民团义勇队积极防备；（六）通电全国，布告葡人此次之残虐行为，请协助进行，务达收回领土之目的；（七）各乡镇运往澳门的蔬菜、食物、米粮，一律停止；（八）银坑水商停止向澳门供水①。大会还致电广州国民政府大总统孙中山，要求"迅饬广东政府收回澳门领土，调派兵舰保护侨民，以维国命，而救危亡"。同时发表公告，呼吁全国同胞，"务希一致援助，以达收回领土目的"②。6月2日，在广州第一公园召开声讨葡萄牙的国民大会，通过了"请政府派舰收回澳门"的议案③。在这次反对葡萄牙暴行、要求收回澳门的斗争中，中国工人阶级站在斗争的最前线，显示出团结对敌的强大力量。6月6日，广东总工会、工人合作社暨所属铜铁工会、洋服同研工会、西餐协进工会、土墨工会、船务工会、藤器工会、油业工会、革履工业联合会等一百数十个工人团体的两万多工人，以及澳门的旅业工会和机器工会等工会的数千工人，手执小旗，冒雨游行，前往总统府、外交部和省政府等处进行请愿，要求政府"收回澳门领土"④。同月8日，广州工商学界数千人在第一公园开国民大会，会上决定由黄兴夫人徐宗汉等带领市民向大总统孙中山和省长伍廷芳请愿。接着广州市各校学生也开会声讨葡萄牙的罪行，会后举行示威游行。香山学生联合会、海外华侨演说团香山分团和县立第一

---

① 《广州各界对葡大会议》，1922年6月6日《民国日报》。
② 同上。
③ 《今日在第一公园开国民对葡大会》，1922年6月3日《申报》。
④ 《全省工团之请愿》，1922年6月13日《民国日报》。

高小学校等，均组织演讲队，进行反对葡萄牙侵略的宣传①。以农民为主体组成的香山民团义勇队，则扼要分守，严阵以待，为政府外交后盾②。湾仔临时义勇队，于码头各处悬挂中华民国国旗及义勇军旗，迎风招展，声势甚壮，"对岸葡兵睹此，均栗栗自危"③。

广东人民收回澳门的运动，很快得到了全国人民的积极响应。6月3日，上海各工团执行委员会致电广东省长，就澳门葡兵惨杀华工案提出惩办肇祸凶手、赔偿损失和赞成广东国民大会收回澳门自治等八项要求④。6月5日，上海全国各界联合会召开会议声讨葡萄牙违背国际公法，灭绝人道，惨杀华工的罪行，做出如下决议：（一）收回澳门；（二）驻澳葡官向我国政府道歉；（三）恤慰死伤者；（四）惩办凶手。与会者希望政府迅速与葡萄牙进行交涉⑤。上海汉口路商界联合会也召开紧急会议，决定各商采取一致态度，"不达收回澳门、赔命恤属之目的，誓不甘休"⑥。6月18日，上海各工人团体召开联席会议，发起组织澳门外交后援会，以支持政府和澳门工人的对葡斗争。6月25日，上海召开声讨葡萄牙惨杀澳门同胞和坚决收回澳门的国民外交大会，到会的有工、商、学各界120多个团体，会场四周密插小旗，上写"收回澳门"、"替被害华工申冤"等反映大会主旨的口号。会议主席杨春绿报告澳门葡兵惨杀我华工的经过和中国收回澳门的理由。经过讨论，最后决定：（一）取消1887年中葡条约，收回澳门；（二）葡政府向我国正式道歉；（三）严办加害者；（四）优恤被害者⑦。同时发表宣言，谴责葡萄牙在我澳门地方，凌辱我妇女，杀戮我劳动者，违反中葡条约"愿倍敦友谊，俾永相安"和"订立通商和好条约，彼此遵

---

① 《各界对葡之愤激》，1922年6月18日《民国日报》。
② 《义勇队通告》，1922年6月25日《民国日报》。
③ 《澳门最近恐慌状态》，1922年6月11日《民国日报》。
④ 韩信夫等主编：《中华民国大事记》，第1册，中国文史出版社1997年出版，第889页。
⑤ 《全国各界联合会通电》，1922年6月9日《民国日报》。
⑥ 《汉口路商界对澳门案愤激》，1922年6月7日《民国日报》。
⑦ 《昨日之国民外交大会》，1922年6月26日《民国日报》。

守"的规定。并向全世界宣布:"今葡人既不愿友谊,不遵条约",中国自应将中葡之间的所有条约全部取消,"不准葡人永居管理澳门,并永远不与葡人通商"①。同时电促广州国民政府向葡据理力争。

此外,南京学生联合会、汕头旅宁学友会及海外华侨个人和团体,或致电广州政府,"一致主张收回澳门",请对葡"强硬交涉,收回主权,以绝后患"②;或通电全国各界各公团,呼吁"协同南方当局(即广州政府——引者),一致力争,非达到收回澳门之目的不可"③。

在这场声势浩大的反对葡萄牙侵略要求收回澳门的运动中,关心国家命运的爱国知识分子,也结合自己的专长发挥了不可忽视的作用。例如,北京大学史学系主任朱希祖教授,在得知葡人枪杀澳门华工之后,即怀着对葡萄牙侵略者的仇恨,奋笔疾书,于6月4日写成长达万言的《葡萄牙人背约侵略我国土,杀戮吾国民,拟废约收回澳门意见书》,发表在当时最有影响的《东方杂志》和《民国日报》上④。这篇充满爱国精神的文章,对当时收回澳门运动的发展,起了重要的推动作用。总而言之,在当时,无论是工人、农民、商人、学生、学者,还是海外华侨,都异口同声地要求收回澳门。对此,中国政府的态度又如何呢?当时中国南北尚未统一,北京有军阀控制的民国政府,广州有以孙中山为首的民国政府。这两个政府对民众收回澳门运动的态度截然不同。北京政府几乎是置身事外,广州政府则对民众运动表示同情和支持。澳门惨案发生后,外交部广东交涉员李锦纶曾多次照会葡萄牙驻广州总领事,对葡兵枪杀华工的暴行提出严正抗议。并提出五条要求:(一)"澳门兵警,此次惨杀华工,侮辱国体,应由澳门政府派代表会同驻粤葡总领事向本省政府道歉";(二)"将几次杀伤华人之军警及应负责之该长官从严惩办,并将所惩办人之姓名及惩办方

---

① 《今日开会之国民外交大会》,1922年6月25日《民国日报》。
② 《旅日华侨主张收回澳门》、《广东留日学生之愤激》,1922年7月2日《民国日报》。
③ 《横滨全体华侨电》,1922年6月18日《民国日报》。
④ 《东方杂志》第19卷第11期;1922年6月12~15日《民国日报》。

法通知本政府";（三）"此次死者应优恤其家属,伤者应补给医药费,其数若干,应与本省政府协商同意";（四）"非洲黑兵之野蛮,旅澳华人久已深恶痛绝",葡萄牙应"将此项黑兵限日撤离澳门之境,以免日后再生事端";（五）"澳门准设烟摊及各项赌博,实系陷害华人之事","即应下令禁止"①。孙中山在接见广东省各工人团体和澳门各工会请愿代表时,也"允向葡政府严重交涉,复谓万一交涉无效,势成决裂,必借武力为后盾"②。

从上面一系列事实看来,孙中山和广州政府对人民运动是同情的,对葡萄牙交涉是积极的、坚决的。但同时我们也清楚地看到,无论是广州政府给葡萄牙的照会,还是孙中山接见请愿民众代表的谈话,都没有涉及收回澳门的问题。这是因为当时中国尚未统一,仍处于南北对峙状态,广州政府内部也不巩固,并已露出分裂迹象,在这样的条件下,广州政府实在没有力量收回澳门。

1922年6月16日,广州发生了前粤军总司令陈炯明叛变围攻总统府事件,孙中山脱险,广州陷入无政府状态,对葡交涉也因之而停顿。8月2日,广东外交后援会代表中国共产党党员谭平山向上海国民外交后援会报告澳案交涉经过时说:"陈炯明未叛以前,经孙总统、伍外长等依本会之请求及国会之决议,向葡严重交涉,葡领已有退步之表示,讵自陈炯明变后,葡领态度益见强硬,甚至令葡兵高唱歌曲,以讥刺吾人者,思之深为痛心。"③ 此时澳门罢工工人生活困难,有些商人趁机帮助葡澳当局劝说罢工工人回澳门复工。一场轰轰烈烈的收回澳门运动,因未能得到政府的有力支持,而在没有达到目的的情况下结束了。但是,这场运动已使收回澳门的要求深入人心,成为全国人民的共同愿望,也成为此后历届政府必须加以考虑的问题。

---

① 《粤交涉署驳葡领复文照会》,1922年6月19日《民国日报》。
② 《全省工团之请愿》,1922年6月13日《民国日报》。
③ 《国民外交会对澳门案之愤激》,1922年8月4日《民国日报》。

### 三、1928 年中国政府宣布废除中葡《和好通商条约》

废除不平等条约和收回澳门是孙中山的一贯主张。早在 1907 年，孙中山就指出："满清政府对于外国人却是非常无能，非常的柔顺……尤其是鸦片战争后，国势日蹙，国本动摇，土地沦于异族者，几达三分之一，如英国之割香港……葡萄牙的占澳门。"① 由此可见孙中山对中国土地沦于外国是十分痛心的。但他坚信将来中国人民一定能够收复已失之国土。1912 年，他在对《大陆报》记者的谈话中，充满信心地说："中国有四万万人，如数年以后，尚无能力以恢复已失之疆土，则亦无能立国于大地之上。余深信中国必能恢复已失之疆土，且绝不需要外力之帮助。"② 1924 年，孙中山在日本神户与头山满谈到"废除各国与中国所订不平等条约"时，便明确地提出要收回澳门。他说，对于"香港、澳门则有意收回，其中对于澳门为甚。因澳门之被葡萄牙割据，条约上未有载明，不过葡萄牙乘我内乱之际……私自割据而已"③。1924 年，孙中山北上与北京政府临时执政段祺瑞会谈，也以废除不平等条约为合作的条件。他在弥留之际，仍念念不忘废除不平等条约，并把它写入遗嘱。孙中山去世后，废除不平等条约和收回澳门的思想在国民党内曾经产生过巨大的影响，并曾一度成为国民党制定政策的依据。1925 年中国国民党中央执行委员会发表的废除不平等条约宣言称："本党不忍中国之沦于次殖民地，故倡导国民革命，与帝国主义者奋斗，而废除不平等条约，即为奋斗之第一目的。本党总理孙先生毕生努力于此。"④ 1927 年 10 月，南京国民政府外交部官员童德乾撰写的《中

---

① 《在槟榔屿对侨胞的演说》（1907 年），陈旭麓主编：《孙中山集外集》，上海人民出版社 1991 年出版，第 43 页。
② 《在北京与〈大陆报〉记者的谈话》（1919 年 8 月 28 日），《孙中山全集》，第 2 卷，中华书局 1982 年出版，第 413~414 页。
③ 《孙中山在神户》，1924 年 12 月 4 日上海《时报》。
④ 中国第二历史档案馆编：《中华民国史档案资料汇编》，第 4 辑（二），江苏古籍出版社 1991 年出版，第 1556~1557 页。

国国民党第三次全国代表大会对外宣言刍议》的"中国对外政策"部分，开头也说："本党遵守总理手定国民党对外政策，根据自由、平等等原则，以妥协精神，坚决意志，谋与列强会议，废除一切不平等条约，订结平等相互之新约，改正中外关系，维持世界和平。"在具体阐述对葡萄牙的方针政策时，也遵循了孙中山的思想和中国人民收回澳门的愿望，写道：葡系弱小民族，吾国对之素表同情，"不幸彼固守上世纪思想，欲将昔日盗借之澳门为其殖民地，加中国无上之耻辱"。"现在中葡条约期满①，当然宣告废止，另订新约。国民政府应根据本党优待弱小民族之政策，以至友好之精神，与葡政府协商交还澳门办法，务从宽大。此案解决，则两国邦交和睦，永世弗衰也。"② 这样处理澳门问题，既符合孙中山的思想，也符合中国人民的愿望。

事实上，在南京政府策划与葡萄牙进行废除旧约重订新约的谈判之时，北京政府也在筹划如何利用中葡《和好通商条约》届满第四个十年之机，与葡萄牙谈判废除旧约重订新约的问题。但对于能否收回澳门，北京政府驻葡萄牙公使王廷璋感到心中无数。1927年5月5日，他致函外交部说："现下中葡条约届满，实为千载一时之机会。"他认为原约中所有不平等条款，如领事裁判权等，应完全取消，商务税则宜本互惠主义及各国现行法规订定。但对于是否收回澳门，他只是说"澳门纵不复归还亦应改良行政，如烟赌之类，并许中国派遣商务官员驻扎"③。1928年3月24日，他又致函外交部，认为"澳门问题为中葡条约所最难解决之事"，"连年邦家多故，外交尚未统一，收回澳门，似不易易，莫若要求先设领事，速划境界，改革烟、赌二事，较为近情"④。这说明王廷璋对收回澳门已失去信

---

① 1887年《中葡和好通商条约》规定，日后两国再欲修改条约，以每届10年为限。该约于1888年4月28日互换生效，此时将满第四个十年。
② 《中华民国史档案资料汇编》，第5辑，（一），江苏古籍出版社1994年出版，第22、30页。
③ 《外交部条约司司长钱泰收驻葡公使王廷璋函》，《澳门专档》（四），第534页。
④ 《（1928年4月19日）外交部收驻葡公使王廷璋函》，《澳门专档》（四），第576～577页。

心。差不多与此同时,在北京政府司法部当顾问的法国人宝道(Georges Padoux)向外交总长罗文干递交一份《关于1887年中葡条约宣言失效问题上外交部说帖》。关于中国收回澳门问题,他的态度要比王廷璋积极得多。他指出,1887年中葡条约并"未将澳门主权由中国转移于葡,亦未将该地所有权之法定名分,畀之于葡"。条约中所载允葡萄牙占领管理澳门,与占领管理葡国其他领地无异,指的是允其"用同样管理手续,及同样的方式管理澳门","并非谓澳门为葡国殖民地也"。他还说:"中国反对葡国之步步侵占举动,向来抗议甚多","可见中国始终自视为澳门之合法主权者"。所以,无论何时,中国"仍可将澳门法律地位问题再向葡国提出"。他还认为,照情形而论,澳门"与现时之租界情形颇属相同"。"若主张澳门不过为变相之租界之一种",中国提议收回,"似亦有其充足之理由也"①。北京政府也知道,废除中葡条约收回澳门一直是中国人民的愿望。在当时,南京、北京政府对立的情况下,都不愿在澳门这个敏感的问题上,表现软弱,授人以柄,致有损于自己的形象。所以,在4月28日,北京政府外交部即照会葡萄牙驻北京公使毕安祺(Bianchi),宣布废除中葡《和好通商条约》。照会说,中国政府对1887年中葡条约自本届期满6个月之后,"意在不再照现行方式予以继续",希望葡萄牙政府予以赞同,"承允根据平等及互相尊重领土主权原则另订新约之提议,并希望为达上项目的起见,两国从速开始修约之会商","以免发生现约既废,新约尚未成立情事,致使两国邦交陷于一种不定之状态也"②。前文已述及,1887年中葡《和好通商条约》是在1888年4月28日互换的,北京政府给葡萄牙这个照会,实际上是通知葡萄牙政府,中国政府决定在1928年4月28日之后6个月,即1928年10月28日,废除1887年的中葡《和好通商条约》。由于北京政府主张废除中葡《和好通商条约》,另订新约,这对王廷璋可能起

---

① 《外交总长罗文干收宝道书》(1928年3月30日),《澳门专档》(四),第541~558页。
② 《外交部发驻京葡使毕安祺照会》(1928年4月28日),《澳门专档》(四),第581~584页。

了一定的鼓舞作用，所以，他对澳门问题的态度也开始积极起来。4月29日，他致函外交部说，中葡条约规定，大西洋国（葡萄牙国）允准未经清国首肯，永远不得将澳门让与他国，这是中国没有将主权让与葡萄牙的证据，所以"将来如果中葡条约取消，则中国政府根据该条可不承认澳门之让与，此仍中国国防及主权问题，自应重视也"①。葡萄牙外交部长于5月11日照会王廷璋说："葡政府将根据与中国政府历来好感，以友谊及协调精神研究该问题。"②但北京政府没有来得及与葡萄牙政府进行谈判就覆灭了。

1928年6月8日，国民革命军克复北京，结束了南京、北京两个政府对峙的局面。7月7日南京中华民国国民政府外交部发表了废除不平等条约、重订新约的宣言，郑重声明：国民政府"对于一切不平等条约之废除，及双方平等互尊主权新约之重订，久已视为当务之急。此种意志，迭经宣言在案。现在统一告成，国民政府对于上述意旨，应即力求贯彻。除继续依法保护在华外侨生命财产外，对于一切不平等条约，特作下列之宣言：（一）中华民国与各国间条约之已届满期者，当然废除，另订新约；（二）其尚未满期者，国民政府即应以正当之手续解除而重订之；（三）其旧约业已期满而新约尚未订定者，应由国民政府另订适当临时办法处理一切，特此宣言"③。7月9日，国民政府又公布《中华民国与各外国旧约已废新约未订前适用之临时办法》，主要内容是：对未订新约各国之驻华外交官领事官给以国际公法赋予之待遇，在华外人之身体财产受中国法律之

---

① 《外交部收驻葡公使王廷璋函》(1928年5月25日)，《澳门专档》（四），第590~591页。
② 《葡外交部长给驻葡公使王廷璋的照会》(1928年5月11日)，《澳门专档》（四），第594~595页。
③ 关于这篇《中华民国国民政府外交部关于重订新约的宣言》的发表日期，中国第二历史档案馆编《中华民国史档案资料汇编》第5辑第1编，外交（一），第34页，作民国17年6月15日。似误。理由：（一）《申报》6月16日登载外交部6月15日《宣言》与此不同；（二）《国闻周报》第5卷第27期、《东方杂志》第25卷第17号和《中华民国史事纪要》等，均作民国17年7月7日。

保护；在华外人应受中国法律之支配和中国法院之管辖；外人对华贸易应照章纳税等①。根据以上文件精神，外交部长王正廷于7月10日照会葡萄牙驻华公使毕安祺，声明1887年中葡条约期满废止，请葡国定期派官员前来重订新约，并通知在新约尚未订立以前，暂行适用上述之《临时办法》②。废止1887年"中葡条约"，当然也包括废止条约中有关澳门的条款，也就是说，该约中关于澳门的规定已经无效。葡使毕安祺照复外交部说："葡政府不能承认所言1887年12月1日之中葡条约已归失效，即宣布之临时条例亦不能默认。但中葡两国友谊素睦，葡政府准备与中国开始磋商，根据平等及互尊主权之意见，以修改现约。葡政府愿与中国缔结新约。"③ 9月4日，毕安祺南下到达上海。此后，中国外交部官员与毕安祺在上海曾初步交换意见。9月20日外交部长王正廷报告中葡交涉情况时说："至于中葡修约及收回澳门的管理权，刻正在研究中。"④ 其后，双方在南京谈判，葡使仅允对旧约进行修改，中方不予同意。商议数次，意见未能一致。12月13日，中国与丹麦重订了《友好通商条约》，葡萄牙要求依照中丹条约内容订立中葡条约。中国方面表示同意。于是，12月19日中国外交部长王正廷与葡萄牙驻华公使毕安祺在南京签订了中葡《友好通商条约》，该约共有五款，内容与中丹条约完全相同，仅涉及通商关税和两国人民在对方领土内应受各该国法律及法院之管辖，再没有关于澳门的任何规定⑤。这说明旧约已经废止，新约已经重订，旧约关于澳门的规定已然失去其效力。但当时中国政府并没有立即收回澳门，而是听任葡萄牙继续统治下去，这是因为：（一）认为自己的力量还不够。中葡修约谈判时，双方之所以迟迟未能取得一致意见，关键就在于澳门问题，如果此时

---

① 《国民政府公报》第74期，国民政府秘书处1928年7月印行，第1页。
② 同上书，第76期，第23~24页。
③ 《葡使答复订约公文》，《国闻周报》第5卷第31期。
④ 《外交部长王正廷报告外交近况》，1928年9月21日上海《时报》。
⑤ 《中外旧约章汇编》，第3册，第655~656页。

要收回澳门，不仅葡萄牙不会同意，而且可能引起葡萄牙盟国英国的干涉。（二）蒋介石为了巩固自己的政权，他要把主要力量放在对付中国共产党和一切异己势力方面，所以把收回澳门的问题暂时搁置起来，留待以后解决。

### 四、抗日战争后的收回澳门运动和中国政府的设想

1937年7月7日，日本发动卢沟桥事变，中国人民开始了长期的抗日战争，无暇顾及澳门问题。1941年12月7日，日本偷袭美国在太平洋的海军基地珍珠港，太平洋战争爆发。12月9日，中国政府正式对日、德、意宣战。1942年初，世界反法西斯战线形成。1942年7月26日，国民政府外交部拟定了《租界、租借地及其他特殊区域之收回办法》，规定了对敌国、同盟国、中立国在华之租界、租借地及其他特殊区域之收回办法，并着手进行收回租界的工作。1945年8月15日，日本宣布无条件投降，中国人民取得了抗日战争的胜利。在第二次世界大战中，中国人民坚忍不拔英勇奋战，作出了巨大的贡献，终于使中国跻身于世界五强之列。在此背景下，中国几乎收回了全部外国在华的租界和租借地，收回香港和澳门也开始提到了日程上来。

收回澳门是中国人民盼望已久的事情，当时有人这样写道："真如游子之思念其故土一样，从百年前我们祖上起，一直到我们这一代，这三四代间，我们是一直在思念着香港与澳门。我们不希望我们的下一代还有这样的思念，所以希望它现在的住客先见而明智的还给它原来的主人。这不只是友谊，或是德行，而是历史的正直。"① 这些话，反映了多少年来中国人民要求收回澳门的愿望。当时的政府也考虑到这个问题。1945年8月31日，国民政府外交部提出了《关于收回澳门的方案》，其中写道："电令驻葡张公使向葡政府表示我国收回澳门之决心，请由葡政府提出办法与条

---

① 叶林：《港澳与橱窗》，1947年6月22日《申报》。

件，以凭考虑。"① 在广州的国民政府驻军中，特别是中下级官兵，也强烈地要求收回港、澳。他们此时出入港、澳有一个口号："我们不是进入外国，而是在自己的家乡走动。"② 10月间，澳门同胞纷纷集会游行，提出反对葡萄牙统治澳门的口号。广东省中山县各界为支援澳门同胞的爱国行动，亦组织代表团赴澳与澳门同胞共同研究反葡运动大计。澳门葡萄牙当局为维持其在澳门的殖民统治，禁止内地人民进入澳门，严厉取缔澳门的反葡运动，禁止一切人民集会。葡萄牙的这些措施，激起了中国军民更大的愤慨，驻扎中山县的第64军159师师长刘绍武派兵进驻与澳门连界的前山边境，对澳门实行封锁，禁止一切商品出口，包括澳门每日必需的肉类、蔬菜。澳门被封锁后，食品奇缺，社会秩序混乱。澳葡当局不得不改变态度，允许中国军民自由出入澳门，并派官员前来广州道歉。1946年2月，刘绍武带领警卫武装进入澳门，慰问同胞，受到了热烈的欢迎。他在澳门各界招待会上发表必须收回澳门的演讲，他说："澳门由于不平等条约之束缚，受治外人，同胞痛苦有如水深火热，现在战争已经胜利，中国已为五强之一，所有不平等条约，必须废除，中国领土必须完整，澳门必须迅速收回，才可用副同胞之愿望。"③ 这番话反映了当时人民的心声。1947年，收回澳门的运动达到了高潮。4月11日，国民参政会驻会委员举行第20次会议，通过了"请政府向葡萄牙交涉，收回澳门，以增进中葡邦交案"，并决议"送请政府迅速办理"④。4月19日，广东省参议会和各民众团体组织了一个"收回澳门运动促进会"，电请国民政府积极向葡萄牙交涉收回澳门，并通电各省民众团体，呼吁共同行动，同时派人与澳门侨

---

① 《国民政府行政院档案》(18)第1905号，转引自黄启臣《澳门主权问题始末》，《中国边疆史地研究》1999年第2期，第9页。

② 李汉冲：《日本投降后有关香港、澳门的一些事件》，广东省政协编：《文史资料选辑》第3辑，第163~164页。

③ 同上书，第181~182页。

④ 《参议会提议收回澳门》，1947年4月12日《申报》。

团联络，研究收回澳门问题①。不少省市参议会也作出收回澳门的决议，并电请政府与葡萄牙切实交涉②。5月31日国民参政会又召开会议，作出《收回香港、九龙和澳门的决议》。该决议指出，"收回澳门及九龙、香港问题，此乃国人一致之要求"，"本会深盼政府切实继续努力交涉，窃以和平谈判之精神，达成收回领土主权之目的"③。6月21日，立法院开第328次例会，"建议外交部积极迅速向葡交涉，于最短期内收回澳门"④。收回澳门已是全国上下一致的呼声。

中国外交部曾为收回澳门之事多次与葡萄牙驻京公使进行交涉，希望葡萄牙将澳门归还中国。但葡公使一直未作赞成此举之答复。而葡萄牙殖民部部长杜亚德在接见澳门代表团时，仍然坚持殖民主义立场，悍然声称："葡萄牙如不在澳门遍地流血，决不以澳门归还中国。"但为了缓和人民的反葡斗争，他答应"葡萄牙将采取措置，以校正澳门人民所不同意之任何葡萄牙法律"⑤。此时，中国国内解放战争形势正在蓬勃发展，国民党政府已无心进行关于收回澳门的交涉了。所以，国民党政府在各省参议会要求收回澳门的电文中批云："关于收回澳门，参政会曾有此项建议，经交外交部核办。据称：目前国际形势之下，此问题一时难以解决。"⑥ 人民要求收回澳门的目的仍然没有达到，澳门问题仍然成为中葡之间的悬案。

中华人民共和国成立后，中国政府实行和平外交政策，通过和平谈判，在1987年同葡萄牙政府签订了关于澳门问题的联合声明，规定中国政府于1999年12月20日对澳门恢复行使主权，百多年来萦绕于中国人民心

---

① 中国第二历史档案馆编：《中华民国史史料长编》第70册，南京大学出版社1993年出版，第76～77页。
② 程志政：《各方要求收回声中，东方蒙特卡罗澳门》，1947年6月15日《申报》。
③ 《参政会通过决议文》，1947年6月1日《申报》。
④ 《中菲、中沙友好条约立院会议已予批准，建议外部交涉收回澳门》，1947年6月22日《申报》。
⑤ 中国第二历史档案馆编：《中华民国史史料长编》，第70册，第122页。
⑥ 《国民政府对各省参议会请求收回港澳的批语》，《国民政府行政院档案》（二），9224号，外13号，转引自黄鸿钊《澳门史纲要》，福建人民出版社1991年出版，第236页。

中的愿望，终于得以实现。

## 第三章参考书目

《明实录》，1940年影印南京国学图书馆传抄本。

张廷玉：《明史》

郭尚宾：《郭给谏疏稿》，岭南遗书本。

朱纨：《甓余杂集》，明代刊本。

俞大猷：《正气堂集》，明嘉靖八年刻本。

胡宗宪：《筹海图编》，明天启年间刻本。

顾炎武：《天下郡国利病书》，商务书馆1936年影印本。

何乔远编：《名山藏》，明刻本。

沈德符：《野获篇》，中华书局1959年出版。

林希元：《林次崖先生文集》，乾隆十七年刻本。

张燮：《东西洋考》，中华书局1981年出版。

严从简：《殊域周咨录》，中华书局1993年出版。

屈大均：《广东新语》，广东人民出版社1991年出版。

郑舜功：《日本一鑑》，1939年影印本。

中国第一历史档案馆编：《雍正朝汉文朱批奏折汇编》，江西古籍出版社1991年出版。

中央研究院历史语言研究所编：《明清史料》，商务印书馆1930年~1936年出版。

郭棐：《粤大记》，影印本。

印光任、张汝霖：《澳门记略》，清嘉庆五年重刊本。

杜臻：《粤闽巡视纪略》，清康熙已卯年刊本。

申良翰：《香山县志》，清康熙十二年修。

祝淮：《香山县志》，清道光八年刊本。

厉式金：《香山县志续编》，1923年出版。

陈伯陶：《东莞县志》，1927年印本。

梁廷枏：《粤海关志》，清道光年间刻本。

张星烺：《中西交通史料汇编》，辅仁大学1928年出版。

《清代外交史料》，嘉庆朝，故官博物院1932年出版。

《清代外交史料》，道光朝，故官博物院1933年出版。

《筹办夷务始末》，道光朝，故官博物院1930年影印本。

王彦威纂：《清季外文史料》，光绪朝，北平1934年铅印本。

林则徐：《林文忠公政书》，商务印书馆国学基本丛书本。

徐广缙：《思补斋自定年谱》，上海人民出版社1978年出版。

黄福庆主编：《澳门专档》，台北"中央研究院"近代史研究所1992年出版。

张海鹏主编：《中葡关系史资料集》，四川人民出版社1999年出版。

中国近代经济史资料丛刊编委会：《中国海关与中葡里斯本草约》，中华书局1983年出版。

邓开颂、黄启臣编：《澳门港史资料汇编》，广东人民出版社1991年出版。

中国第二历史档案馆编：《中华民国史史料长编》，南京大学出版社1993年出版。

介子编：《葡萄牙侵略澳门史料》，上海人民出版社1961年出版。

王铁崖：《中外旧约章汇编》，第1册，三联书店1957年出版。

陈旭麓主编：《孙中山集外集》，上海人民出版社1991年出版。

汪慵叟：《澳门杂诗》，1918年印本。

戴裔煊：《明史佛郎机传笺证》，中国社会科学出版社1984年出版。

张维华：《明史欧洲四国传注释》，上海古籍出版社1982年出版。

周景濂：《中葡外交史》，商务印书馆1936年出版。

黄培坤：《澳门界务争持考》，广州1930年铅印本。

黄鸿钊：《澳门史纲要》，福建人民出版社1991年出版。

黄鸿钊：《澳门史》，福建人民出版社1999年出版。

缪鸿基等：《澳门》，中山大学出版社1988年出版。

郭永亮：《澳门香港之早期关系》，台北"中央研究院"近代史研究所1990年出版。

彭琪端等：《香港澳门地区地理》，商务印书馆1991年出版。

（美）查·爱·诺埃尔：《葡萄牙史》，中译本，江苏人民出版社1974年出版。

利玛窦著、何高济等译：《利玛窦中国札记》，中华书局1997年出版。

张天泽著、姚楠等译：《中葡早期通商史》，中华书局香港分局1988年出版。

施白蒂著、小雨译：《澳门编年史》，澳门基金会1995年出版。

萨安东著、金国平译：《葡萄牙在华外交政策》，(1841~1854)，澳门基金会1997年出版。

马士著、张汇文等译：《中华帝国对外关系史》，三联书店出版1957年出版。

# 第四章
## 中国与英国关于香港问题的交涉

香港地区位于我国广东省珠江口外，濒临南海，其经纬度位置为东经114°15′和北纬22°15′。全境面积约1095平方公里。

从历史角度看，香港地区可分为香港岛、九龙和新界三部分。香港岛（包括邻近小岛）面积约80平方公里。九龙指九龙半岛界限街以南部分，包括昂船洲等小岛在内，面积约47平方公里。新界包括界限街以北、深圳河以南的大片土地，和附近大小两百多个岛屿（统称"离岛"），其中较大的有大屿山岛（又称大濠岛）、青衣岛、南丫岛等。新界两部分约占香港地区总面积的88%。

香港地区的岛屿为岩基岛，原是大陆山脉的一部分，经过多个地质年代的造山运动和侵蚀作用，山体沉降，海水入侵，才与大陆分离，形成众多岛屿。最后一次海侵约发生在15000年前。当时冰河消退，海水从现在海平面以下大约80~120米处逐渐上升。约在6000年前，海水升至接近目前的水平，海侵过程才告结束。

香港地区是一块多山地体。地体主干是华夏式东北—西南走向的山脉。新界的地貌中高周低，其中心地带的大帽山（又称大雾山）山脉，主峰海拔957米，是香港地区的最高峰。狮子山和笔架山以南，原为一个由北向南地势渐低的丘陵半岛，即九龙半岛。香港岛是一个山岛，其最高峰太平山（又称扯旗山）海拔552米。香港地区低地少，可用低地更少。香港岛北部有些狭窄的傍海平地，经过填海造地扩展了面积，形成繁荣的商业区。目前香港地区最主要的耕地分布在新界元朗周围的冲积平原上。

香港地区的海岸线长约870公里。这漫长的海岸线为发展航运业、渔业、商业和旅游业提供了有利条件。香港岛和九龙半岛之间的维多利亚港是世界少有的天然良港，港阔水深，两岸宽度1.6～9.6公里，海港面积5200公顷，深度2～14.5米。海港四周群山环绕，东有入口狭窄的鲤鱼门，西有大屿山岛及邻近小岛，风浪受到阻挡，形成巨大的袋式避风港。

## 第一节 鸦片战争前的香港地区

### 一、香港地名的由来

香港地区历史悠久，但香港作为地名出现在史籍中却比较晚。一些学者推断香港地名形成于明至清初。永言在《香港地名考》一文中写道："香港"二字，原为明朝至清嘉庆时一小港（小海湾）之名。罗香林写道："今日香港仔天后庙前一带地，昔时称石排湾。石排湾东，则自明至清初，均称为香港。"①

迄今为止，已发现的记载香港这一地名的中文文献中，时间最早的是明朝万历年间郭棐所著《粤大记》一书。该书所载《广东沿海图》中，标有香港以及赤柱、黄泥涌、尖沙咀等地名。英文文献中，时间最早的见于"伦敦号"船长阿尔维斯（Capt. Walter Alves）1765年2月12日的航行日记中。该日记简单记载了"伦敦号"当天下午抵达香港岛北部的情况，

---

① 罗香林等：《一八四二年以前之香港及其对外交通——香港前代史》，第12页。

把"香港"拼写作 Heong-kong①。

关于香港地名的由来,至今尚无十分确凿的史料可为依据。一些学者对这个问题作过种种考证,形成了众说纷纭、莫衷一是的局面。主要说法有以下几种:

(一)因"香姑"而得名

据传,香姑是清朝嘉庆年间出没于伶仃洋面的海盗林某之妻。林被李长庚击败,后来死在台湾。香姑遂占据现在这个海岛,人们因此称该岛为香港②。许多学者皆认为此说并不可靠。用海盗的名字作地名,在中国历史上不常见,值得怀疑;同时,香港岛上至今也未找到与香姑有关的任何遗迹。况且,在明代《粤大记》中已有"香港"地名③。

(二)因贩运香木而得名

此说始于永言的《香港地名考》一文,刊载于1948年出版的《香港百年史》。他认为:名曰"香港"之小海港,以运送香木出口著名。他还具体写出了运送香木的路线:"自来东莞南部及今新界所产之香,恒在尖沙头(今尖沙咀)之香埗头(当年运香木出口之旧式码头),用小舟载至石排湾(今香港仔)附近之小港,名香港者,然后改用艚船(大眼鸡船)转广州城,遵陆而北,逾南雄岭直达江苏省苏松一带。"④罗香林及其门人张月娥等赞同此说,并在《一八四二年以前之香港及其对外交通——香港前代史》一书中,对香港村与九龙、新界等地香品之种植与出品作过进一步的研究。然而笔者认为,明至清初东莞、新安沿海一带盛产莞香,尖沙咀曾为香木出口地等说法,虽皆言之有据,但永言未能说明香木由尖沙咀经石排湾之香港仔转运广州这条航线的资料来源,是依据文献记载还是口碑

---

① Dalrymple, Alexander., *Observations on the South Coast of China*, London, 1806, pp. 17-18.
② 许地山:《香港与九龙租借地史地探略》,载《广东文物》中册,第420页。
③ (明)郭棐:《粤大记》中《广东沿海图》。
④ 黎晋伟主编:《香港百年史》,南中编译社1948年出版,第68页。

传说呢？为何不径直由尖沙咀运往广州，反而舍近求远，绕道经石排湾之香港仔转运？

（三）因泉水甘甜而得名

最早提出此说的是英文杂志《中国丛报》（Chinese Repository）1843年8月号。该杂志在《香港简介》中写道："香港——Fragrant Streams，本是该岛南部一条小溪的名字，外国人将其作为整个海岛的名称。"① 中文资料方面，最早涉及香港地名由来的，是伦敦传道会英华书院在香港出版的《遐迩贯珍》。1853年8月1日出版的该刊第1卷第1号，在《香港纪略》一文中写道："溪涧纷纷喷流山泉，极其甘冽，香港必由此得名。"著名中国学者王韬亦采取此种说法。他主编的《循环日报》于1874年6月2日写道："香港以泉水得名，因其山中所出之泉色清而味甘，以鼻观参之，微觉香冽。"1894年出版的中文书籍《香港杂记》亦说："昔东印度大公司之初至省也，其船常取水于港之溪涧，其涧居百步林及鸭巴颠之间。溪涧之水先流石上，盘石参差，略一停蓄，再泻海湾，每当春雨淋漓，如瀑布悬空，因此名为飞泉。此水之清洁久矣著名。旧时唐人之渡船、海贼之扒船多取水于此。是水也，取之不尽，用之不竭，味之弥永，因名之曰香港。香港之得名以此。"② 英国人詹姆斯·奥林奇在其1924年所编《中国通商图》一书中，曾收入菲尔丁1816年所绘、印制精美的彩色图画《香港瀑布》。该画描绘的是1816年阿美士德使团途经香港派人乘小舟上岸补充食用水的情景。奥林奇在书中写道："这一瀑布在薄扶林以南、石排湾以西，它甘美的水质吸引了欧洲人的船只，石排湾锚地的名字（指'香港'）因此被用于整个海岛。"③ 著名中国学者许地山在《香港与九龙租借地史地探略》一文中提出：香港村附近"有岛上最大的泷，泷水注入海，成为小

---

① Chinese Repository, Vol. 12. Augest 1843. No. 8, P. 435.
② 陈镛勋：《香港杂记》，第5页。
③ James Orange, *The Chater Collection*, *Pictures Relating to China*, *Hong Kong*, *Macao*, 1655~1860. P. 348.

小的港口，海人爱那里底水气味甘香，往往汲水到船上去，于是那条小溪也得到'香江'底名称。由香江注入海底港口也随着被称为香港了"。他还把靳文谟等纂《新安县志》所述新安八景中的"鳌洋甘瀑"与香港联系起来，认为：鳌洋当然是独鳌洋，正是现在的香港海面。县志卷四记："独鳌洋在城南二百里，左为佛堂门，右为急水门。"看来香港也许是独鳌山①。我们认为，在有关香港得名的各种说法中，因泉水甘甜得名之说提出的时间最早，而且，香港的"甘瀑"遐迩闻名，在中外史籍中皆有记载，故此说成立的可能性较大。

香港岛"称名颇繁"。香港是其大名，此外还有红香炉、赤柱、裙带路、佛堂门等别名。

红香炉：一说从前有一个红香炉，漂到海边天后庙前。当地居民以为是天后的灵威所召，便把它安放在庙里，并且把港口称为红香炉港。又一说这"红香炉"是象征性的，它是指天后庙前的一个小岛，孤立在大海中，像一个香炉。这座天后庙在香港岛北部铜锣湾。1790年晚香堂校绘本《边海全图》（现藏德国图书馆），即书香港岛曰红香炉山。

赤柱：王崇熙纂《新安县志》卷四《山水略》写道："赤柱山，在县南洋海中，延袤数十里，诸山环拱，为外海藩篱，有兵防守。"该县志的《新安全图》中，在今香港岛上，仅书"赤柱山"三字。这说明，在清初赤柱并非像现在是香港岛东南部的一个小地名，而是指全岛的一个范围较大的地名。至于赤柱一名的来历，据故老相传，是因为在今香港岛赤柱地方，原有一株大木棉树，某年被飓风摧毁，枝叶尽落，树干皮脱，屹立不荣不枯，从远处望去，成一红色大木柱，故名。

裙带路：许地山在《香港与九龙租借地史地探略》中写道："相传在道光年间有一个专为英人做向导底名叫阿裙，每从赤柱带旅客经香港围到

---

① 广东文物展览会编印：《广东文物》中册，第421页。

山北来。那条路本是山径，因为阿裙时常带领外人从那里通行，就叫裙带路。"① 阿裙据说叫陈群，大概是疍民。从英语将香港译为 Hong Kong 看，香港之"香"，不似普通话读作 xiāng，不似广东话读作 heong，不似客家话读作 shong，而恰如疍语读作 hong。这一读音反映出，早年英国人到达香港岛时，首先接触到的是疍民。但说裙带路一名起源于阿裙带路，并不确实。锦田邓氏所藏《香港等处税亩总呈》，载道光年间其祖先上新安县知县呈文说："承祖邓春魁等所遗存乾隆年间买受东莞税田总名裙带路，内分土名黄泥涌等处……"② 这说明至迟在清初乾隆年间已有裙带路一名，并非英国人到达、阿裙带路以后才有此名。裙带路的命名取义，有以下的说法：香港全岛皆山，辟农田后，农民除开垦田亩耕作外，又登山割草砍柴供燃料。山麓上之割草路，自对岸望去，上下纵横，很像百裙之裙带。此说系故老相传③。

佛堂门：清朝康熙年间杜臻所撰《粤闽巡视纪略》写道："佛堂门，海中孤屿也，周围百余里，潮自东洋大海溢，而西行至独鳌洋，左入佛堂门，右入急水门，二门皆两山夹峙，而右水尤急。驶番舶得入左门者，为已去危而即安，故有佛堂之名。"④ 由此可见，佛堂门既是一个小地名，又曾是香港全岛的名称。

香港原来仅指其所在岛屿的一隅，指一小海湾及岸上的一小村庄。1819年王崇熙纂《新安县志》卷二的《舆地略·都里》部分，仅在官富司管辖的村庄内，与岛上的黄泥涌、薄凫林等村庄并列，刊有"香港村"三字。三年后，即1822年，在阮元所修《广东通志·海防略》所载新安县沿海图中，也只是在今香港仔附近，书有"香港外洋"几个字，并未把香港作为全岛的名称。鸦片战争期间，英国人图谋侵占整个海岛，坚持把香港

---

① 《广东文物》中册，第421页。
② 《一八四二年以前之香港及其对外交通——香港前代史》，第123页。
③ 《香港百年史》，第67页。
④ 杜臻：《粤闽巡视纪略》，卷二，第39页。

指为全岛的名称。随着英国割占和强租的进程,香港地名的外延不断扩大,最终成为包括香港岛、九龙和新界三部分的整个地区的总称。为了叙述方便,人们称之为香港地区。

### 二、从考古发掘看香港与祖国内地的紧密联系

从20世纪20年代开始,许多热心考古事业的中外人士在香港进行过多次考古发掘。据1980年统计,香港地区发现的新石器时代和青铜时代遗址已达一百多个[①]。大量出土文物和人类活动遗迹说明,人类在香港地区居住,大约已有6000年的历史。

香港地区发现的新石器时代中期(距今约五六千年)遗址,分布在舂坎湾、蟹地湾、细湾、大亚洲、铜鼓洲、大湾、深湾等地。遗址中打制石器和天然砾石工具占多数,磨制石器较少。陶器是绳纹粗陶和细泥软陶,后者饰有画纹、穿孔,有时施彩。

香港新石器时代晚期(距今约三四千年)遗址,分布在大湾、深湾、榕树湾、石壁、沙洲、铜鼓洲、大贵湾、小亚洲、芦须城、滘西等地。遗址中大量发现种类繁多的磨制石器,制作较佳,出现了有段、有肩的新型石器,这大约与装柄技术的进步有关。遗址中还发现用石英和其他石料制成的饰物,如大小不一的石环和石玦等,制作比较精细。陶器以几何印纹陶为主,已有原始陶窑,烧成温度提高到1000℃以上。

香港青铜时代大约开始于公元前1500年,遗址分布在大湾、石壁、深湾、万角咀、南丫岛北段小学、大浪湾、怡朗(二浪)、铜鼓洲、茅达湾、扫管笏、牛牯湾、牛坎沙、牛铃冲、舂坎湾、蟹地湾等地。出土文物多为兵器(斧、钺、匕首、戈、镞等),也有一些青铜工具(空銎斧、削、鱼钩等)。大屿山石壁东湾出土的青铜器陶范,说明香港地区的青铜器有许

---

① William Meacham, *The Archaeology of Hong Kong*; Archaeology Vol. 33. No. 4. (1980),P. 16.

多是本地制造的。这一时期的陶器，夹砂陶大为减少，泥质陶占主要地位。制陶使用陶轮。出现一种经过较高火候烧制而接近结晶的硬陶。纹饰中除了传统的绳纹、几何印纹外，还出现了一种外国学者称为"双F纹"的夔纹（夔龙纹），是这个时期特有的纹饰。

大量出土文物说明，香港地区和广东大陆的古文化具有极其密切的联系，同属一个文化系统。从新石器时代遗址出土文物看，香港大湾、蟹地湾、铜鼓洲等地发现的彩陶，与1961年以来在增城金兰寺、东莞万福庵、深圳大小梅沙以及解放前在海丰沙坑发现的彩陶相似。一是器形多数是圈足盘和碗钵；二是花纹图案基本是几何图案。此外，香港遗址出土的有肩石斧、有段石锛，从造型、制作甚至有些石料（霏细岩）来看，都和广东大陆特别是西樵山石器制作场的产品很相像。再者，香港大湾、深湾、石壁、东湾等遗址出土的刻画纹、绳纹的粗砂陶器以及年代较晚的几何印纹软陶器，与深圳大小梅沙、鹤地山、赤湾、宝安蚌地山、增城金兰寺、佛山河宕、南海灶岗、高要茅岗及珠海拱北等遗址和墓葬出土的文物极其相似。从青铜时代遗址出土文物看，香港的青铜器与广东大陆的一样，特点之一是武器多，礼器、容器少。大湾出土的一件人面纹匕首，和清远三坑东周墓、曲江石峡遗址上层的几乎一模一样。这个时期香港的夔纹、云雷纹陶器（相当于春秋或稍早）和米字纹陶器（相当于战国时期），在广东大陆已见于两百处以上的遗址和五六十座墓葬。在广西、福建、湖南等省也有发现①。

我国东南沿海在古代曾经是百越部族生活的区域。古代学者臣瓒对《汉书·地理志》所作注释说："自交阯至会稽七八千里，百越杂处，各有种姓……"②香港地区与广东大陆的新石器时代和青铜时代文化具有同一性，是因为在这些地区居住生活的都是百越人。

---

① 杨式挺：《香港与广东大陆的历史关系——赴港考古印象记》，载《岭南文史》1983年第2期。

② 《汉书》，卷28下，中华书局1962年出版，第1669页。

在香港地区还发现了八处崖画，分布在石壁、蒲台岛、东龙洲、大浪湾、长洲、大庙湾、滘西和清水湾。其图案大致可分为两类，一类为云雷纹、圆圈纹，另一类为鸟、蛇、夔龙、怪兽等动物形象。这些图案类似我国青铜时代铜器和陶器上的某些纹饰，由此推断其年代为春秋战国时期。这些崖画大都位于临海的岩石上，面向海湾，前面有比较平坦宽阔的空地。据推测是百越人所刻，可能与他们举行某种祀神仪式有关。

1955年8月，在九龙深水埗的李郑屋村发现古墓一座，成为轰动整个香港地区的一件大事。香港大学林仰山教授（Prof. F. S. Drake）率领员工学生进行发掘，获陶器61件、铜器8件和许多有文字或图案花纹的墓砖①。

李郑屋村古墓墓室呈十字形，墓顶作穹窿形状，甚圆整坚实，与1921年在广州东郊驷马冈发现的汉墓，形制相同，只是规模稍小。这种十字形穹窿状屋的墓形盛行于广东地区，是在东汉中期。

古墓出土的陶器，有陶罐、陶尊、陶壶、陶盂、陶碗、陶勺、陶豆、陶鼎、陶奁、陶缶、陶屋、陶仓等，皆与内地汉墓中发掘出之陶器相仿。其陶勺、陶鼎、陶尊，尤与广州东山羊山横路汉墓所出陶勺、陶鼎相似。该墓出土铜器虽少，但同样有重要意义。例如铜铎一个，较1945年广州市郊出土的一件稍小，但同为汉代遗物，亦同为受吴越影响而成。这种较铜钟细小的乐器，曾盛行于吴越旧地。另外，出土铜镜上的鸟首纹样，与广州东山羊山横路汉墓出土铜镜的纹样相似，其为汉代遗物亦无疑问。该墓墓砖上有的有"番禺大治历"、"大吉番禺"等字样，字体为隶书略带篆笔。有的墓砖有动物形或几何图案形花纹。其墓砖字体及图案花纹与中国内地汉墓的字体和花纹极为相似。"大治历"为汉代各地通行之吉语。"番禺"二字指明所葬地区归番禺管辖。番禺为秦汉时代南海郡的一个县，也是郡治所在地，其地在今天的广州。墓砖上写"番禺"，而不写"宝安"、

---

① 罗香林：《李郑屋村与香港地区自汉至清初之沿革》，载《庆祝李济先生七十岁论文集》。

"东莞"或"新安",具有明显的时代特征。

综合上述种种情况,学者们比较一致地断定这座古墓建造于东汉中期。该墓的发掘有力地说明香港地区与广东大陆的文化具有同一性,并且都受到中原文化越来越强烈的影响。

### 三、古代香港的管理与开发

香港地区在秦、汉、三国及东晋初年共500多年的时间内,属番禺县管辖。公元前214年秦平定南越,在岭南设置南海、桂林、象郡等三郡。南海郡下辖番禺等四县。香港地区与番禺治地相连,应属番禺管辖。这种情况一直延续到东晋初年。李郑屋村汉墓墓砖上有"番禺大治历"、"大吉番禺"等铭文,是本地区在汉代属番禺管辖的明证。

331年至756年四百多年的时间内,香港地区属宝安县管辖。咸和六年东晋成帝将南海郡东南部划出,新置东官郡,下辖宝安等六个县。东官郡治与宝安县治皆设在滨海重镇南头,与香港地区紧相毗连。后来,南朝梁武帝改东官郡为东莞郡,隋文帝时撤销东莞郡,并入南海郡,到唐代又取消郡一级行政机构,但宝安县的建置长期未变。

757年唐肃宗时改宝安县为东莞县。此后,经历五代、宋、元,至1572年,前后八百多年的时间内,香港地区一直属东莞县管辖。

从1573年起,到1841年英国开始侵占香港地区为止,该地区一直属广州府新安县管辖。明朝嘉靖年间,南头一带发生饥民抢米暴动,乡绅吴祚曾参与平息暴动。事过之后,吴祚等向广东海道副使刘稳请求在当地建县。众多官绅皆认为当地离东莞县治百余里,管理不便,又常受"海寇"骚扰,纷纷附议。刘稳转详粤督,奏准设立。万历元年从东莞县划出56里、7608户、33971人,成立新安县。县治仍设在南头,即东官郡治与宝安县治旧址。

1370年明朝政府即在本地区设置了县以下行政单位官富巡检司。担任官富巡检司巡检有姓名可考者,最早的是福建人林云龙,万历二年到任。

官富巡检司署设在九龙半岛的官富寨（今九龙城附近）。大约在清朝初年，衙署年久失修，莅任者多借深圳附近赤尾村民居办公。1671年巡检蒋振元捐献薪俸购买赤尾村民地，起造衙宇，将驻地正式迁往该地。从嘉庆年间王崇熙等修纂的《新安县志》卷二《舆地略》记载的情况看，官富巡检司管辖的土客籍村庄，大部分分布在今天的香港岛、九龙和新界，仅福田、赤尾、小梅沙等少数村庄，分布在目前的深圳特区内。可见官富巡检司的管辖范围，与目前的香港地区大体相当。

香港地区多优良的海湾，很早就是我国南方海上交通要冲。新界的屯门在古代曾是本地区的重要港口。南北朝时期，梁简文帝大宝元年（550年）春，曾"于宝安县设屯门镇，以重兵守之"①。唐代广州对外贸易十分繁忙。当时屯门是广州海外交通的外港，是海船进出广州的必经之地。"广州东南海行，二百里至屯门山。"② 因商船众多，地位重要，唐朝亦在此设置屯门镇，派兵驻守。《新唐书·地理志》"广州南海郡"条写道："有府二：曰绥南、番禺；有经略军，屯门镇兵。"③ 在唐朝一些著名文学家的作品中出现过描写屯门的诗句。韩愈在《赠别元十八协律》诗之六中写道："屯门云虽高，亦映波涛没。"刘禹锡在《踏浪歌》中写道："屯门积日无回飙，沧波不归成踏潮。"目前尚无史料证实韩、刘两位到过屯门。屯门的景色出现在他们的诗作中，说明由于海上交通便利，该地在唐朝已经遐迩闻名了。

香港地区位于南海海域。南海中我国的西沙群岛等由珊瑚礁构成，有利于贝类繁衍，产蚌丰富。因海潮向北涌流，海蚌随之北移，使香港地区至广东合浦一带沿海成为蚌类聚集之地。广东人称此类海蚌为螺。螺中年代长久者，内壁往往育有珍珠，其珠圆润光泽，深受仕女喜爱。香港地区采珠业肇端很早。五代南汉的几个君主都嗜爱珍宝，经常派人采珠。后主

---

① 卢坤等：《广东海防汇览》卷三，第16页。
② 《新唐书》，卷43下，第1153页。
③ 同上书，卷43上，第1095页。

刘铱于963年，在合浦的海门镇和东莞的大步海，招募采珠士兵数千人，设媚川都，专门从事泅水采珠。都为军翼之意。媚川都为驻军之一类。《宋会要辑稿》曾经这样记述媚川都采珠的情况："（采珠士兵）皆令以石锤足，蹲身入海，沉水而下，有至五百尺深者。淹溺而死者，无日不有。"①虽然采珠工作艰辛危险，但因采珠士兵人数众多，采撷的珍珠很快就充盈内府。后主的殿宇内，栋梁帘箔都用玳瑁珠翠装饰，华丽异常。南汉设媚川都的大步海，即今天香港地区新界的大埔海。由宋、元至明，在这一海域，时而明令官采，时而下诏禁采，到康熙初年才永禁官采。

宋代在古代香港经济开发史上占有重要的一页。这个时期本地区的制盐业、航海业十分发达，内地向本地区的移民活动也颇具规模。

香港地区海岸线漫长，沿海许多地方是适于产盐的潮墩、草荡，自古为产盐地区。汉武帝推行盐铁官营政策，曾在番禺设置盐官，驻地在与香港地区紧相连接的南头。香港地区当时为产盐之地，似无疑问。宋代曾在香港地区九龙湾西北、今九龙城一带，设立官富场，派遣盐官，驻扎士兵，管理这一盐场。《宋会要辑稿》记载：兴隆元年"提举广东盐茶司言：广州博劳场、官富场，潮州惠来场，南恩州海陵场，各系僻远……欲将四场废罢，拨附邻近盐场所管内……官富场拨附叠福场……从之"②。兴隆为南宋孝宗年号。从这段史料看，官富场的设置年代当在孝宗以前，至迟在宋高宗时。1955年，香港一名建筑师在当地北佛堂天后庙庙后，发现宋代盐官严益彰摩崖题记："古汴严益彰，官是场。同三山何天觉，来游两山……咸淳甲戌六月十五日。"③咸淳甲戌为南宋咸淳十年，即公元1274年。"官是场"之"场"，因刻石地点与官富场相连，似应为官富场。如果这一

---

① 徐松辑：《宋会要辑稿》，第142册，食货四一，禁珠玉、贡珠玉、献珠玉，中华书局1957年照相影印版，第6册，第5559页。

② 同上书，第134册，食货二十七，盐法十，中华书局1957年照相影印版，第6册，第5263页。

③ 《一八四二年以前之香港及其对外交通——香港前代史》，第83页。

判断正确,则可认为官富场在一度并入叠福场后,又曾恢复其建制。但无论这个"场"字是指"官富场",还是"叠福场",宋代香港地区制盐业比较发达,设有盐官专司其事,则是毫无疑义的。

大屿山,古名大奚山,是香港地区最大的岛屿,开发较早,居民以捕鱼、制盐为生。宋高宗时曾招降当地来祐等人,选其少壮者为水军,宽其渔盐之禁,称之为腌造盐。宋宁宗时,广东提举盐茶徐安国派人前往大屿山缉捕私盐贩子,引起岛上大规模的盐民起义。以高登为首的起义者一度乘涨潮攻到广州城下。

宋代香港地区九龙半岛的航海业已经比较发达。据九龙蒲冈村《林氏族谱》记载,宋时福建莆田一个名叫林长胜的,举家迁往今日新九龙黄大仙附近的彭蒲围(即今日的大磡村)。一连几代靠行船为生,艚船往来于闽、浙、粤等地。一次,他的孙子林松坚、林柏坚驾驶艚船出海遇到飓风,船毁货失。两人力挽船篷,紧抱船上祭祀的林氏大姑神主,浮到东龙岛(南佛堂),安全脱险。他们认为这是神灵保佑,便在南佛堂修建了祭祀林氏大姑的神庙。林松坚的儿子林道义后来又在北佛堂修建了一座同类神庙①。这个林氏大姑是后来人们所称的天后。宋代林氏家族的迁徙史和香港地区南北佛堂天后庙的修建,曲折地反映出当时本地区航海业的发展。

很古的时候,就有来自祖国内地的移民和香港当地居民一起,共同开发这个地区。有文字可考的最早的移民活动始于东晋。东晋末年,卢循领导的浙东起义军曾经攻陷广州城。起义失败以后,余部多退至今大屿山一带。唐代刘恂《岭表录异》写道:"卢亭者,卢循前据广州既败,余党奔入海岛野居,惟食蚝蛎,叠壳为墙壁。"这里没有明确指出避难海岛的名称。清代东莞邓淳在《岭南丛述》卢亭条则写道:"大奚山三十六屿,在莞邑海中",当地居民,"或传系晋卢循遗种,今名卢亭,亦曰卢余"②。

---

① 《一八四二年以前之香港及其对外交通——香港前代史》,第172、173页。
② 黎晋伟主编:《香港百年史》,第71页。

此后规模较大的移民活动发生在宋朝。宋神宗时,进士邓符协(江西吉水人)在赴广东阳春任县令的途中,曾由海道经过今日新界的屯门,对当地风土之美十分欣赏。他在任满辞官之后,举家迁往岑田(锦田)①。邓符协在此置田园、筑庐墓,从事农业开发。他修筑了锦田的南北围,还将其曾祖父母、祖父母和父母的遗骸迁葬新界。据传,到明朝万历年间,邓氏后裔邓元勋已成为富甲一方的富户,拥有良田万亩。到清初康熙年间,邓族不仅拥有锦田一带的富庶土地,在香港岛也拥有不少田地,成为首屈一指的望族。此外,北宋末年,进士侯五郎搬至东莞县,其子侯卓峰迁往今日河上乡筑茶寮,做小生意。其后人目前居住在新界的河上乡、燕岗、金钱、丙岗等地②。宋代以后,廖、文、彭等族陆续迁入。他们与邓、侯两族,合称新界五大族。

　　新界各族在从事农业生产的同时,还创设书院、学舍,传播中国古代文化知识。据统计,这类学校共有25所。其中历史最久远的是宋朝邓符协为聚众讲学,在桂角山下设立的力瀛书院。其始创年代,比广东省内的著名书院广州禺山书院、番山书院等,还要早一百多年。该书院遗址清初犹存。清朝时期,比较著名的则有锦田的周王二公书院、九龙城内的龙津义学等。上述情况说明,香港地区的部分居民很早就具有较高的文化水平。

　　香港地区山岭与坡地的许多地方,土质适于种植香木。当地在明朝盛产香木。这种香木属于莞香,又名女儿香,当年在广东与江浙等地备受欢迎。每当中秋佳节,运存在苏州府城的莞香,往往一个晚上就销售一空。王崇熙纂《新安县志》卷二《舆地略·物产》曾提及香港地区往昔出产香木的景况:"香树,邑内多植之。东路出于沥源、沙螺湾等处为佳。"沥源

---

① 王崇熙:《新安县志》卷二十一《人物三·流寓》写道:"邓符,字符协,江西吉水县人,宋崇宁间进士,授承务郎,权南路,历官阳春令。入广,乐风土之美,卜居于邑之锦田桂角山下。……子孙世居锦田、龙跃头、屏山、竹村、厦村等处,至今推为望族。"但据罗香林先生考证,邓符协应为宋熙宁间进士。

② 梁广汉:《香港前代古迹述略》,香港学津书店1980年出版,第65、66页。

即今日新界的沙田等地，沙螺湾则在大屿山西部。今日沙田白田村附近尚有名叫香粉寮的地方。清朝康熙元年至二十三年，清政府企图断绝闽粤沿海人民与郑成功的联系，实行沿海迁界30里以至50里的政策。香港地区的人民也被迫内迁，造成当地香业的凋衰。到雍正年间，在东莞又出了因承旨购求异香杖杀里役的县令，种香人家纷纷忍痛砍树四出逃亡。从此香木生产就一蹶不振了。

明清时代香港地区成为海防要地。明代在这里设防，是为了防御"倭寇"、葡萄牙和荷兰侵略者。清代在这里设防，先是为了对付郑成功和沿海海盗，后来则主要是为了防御英国侵略者。

1377年，明朝政府在东莞县治南设置南海卫，1394年又设置东莞守御千户所和大鹏守御千户所，并隶南海卫。香港地区应是这两个千户所的防御范围。就在1394年，明朝政府命令吴杰、张金宝等率领武官，前往广东"训练沿海卫所官军，以备倭寇"。当时在广东设有备倭巡视海道副使一人、都指挥一人、卫指挥一人，"专管巡海"①。

明朝中叶，广东沿海有三路巡海备倭官军。其中的中路"自东莞县南头城，出佛堂门、十字门、冷水角诸海澳"②。佛堂门在香港地区，该地区显然属于中路的防御范围。

1563年，福建巡抚谭纶、总兵戚继光奏请恢复设置水寨旧制，"每寨设福哨、鸟桨、号船四十只，屯大洋贼船必经之处，其余各寨附近紧要港澳则分哨以防内侵"③。在此之后，明朝政府在广东的潮州、惠州、广州、高肇、雷州、琼州等地设置了水师六寨，在广州地区的为南头寨，防御地区东至大星，西至广海④。从1565年起，南头寨的军事首长是一名参将，1586~1590年一度改由级别更高的总兵担任。南头寨旧额大小战船53艘，

---

① 顾炎武：《天下郡国利病书》，卷101，光绪二十七年二林斋藏版，第10页。
② 同上书，卷97，第9页。
③ 周广等：《广东考古辑要》，光绪十九年出版，卷30，第9页。
④ 《天下郡国利病书》，卷30，第3页。

官兵 1486 人；1591 年以后，战船曾增至 112 艘，水陆官兵及杂役曾达到 2008 人①。该水寨辖有佛堂门、龙船湾、洛格、大澳、浪淘湾、浪白等汛地六处②。每处汛地驻军 200 余名。其中至少有佛堂门、大澳两处汛地属于今天的香港地区。

  从 1514 年起，葡萄牙殖民主义者曾经侵占香港地区的屯门达七年之久③。他们在当地立石柱，刻葡萄牙国徽于其上，以示占领。他们还建军营、造火铳、设刑场、劫掠财物、贩卖人口，激起中国人民愤恨。广东巡海道副使汪鋐亲自督师出征，驱逐葡萄牙侵略者。起初葡萄牙人据险顽抗，以佛郎机铳轰击明军，并企图占据南头城。汪鋐亲临前线，指授方略，用破旧的船多载枯柴和干燥的荻草，灌以油脂，因风纵火。葡船大，不易动，被火所焚；同时还用善游泳的人潜入水中，把他们的船凿沉。汪鋐还叫东莞白沙巡检何儒派人到葡萄牙船上，劝说为葡人服务的华人为祖国服务。这些华人回到岸上，照葡人的方法制造铜铳、火药。明军用这种铳轰击葡人，葡萄牙殖民者见无法继续负隅顽抗，只得抛弃部分船只，仅乘 3 艘大船趁黑夜逃了④。据《汪公遗爱祠记》说：屯门之役"于正德辛巳（1521 年）出师，嘉靖壬午（1522 年）凯旋"⑤。此次战役是中国军民在反抗西方殖民主义侵略的斗争中，获得的第一次重大胜利。

  清朝初年，清政府曾强令沿海居民内迁，香港地区多属迁界范围。1668 年复界时，为加强海防，曾在新安县沿边踏勘，设置墩台 21 座，其中至少有 5 座在今香港地区。这 5 座墩台皆为新安营汛地。其中屯门墩台应在今日新界之青山或九迳山，当时驻有千总 1 名，士兵 50 名。九龙墩台应在狮子岭，大埔台墩台应在大埔旧墟西北，各驻兵 30 名。麻雀岭墩台在

---

① 靳文谟：《新安县志》，卷 8，第 8、9 页。
② 《天下郡国利病书》，卷 8，第 7 页。
③ 《一八四二年以前之香港及其对外交通——香港前代史》，第 26、27 页。
④ 戴裔煊：《明史佛郎机传笺正》，中国社会科学出版社 1984 年出版，第 18、19 页。
⑤ 王崇熙：《新安县志》，卷 22，第 266 页。

今沙头角与粉岭之间，驻有把总1名，士兵50名。佛堂门设置的是瞭望台，驻兵10名，其地当在今田下山半岛①。1682年当地奉命裁兵，许多墩台亦改设为汛。当时原九龙台改为九隆汛（九龙汛），驻兵10名。原大埔头台改汛后驻兵10名，原麻雀岭台改汛后驻把总1名，士兵20名。原屯门台改为屯门寨，驻千总1名，士兵30名。但佛堂门瞭望台改为北佛堂台，驻把总1名，士兵30名，力量有所加强②。乾隆年间，当地仍设有屯门寨、北佛堂台、九隆汛、大埔头汛、麻雀岭汛③。

1810年，广东地方当局着手将佛堂门的炮台移往九龙寨海旁。锦田《邓氏族谱·家传·邓英元传》记载说："嘉庆十五年，海氛大炽，提督钱梦虎，以佛堂门原有康熙间所建炮台，年久圮坏，孤悬海外，无陆可通，又无村庄居民互相捍卫，且距大鹏营二百余里，距九龙汛水陆四十余里，控制不能得力。应将该台移建九龙地方，兵与民合，声势联络，较为得力。总督百龄著新安劝捐建筑。知县李维榆以经费不易措，亲至锦田，谋诸英元。英元曰：九龙一带，石匠甚多，若晓以义理，必当效力输将。乃亲往九龙，集石匠，劝其为国效劳。群匠悦服，踊跃协助。建筑落成日，英元题'固若金汤'石额以志。"④该炮台即九龙炮台，与康熙年间的九龙墩台地点不同。道光年间顾炳章所编《勘建九龙城炮台全案文牍》对九龙炮台本身的情况，有如下说明："查该炮台系嘉庆十六年建造，周围城墙共长三十一丈。垛子四十二个，每个高三尺。前面城墙马道宽一丈三尺五寸左右，后城墙马道宽五尺。内营房一十间，谯楼一间，派防千总一员，配台兵丁四十二名。另协防外委带兵二十名，分驻九龙海口汛。"⑤

清政府在香港岛亦设有营汛。同治年间所编《广东图说》写道：香港

---

① 靳文谟：《新安县志》，卷8，第3、4页。《一八四二年以前之香港及其对外交通——香港前代史》，第141、142页。
② 靳文谟：《新安县志》，卷8，第6页。
③ 沈廷芳：《广州府志》，卷14，兵制二，乾隆二十七年出版，第3页。
④ 《一八四二年以前之香港及其对外交通——香港前代史》，第169页。
⑤ 《近代史资料》，总74号，第14、15页。

岛"东有红香炉汛,东南有赤柱汛、两湾汛"①。1819年所编《新安县志》说:"赤柱山……有兵防守。"此书在大鹏营管辖的营汛中,已列有红香炉汛②。1822所编《广东通志》说,红香炉水汛在大鹏营西,设千总、外委各一人。该汛兵丁拨配米艇巡洋③。从上述史料看,至迟在1819年,香港岛上已设有红香炉汛,赤柱已有兵防守。

大屿山是香港地区第一大岛,是本地区的战略要地,清政府亦在这里设置过炮台和营汛。

清政府最早在大屿山设置的炮台是鸡翼角炮台。王崇熙纂《新安县志》说:"自复界后,海宇敉宁,而设险更为周密。虽今之汛地及设兵,皆与旧制不同,而大屿山鸡翼角炮台、南头炮台、赤湾左右炮台,最为险要。"④ 这里所说的"复界",是指1684年明令复界。鸡翼角炮台的地址在今日大屿山西南部石笋村之东湾。可见康熙年间大屿山西南部已设有炮台。

嘉庆年间,英国多次入侵大屿山附近。1802年,他们曾"泊兵于鸡颈洋",欲在大屿山西南的老万山居住。1808年,又借保护澳门英商为名,对老万山"阴图占据之事"⑤。为防御英国侵略,清政府决定在大屿山西部的大澳口修筑垛墙,并在大屿山北部的东涌添设汛房和炮台。《广东海防汇览》一书谈及大屿山时,写道:嘉庆二十二年,"总督蒋攸铦饬候补知府彭绍麟查勘该处,孤悬海外,为夷船必经之所,又有大澳、东涌二口可收口泊船。二处亦俱有村落,民居稠密。其东涌向无汛房,惟大澳口原设守兵十三名,虽有鸡翼炮台,派大鹏营千总一员,带兵四十名驻扎防守。但地势阔宽,距东涌、大澳口遥远,势难兼顾。请在东涌口添设建汛房八

---

① 桂文灿等编:《广东图说》,卷13,第8页。
② 王崇熙:《新安县志》(1930年出版),卷四,上卷第131页;卷11,下卷第38页。
③ 阮元:《广东通志》,卷175,第26页。
④ 王崇熙:《新安县志》,卷12,下卷第46页。
⑤ 陈鸿墀、梁廷楠等:《广东海防汇览》,卷3,第10页。

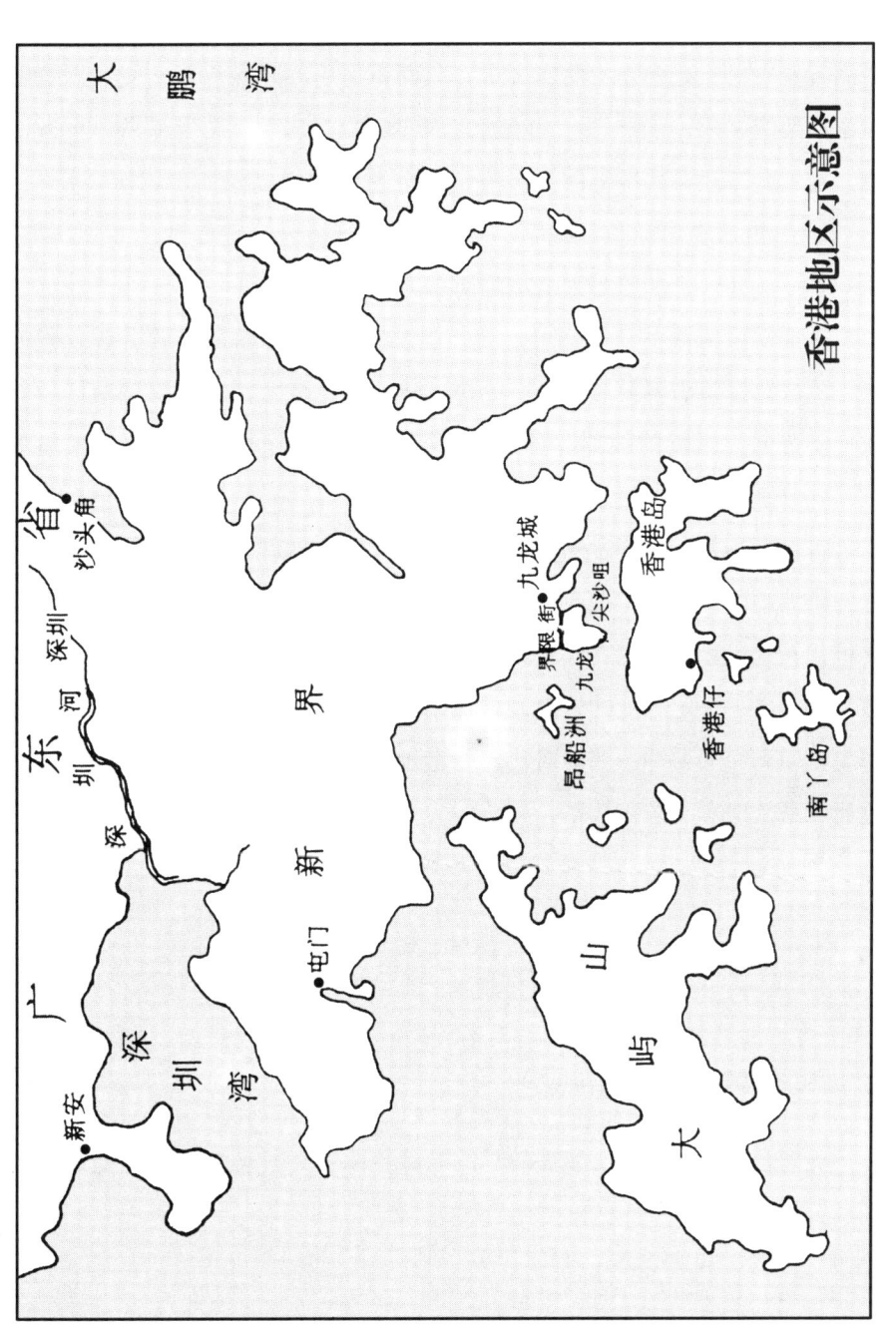

间,围墙五十丈,抽拨大鹏营外委一员、兵丁二十名分驻。并请在大澳口西面近左右村二处各建垛墙四十丈,北面汛房后亦建垛墙四十丈,以备随时添兵架炮之用。从之"①。再据《广东通志》,该年"又于东涌口石狮山脚,建炮台二座,兵房七间,火药局一间"②。

1831年,清政府将大鹏营分为左右二营,右营驻在新建的东涌所城,派守备一员驻守,加强了大屿山的防御力量③。

香港地区海域的巡逻保卫工作,清代由新安营和大鹏营分担。1794年,两广总督认为各镇协营原有的艍船笨重、驾驶不灵,建议按浙江战船式样制造名为米艇的战船。分别向新安、大鹏两营各配备大中号米艇五只,并分别配备拨巡船、捞绘船④。

古代香港管理和开发的历史事实说明,香港地区自古以来便是中国领土不可分割的部分,中国政府很早即对这里进行有效的行政管理。中华儿女世代在这里繁衍生息,经营开发,农业、盐业、采珠业、制香业和文化教育事业已有一定程度的发展。早在南北朝和唐代,该地区的屯门已成为军事重镇和交通要冲。明清时代,香港地区在军事上地位更为重要,建立过比较系统的军事防御体系。

## 第二节 英国割占香港岛

### 一、英国谋占中国沿海岛屿

英国是一个资本主义发展较早的老牌殖民主义国家。从17世纪起,为

---

① 《广东海防汇览》,卷3,第8页。
② 阮元:《广东通志》,卷130,第8页。
③ 《广东海防汇览》,卷7,第27页。
④ 王崇熙:《新安县志》,卷11,下卷第47、48页。

了争夺世界市场,它即开始向海外扩张,同其他欧洲强国争夺海上霸权和殖民地。到19世纪初,英国已经夺取了海上霸权,成为世界上头号殖民帝国。在殖民扩张的过程中,英国很早就图谋占据中国沿海一些岛屿,将其作为对华扩张的基地。

1635年12月,英商"可甸联合会"派约翰·威德尔(John Weddll)率武装商船四艘前往中国贸易。此时正值明朝崇祯年间。行前英王查理一世曾授权威德尔说:"凡属新发现的土地,若拥有该地能为朕带来好处与荣誉,即可代朕加以占领。"① 1637年8月,这支武装商船队闯入珠江,炮轰并占领亚娘鞋炮台,强行在广州进行贸易。回国后,威德尔曾在给可甸联合会的报告中建议,为了开展对华贸易,应该占据海南岛,使其成为英国的属地②。

清朝初年中英贸易逐渐发展,但英商对广州一口通商制度十分不满。为了解决中英贸易中的问题,扩大对华贸易,1787年春英国政府决定委派曾在孟加拉担任军职的凯思卡特(Charles Cathcart)组织使团前往中国。这是英国政府派出的第一个访华外交使团。当年11月英国国务大臣西德尼勋爵(Lord Sydney)在签发的众多指令中,要求该使团"在比广州更方便的地方获得一小块土地,或一个与大陆分离的岛屿",如果中国政府同意割让这样一个居留地,即可"以英国国王的名义予以接受"③。次年6月,在前往中国的航海途中,凯思卡特病死于班卡海峡,该使团只得返回英国。

奉英国政府之命,1792年9月全权大使马戛尔尼勋爵(Lord Macartney)率领80余人再次出使中国。他们远涉重洋于次年9月抵达中国承德,

---

① 马士:《东印度公司对华贸易编年史》(H. B. Morse, *The Chronicles of the East India Company Trading to China*, 1635—1834)(以下简称《编年史》),1926年,牛津大学出版,第1卷,第16页。

② 《编年史》,第1卷,第27页。

③ 同上书,第2卷,第164~165页。

受到乾隆皇帝接见后又前往北京。离京前马戛尔尼以照会形式向清政府提出六条要求，其中包括把舟山附近一个不设防的小岛让给英商存放货物和居住①。乾隆皇帝断然拒绝了英国的领土要求。他在给英王的敕谕中指出："天朝尺土，俱归版籍，疆址森然，即岛屿沙洲，亦必画界分疆，各有专属。况外夷向化天朝交易货物者，亦不仅英吉利一国，若别国纷纷效尤，恳请赏给地方，居住买卖之人，岂能各应所求？且天朝无此体制，此事尤不便准行。"②

此后，英国政府于1816年派遣阿美士德（Lord Amherst）使团抵达北京，同样以失败告终。1830年12月，包括船长在内的47名旅华英商向英国下议院呈交请愿书，声称鉴于两次遣使北京的完全失败，要求英国政府派代表常驻北京，至少要"采取一项和国家地位相称的决定，取得邻近中国沿海的一处岛屿"。至于占据哪个岛屿，在英商中意见并不一致。马地臣（J. W. Matheson）主张占据伶仃洋群岛中的一处，查顿（W. Jardine）主张占据台湾③。但尚未发现当时有人提及占据香港。

而早在1815年，东印度公司大班埃尔斯通（Elphinstone）就曾在该公司董事会提出，应该在中国东海岸的适当据点派驻一位高级全权外交使节。这个使节应拥有一支足够力量的海军，以便为英商"申冤"④。这可能是英商首次提出在中国建立海军据点。

## 二、英国谋占香港岛

从19世纪初开始，英国人对香港地区的调查了解增加，情况越来越熟悉。1806~1819年，东印度公司的水文学家霍斯伯格（J. Horsburgh）在

---

① 《编年史》，第2卷，第225页。
② 肖一山：《清代通史》，中卷，第819页。
③ M. Greenberg，*British Trade and The Opening of China*，1800-42. Cambridge，1951，P.178.
④ E. J. Eitel，*Europe in China*，P.53.

调查中国南部沿海情况时，曾花费相当多的时间对香港水域进行调查。他在提交给英国外交部的报告中说：急水门西部是一个可供各类船舶安全停泊的锚地。南丫岛和香港岛之间的博寮海峡是良好的锚地和避风处。香港北面的鲤鱼门海峡对各种船只皆是一个良港。战时将停泊其间的船只的舷炮对准海峡，可以抵御优势兵力，击退来犯之敌。香港南部的大潭港几乎在任何风向皆可作为良好的避风港。在大鹏湾也有优良的锚地①。

1816年阿美士德使团来华时，曾在香港停留，并对香港岛及其港口进行过仔细的调查。返回英国后，使团中的一位史学家写道："从船舶进出的便利和陆地环绕的地形看，这个港口是世界上无与伦比的良港。"②

1833年，斯当东（G. T. Staunton）在英国下议院发表演讲说：在取消对贸易的限制时，如果不能由王国政府建立国家间的直接联系，那么在中国沿海岛屿建立贸易中心，以摆脱中国当局控制，将是可取之策。多年来，人们已认识到香港港口作为锚地的价值。在18世纪，船只经常被该地位置的安全和汲水的便利吸引到那里去③。斯当东曾先后随马戛尔尼使团和阿美士德使团访华，又曾在东印度公司广州分行任职多年。我们可以认为，他的讲话反映了部分英国官员和在华英商占据香港的图谋。

为了照顾英国新兴的工业资本家的利益，1833年8月英国议会决定废止东印度公司对华贸易的专利权，并派遣商务总监督赴华。1834年7月15日，英国首任驻华商务总监督律劳卑（W. J. Napier）抵达中国。此后不久，他于8月21日致函外交大臣格雷（Earl Grey），建议动用一支不大的武装力量，"占领珠江东部入口处的香港岛"，并说香港岛"令人赞叹地适

---

① E. S. Taylor, *Hong Kong as a Factor in British Relations with China* 1834-1860. P. 30.

② A. Wright, *Twentieth Century Impressions of Hong Kong, Shanghai, and other Treaty Ports of China*. P. 56.

③ A. Wright, *Twentieth Century Impressions of Hong Kong, Shanghai, and other Treaty Ports of China*. P. 56.

合于各种用途"①。律劳卑可能是最早提出武力占据香港岛的英国官员。

继律劳卑和德庇时之后出任英国驻华商务总监督的罗宾逊（G. B. Robinson）继续鼓吹占据香港。1836年1月29日，他从伶仃洋致函外交大臣巴麦尊（H. J. T. Palmerston），建议"占领附近一个天然极适合各种商业用途的岛屿"。他心目中的这个岛屿应该是大屿山或香港岛，而且更倾向于后者。因为早在1835年4月，他就曾建议"在大屿山或香港的美丽港口设立据点"，将所有的在华英商转移到那里。1836年4月，他又宣称偏爱"安全和使用方便的香港海湾或港口"②。

英商在华开办的英文报纸也在鼓吹占领香港。1836年4月25日，一名记者在《广东记录报》（Canton Register）上发表评论说："如果狮子（指英国——引用者）的脚爪准备伸向中国南方的某一部分，就伸向香港吧。让狮子宣布保证使其成为自由港，十年之内它将成为好望角以东最重要的商业中心。"③

### 三、英国船只在香港海域

至迟在17世纪80年代就有英国船只出现在香港海域。1683年夏，英国东印度公司的船只"卡罗林娜号"（Carolina）由澳门前往香港地区的大屿山，在当地滞留两个月之久，于9月17日起程前往浪白（Lampeco）。④

从19世纪20年代开始，东印度公司来华船只经常将香港海域当做锚地。据《东印度公司对华贸易编年史》记载，1829年冬该公司船只至少有六只停泊在香港港口（今维多利亚港），有三只停泊在其西部入口急水门。⑤东印度公司这些船只多数是鸦片船。他们将鸦片由印度运往珠江口，

---

① G. R. Sayer, Hong Kong 1841-1862, Birth, Adolescence and Coming of Age. Hong Kong, 1980, P. 31.
② 同上。
③ E. J. Eitel, Europe in China. P. 60.
④ G. R. Sayer, Hong Kong 1841-1862. P. 21.
⑤ 《东印度公司对华贸易编年史》，第4卷，第213页。

装在趸船上囤积起来,出售给中国当地烟贩。后者再用一种叫做"快蟹"的小艇将鸦片销往沿海各地。这些鸦片趸船平时多停泊在伶仃洋一带,台风季节则移往金星门和香港海域。

关于英国鸦片船在香港海域的活动,在中文文献中也不乏记载。1837年7月,礼部给事中黎攀镠在奏折中说:"英吉利国有趸船十余只。自道光元年起,每年四五月,即入急水门,九月后,仍回零丁洋。""鸦片之入口,纹银之出口,皆恃趸船为逋逃渊薮。"他主张将趸船驱逐,以杜绝白银外流①。同年9月,两广总督邓廷桢在给行商的谕令中说:"据大鹏营参将、澳门同知、香山知县先后禀报,磨刀外洋及九洲沙沥、鸡颈、潭仔各洋面,共泊趸船二十五只,于七月二十九、三十,八月初三、初四等日,该趸船陆续由磨刀移泊尖沙咀洋面十九只,由九洲沙沥移泊尖沙咀二只,由鸡颈移泊尖沙咀一只,复于八月初九日由尖沙咀移泊潭仔二只,初十日由尖沙咀移泊鸡颈一只。"邓廷桢严正指出,绝不允许"以中华洋面为藏污纳垢之区"②。但直至1839年春,仍有许多英国鸦片趸船停泊在珠江口外,伶仃、九洲、三角、潭仔等处泊船6只,尖沙咀洋面泊船16只③。

### 四、鸦片战争的序幕

1839年3月,钦差大臣林则徐奉命到广东查禁鸦片。他要求英美鸦片贩子交出烟土两万多箱,于6月3日在虎门海滩当众销毁。英国驻华商务监督义律(C. Elliot)蓄意挑起战争。他一方面写信要求英国政府实行武装干涉,一方面将英国在华人员和舰船集结在尖沙咀附近海面。

8月底,配有二十八门炮的英国军舰"窝拉疑号"(Volage)由印度驶抵香港。随后配有二十门炮的英国军舰"海阿新号"(Hyacinth)也抵达香港。义律以为实力增强,便不断对中国实行武装挑衅。

---

① (道光朝)《筹办夷务始末》,第18~19页。
② 佐佐木正哉:《鸦片战争前中英交涉文书》,日本东京1967年出版,第120页。
③ (道光朝)《筹办夷务始末》,第151页。

9月4日，清军大鹏营参将赖恩爵率水师船在距尖沙咀约20余里的九龙山口岸巡逻。义律率军舰三艘前往该地，递上禀帖，求买食物。清军正待回答，英舰竟突然向清军水师船开炮。清军水师和岸上炮台官兵奋起还击，击中英国双桅军舰一只，击伤英军多名，连义律头上的帽圈也被炮弹打掉。义律连忙率船撤回尖沙咀海面。

11月3日，英国商船"罗压尔色逊号"（Royal Saxon）准备按林则徐要求具结，开往黄埔进行正当贸易。义律派军舰"窝拉疑号"和"海阿新号"前往穿鼻洋面堵截，并向保护该船进口的中国水师进攻。水师提督关天培督弁兵奋勇抵抗，击中"窝拉疑号"船头。英舰仓皇逃回尖沙咀洋面。

林则徐见义律有将尖沙咀洋面"据为巢穴"的迹象，特命令清军在尖沙咀以北的官涌山梁扎营，"固垒深沟，相机剿办"。义律见官涌清军对他们构成极大威胁，便命令英军不断向官涌清军阵地发起攻击。从11月4日起，他们或从军舰上炮轰，或派士兵登陆抢攻。林则徐陆续派出候补知府余保纯、新安县知县梁星源、参将陈连升、赖恩爵、张斌等文武官员，指挥官涌清军迎头痛击，"旬日之内，大小接仗六次"，俱获全胜①。在清军的沉重打击下，义律率领的英国船队被迫撤离尖沙咀洋面。

九龙山之战、穿鼻之战和官涌之战是鸦片战争的三次前哨战，揭开了鸦片战争的序幕。这三次战斗有两次发生在香港地区，另外一次与香港也有关系，因为英军是以尖沙咀洋面为据点向清军发起攻击的。

## 五、义律与琦善的谈判

1840年2月，英国政府按照本国资产阶级特别是鸦片贩子的要求，决定向中国派出"东方远征军"。当年6月，英国船舰40余艘及士兵4000人云集香港岛北部海面（今维多利亚港），然后北上侵犯厦门，攻陷定海。

---

① （道光朝）《筹办夷务始末》，第240、241页。

舰队7月底抵达白河口，投递外交大臣巴麦尊致清政府的照会，提出赔偿烟价、割让海岛等无理要求。清政府惊慌失措，答应在广东就地磋商，并派琦善为钦差大臣办理对英交涉。

在广东的中英交涉中，英方全权代表义律步步进逼。他在1840年12月12日的照会中，提出赔偿烟价七百万元，开放广州、厦门、定海三口通商等要求，并说应留英军"在外洋红坎山（即香港岛）暂屯"，"俟各事善定全完"，然后撤回本国[1]。这是英国首次向中国正式提出占据香港岛的要求。

琦善将英方的要求上奏道光皇帝，认为不可将香港岛割让给英国。他说：英国"所垂涎者，一系粤省之大屿山，一系海岛，名为香港"。香港"环处众山之中，可避风涛，如或给予，必致屯兵聚粮，建台设炮，久之必觊觎广东，流弊不可胜言"[2]。

在同年12月29日的照会中，义律又进一步要求"予给外洋寄居一所，俾得英人竖旗自治，如西洋人在澳门竖旗自治无异"[3]。就是说要求将原来提出的"暂屯"香港，改为"竖旗自治"，即割让。

为了迫使琦善就范，1841年1月6日，英军突然发动进攻，夺取了大角、沙角炮台。义律趁势提出五项条件，要求三天之内答复。条件之一是将沙角割让，"给为贸易寄寓之所"[4]。沙角在虎门口外，是广州的第一重门户，琦善不敢轻易允许，但表示可将义律来文所说予给外洋寄居一所，"代为奏恳"[5]。义律接着提出"以尖沙咀洋面所滨之尖沙咀、红坎即香港等处，代换沙角予给"[6]。1月15日，琦善在照会中指出："尖沙咀与香港，

---

[1] 佐佐木正哉：《鸦片战争的研究（资料篇）》，日本东京1964年出版，第32、33页。
[2] （道光朝）《筹办夷务始末》，第627、628页。
[3] 《鸦片战争的研究（资料篇）》，第46页。
[4] 同上书，第56页。
[5] 同上书，第61页。
[6] 同上书，第62页。

系属两处。"要求英方"止择一处地方寄寓泊船"①。次日，义律复照提出可只割让香港，但照会中将"香港一处"写为"香港一岛"②。

"香港一处"是指香港岛的部分地方，"香港一岛"则是指全岛，两者差别不小，但面对强敌咄咄逼人的压力，琦善对英方的说法不敢加以驳斥，也不敢马上应允。1月20日，他上奏道光皇帝说，英方愿将定海缴还，沙角献出，英方恳求"仿照西洋夷人在澳门寄居之例，准其就粤东外洋之香港地方泊舟寄居"③。同日他又上奏说，他已派人前往香港勘丈，待皇帝下旨准行，再与英方"酌定限制"④。后来琦善向清廷辩解说，他"虽仅许其请给寄寓一所，并无全岛字样，亦未向其指对地段"⑤。此后，两广总督祁𡎴在奏折中也说："琦善原只许以一隅，俾得寄居，而夷情无厌，遂借此要求全岛，似系实在情形。"⑥

### 六、英军占领香港岛

英方一面向清政府进行外交勒索，一面派兵强行侵占了香港岛。英军"琉璜号"（Sulphur）舰长贝尔彻（Edward Belcher）回忆说："我们奉命驶往香港，开始测量。1841年1月25日（星期一）上午八时十五分，我们登上陆地。作为真正的首批占领者，我们在'占领峰'（Possesion Mount）上三次举杯祝女王陛下健康。26日舰队到达，海军陆战队登陆，在我们的哨站升起了英国国旗。司令官伯麦爵士在舰队其他军官陪同下，在陆战队的鸣枪声和军舰隆隆的礼炮声中，正式占领该岛。"⑦ 这说明早在《南京条约》签订前一年零七个月，香港岛已被英国侵占。当年英军登陆

---

① 《鸦片战争的研究（资料篇）》，第70页。
② 同上书，第71页。
③ （道光朝）《筹办夷务始末》，第735页。
④ 同上书，第736页。
⑤ 同上书，第832页。
⑥ 同上书，第1103页。
⑦ *Chinese Repository*, Vol. 12, P. 492.

地点在香港岛的西北部。英国人称其为"占领峰"（Possesion Mount），中国人称其为"大笪地"，在今天的上环水坑口街附近，因市政建设的发展今已面目皆非。

1月29日，义律和伯麦乘坐军舰"复仇女神号"（Nemesis），得意洋洋地沿香港岛海岸绕行一周。

次日，伯麦照会清军大鹏协副将赖恩爵，横蛮地宣称："照得本国公使大臣义，与钦差大臣爵阁部堂琦，说定诸事，议将香港等处全岛地方，让给英国主掌，已有文据在案。是该岛现已归属大英国主治下地方，应请贵官速将该岛各处所有贵国官兵撤回，四向洋面，不准兵役稍行阻止难为往来商渔人民。"①

2月1日，义律和伯麦联名在香港发布告示说："照得本公使大臣奉命为英国善定事宜，现经与钦差大臣爵阁部堂琦议定诸事，将香港等处全岛地方，让给英国寄居主掌，已有文据在案，是尔香港等处居民，现系归属大英国主之子民，故自应恭顺乐服国主派来之官……倘嗣后有应示事，即有派来官宪，随时晓谕，责成乡里长老，转辖小民，使其从顺。毋违。特示。"②

### 七、《川鼻草约》并未签订

在前述照会和告示中，义律和伯麦宣称琦善同意割让香港岛"已有文据在案"，似乎中英双方已签署了条约。在此之前，义律于1841年1月20日在《给女王陛下臣民的通知》中，称他和琦善之间"达成了初步协议"，其中包含"把香港岛和海港割让给英国"。因此，后来一些西方学者说1841年1月20日义律和琦善签订过割让香港岛的《穿鼻草约》或《穿鼻条约》。但事实上，到1月26日英军强占香港岛为止，中英双方并未签署

---

① 中国史学会编：中国近代史资料丛刊《鸦片战争》（四），上海人民出版社1962年出版，第239页。

② 同上书，第239、240页。

过任何条约。此后,义律和琦善关于香港岛的交涉仍在继续进行。

义律和琦善举行过两次会谈。1841年1月27日,即英军强占香港岛后的第二天,他们在珠江口内的狮子洋莲花山举行首次秘密会谈。义律在1月30日的照会中曾说:"照得先日与贵大臣爵阁部堂,议将香港一岛让给英国主治。"① 由此判断,1月27日的会谈中仍在讨论割让香港岛的问题。讨论的结果如何呢?据义律手下军官宾汉(J. E. Bingham)记载说:"27日义律上校和琦善在莲花山塔下会晤……但未达成任何协议。在后来的会议上,决定将最后的条约文本准备好,送往广州交琦善签字,并加盖皇帝印鉴。"② 关于此次会晤,琦善的翻译鲍鹏后来在供词中说:"义律索烟价六百万,中堂已允,惟要香港全岛,只肯给一处,议论多时,并未定见。"③

1月31日,琦善拟出"章程底稿"四条,寄给义律。其中第一条说:"既经奏请大皇帝恩旨,准令英吉利国之人仍前来广通商,并准就新安县属之香港地方一处寄居。应即永远遵照,不得再有滋扰,并不得再赴他省贸易,以归信实。"④

2月10日,第二次会晤在蛇头湾举行。关于此次会晤,琦善是这样奏报的:"当谕以香港原系天朝地土,前此代为具奏,亦只恳恩给予寄寓一所,并非全岛,且未奉谕旨,亦尚未敢裁。至于该处居民,尤属天朝百姓,岂准英国主治,该夷何得遽行前往张贴伪示,徒致摇惑民心。该夷自觉理屈,据请照澳门之例,仍归州县管理,惟地方则坚求全岛,并欲自行贸易。其濒行时,据称再行备文呈请等语。"⑤ 鲍鹏在供词中也说:"在蛇头湾,义律过船来见,又说香港必需全岛,但给一处,恐与居民争斗动

---

① 《鸦片战争的研究(资料篇)》,第76页。
② J. E. Bingham, *Narrative of the Expedition to China*. Vol. 2. London, 1843, P. P. 43~44.
③ 中国近代史资料丛刊《鸦片战争》(三),第253页。
④ (道光朝)《筹办夷务始末》,第815页。
⑤ 同上书,第814页。

兵。中堂仍未应允。"① 琦善能否像奏折中所说的那样批驳义律，值得怀疑，但他对义律割让全岛的要求"仍未应允"，应是事实。

2月13日，义律将他拟定的条约草案"善定事宜"七条送交琦善，要求指定会面处所，早日再行会晤当面盖印。该草案第三条写道："天朝大皇帝准将治属之广东新安县附近海滨者香港一岛给予大英国主所有。大清沿海各省船只俱得往彼贸易。"②

此时琦善已经得知，因代英方恳求在香港寄居，他已被清廷革职。他自然更不敢轻易按英方条件签署条约。2月15日晚，鲍鹏乘小舟抵达澳门，声明琦善不肯签署该草约，要求再给十天时间考虑③。次日，义律照会琦善，威胁说："本月之内，倘终未能以善定事宜条款盖印了结，诸事全妥，必使再开衅端，不免仍复相战。"④ 琦善在复照中，佯称"抱恙甚重"，借以拖延时日⑤。

早在当年2月11日，广东巡抚怡良即奏报英军强占香港岛，并发照会，"指称钦差大臣琦善与之说定让给"。道光皇帝获悉此事极为愤慨，认为琦善"擅与香港"，于2月28日命令将他立即革职锁拿，押解赴京严讯，所有家产查抄入官⑥。3月13日，琦善被押解赴京。

从前述交涉过程看，义律与琦善并未签署过任何条约。英国学者安德葛（G. B. Endacott）在《香港史》一书中也曾指出：所谓《川鼻草约》，"事实上从未签订"⑦。义律和伯麦宣称琦善同意割让香港全岛，并且"已有文据在案"，是毫无根据的谎言。

1841年4月英国政府收到义律的报告和条约草案后，引起强烈反响。

---

① 中国近代史资料丛刊《鸦片战争》（三），第253页。
② 《鸦片战争的研究（资料篇）》，第80、81页。
③ J. E. Bingham, *Narrative of the Expedition to China*. Vol. 2. P. 47.
④ 《鸦片战争的研究（资料篇）》，第83页。
⑤ 同上书，第84页。
⑥ （道光朝）《筹办夷务始末》，第803~805页。
⑦ G. B. Endacott, *A History of Hong Kong*. London, 1958. P. 17.

英国政府和与对华贸易有关的英商表示强烈不满，皆认为义律勒索得太少。

4月12日，伦敦39名商人致函外交大臣巴麦尊，抱怨"这次远征的所有目标都不必要地被牺牲掉了"。4月16日，利物浦"东印度和中国联合协会"等48家团体和公司也联名致函巴麦尊，要求"不要批准义律的初步安排"①。

5月3日，巴麦尊通知义律说，英国政府不赞成他与中国钦差大臣会谈的方式，同时宣布撤销他担任的驻华全权使臣兼商务监督职务②。

5月14日，巴麦尊又就割让香港问题，写信批评义律说：

"本国报纸刊载的你对英国在华臣民所发的告示，宣布香港岛永远并入英国版图。我必须对你指出：除非是通过君主批准的正式条约，不能将属于该君主的任何一部分领土割让并转交给另一位君主。同时，任何臣民无权割让其君主的任何一部分领土。因此，即使与琦善达成了割让香港岛的协议，并正式签署了条约，在中国皇帝批准之前，该协议并无任何价值和效力。

你和琦善之间不像签署了割让香港的正式条约，而且无论如何可以肯定，在你发布告示时，即使有了琦善签署的条约，它也是未经皇帝批准的。所以，你发布告示全然是为时过早。"③

## 八、中英《南京条约》与正式割让香港岛

1841年4月30日，英国内阁决定停止广东谈判、扩大侵略战争，并委派璞鼎查（Henry Pottinger）取代义律任驻华全权使臣兼商务监督。

5月31日，外交大臣巴麦尊在给璞鼎查的训令中，明确地提出了对中国的各项无理要求，并且指出，只有中国的全权代表无条件地接受英国的

---

① 英国外交部档案 F. O. 881/75A，第202~203页。
② 英国外交部档案 F. O. 881/75A，第109页。
③ H. B. Morse, *International Relations of the Chinese Empire*. Vol. 1. PP. 647~648.

一切要求，才能停止军事行动。巴麦尊在很长时间内一直主张割占舟山，对割占香港岛不感兴趣，但在这次的指令中改变了态度。他写道："据说该岛在许多方面很有条件成为我们对华贸易的一个相当重要的贸易站"，"您不得同意放弃那个岛屿"①。

璞鼎查接受指令后，日夜兼程走马上任，于1841年8月10日抵达澳门。12日，他发布通告，宣称他不会和广东当局接触，并将用武力保持其前任对香港岛的占领②。

8月20日，璞鼎查乘船抵达香港。次日，他亲率37艘舰船和3500名士兵，北上进行新的军事侵略。他们强行占领了厦门，再度占领定海，并侵占了镇海、宁波。10月30日，璞鼎查写信给巴麦尊，狂妄地宣称："或者北京当局必须投降，或者沿海省份将处于我们的支配之下"，可以"由英国女王宣布中国沿海哪些港口或哪些地区将并入女王陛下的版图之内"③。

在璞鼎查率军侵犯闽浙地区期间，英国内阁更迭，托利党上台执政，但新政府的对华政策没有实质性的改变。新任外交大臣阿伯丁（Aberdeen）在给璞鼎查的信中，宣布授予他更大的"自由决断权"。与上届内阁的不同之处在于，新内阁担心开支过大，对永远占据香港和舟山一事犹豫不定，采取"等等看"的政策。

由于听说中国打算收复被英军占领的香港，正在等候援军的璞鼎查匆匆离开战场，于1842年2月1日返回香港。他于2月16日宣布香港为自由港，2月27日把驻华商务监督驻地从澳门移到香港，3月22日又宣布成立土地委员会调查处理香港的土地问题。他通过上述措施加强了对香港的控制。3月3日，他曾写信给英国外交大臣说："在宣布香港为永久殖民地之后六个月内，它就会成为一个巨大的商业和财富中心。"如果再加上定

---

① 英国外交部档案 F. O. 881/75B，第14～16页。
② *Chinese Repository*，Vol. 10，P. 478.
③ W. C. Costin, *Great Britain and China*, 1833－1860. Oxford. 1937. P. 97.

海和厦门,"我们仍然能够使用相当少的部队来控制这些地区。通过把这一庞大帝国的整个海上贸易置于我们的控制之下,自然也由于在竞争中我们可以抢在欧美其他各国之前,在短短几年之内,这些地区就可以对英国目前付出的巨大开支和辛劳给予报答"①。

1842年6月,从印度派来的英国增援船只百余艘、陆军士兵万余人陆陆续续抵达中国。璞鼎查再次北上,指挥英军进犯长江,企图攻占南京,控制长江、运河两大水道,切断漕运,逼迫清朝当局投降。英军攻占上海后,"采用了极端残酷的手段"攻下长江、运河交汇处的重要城市镇江,接着长驱西进,于8月4日兵临南京城下。

早在7月5日,璞鼎查即在一则中文告示中提出其主要要求,"即赔还所夺之货物(鸦片)及年来战争之费,一也。其两国官员嗣后以友理相待,平行通交,二也。割让海岛予英人居住贸易,致免再酿争端,三也"②。这些要求除第二条从字面上看并无问题,其余两条纯属破坏中国主权完整的无理要求。

由于清军多数将领腐败、武器装备落后,无法抵御英军的进攻,军事上节节失利,道光皇帝决定妥协投降。当双方还在长江沿岸交战时,他就密令钦差大臣耆英、伊里布,按照璞鼎查提出的要求,与英方讨论议和问题。英军攻抵南京之后,双方照会往来更为频繁。

关于割让香港岛问题,璞鼎查在8月12日提出的条约条款中说:"关于让地通商一端,大清必将香港地方让与大英永远据守。盖大英之国体,既被大清之凌辱,理当让地方以伏其罪,而补所伤之威仪也。"③ 用清朝凌辱英国国体这种无中生有的说法,强迫中方割地赔罪,是十分荒唐和横蛮的做法。

早在英军攻占镇江之前,道光皇帝在给耆英的密谕中,已表示可以

---

① W. C. Costin, *Great Britain and China*, 1833-1860. Oxford. 1937. P. 97.
② 《近代史资料》总77号,第28页。
③ 《鸦片战争的研究(资料篇)》,第199页。

"将香港一处,赏给尔(英)国堆积货物"①。因而,清朝有关官员在接到璞鼎查的条约条款后,对割让香港岛并无半点犹豫。8月15日,耆英、伊里布、牛鉴在提交英方的条款中写道:"香港地方业经英国盖造房屋,应准寄居。"②

1842年8月29日,耆英、伊里布来到英国军舰"皋华丽号"(Cornwallis),同璞鼎查签订了中国近代史上第一个不平等条约——中英《南京条约》。该条约第三款写道:"因大英商船远路涉洋,往往有损坏须修补者,自应给予沿海一处,以便修船及存守所用物料。今大皇帝准将香港一岛给予大英国君主暨嗣后世袭主位者常远据守主掌,任便立法治理。"③ 在英国军舰大炮的威胁下,通过中英《南京条约》,香港岛被正式割让给了英国。

## 第三节 英国割占九龙

### 一、九龙司的设置与九龙城的修建

鸦片战争期间香港岛被英国侵占,与其隔海相望的九龙半岛地位岌岌可危。面对危难的局势,清政府于1843年将官富巡检司改为九龙巡检司(简称九龙司),巡检驻地迁回官富九龙寨④。新安县知事王铭鼎撰《九龙司新建龙津义学叙》有如下记载:"道光二十三年,夷务靖后,大吏据情入告,改官富为九龙分司。"⑤ 九龙巡检司下设7个大乡。其管辖范围大体

---

① (道光朝)《筹办夷务始末》,第2055页。
② 《鸦片战争的研究(资料篇)》,第207页。
③ 《中外旧约章汇编》,第1册,第31页。
④ 官富九龙寨即官富寨,又称九龙寨。王崇熙的《新安县志》中,这几个名称都使用过。
⑤ 《香港百年史》,第88页。

相当于目前香港地区的九龙、新九龙和新界①。

九龙司设置之初，巡检驻地九龙寨既无城垣、衙署，又无兵营，困难重重。1846年8月8日，两广总督耆英奏请修建九龙寨城，"以便防守"。他在奏折中说："查九龙山地方，在急水门之外，与香港逼近，势居上游，香港偶有动静，九龙山声息相通。是以前经移驻大鹏营副将及九龙山巡检，借以侦察防维，颇为得力。第山势延袤，驻守员弁兵丁无险可据，且系赁住民居，并无衙署兵房堪以栖止，现值停工，又未便请动公项。英夷虽入我范围，不致复生枝节，而夷情叵测，乃应加意防备。今于该处添建寨城，用石砌筑，环列炮台，多安炮位，内设衙署兵房，不惟屯兵操练足壮声威，而逼近夷巢，更可借资牵制，似于海防大有裨益。"②

广东当局对九龙城工程极为重视。耆英指派广东试用通判顾炳章、署广东新宁县候补知事乔应庚等任督工委员专司其职。建城地点在九龙寨。据《勘建九龙城炮台全案文牍》所载，九龙寨在九龙山中间白鹤山五里以内的沿海地带，当时有店铺、民房数百间。城基选在白鹤山南麓距海三里的一片官荒地上③。经顾炳章等实地踏勘，决定修筑石城一座，周长199丈，城墙上筑城门、敌楼各四座。城上东西南三面配置大炮32门。城内开有水池，广深各一丈。城内横量70.7丈，直量35.2丈，占地约41.5亩。为了"妥为防范"，还在城北添筑腰墙一道，圈围山顶周170丈，墙上酌开长形枪眼，并建望楼一座。此外，将城外旧有之九龙炮台南面加高培厚，添易三千斤大炮两门，与城寨成掎角之势。九龙城工程还包括修建武帝

---

① 《广东图说》，卷13，第10～12页。
② 《耆英奏九龙山逼近香港亟应建立城寨以资防守折》，载（道光朝）《筹办夷务始末》，卷76，第3010～3011页。
③ 《顾炳章、乔应庚复核勘估工程情形禀》，见《近代史资料》总74期，第5页。正文中提及的《勘建九龙城炮台全案文牍》是香港大学历史系霍启昌博士在广州发现的珍贵史料，系顾炳章原稿本，共收道光二十六、二十七年的有关公文八十件，约四万字。笔者应霍先生之请，从中选出22件加以标点整理，刊于《近代史资料》总74期，题为《勘建九龙城炮台文牍选》。

庙、副将衙署、巡检衙署、演武亭、大较场、军装火药局和兵房等配套工程①。这项颇具规模的工程于1846年11月25日兴工,1847年5月31日完竣。②由于清政府财政困难,九龙城工程并未动用公款,而是靠捐资兴建。广东官绅对修建这项海防工程表现出极大热忱,半年之内,捐输洋银46.8余两。九龙城工程仅用银3.6万两。所余银两用于修筑省内防务工程③。

1856年10月,英国以亚罗号事件为借口,发动了第二次鸦片战争。英国的侵略行径激起了广东军民的愤怒反抗。咸丰六年十一月二十二日(1856年12月19日),新安全县士绅在明伦堂聚会,议决严禁向香港供应食物。他们发布告示,号召"本县百姓在裙带路(指香港岛)开设店铺者,一概停止交易。从本月二十二日起,限一个月之内回家"④;新安县抗敌会会长陈桂籍委派其弟、举人陈芝亭率领乡勇2000人前往九龙,进行抗英活动。他们截获向香港偷运物资的船只,袭击零散英军,刺探香港敌情,组织和鼓动香港岛中国居民参加抗英斗争。

新安县(尤其是九龙半岛)在抗英斗争中充当了前哨阵地,香港英国当局对此恨之入骨。1857年4月20日,香港总督包令召集行政局会议,决定采取军事行动,强制九龙城清朝军事长官引渡抗英爱国人士。次日上午,在代理辅政司布里奇斯(W. T. Bridges)的指挥下,马德拉斯土著步兵团特遣队200名士兵进行了一次异乎寻常的侵略活动,渡海袭击了九龙城。大鹏协副将张玉堂拒绝交出抗英爱国人士,竟被英军在光天化日之下劫持到了香港。英军还抢走了清朝官员的官服、官帽、官印和宝剑等物

---

① 《顾炳章、乔应庚复核勘估工程情形禀》、《造具腔样并开列简明清折呈核禀》,见《近代史资料》总74期,第5、6、13、14页。
② 《九龙城寨各工一律完竣禀》,见《近代史资料》总74期,第22页。
③ 《耆英、徐广缙奏请奖叙捐资官绅及酌提捐资盈余备支各项要工折》,见《近代史资料》总74期,第25~27页。
④ 《有关女王政府海军在广州行动的文件续编》;《英国议会文书》,1857年,第12卷,第2192号,第20页。

品。包令在当天立即召开行政局和立法局联席会议,对张玉堂进行围攻和恫吓。他疾言厉色地宣称,如果抗英斗争继续发生,就是张玉堂的责任①。1857年的九龙劫持事件是英军试探性的军事行动。这一事件再次暴露了清朝当局的腐败无能,说明九龙城的修筑并未达到预期的目的。

## 二、英国强租九龙半岛南部

九龙半岛位于新安县大陆部分的南端,狮子山、笔架山等山脉以南。这是一个丘陵起伏的半岛,沿岸地带平地较多,可供建筑商业、交通、军事设施和住宅等。

九龙半岛的岬角尖沙咀隔着宽约1.5公里的海面,与香港岛的中环和湾仔相望。九龙半岛和香港岛之间是世界少有的天然深水良港,宽1.5~9.6公里,深度2~14.5米,面积5200公顷,可供巨轮自由往来停泊。海港四周群山拱卫,东面入口鲤鱼门地势狭窄,可阻挡波浪;西面入口汲水门有大屿山及一些星罗棋布的小岛减缓风浪,使整个海港成为巨大的袋式避风港。

由于拥有优越的地理环境,又处于我国南部地区海上交通的要冲,九龙半岛对香港地区的军事、交通、经济开发等方面,具有重大作用。鸦片战争期间,林则徐清楚地看到尖沙咀一带在军事上、交通上的重要地位。他在奏折中指出:"查广东水师大鹏营所辖洋面,延袤四百余里,为夷船经由寄泊之区。其尖沙咀一带,东北负山,西则有汲水门、鸡踏门,东则有鲤鱼门、佛堂门,而大屿巨岛,又即在其西南。四面环山,藏风聚气,波恬浪静,水势宽深,英夷船只,久欲依为巢穴。而就粤省海道而论,则凡东赴惠、潮,北往闽浙之船,均不能不由该处经过,万一中途梗阻,则为患匪轻。"②

---

① 《包令致拉布谢尔函》,1857年4月24日;C. O. 129/63,第47~49页。
② 《林则徐等又奏筹议广东添设炮台以防英军折》,道光二十年三月二十日;(道光朝)《筹办夷务始末》,卷10,第302页。

鸦片战争以前的数年内，英国商船（多数是鸦片船）经常在尖沙咀海面停泊。林则徐在奏折中曾说："道光十四五年间，夷船借称避风，辄泊金星门……年来改泊尖沙咀，只于入口之先，出口之后，暂作停留，尚无妨碍。今岁占泊日久，俨有负固之形……"① 英国商人对九龙这块土地早就垂涎三尺。他们在对广东沿海地区进行"细心考察"之后，曾说："在各处船只湾泊地方之中，并无一处可以好过尖沙咀。"② 反映英商意愿的《广东报》(Canton Press) 1842年5月7日声言："我们相信，已经发现比目前香港的地点更适合建造城市的地点。例如，对面九龙的海岸……就有良好的平坦空地。"③

英国军界也是夺取九龙半岛的狂热鼓吹者。早在1843年7月29日，英军少校奥尔德里奇（Aldrioh）就建议占领九龙半岛附近的小岛昂船洲（Stone Cutter's Island）并在该岛设防。四年以后，英国远东舰队司令西马糜各厘（M. seymour）提出并首次论证了割占九龙半岛的种种"理由"。1847年8月14日，他在致皇家工兵司令的信函中写道："我认为迫切需要占有九龙半岛和昂船洲，这不仅是为了防止其落入诋毁英国殖民地的任何外国之手，而且是为了给日益发展的香港社会提供安全保障和必需的供应。占有九龙半岛的另一个理由是，在台风季节它是保证我们船舶安全唯一的、必不可少的避风地。我们决不应该忽略这种极其重要的占领。"④

第二次鸦片战争期间，英军于1856年10月侵入广东内河，占据沿江各炮台，并一度攻入广州城内。接着，1857年12月英法联军进攻广州，清军不战而撤。次年1月，两广总督叶名琛被俘，广东巡抚柏贵、广州将军穆克德纳向敌人投降。侵略者任命英国驻广州领事巴夏礼（H. S.

---

① 《林则徐等奏英兵船阻挠英商船具结进口并在各处滋扰击退折》，道光十九年十一月初八日；（道光朝）《筹办夷务始末》，卷8，第242页。
② 《澳门新闻纸》，1840年4月25日。载中国史学会主编：中国近代史资料丛刊《鸦片战争》（二），1962年新一版，第469页。
③ G. R. Sayer, *Hong Kong 1841-1862, Birth, Adolescence and Coming of Age.* P. 98.
④ 《附有卢加德中校香港防御报告的文件摘录》；F. O. 17/287，第253～254页。

Prkes）等三人担任"大英法会理华洋政务总局正使司"（Allied Commissioners for the Government of Canton），对广州实行军事统治，监督和指挥柏贵行使傀儡政权职能。在这种情况下，清廷却任命柏贵为"署理钦差大臣"。清朝政府的妥协退让助长了侵略者的凶焰。1858年春，参加侵华战争的一些英国军官重新提出了割占九龙半岛的建议。

1858年3月2日，"加尔各答号"舰长霍尔（W. K. Hall）鼓吹当时是割占九龙岬角和昂船洲的良好机会，如果丧失这一机会，"其他国家就会通过租赁、购买或割让来占有这些地方"①。不久，驻扎广州的英军司令斯托宾齐（Straubenzee, C. Van）少将也向英国驻华全权专使额尔金（Elgin, Earl of）提议割占九龙半岛。他写道："它在我们手里对我们的船只有利；反之，今后其他任何一个欧洲国家占有了它，不仅会危害我们的船只，还会危害维多利亚城（即香港市区）本身。"②

英军将领关于割占九龙半岛和昂船洲的建议送达伦敦以后，得到英国政府首肯。1858年6月2日，外交大臣马姆斯伯里（Malmesbury）写信命令额尔金：一旦出现机会，应竭力从中国政府手中割占九龙岬角和昂船洲，至少要割占九龙岬角③。

获知英军将领的建议以后，香港总督包令写信给殖民大臣利顿（E. B. Lytton）附议说："我赞同这种意见：占据这块对中国人没有用处的土地，不仅在军事方面，而且在商业、保健和警务方面，对我们具有极大的价值。"鉴于《天津条约》已经签订，他建议与两广总督谈判这个问题，并毛遂自荐承担这项工作。为了说服英国政府采取行动，包令援引葡萄牙侵占中国领土氹仔的事例说："数年前澳门总督占据了名为氹仔的地方。该地对中国人没有用处，但总督认为它对保障澳门安全具有重要意义。他

---

① 《霍尔致哈德威克函》，1858年3月2日；F. O. 17/304，第288页。
② 《斯托宾齐致额尔金函》，1858年3月26日；F. O. 17/287，第248页。
③ 《马姆斯伯里致额尔金函》，1858年6月2日；F. O. 17/284，第129页。

在该地修筑了炮台,并且告诉我说,他的行动并未引起中国人抗议。"①

1859年初,英国政府派卜鲁斯(F. W. A. Bruce)为驻华公使前往北京换约,进行新的勒索。4月底到达香港之后,他多次与香港辅政司马撒尔密谋占领九龙半岛的问题。离开香港那天,他要求马撒尔拟出有关九龙半岛的备忘录,作为同中国政府谈判的依据。马撒尔立即炮制出一份备忘录,对占领该地的得失及规模等问题发表意见,鼓吹"为了维护本殖民地及其邻近地区的和平与良好秩序,占领该半岛是极端必要的"②。

1859年6月英法侵略军在大沽遭到惨败之后,英法两国政府决定派遣更多的军队,向中国发动更大规模的武装进攻。英国各方面占领九龙半岛的要求变得更加迫切。驻华公使卜鲁斯于1860年2月写信给斯托宾齐说:"中国政府迫使我们派来更多的部队,但在香港不能妥善地接纳他们。这是一个充分的理由,说明暂时占领该地是正确的。"③

1860年3月13日新任侵华陆军司令克灵顿(H. Grant)中将抵达香港之后,遵照卜鲁斯的指令,立即决定派遣军队在九龙半岛岬角——尖沙咀登陆。3月18日,在克灵顿的指挥下,英军第四十四团特遣队强行侵占了尖沙咀一带。当年4月份,几乎每天都有舰船运载英法侵略军到达香港。这大批援军大部分驻扎在九龙半岛,只有很少一部分驻扎在香港岛南部的深水湾和赤柱。英军在九龙半岛进行北上作战的各项准备工作,训练锡克族骑兵,并对新式武器阿姆斯特朗炮的"威力和精确性"进行试验④。这大批侵略军一直逗留到5月19日,才开始乘船北上作战。

早在3月初,英国驻广州代理领事巴夏礼已收到斯托宾齐转交的驻华公使卜鲁斯来信副本,了解到英国政府要求"暂时占领九龙半岛之一部分"的意图。3月16日,巴夏礼就租借九龙半岛问题,在香港同克灵顿和

---

① 《包令致利顿函》,1858年8月20日;C. O. 129/69,第89~90页。
② 《九龙半岛问题备忘录》,1859年6月6日;C. O. 129/74,第104页。
③ 《卜鲁斯致斯托宾齐密函》,1860年2月19日;C. O. 129/79,第368页。
④ G. J. Wolseley, *Narrative of the War with China in* 1860. P.83.

香港总督罗便臣（Hercules Robinson）磋商。罗便臣根据卜鲁斯的授权，要求巴夏礼尽快返回英法联军控制下的广州，安排租借一事。19日，巴夏礼即着手这项工作，克灵顿亦于同日抵达广州督察和助威。20日一早，巴夏礼就开始起草公函，经克灵顿过目以后，于当天下午面交两广总督劳崇光。

巴夏礼在公函中提出，由于九龙半岛的混乱状态给维护英国利益带来不便之处，在采取永久性措施克服这一困难之前，建议租借这块地方。他以不容置辩的口吻宣布：两广总督要做的事情，只是在正式回信中表示同意英方的安排①。

劳崇光是一个毫无民族气节的昏庸官僚。后来曾经有人参劾他说："劳崇光自到广东，始则畏夷，继则与夷酋巴夏礼交情甚密。夷人凡有要求，无不允准，从无一事设法阻止者。"② 在接到英方提出的无理要求后，他本应严词拒绝，并立即向中央政府奏报。他却于当天匆遽复信，擅自应允英国"暂时租借和驻军保护该地"③。由于英法两国发动第二次鸦片战争，中英两国当时处于敌对状态。英军强占九龙半岛南端，将其作为扩大对华侵略的基地，要从该地乘船出发北上进攻清朝政府的心脏地带。身为封疆大吏的劳崇光却处处迎合侵略者的需要，引狼入室，为虎作伥，其荒唐无耻真是无以复加。难怪英国陆军大臣赫伯特（S. Herbert）获悉租借成功的消息后，感叹道："中国人真是世界上最奇怪的人！"④

3月21日，巴夏礼最后确定了他拟定的租约文字。租约规定九龙半岛在所画界线以南的地区（该界线从邻近九龙炮台南部之一点起，至昂船洲最北端止），包括昂船洲在内，租借给英国。为此，每年交付中国地方当

---

① 《巴夏礼致劳崇光函》，1860年3月20日；C. O. 129/77，第231、234页。
② 《广东巡抚耆龄参劾劳崇光在粤与洋人亲密情形折》，咸丰十一年六月二十二日，载中国近代史资料丛刊《第二次鸦片战争》（五），第519页。
③ 《劳崇光致巴夏礼函》，1860年3月20日；C. O. 129/77，第235页。
④ M. A. Samuel Couling, *The Enayclopaedia Sinica*. P. 277.

局租银五百两。只要英国政府按时如数交付租金，中国政府便不得要求归还上述土地。在劳崇光向中国最高政府提出请求，经皇帝授权另外缔结永久性协定之前，该租约一直有效①。这实际是一份永远租借该地的契约。当天晚上，巴夏礼与劳崇光在一起签字、用印、互换文件。从 20 日下午算起，仅用了一天多时间，巴夏礼便强迫劳崇光办完了租借的手续。巴夏礼因此事得意忘形。3 月 26 日，他在给妻子的信中声称："我毫不怀疑，下一步的事情就是把九龙半岛完全割让给我们。"②

### 三、英国割占九龙半岛南部

1860 年春季，英国政府再次任命额尔金为全权特使，前往中国武力解决换约等问题。这时租借九龙的消息尚未传到伦敦，而英国政府已经提出了强迫中国割让九龙半岛的方针。在额尔金动身来华以前，外交大臣罗素（Lord John Russell）写信对他说："殖民大臣发表意见说，在与中国签订的任何新条约中，应竭力作出割让九龙半岛的规定。根据他的请求，兹训令阁下切勿错过可能出现的任何有利时机，以实现这一割让。"③。

在取得对九龙半岛南部的永租权以后，英国在远东的殖民官员得寸进尺，纷纷鼓吹进一步割占该地。罗便臣在给殖民大臣纽卡斯尔（Duke of Newcastle）的信中声称："我认为，我们现在已臻于最好的境地。只要通过一种正式的割让，〔香港〕殖民地政府便能对该地行使管辖权。"④ 巴夏礼在给外交部哈蒙德（Hammond）的私人信件中说，如果英国政府有这样的想法，由他进行的有利的领土租借可能变为彻底的领土割让⑤。

1860 年 7 月，租借九龙的消息传到伦敦以后，英国政府欣喜异常，迅

---

① 《租约》，原件所署日期仍为 1860 年 3 月 20 日。见 C. O. 129/77，第 239~241 页。
② S. Lane-Poole, *The life of Sir Harry Parkes*. Vol. I, P. 324.
③ 《罗素致额尔金函》，1860 年 4 月 18 日；F. O. 881/933，第 28 页
④ 《罗便臣致纽卡斯尔函》，1860 年 3 月 26 日；C. O. 129/77，第 219 页。
⑤ E. S. Taylor, *Hong Kong as a Factor in British Relations with China* 1834-1860. P. 393.

速作出反应。外交大臣罗素向额尔金发出秘密指令说:"女王陛下政府获悉,关于九龙半岛,巴夏礼先生已为她从中国当局获得这块土地的永租权。尽管知道租借会带来眼前的利益,在全面考虑之后,女王陛下政府认为,他们应该取得九龙半岛的完全割让,这是非常称心如意的事情。为此我训令阁下,要竭力实现这一目标。这块领土的数量微不足道,取得它的理由又如此明显,所以这一割让未必能为法国提供借口,使其要求夺取舟山,或者割占中国沿海其他地方。"①

1860年9月上旬,英法联军由天津出发进犯北京。几次交锋之后,侵略军于10月6日攻抵北京西郊海甸和圆明园。咸丰皇帝早于9月下旬逃往热河避难,把恭亲王奕䜣留在北京议和。

10月10日,英军司令克灵顿、法军司令孟斗班(Montauban)照会奕䜣,要求交出安定门,"如有官兵阻挠,立将京城攻开"。奕䜣以"援兵未齐,剿抚均无措手"为由,竟默许守城王公大臣开城迎敌的荒唐做法②。10月13日,英法联军一弹未发便占领了安定门。他们在城墙上安放大炮,设置哨卡。守卫安定门和德胜门的清军官兵"均自行撤退"。这样,清朝的京都便被置于外国侵略者的炮口之下。10月16日,额尔金向奕䜣发出最后通牒,要求清政府于22日交付恤银三十万两,并于23日签订中英《续增条约》(即中英《北京条约》)和交换中英《天津条约》批准书。否则,英军要夺取皇宫并采取其他措施。为了掠夺珍贵文物并逼迫清政府尽早接受投降条件,英法联军在圆明园大肆抢劫,并于10月18、19日两天纵火焚烧园内宏伟的殿堂楼阁。清朝前后六代皇帝惨淡经营150多年的这座世界名园变成了一片废墟。

在英法两国军事和外交的双重压力之下,奕䜣表示完全接受侵略者提出的投降条件。额尔金认为割占九龙半岛的时机成熟了。换约前夕,

---

① 《罗素致额尔金密函》,1860年7月9日;F. O. 881/933,第49页。
② 《奕䜣、桂良、文祥奏英法照会带兵守安定门请派大员统带诸军以一事权折》,(咸丰朝)《筹办夷务始末》,卷65,中华书局1979年出版,第2444~2445页。

英方突然要挟在中英《北京条约》中增加三条。其中第一条便是"广东九龙司地方并归英属香港界内"。奕䜣"畏其逼迫",借口"自入城以后,我之藩篱既失,彼之气焰方张,一经驳辩,难保不借生事端",对新增各条一概应允。事后他在奏折中竭力洗刷自己的误国行为。谈到割让九龙半岛一事时,他辩解说:"查九龙司地方,据该夷声称:已经两广总督劳崇光批准允租。则与给与无异,但事无实据,何可尽信?惟其地与香港毗连,系海口余地,非内地要隘可比。"① 劳崇光允租九龙,清朝中央政府并不知情;英方混淆租借与割让的差异,别有用心。奕䜣对英方的谬论不敢据理驳斥;事后为开脱罪责,竟与侵略者唱同样的调子,把海防要地九龙半岛说成是"海口余地"。清朝高级官吏的腐败由此可见一斑。

10月24日是举行中英《天津条约》换约仪式的日子。英军司令克灵顿在安定门上布置了一个野战炮兵连,"随时准备奉命行动"②。当天下午,在100名骑兵和400名步兵的簇拥下,英国全权特使额尔金乘坐装饰华丽的轿子,由克灵顿陪同从安定门前往礼部大堂。沿途主要街道全由荷枪实弹的英国士兵把守。额尔金的轿子进入礼部大堂时,乐队高奏英国歌曲《上帝保佑女王》。恭亲王奕䜣作揖迎接,额尔金报之以轻蔑的一瞥和高傲、冷漠的点头示意。克灵顿事后写道:额尔金的举动"可能使可怜的恭亲王血管里的血液都凝固了"③。就这样,在英军大炮阴影的笼罩之下,在令人窒息的屈辱气氛中,奕䜣同额尔金交换了中英《天津条约》批准书并签署了中英《北京条约》。

不平等条约中英《北京条约》第六款规定:"前据本年二月二十八日(1860年3月20日),大清两广总督劳崇光,将粤东九龙司地方一区,交与大英驻扎粤省暂充英、法总局正使功赐三等宝星巴夏礼代国立批永租在

---

① 《奕䜣、桂良、文祥奏英法续约已有删增现于十一、十二日换约折》,(咸丰朝)《筹办夷务始末》,卷67,第2496~2497页。
② Grant and Knollys, *Incidents in China war*. Edinburgh and London, 1875,P. 208.
③ 同上书,第209页。

案。兹大清大皇帝定即将该地界，付与大英大君主并历后嗣，并归英属香港界内，以期该港埠面管辖所及，庶保无事，其批作为废纸外。其有该地华民自称业户，应由彼此两国，各派委员会勘查明，果为该户本业，嗣后倘遇势必令迁别地，大英国无不公当赔补。"① 按照这条规定，我国新安县九龙司的一部分领土，即九龙半岛今界限街以南的部分（包括昂船洲在内）便被英国强行割占②。

额尔金把割占九龙半岛视为其任内取得的一项重大成就。在他离华归国之前，英方于 1861 年 1 月 19 日在九龙举行了别出心裁的"授土仪式"。新安县令、大鹏协副将、九龙司巡检和九龙城一名低级官员共四名中国官员被迫出席。巴夏礼把一个装满九龙泥土的泥袋塞给一名中国官员，然后强令后者将纸袋交给他，以此象征领土的移交。侵略者用这种方式炫耀他们割占中国领土的胜利，极尽侮辱中国之能事。

第二次鸦片战争期间英国割占的中国领土，九龙半岛今界限街以南部分的面积为 7.18 平方公里，昂船洲面积为 0.75 平方公里，合计 7.93 平方公里。③ 英国通过这次领土掠夺，在中国大陆插进一个楔子，完全控制了维多利亚海港，使香港侵华基地的地位得到巩固和加强。参加九龙授土仪式以后，额尔金曾在香港写信说："这次取得广州〔府〕的这块好地方以及中国北部和日本的开放，使欧洲在中国的影响至少增加了百分之二十。"④

---

① 《英吉利续增条约九款》，（咸丰朝）《筹办夷务始末》，卷 67，第 2506 页。

② 中英《北京条约》中文本称割让"粤东九龙司地方一区"，这种表达方式容易引起歧义。有的研究者对九龙司的管辖范围又不甚明了，就误认为第二次鸦片战争中英国割占了整个九龙司。条约英文本写得清楚，割占的只是 Portion of the township of Kowloon，即九龙司之一部分。(W. F. Mayers, *Treaties between the Empire of China and Foreign Powers*, 4th. ed. P. 9.)

③ 《克莱弗利致马撒尔函》，1860 年 7 月 19 日；C. O. 129/78，第 122 页。信中称调查结果表明，九龙半岛"到目前确定的边界为止，是一个 1774 英亩的地区"。1774 英亩约合 7.18 平方公里。由于百余年来填海造地，并把附近一些小岛计算在内，目前九龙的面积增为 47 平方公里。

④ T. Walrond, *Letters and Journals of James, Eighth Earl of Elgin.* London, 1872. P. 377.

## 第四节 英国强租香港新界

19世纪末帝国主义列强在中国掀起了瓜分狂潮。英国利用这一时机，强行租借了今界限街以北、深圳河以南的大片中国领土及其附近岛屿，即后来所谓"新界"。至此，英国完成了对整个香港地区的侵占。

### 一、展拓界址的舆论

英国割占九龙半岛南部以后不久，英国军界即开始议论进一步扩大领土侵略的问题。1863年，英国陆军大臣告诉英国殖民部说，在维多利亚港东部入口处的鲤鱼门北岸取得军事用地很有价值。1884年，萨金特（E. W. Sarget）少将鼓动陆军部占领整个九龙半岛及一些岛屿。两年后，金马伦（W. G. Cameron）少将也提出了类似建议①。

1894年中日甲午战争爆发以后，清军节节败退。港英当局认为有机可乘，正式提出了展拓界址的主张。1894年11月9日，香港总督威廉·罗便臣（William Robinson）以香港"防务安全"为由，向殖民部建议将香港界址展拓到大鹏湾、深湾一线，并将隐石岛、横澜、南丫岛和所有距香港三英里以内的海岛割让给英国。他还着重指出："应当在中国从失败中恢复过来之前，向它强行提出这些要求。"②威廉·罗便臣的建议实际上是后来扩界的蓝图。他的建议得到英国巨商的支持。英商遮打（C. P. Chater）在给威廉·罗便臣的信中，曾以种种"理由"鼓吹扩界。他还说：五十年后、甚至二十年后，中国就可能成为充分武装的强国。扩界的事"机

---

① P. Wesley-Smith, *Unequal Treaty*, 1898-1997. *China, Great Britain and Hong Kong's New Territories*. Hong Kong, 1980, P.11.

② P. Wesley-Smith, *Unequal Treaty*, 1898-1997. *China, Great Britain and Hong Kong's New Territories*. Hong Kong, 第12、13页。

不可失"，"要干，现在就干"①。

1895年5月，英国海陆军联合委员会发表《关于香港殖民地边界的报告》，再次提出扩界要求，并立即得到陆海军大臣赞同②。

同年8月1日"古田教案"发生后，港督威廉·罗便臣、香港总商会、英商中华社会及其香港分会喧嚣一时，要求趁机向中国提出开放西江和展拓香港界址等要求③。

1897年冬，德俄两国先后出兵强占胶州湾和旅大，次年3月又强迫清政府签约租让。英法两国也投入了这一瓜分狂潮。1898年3月7日，法国向清政府提出了租借广州湾的要求。3月17日，英国驻华公使窦纳乐（C. M. Mac Donald）向英国首相索尔兹伯里（R. C. Salisbury）报告说：法国已要求总理各国事务衙门保证将云南、贵州、广西、广东作为法国的势力范围。如果此项要求得逞，未来展拓香港界址将不可能实现④。英国政府闻讯，决定以法国租借广州湾为借口，向清政府提出展拓香港界址的要求，并于3月28日向窦纳乐发出指示：要求总理各国事务衙门作出保证，如果法国租借广州湾，英国随时可以要求展拓香港界址⑤。

几乎与此同时，英国向清政府提出了租借威海卫的要求。清政府对此不敢加以拒绝，但恳求英国不再提出其他领土要求。窦纳乐却强硬地表示："威海卫抵俄，专为北方。若法占南海口岸，我亦须别索一处抵之。"⑥这里所谓"别索一处"，指的即是香港扩界。

---

① P. Wesley-Smith, *Unequal Treaty*, 1898-1997. *China, Great Britain and Hong Kong's New Territories*. Hong Kong, 第13、14页。
② 同上书，第14页。
③ 英国殖民部档案：C. O. 537/34；N. A. Pelcovits, *Old China Hand and the Foreign Office*. New York, 1948, P. 181.
④ 《窦纳乐致索尔兹伯里电》，1898年3月17日；F. O. 17/1343.
⑤ 《伯蒂致窦纳乐电》，1898年3月28日；F. O. 17/1338.
⑥ 《翁文恭公日记》，戊戌，第28、29页。

## 二、《展拓香港界址专条》的订立

1898年4月2日，中英双方就香港扩界问题开始谈判。窦纳乐一开始即对奕劻宣称："香港殖民地不满足于它目前的界限，希望展拓界址"，"以为保卫香港之计"①。次日，李鸿章会见窦纳乐，向他表示："如果展拓范围不大"，可以"同意"②。4月24日，窦纳乐根据英国外交部的指示，向李鸿章等出示展拓界址范围的地图，将大鹏湾到深圳湾一线以南、包括九龙城及许多岛屿在内的大片土地及水域，皆划入拓界的范围之内③。李鸿章等没有料到英国胃口如此之大，坚决加以拒绝。窦纳乐要他们与德国租借的胶州湾和俄国租借的旅大相比较。李鸿章说，中国已经同意将威海卫租给英国。窦纳乐则强词夺理说，订租威海卫对中国也有利④。李鸿章等屈从于压力，不再争辩，但坚决反对英国占领九龙城，理由是该处设有中国衙门⑤。

本章第三节已经提及，清朝政府在九龙城设有九龙巡检司衙署和大鹏协副将衙署。李鸿章等认为，将九龙城保留在中国手中，具有象征意义，表明展拓的土地属于租借性质，中国对其仍享有主权。所以他们十分看重保留九龙城的问题。4月28日，李鸿章等在谈判中再次明确表示："九龙城是唯一的困难……不能将其纳入拓界范围。"⑥ 窦纳乐有意在这个问题上让步，并已征得英国政府同意，但表面上却做出决不让步的姿态。僵持许久，窦纳乐才表示将中方有关九龙城的意见电告本国政府，但中方必须接

---

① 中国第一历史档案馆，军机处录副奏折，帝国主义侵略类，租界项，案卷487—3—18；Record Book of Interview with Yaman（以下简称 Record Book）1897—1899, F. O. 233/44, P.155.
② 同上。
③ 《窦纳乐致索尔兹伯里电》，1898年4月25日；F. O. 17/1340, P31。
④ 同上书，1898年5月27日；F. O. 881/7139，第29页。
⑤ Record Book, F. O. 233/44，第181—182页.
⑥ 同上书，第186页.

受英方提出的拓界范围。李鸿章等原则上同意英方的拓界范围，但声明九龙城应仍归中国控制，展拓的界址属于租借性质，中国船只有权使用九龙码头，香港政府应承诺协助中国反对走私①。

5月19日，窦纳乐携带他一手拟就的中英《展拓香港界址专条》（下简称《专条》）前来谈判。李鸿章等阅后表示同意，仅提出加上"九龙到新安陆路，中国官民照常行走"，"遇有两国交犯之事，仍照中英原约香港章程办理"两句话。至此，双方就拓界问题已达成协议。但因英国政府对谈判结果感到不满足，《专条》并未马上签订。5月25日，窦纳乐根据英国政府指示再次与总理各国事务衙门会谈，要求修改前议展拓香港界址的范围。其中最重要的是将东面界限由东经114°26′扩大至东经114°30′，使整个大鹏湾划归英国控制。英国在最后关头迫使中国做出额外让步，使李鸿章十分恼火，双方争执不下。最终还是中方作了让步。

6月5日，李鸿章提出，英国不得在此租借地修筑炮台。窦纳乐竟拍案咆哮说："无多言，我国之请此地，为贵国让广州湾于法以危我香港也。若公能废广州湾之约，则我之议亦立刻撤回。"李鸿章听罢忍气吞声、无可奈何②。

6月6日，总理各国事务衙门将中英《专条》呈交光绪皇帝，请求批准画押，并且辩解说："展拓界址与另占口岸不同，允议暂租专条尚可操纵由我。"③

1898年6月9日，中英《展拓香港界址专条》在北京签字。中方签字代表是李鸿章、许应骙，英方签字代表是窦纳乐。《专条》有中英两种文本，其内容如下：

"溯查多年以来，素悉香港一处非展拓界址不足以资保卫。今中、英

---

① Record Book, F. O. 233/44，第190页。
② 梁启超：《中国四十年来大事记》，《饮冰室合集》专集之三，中华书局1989年重印版，第66页。
③ 《清季外交史料》卷131，第17页。

两国政府议定大略，按照粘付地图，展拓英界，作为新租之地。其所定详细界线，应俟两国派员勘明后，再行划定，以九十九年为限期。又议定，所有现在九龙城内驻扎之中国官员，仍可在城内各司其事，惟不得与保卫香港之武备有所妨碍。其余新租之地，专归英国管辖。至九龙向通新安陆路，中国官民照常行走。又议定，仍留附近九龙城原旧码头一区，以便中国兵、商各船、渡艇任便往来停泊，且便城内官民任便行走。将来中国建造铁路至九龙英国管辖之界，临时商办。又议定，在所展界内，不可将居民迫令迁移，产业入官。若因修建衙署、筑造炮台等官工需用地段，皆应从公给价。自开办后，遇有两国交犯之事，仍照中英原约香港章程办理。查按照粘附地图，所租与英国之地内有大鹏湾、深圳湾水面，惟议定该两湾中国兵船，无论在局内、局外，仍可享用。"

《专条》规定，该约画押后，应于7月1日"开办施行"①。

通过《专条》的签订，英国强租了沙头角海至深圳湾最短距离直线以南、界限街以北广大地区、附近大小岛屿235个以及大鹏湾、深圳湾水域，为期九十九年。此次"租借"，陆地面积达975.1平方公里，较原香港行政区扩大约十一倍，水域较前扩大四五十倍。这些被强租的中国领土和领水后被称为香港新界，约占广东省新安县面积的三分之二。

《专条》的不平等性质昭然若揭。外国学者史维理也认为："1898年的北京条约（指《专条》）是一个不平等条约。所以这样评价，是因为只有一方从中得到好处。中国暂时丧失了土地，但没有得到补偿。再者，在起草条约时，缔约双方并非处于平等谈判地位。"②

### 三、定界谈判与接管新界

《专条》签订后不久，英国政界、军界、商界一些人即对保留中国对

---

① 《中外旧约章汇编》，第1册，第769页。
② P. Wesley-Smith, *Uncqual Treaty*, 1898-1997. *China, Great Britain and Hong Kong's New Territories*. Hong Kong, 1980, P.3.

九龙城的管辖权等内容表示不满,并鼓吹违约扩大租借范围。英国海军联盟要求将陆界向北推至北纬 22°40′①。港英政府工务局长奥姆斯比提出报告,反对按照《专条》粘附地图"人为的简单直线"确定北部陆界,主张按照山脉河流的"自然界限",即以新安县北部界山为界②。这实际上是要将整个新安县处于英国的控制之下。香港政府辅政司骆克在新界调查报告书中,也鼓吹所谓"自然边界"。英国殖民大臣张伯伦认为"自然边界"离《专条》规定相差太远,但主张"适当"扩充租借地北部陆界,"无论如何要迫使清政府同意把深圳镇包括在租借地内"③。

1899 年 3 月 11 日,新界北部陆界定界谈判在香港举行。中方定界委员、广东补用道王存善主张信守《专条》粘附地图的规定。英方定界委员、香港政府辅政司骆克虚张声势,提出从深圳湾起经深圳迤北山脚到梧桐山、再迤东到沙头角北面一线为界④。

在 3 月 14 日的谈判中,王存善传达了两广总督谭钟麟的意见:"深圳设有炮台,沙头角是个大墟市",不能接受英方提出的边界线。王存善建议以"深圳河南边支流为界"。骆克听罢勃然变色,以拒绝继续谈判相威胁。在英方的压力下,王存善提出第二个方案:"从深圳河口直到该河河源,再到沙头角,将深圳及沙头角留在中国领土以内",并声明这是中方让步的"极限"。骆克表示:"应以深圳河北岸为界",即将"整条河流划在英方界内",并说索取深圳一事可留在北京议论。王存善被迫表示同意⑤。

3 月 16~18 日,王存善、骆克一行沿深圳河河源至沙头角一线勘定界址,树立木质界桩。

---

① 《海军联合会致殖民部函》,1898 年 8 月 31 日附件 1—3;C. O. 882/5, P.18.
② 《卜力致张伯伦函》附件,1898 年 9 月 2 日;C. O. 129/ 285, P.4~9.
③ 《殖民部致外交部密函》,1898 年 11 月 30 日;C. O. 882 /5, P.73.
④ 《骆克与王存善会谈报告》,C. O. 882/5, P.119.
⑤ 《骆克与王存善第二次会谈报告》,C. O. 882/5, P.121.

3月19日，王存善和骆克在香港签订了《香港英新租界合同》①。该合同违背《专条》粘附地图有关新界北部陆界的规定，是扩大侵越的产物。骆克本人也承认，通过这一合同，英国"完全控制了那条在《专条》粘附地图上没有包括在英国租借地内的河流（即深圳河）"②。

香港总督和两广总督原来商定4月17日交接新界租借地，但英方迫不及待地提前行动。3月27日，港督卜力（Henry A. Blake）指派香港政府警察司梅轩利（F. H. May）前往大埔墟搭设警棚。

世世代代劳动生息在新界这片土地上的中国居民"一旦闻租与英国管辖，咸怀义愤，不愿归英管"③。他们在爱国乡绅的带领下组织起来，反抗英国武力接管新界。3月29日和30日，新界各村代表先后在厦村和元朗集会，共商抗英大计。

4月3日，梅轩利一行前往大埔检查搭棚情况。中国居民闻讯赶来，向他们投掷石块，要求拆除警棚。当晚，邻近各村群众赶来，将警棚烧毁。梅轩利慌忙藏于树丛蔓草之中，次日晨经沙田逃回港岛。

驻港英军司令加士居少将（W. J. Gascoigne）和骆克立即率兵开进大埔墟进行弹压。但是，具有高度爱国精神的中国居民并未被武力威胁所吓倒。4月10日，新界各乡代表在元朗开会，建立了"太平公局"，抗英运动有了更严密的组织形式。人们在太平公局的领导下，招募壮丁，汇集资金，储存药品、弹药，准备战斗。

4月15日，英军香港团队一连士兵在大埔墟强行登陆。新界居民和前来支援的深圳居民共数千人聚集山坡，"开挖坑堑，拒阻英兵"。他们利用居高临下的有利地形，使用步枪和轻型炮从各个山头猛烈开火，使英军陷入重围。次日，英军援军在"荣誉号"军舰的火力支援下，突破包围圈，与被困英军会合。接着，"乘民不备，升竖英旗"。香港团队400名士兵列

---

① 《中外旧约章汇编》，第1册，第864页。
② 《卜力致张伯伦函》附件2，1899年3月17日；C. O. 129/285, P.118.
③ 《清季外交史料》，卷138，第28页。

队参加升旗仪式。骆克当众宣读1898年10月20日英国《枢密院令》和港督命令,声称从1899年4月16日下午2时50分起,新界的中国居民已归英国管辖。

新界居民坚持武装斗争,抗议英军的武力接管。4月17日下午,抗英志士用重炮猛烈轰击大埔英军兵营。接着,在林村山谷伏击英军。4月18日下午,抗英志士又向上村附近石头围的英军发起攻击。

抗英队伍武器装备较差,又缺乏作战经验,未能取得最后胜利。英军击散抗英队伍后,前往锦田炸开吉庆、泰康两围的围墙,并将吉庆围的连环铁门缴去,运回英国炫耀他们的"战绩"。

新界中国居民反抗英国武力接管的斗争是香港史乃至整个中国近代史上光辉的一页。他们表现出的高昂的爱国热情和勇敢无畏的斗争精神给人们留下了深刻的印象。骆克不得不承认:抵抗者"要是有近代化武器,我们的军队恐怕就更为难了。即使如此,他们用原始武器开火的那股劲头,也显出他们浑身是胆"[1]。

## 四、九龙城问题

英国当局一直没有放弃其占据九龙城和深圳的野心。1899年4月,他们趁镇压新界人民抗英斗争之机,占领了上述两地。

英国方面说什么抗英队伍中"有穿号衣者,疑系官兵助民与斗"[2]。他们还编造中国当局支持骚乱的"证据"。英国驻北京公使馆代办艾伦赛几次前往总理各国事务衙门,要求撤出九龙城的中国驻军,并对英国蒙受的损失给予补偿。

1899年5月9日,英国首相索尔兹伯里建议张伯伦下令港督"采取保

---

[1] 《骆克致卜力函》,1899年4月19日,载《关于展拓香港界址的函件及其他文书》第38页。
[2] 《清季外交史料》卷138,第28页。

证履行'专条'和占领九龙城的必要措施"①。5月14日，张伯伦下令占领九龙城和深圳。两天之后，英国皇家威尔士火枪队员和100名香港"义勇军"在九龙城码头登陆，开进九龙城寨。城内的清朝官员提出强烈抗议，但因未接到上级命令，没有进行反抗。入侵者在九龙城上升起英国国旗，并"将九龙城内官弁兵丁一并逐出，军械号衣悉行褫夺"②。同日，英军2000人武装占领了深圳，并在当地升起英国国旗。

英国进一步扩大侵略的行径，引起清政府的强烈抗议。5月20日，总理各国事务衙门致电英国外交部，指出英方的暴行肯定违背了中英《展拓香港界址专条》和《香港英新租界合同》，并要求立即撤走英军③。总理各国事务衙门还指示驻英公使罗丰禄向英国提出强烈抗议。

英国当局违约侵占九龙城和深圳，造成中英双方频繁的外交交涉。占领深圳一事，主要是殖民大臣张伯伦和港督卜力的意见，他们对此事引起的国际后果估计不足。此外，英国在香港的兵力有限，长期占领深圳有困难。在清政府的坚决要求下，英军最终于11月13日撤离深圳。但对恢复中国对九龙城的合法管辖权一事，一再粗暴地加以拒绝。

12月14日，庆亲王奕劻等在会见英国驻华公使窦纳乐时，再次要求恢复中国对九龙城的管辖权。窦纳乐声称，九龙城就在香港殖民地大门口，中国管辖该城"与保卫香港之武备有所妨碍"，是威胁香港的根源，再次予以拒绝④。

12月27日，英国枢密院颁布命令宣称："九龙城内中国官员行使管辖权于保卫香港之武备有所妨碍"，他们"应停止在城内各司其事"。在条约租期内，九龙城"为女王陛下香港殖民地的重要组成部分"。香港的法律、

---

① 《外交部致殖民部密函》，1899年5月9日；F. O. 881/7226，P. 204.
② 《清季外交史料》，卷139，第3页。
③ 《外交部致殖民部第164号文件附件》，1899年5月20日，载C. O. 882/5《关于展拓香港殖民地界址的通讯》第160~161页。
④ 《窦纳乐致索尔兹伯里函》，1899年12月15日；C. O. 882/5，P. 388-389.

条例"适用于九龙城"①。

本来,《展拓香港界址专条》就是一个不平等条约。英国政府竟得寸进尺,企图否认条约保留的中国对九龙城的管辖权。这引起了历届中国政府的注意和反对。因而,九龙城问题成为一个十分敏感的问题。因香港英国当局强迫城内中国居民拆迁,在几十年间风波迭起,导致中英两国多次外交交涉。

1933年6月10日,香港南约理民府通告九龙城内居民,将于1934年年底前收回他们所居之屋地,酌情给予补偿,并指定城外狗虱岭为重新建房的地段。当时城内住户多是贫苦人家,重建住房困难很大,他们又明白所在地方一直归中国管辖,所以他们便向当时的中央政府和广东省政府求援。中国五省外交特派员甘介侯依据条约和英国政府交涉,英方才取消原议。1936年12月29日,香港英国当局督拆城内门牌第二十五号民屋,中国外交当局向英国驻华大使提出严重抗议,同时与英国驻广州总领事费理伯进行交涉。但香港英国当局仍于1940年强行拆迁,全城住户50余家住房几乎一扫而光。当时城内房宇保存完整者,仅剩老人院、龙津义学和当地人曾生祖传房舍一所。

日本投降以后,许多居民回到九龙城内,搭建临时房屋作为栖身之处。1947年11月27日,香港政府发布通令,限城内居民在两星期内将所建木屋自行拆毁。中国外交部两广特派员郭德华立即对此提出异议。1948年1月5日、6日两天,香港警察强行拆毁城内民房74间。居民代表朱沛唐、刘毅夫阻止拆屋遭到逮捕。1月12日警察再度进入城寨拆房,与当地居民发生冲突。他们竟开枪射击,打伤居民张忠武等6人。1月13日中国外交部长王世杰召见英国驻华大使施谛文,要求停止逐出九龙城居民,并释放所有被捕居民。在中英交涉过程中,英国政府声称:1899年后,除日本占领期间外,九龙城之管辖权始终由香港政府行使。中国驻英大使郑天

---

① *Hong Kong Government Gazette*. Vol. 46, No. 9, P. 270.

锡在2月5日答复英国外交大臣贝文的照会中驳斥说:"第一,中国官员所以于1899年撤出九龙城及停止在该城内行使管辖权者,纯因其受武力之压迫所致,当时并曾提出抗议。第二,自该时后,中国政府不但从未放弃其在该地区内所享之管辖权,且凡遇香港政府企图占收此项管辖权时,均严厉反对。兹须特予引述者,即1946年时,中国政府曾厘订方案,计划在九龙城内恢复设治,此种计划之暂予搁置,纯系为顾全中英两国之友好关系着想。犹忆香港总督当时曾发表声明,否认中国政府在九龙城内恢复设治之权利,中国外交部发言人曾立即予以驳斥。"[1]

1960年5月,香港英国当局发表了《九龙东北部发展草图计划》,把九龙城寨列入其计划范围之内,当地居民纷纷对此表示反对,并向香港城市设计委员会提出抗议。1962年3月至1963年1月,香港政府徙置事务处人员多次进入九龙城寨,张贴徙置通告,派发"徙置通知书"和"拆迁通知书",试图拆迁房屋近200间,涉及居民2000余人。当地居民拒绝接受派发的通知书,组织"九龙城寨居民联合反对拆迁委员会",抗议香港英国当局侵犯中国主权、损害当地居民切身利益的做法。1963年1月1日,中华人民共和国外交部西欧司副司长宋之光召见英国驻华代办贾维,对香港英国当局强迫拆迁的行动,表示严重关切,并要其转达香港英国当局慎重考虑它所采取的行动。1月17日,外交部向英国政府提出严重抗议,郑重指出九龙城寨是中国的领土,管辖权属于中国,历史上一向如此。要求英国政府责成香港英国当局立即撤销拆迁九龙城寨的决定,并停止任何有关拆迁的行动[2]。

历届中国政府都坚持拥有对九龙城的管辖权,但由于种种原因,20世纪以来中国未能实际行使管辖权,没有重新派遣官员和军队进驻九龙城。由于中国政府对管辖权问题态度坚决,英军未敢长期占据九龙城。在一般

---

[1] 《大公报》,1948年2月7日。
[2] 《人民日报》,1963年1月18日。

情况下,香港英国当局对城内事务并不过分干预。这种特殊情况,使九龙城实际成为一个"三不管"的地区。这里是香港地区黑社会组织的重要活动场所之一,各种制造罪恶的场所在城寨内比较集中。由于在九龙城内建房、租房手续简便,无照医生可以自由开业,许多安分守己的居民也在这里居住。1985年春笔者前往香港进行学术访问时,曾步入九龙城寨参观。只见城寨被许多破旧简陋的楼房围成了四边形,城内横街窄巷,污水流溢,光线昏暗,空气恶浊。城内居民生活条件十分恶劣。

1984年12月19日,中英两国签署了关于香港问题的联合声明,中国政府决定于1997年7月1日对香港恢复行使主权,英国政府将香港交还给中国。在新的历史背景下,香港政府提出准备清拆九龙城寨,并耗资数十亿在原址上兴建公园,城内四五万居民将获赔偿安置。经过一段时间讨论,中英双方达成一致意见。1987年1月14日,中国外交部新闻发言人发表谈话说:"九龙城寨和香港其他地区一样,是历史遗留下来的问题,但有其特殊的历史背景。中英两国政府1984年12月19日签署了关于香港问题的联合声明,圆满地解决了中国政府于1997年7月1日对整个香港地区恢复行使主权的问题,从而为尽早从根本上改善九龙城寨居民的生活环境创造了条件。切实改善九龙城寨的生活环境,不但符合城寨居民的切身利益,也符合全体香港居民的利益。因此,从整个香港的繁荣与稳定出发,我们对于香港英国政府准备采取妥善措施,清拆九龙城寨,并在原址上兴建公园的决定表示充分的理解。"[①]

## 第五节 收回香港的历史回顾

从19世纪40年代初算起,前后近六十年的时间内,英国依仗武力侵

---

① 《人民日报》,1987年1月15日。

占了历来属于中国的香港地区。一百多年以来，中国人民一直渴望收回香港地区。

早在鸦片战争时期，英军强占香港岛之后，中国的爱国群众和官员就强烈提出了收回香港的主张。

1841年1月25日，英军强行侵占了香港岛。2月1日，英国驻华全权代表义律和远东舰队支队司令伯麦又联名发出布告，谎称已与清朝钦差大臣琦善达成协议，将香港全岛地方让给英国统治。香港居民立即表示反对英军的侵略行径。据记载："香港绅民以不愿为夷，联名控诸抚院。"① 内地爱国官员、乡绅也行动起来。当时林则徐被革职尚留在广东，他对英军侵占香港岛"闻而发指，劝怡良〔广东巡抚〕实奏"，并且说："人民土地皆君职，今〔琦善〕未奉旨而私以予叛逆之夷，岂宜缄默受过。"② 在林则徐的鼓励下，1841年2月11日，怡良向道光皇帝揭发了琦善"让给土地人民"之罪。2月21日，东莞籍士绅邓淳在郡学召集会议，拟定呈文说："伪示横悖已甚，宜加痛剿。"他们结队前往督府请愿。琦善竟恐吓说："款夷出自上意，而诸君未识情形，争执如是，早晚祸及……"请愿绅士未被压服，进士朱朝玠等与琦善一直辩论到太阳偏西③。邓淳等还联名上书怡良，指出丢失香港的严重后患："倘或聚徒蚁穴，窥近虎门，将水陆大费张罗，斯省会岂能安枕。"表达了"白叟黄童，群思敌忾，耕氓贩竖，共切同仇"的心情，要求怡良"为国宣猷，为民除害"，"顺舆情以挞伐"。怡良等见到呈文后，表示"愿与该绅士同听凯歌"④。这场斗争造成了反对割让香港、要求收复香港的强大舆论，打击了琦善的卖国投降活动，是琦善始终不敢与英方签署条约的重要原因。

鸦片战争期间，在中国社会各阶层都有收回香港的呼声。爱国官员裕

---

① 《平夷录》，见中国近代史资料丛刊《鸦片战争》（三），第388页。
② 梁廷枏：《夷氛闻纪》卷二，中华书局1959年出版，第59~60页。
③ 同上书，卷二，第60页。
④ 广东省文史研究馆编：《三元里人民抗英斗争史料》，1978年修订本，第80~81页。

谦主张召募广东水勇"攻剿香港"①。广西巡抚梁章钜也主张"认真团练乡勇，以收复香港为首务"②。双目失明的爱国知识分子张杓在《陈善后事宜》的呈文中说："又闻有乡人愿先收复香港，功成后补给口粮者。特无人号召之，匿不肯出。"③1841年秋冬，英军北上进犯闽浙期间，参加三元里抗英斗争的水勇头人林福祥上书两广总督祁𡎴，义正词严地宣称"夷不可信，和不足恃，香港不可不复"。他主张趁英军北上，"由香港后路，潜师袭取"，并自告奋勇说："祥愿自率本队，以当前锋，少有畏缩，即正军法，亦无悔焉。"④

为了维护自己的统治利益，清朝政府还是主张收回香港的。1841年广州战役前后，道光皇帝一再命令靖逆将军奕山说："香港地方，岂容给与逆夷泊舟寄住，务当极力驱逐，毋为所据。""即使香港并非险要，亦必须设法赶紧收回，断不准给予该夷，致滋后患。"⑤此后多次命令"相机攻克香港"，直到1842年5月，他还说："香港地方，岂容逆夷久据"，如已准备妥当，应该"乘机进取，明攻暗袭，收复香港，以伸国威"⑥。第二次鸦片战争期间，咸丰皇帝也曾命令钦差大臣黄宗汉密筹"乘夷兵赴省之时，捣其香港巢穴"⑦。但是，由于清朝政治腐败，经济技术落后，在两次鸦片战争中接连失利，清朝封建统治者非但不能"收复香港，以伸国威"，在强敌的淫威下，只有退让妥协，丧失了更多的领土。先是被迫正式割让香港岛，继之被迫割让九龙，最后又被迫同意租借"新界"。

第一次世界大战结束后，帝国主义列强于1919年1月召开了分赃会议——巴黎和会。与会中国代表向会议提交了两项提案。第一项包括废弃势

---

① （道光朝）《筹办夷务始末》卷24，第869页。
② 同上书，卷31，第1140页。
③ 陈澧：《东塾集》，卷五，第6页。
④ 《上祁宫保乞即收复香港书》，见中国近代史资料丛刊《鸦片战争》（四），第602页。
⑤ （道光朝）《筹办夷务始末》，卷22、23，第773、774、834页。
⑥ 同上书，卷48，第1806、1807页。
⑦ 中国近代史资料丛刊《第二次鸦片战争》（三），第180页。

力范围、归还租界、归还租借地等七点内容；第二项是取消"二十一条"。在归还租借地的要求中，明确地提到了新界。听说中国要求收回租借地，英国官员顿时紧张起来。驻华公使朱尔典（J. N. Jordan）在北京草拟了使租借地"中立化"或"国际化"的计划，作为对策。英国殖民部和外交部联合反对让出新界。不过他们只是虚惊一场，因为帝国主义列强控制的巴黎和会根本拒绝讨论中国的提案。1919 年 5 月 14 日，巴黎和会主席克里孟梭在给中国外交总长的信件中说，解决这些问题不是这次和会的职责，建议在国际联盟能行使职权时，提请其注意。

巴黎和会没有完全解决帝国主义国家之间的分赃问题，以美国为首的帝国主义国家为了对战后远东和太平洋的殖民地和势力范围进行再分割而召开了华盛顿会议。会议期间，中国代表顾维钧于 1921 年 12 月 3 日要求取消和早日停止使用所有的租借地。由于中国人民反帝爱国斗争的压力和列强之间的相互矛盾，法国声称同意撤出广州湾，英国后来声称在集体交还租借地时会放弃威海卫，日本也被迫表示同意交还胶州湾。英国代表、枢密院大臣贝尔福（A. Balfour）在会上力图避开新界的问题。他说，新界应该继续由香港管理，"因为没有它，香港就完全无法防守"。在 12 月 7 日的第十三次会议上，中国代表反驳说，保留新界并不是保卫香港的唯一解决办法[①]。由于英国得到其他帝国主义强国的支持，在华盛顿会议上，中英双方仅就新界问题进行过一次小小的交锋，就不了了之。

1924 年 1 月，在共产国际和中国共产党的帮助下，孙中山在广州召开了中国国民党第一次全国代表大会。大会宣言中明确提出："一切不平等条约，如外人租借地、领事裁判权、外人管理关税权以及外人在中国境内行使一切政治的权力侵害中国主权者，皆当取消，重订双方平等、互尊主权之条约。"[②] 在这以后的几年内，中国国内的反帝爱国浪潮不断高涨。

---

[①] P. Wesley-Smith, *Unequal Treaty*, 1898-1997. *China, Great Britain and Hong Kong's New Territories*. Hong Kong, 1980, PP. 154-155.

[②] 《孙中山全集》，卷 9，第 122 页。

1925年5月30日的"五卅"惨案引起了全国规模的"五卅"运动,6月19日又爆发了持续十八个月之久的省港大罢工。1927年1月,在北伐战争节节胜利的形势下,湖北、江西的工人、学生和其他爱国群众收回了汉口、九江的英租界。面对这些疾风暴雨般的反帝爱国运动,英国当局坐立不安。香港总督金文泰(Cecil Clementi)竭力鼓吹合并新界。1926年1月,他在一封机密信件中建议保住新界。一年之后,他在一份电报中说,鉴于中国各地都有人在煽动收回一切租借地和租界,现在十分重要的事情是,尽快使该租界地(指新界)永久化。万一英国最终不得不对中国南方采取军事行动的话,可以把割让新界作为事实上交还威海卫的补偿,或者作为"慷慨地"修改条约的补偿,或者以之作为重归旧好的条件。但是,驻华公使兰普森(Miles Lampson)认为,金文泰的建议只会加剧帝国主义对英国的指责,他要竭力加以反对。于是英国外交部决定按兵不动,免生事端。但是,稍晚些时候,金文泰受权发表了这样的声明:"当内战的战火不幸在中国燃烧之际,英王陛下政府要全力保护香港及其大陆部分。他们绝对不会交出香港,不会以任何方式在英国统治的大陆的任何部分放弃或削弱其权利或权力。"①

第二次世界大战期间,香港问题被重新提出。1941年年底太平洋战争爆发后,香港沦陷,新加坡、仰光先后失守,英国在远东受到沉重打击。为了拉拢蒋介石,1942年6月3日,英国首相丘吉尔在接见中国驻英国大使顾维钧时,曾经表示:"随着日本战败,所有日本占领的中国领土均将归还中国。"② 但他没有说明香港是否包括在内。1942年下半年,美国舆论开始谴责英国的殖民政策,质问英国为什么不把香港交还中国,不废除在华的治外法权。当年10月,英美两国同时开始与中国谈判,商讨废除治外法权,订立新约的问题。国民政府在其拟定的中英新约草案中,列入了要

---

① P. Wesley-Smith, *Unequal Treaty*, 1898-1997. *China, Great Britain and Hong Kong's New Territories*. Hong Kong, 1980, P.156.

② 《英国首相与中国大使谈话纪要》,1942年6月3日;英国首相档案 Prem. 4, 45/4。

求终止1898年《展拓香港界址专条》的条款，并提出"英方在九龙租借地之行政与管理权，连同其官有资产与官有债务，应移交中华民国政府"①。虽然国民政府小心地只提新界问题，仍然遭到对方拒绝。英国外交大臣艾登批示说，新界问题不属于废除治外法权条约的讨论范围②。当年12月，英国驻华大使薛穆（H. Seymour）在与中国外交部长宋子文的谈判中说，英国不准备讨论新界问题。宋子文提出，中国公众认为租借地与租界属于同一范畴，此次条约若不包括新界问题，就不能消除中英两国之间的误解。蒋介石则表示，条约内如果不包括收回新界，他就不同意签字③。谈判一度陷于僵局。但蒋介石最终决定对英妥协。12月31日，宋子文通知薛穆，中国政府同意不把新界租借地和新约混为一谈，但保留日后提出这个问题的权利。这样中英双方在1943年1月11日签订了新约。

1943年底至1944年，国民党政府因前线吃紧，已经不大关心香港问题，英国政府的态度却日趋强硬。在1943年11月举行的开罗会议上，美国总统罗斯福敦促英国归还香港，丘吉尔态度强硬地说：只要他还是首相，就不想使大英帝国解体。1944年11月，副首相艾德礼在回答议员提问时解释说：丘吉尔的话含意包括香港在内。与此同时，英国努力争取与美国达成谅解。美国出于全球战略的考虑，态度也有变化。1944年9月，英美达成协议，战争胜利后，英国远东殖民地仍由英国决定处理办法。在这种情况下，国民党政府再次采取了妥协退让的态度。1945年8月，蒋介石竟声明："中国对香港没有领土野心。"仅仅表示：新界问题"今后将通过外交途径获致解决"。至此，国民党政府与英国关于收复香港的交涉便宣告结束。

中华人民共和国成立以后，中国作为一个独立自主的社会主义国家，

---

① 《中华民国重要史料初编——对日抗战时期》，第3编，战时外交（三），第765页。
② 艾登在薛穆致艾登第1564号电上的批语，1942年11月22日；F. O. 371/31662。
③ L. Woodward, *British Foreign Policy in the Second World War*. Vol. 4, P.513. 又见《顾维钧回忆录》中译本，卷5，第16页。

能够按照自己的意愿处理收回香港的问题。中华人民共和国政府的一贯立场是：香港是中国领土的一部分。中国不承认外国强加于中国的不平等条约，在条件成熟时将收回整个香港地区。

1963年3月8日，《人民日报》发表的《评美国共产党的声明》一文指出："香港、澳门这类问题，属于历史上遗留下来的帝国主义强加于中国的一系列不平等条约的问题"，"我们一贯主张，在条件成熟的时候，经过谈判和平解决，在未解决之前维持现状"。

1972年3月8日，中国常驻联合国代表黄华在致联合国非殖民地化特别委员会主席的信函中指出："香港、澳门是属于历史上遗留下来的帝国主义强加于中国的一系列不平等条约的结果。香港和澳门是被英国和葡萄牙当局占领的中国领土的一部分，解决香港、澳门问题完全是属于中国主权范围内的问题，根本不属于通常的所谓'殖民地'范畴。"

中华人民共和国成立以来，国际形势和我国的对外关系都发生了巨大的变化。随着1997年日益临近，解决香港前途的问题被提上了日程。从1979年开始，中国领导人先后在不同场合表示要对香港恢复行使主权，保持香港的稳定和繁荣，并提出了"一国两制"的设想。

恢复对香港行使主权，本来是中国主权范围内的事情。中国作为主权国家有权随时以任何方式收回自己的领土。但是，考虑到中英两国之间的友好关系，同时为了保持香港的稳定和繁荣，中国政府决定同英国政府通过和平谈判解决问题。

1982年9月，英国首相撒切尔夫人访华，揭开了中英会谈的序幕。中共中央顾问委员会主任邓小平在北京会见了她，并就香港问题阐明了中国政府的立场。两国领导人本着维持香港稳定和繁荣的共同愿望，同意在这次访问后通过外交途径进行商谈。

1983年7月，中英两国开始关于香港问题的第二阶段会谈。中国代表团团长是外交部副部长姚广，英国代表团团长是英国驻华大使柯利达。香港总督尤德作为英国代表团成员参加。从第八轮会谈开始，中国代表团团长改由外交部长助理周南担任，英国代表团团长改由新任英国驻华大使伊文思担任。两国代表团前后共举行了22次会谈。在此期间，英国外交大臣杰弗里·豪曾两次应邀来华进行工作访问，与中国外交部部长吴学谦举行会谈。经过中英双方长达两年的耐心工作，终于达成了协议。

1984年12月19日下午，在北京人民大会堂西大厅，中英两国关于香港问题的联合声明由中国国务院总理和英国首相马格丽特·撒切尔夫人正式签署。中共中央顾问委员会主任邓小平、中华人民共和国主席李先念出席了签字仪式。联合声明宣布中华人民共和国政府决定于1997年7月1日对香港恢复行使主权，英国政府于同日将香港交还中华人民共和国。中华人民共和国政府在联合声明中宣布了对香港的基本政策方针。主要内容包括：在对香港恢复行使主权时，根据中华人民共和国宪法第三十一条的规定，设立香港特别行政区。除外交和国防事务属中央人民政府管理外，香港特别行政区享有高度的自治权。它享有行政管理权、立法权、独立的司法权和终审权。香港现行的社会、经济制度不变，法律基本不变，生活方式不变。香港特区将保持自由港、独立关税地区和国际金融中心的地位等。

中英两国关于香港问题的联合声明使历史遗留下来的香港问题获得了圆满的解决，同时为和平解决国与国之间的历史遗留问题提供了良好的经验。

1997年6月30日午夜至7月1日凌晨，中英两国香港交接仪式在香港会议展览中心新翼举行。中国国家主席江泽民、国务院总理李鹏和英国的查尔斯王子、首相布莱尔等与4000多名中外来宾出席。1997年7月1日1点30分，香港回归祖国，香港特别行政区政府成立，第一任行政长官董建华宣誓就职。从此香港历史翻开了崭新的一页。

**第四章参考书目**

班固：《汉书》，中华书局 1962 年出版。

徐松辑：《宋会要辑稿》，中华书局 1957 年影印版。

沈廷芳：《广州府志》，乾隆二十七年（1762 年）出版。

靳文谟：《新安县志》，康熙二十七年（1688 年）出版。

王崇熙：《新安县志》，嘉庆二十四年（1819 年）出版。

阮元等：《广东通志》，同治三年（1864 年）重刻本。

陈鸿墀、梁廷楠：《广东海防汇览》。

杜臻：《粤闽巡视记略》，康熙三十八年（1699 年）刊本。

卢坤等：《广东海防汇览》，清代刻本。

桂文灿等：《广东图说》。

陈澧：《东塾集》，清刻本。

（道光朝）《筹办夷务始末》，中华书局 1964 年出版。

（咸丰朝）《筹办夷务始末》，中华书局 1979 年出版。

（同治朝）《筹办夷务始末》，故宫博物院 1930 年影印本。

王彦威、王亮：《清季外交史料》，光绪朝，北平 1934 年铅印本。

戴裔煊：《明史佛郎机传笺正》，中国社会科学出版社 1984 年出版。

周广等：《广东考古辑要》，光绪十九年（1893 年）出版。

罗香林等：《一八四二年以前之香港及其对外交通—香港前代史》，香港中国学社 1959 年出版。

陈镳勋：《香港杂记》，香港中华印务总局 1894 年出版。

黎晋伟主编：《香港百年史》，南中编译社 1948 年出版。

梁广汉：《香港前代古迹述略》，香港学津书店 1980 年出版。

广东文物展览会编：《广东文物》，中册，香港中国文化协进会 1941 年出版。

梁廷楠：《夷氛闻纪》，中华书局 1959 年出版。

中国史学会主编中国近代史资料丛刊：《鸦片战争》，上海人民出版社1962年出版。

中国史学会主编中国近代史资料丛刊：《中二次鸦片战争》，上海人民出版社1979年出版。

佐佐木正哉编著：《鸦片战争的研究（资料篇）》，日本东京1964年出版。

佐佐木正哉：《鸦片战争前中英交涉文书》，日本东京1967年出版。

梁启超：《中国四十年来大事记》，载《饮冰室合集》，中华书局1989年重印。

王铁崖编：《中外旧约章汇编》，三联书店1957年出版。

British Cabinet Papers（英国内阁档案），Cab. 8/1，Cab. 8/2，Cab. 18/22A.

British Colonial Office Records（英国殖民地部档案），C. O. 129，C. O. 130，C. O. 131，C. O. 133，C. O. 381，C. O. 537，C. O. 882.

British Foreign Office Records（英国外交部档案），F. O. 17，F. O. 233，F. O. 881.

Auckland Papers，China Book，2 vols，ADD. MS. 37715 & 37717.（《奥克兰文书》，中国，ADD. MS. 37715及37717号。）

British Parliamentary Papers，Irish University Press Area Studies Series.

China 23，Correspondence respecting Foreign Concessions in China，1898－1899.（《英国议会文书：中国，第23卷，1898－1899年有关外国在华租借地文件》，1971年爱尔兰大学出版。）

China 24，Correspondence... relating to the Affairs of Hong Kong，1846－1860（《英国议会文书：中国，第24卷，1846－1860年有关香港事务文件》，1971年爱尔兰大学出版。）

China 25，Correspondence... respecting the Affairs of Hong Kong，1862－1881.（《英国议会文书：中国，第25卷，1862－1881年有关香港事务文件》，1971年爱尔兰大学出版。）

China 26, Correspondence... relating to the Affairs of Hong Kong, 1882—1899.（《英国议会文书：中国，第 26 卷，1882—1899 年有关香港事务文件》，1971 年爱尔兰大学出版。）

China 30, Correspondence... relative to the Opium War in China, 1840.（《英国议会文书：中国，第 30 卷，1840 年有关对华鸦片战争文件》，1971 年爱尔兰大学出版。）

China 31, Correspondence... respecting the Opium War and Opium Trade in China, 1840—1885.（《英国议会文书：中国，第 31 卷，1840—1885 年有关对华鸦片战争及鸦片贸易文件》，1971 年爱尔兰大学出版。）

Despatches and other Papers relating to the Extension of the Colony of Hong Kong, Laid before the Legislative council by the Command of His Excellency the Governor, 1900.（《关于展拓香港界址的函件及其他文书》，1900 年香港出版。）

Endacott, G. B.（ed）, An Eastern Entrepot, A Collection of Documents Illustrating the History of Hong Kong.（安德葛编《东方转口贸易港：香港史料集》，1965 年伦敦出版。）

Walrond, T., Letters and Journals of James, Eighth Earl of Elgin.（沃尔龙德：《额尔金伯爵书信和日记选辑》，1872 年伦敦出版。）

Lane-Poole, Stanley, The Life of Sir Harry Parkes. Vol. I.（莱恩-普尔：《巴夏礼传》，第 1 卷，1894 年伦敦、纽约出版。）

Eames, J. B. The English in China.（伊姆斯：《英国人在中国》，1974 年伦敦再版。）

Eitel, E. J., Europe in China, the History of Hong Kong from the Beginning to the Year 1882.（欧德理：《欧西于中土：从初期到 1882 年的香港历史》，1895 年香港出版。）

Kiernan, E. V. G., British Diplomacy in China, 1880—1885.（季南：《英

国对华外交（1880—1885）》，1939 年剑桥大学出版。）

Grenville, J. A. S., Lord Salisbury and Foreign Policy, the Close of the Nineteenth Century. （格伦维尔：《索尔兹伯里勋爵与十九世纪末英国对外政策》，1964 年伦敦出版。）

Wesley-Smith, Peter, Unequal Treaty, 1898—1997, China, Great Britain and Hong Kong's New Territories. （史维理：《不平等条约（1898—1997）：中国、英国与香港新界》，1980 年香港出版。）

Morse, H. B., The Chronicles of the East India Company Trading to China, 1635—1834, 4 vols. （马士：《东印度公司对华贸易编年史（1635—1834）》，1926 年牛津大学出版。）

Morse. H. B., The International Relations of the Chinese Empire. Vols. 1—2. （马士：《中华帝国对外关系史》，第 1、2 卷，1910—1918 年伦敦、纽约、孟买、加尔各答出版。）